Le pragmatisme juridique

BIBLIOTHÈQUES DE DROIT

COLLECTION FONDÉE ET DIRIGÉE PAR JEAN-PAUL CÉRÉ

Cette collection a pour vocation d'assurer la diffusion d'ouvrages scientifiques sur des thèmes d'actualité ou sur des sujets peu explorés dans le domaine des sciences juridiques. Elle se destine notamment à la publication de travaux de jeunes chercheurs.

Dernières parutions

C. MENABE, La criminalité féminine

M. TESSIER, Les procédures de la criminalité organisée devant la cour de cassation

N. NOTTO-JAFFEUX, Le conflit d'intérêt chez les avocats

A. GERMON, Le rôle d'initiative des administrations dans l'action publique

O. LECUCQ (dir.), Etat, collectivités territoriales et droits sociaux

A. AMALFITANO, La responsabilité pénale des personnes morales en Europe

N. LORY, La saisie pénale des biens incorporels

M. PERRIN, Le statut pénal de l'animal

A. TATARINOFF, Génocide et crimes de masse (1933-1946)

P. ROUSSEAU, Autonomie personnelle et droit pénal

A. AZARETE, E. GUERRERO et Th. MORETTO (dir.), Fête et droit public

A. BEn GADI, La libération conditionnelle comme outil de gestion du risque

BIBLIOTHÈQUE DE *PHILOSOPHIE DU DROIT*

Boris Barraud

Le pragmatisme juridique

L'Harmattan

Du même auteur

Mesurer le pluralisme juridique – Une expérience, L'Harmattan, coll. Le droit aujourd'hui, 2017

La jurisprudence et la doctrine, L'Harmattan, coll. Le droit aujourd'hui, 2017

Théories du droit et pluralisme juridique – Tome II : La théorie syncrétique du droit et la possibilité du pluralisme juridique, Presses Universitaires d'Aix-Marseille, coll. Inter-normes, 2016

Théories du droit et pluralisme juridique – Tome I : Les théories dogmatiques du droit et la fragilité du pluralisme juridique, Presses Universitaires d'Aix-Marseille, coll. Inter-normes, 2016

La recherche juridique – Sciences et pensées du droit, L'Harmattan, coll. Logiques juridiques, 2016

L'État – Entre fait et droit, L'Harmattan, coll. Logiques juridiques, 2015

Repenser la pyramide des normes à l'ère des réseaux – Pour une conception pragmatique du droit, L'Harmattan, coll. Logiques juridiques, 2012

5-7, rue de l'École-Polytechnique, 75005 Paris
http://www.editions-harmattan.fr
ISBN : 978-2-343-13206-8
EAN : 9782343132068

Avec l'entrée dans l'ère de la modernité juridique, le juspositivisme a succédé au jusnaturalisme. Avec l'entrée dans l'ère de la postmodernité juridique, le juspragmatisme succédera-t-il au juspositivisme ?

L'objet de ce livre sera de mettre en relation le droit et le pragmatisme, courant de pensée venu des États-Unis réduisant (pour le résumer caricaturalement) les êtres et les choses à leurs actions, leurs effets, leurs conséquences, leur utilité. Le pragmatisme juridique, tel qu'ici envisagé, désigne à la fois des *objets d'étude* particuliers et des *méthodes d'étude* particulières modifiant sensiblement le travail des juristes. Ces objets et ces méthodes auraient en commun de s'opposer au dogmatisme qui, sous certains aspects, empreindrait le droit moderne tel qu'il s'est imposé durant le XXe s.

Deux études distinctes constitueront ce livre. La première, *descriptive*, visera à présenter le pragmatisme des chercheurs en droit tel qu'on peut l'observer aujourd'hui, cela en se concentrant sur les théories du droit — plus ou moins élaborées et plus ou moins conscientes — sur lesquelles ils s'appuient. La seconde, *prospective*, approfondira différentes pistes que la recherche juridique pourrait suivre à l'avenir, si elle décidait de prendre un tour résolument pragmatiste.

Le plan de ce livre, correspondant à l'articulation de ces deux études, sera donc le suivant :

I. Observations sur l'actualité du pragmatisme juridique (première étude, intitulée « Les théories pragmatiques du droit »)

II. Propositions pour construire le pragmatisme juridique (seconde étude, intitulée « Pensée pragmatiste et recherche juridique »)

L'hypothèse motivant ces recherches est que les facultés de droit éprouveraient un besoin croissant de pragmatisme à l'heure où le droit moderne semble de moins en moins bien permettre de comprendre et d'expliquer les nouveaux modes de régulation. En effet, ceux-ci se développent autour d'objets normatifs ou semi-normatifs originaux (chartes, conditions générales d'utilisation, contrats-types, normes comptables, normes managériales, normes techniques, labels, standards, meilleures pratiques, statistiques, sondages, indicateurs, classements etc.) qu'une approche pragmatique permettrait mieux qu'une approche classique de saisir.

La première étude exposera les réponses que certains juristes tentent d'apporter à ce besoin de pragmatisme juridique. La seconde étude proposera quelques nouvelles orientations, considérant que le pragmatisme pourrait être au droit postmoderne ce que le dogmatisme est au droit moderne ; et considérant que l'effectivité des normes pourrait être au droit postmoderne ce que la validité des normes est au droit moderne. Avec le juspragmatisme, le droit changerait de physionomie, tandis que l'office des juristes évoluerait grandement.

Ainsi cet ouvrage essayera-t-il d'identifier les nouveaux champs d'étude, les nouvelles habitudes de travail et les nouveaux positionnements épistémologiques attachés au pragmatisme juridique. Ceux-ci sont peut-être l'avenir de la recherche juridique.

Sommaire

Première étude

Les théories pragmatiques du droit

(quelques observations)

Introduction

Le pragmatisme juridique serait l'attitude intellectuelle des juristes qui se consacrent au droit en action, aux résultats et aux conséquences du droit, qui se focalisent sur les faits juridiques plutôt que sur les fictions, les abstractions ou les idéaux juridiques, qui privilégient les pratiques juridiques aux textes juridiques, qui considèrent que *le droit est ce qu'il fait*, qui donc *se concentrent sur les effets du droit*[1]. La devise du pragmatisme juridique réside peut-être dans cet aphorisme emprunté à Jean Carbonnier : « Dans le divorce du fait et du droit, c'est le droit qui a tort »[2]. Ainsi faudrait-il toujours chercher à faire coller le droit au fait, loin de vouloir faire coller le fait au droit.

Dans le cadre de cette première étude, à visée descriptive et non prospective — au contraire de la seconde étude à venir —, seul le pragmatisme des scientifiques du droit sera

[1] Dans le *Vocabulaire technique et critique de la philosophie* d'André Lalande, est pragmatique ce qui est « réel, efficace, susceptible d'applications utiles, par opposition à ce qui est oiseux ou même purement verbal » (V° « Pragmatique », in A. LALANDE, *Vocabulaire technique et critique de la philosophie*, 10e éd., Puf, coll. Quadrige dicos poche, 2010, p. 803). Avec le pragmatisme, « la connaissance est un instrument au service de l'activité » (V° « Pragmatisme », in A. LALANDE, *Vocabulaire technique et critique de la philosophie*, 10e éd., Puf, coll. Quadrige dicos poche, 2010, p. 805). Et on observe que le terme « pragmatisme » a toujours présenté un « double sens fondamental : il est pris tantôt pour viser une connaissance utile, ou un point de vue utilitaire ; tantôt pour viser une connaissance réelle » (R. BERTHELOT, « Observations sur pragmatique et pragmatisme », in A. LALANDE, *Vocabulaire technique et critique de la philosophie*, 10e éd., Puf, coll. Quadrige dicos poche, 2010, p. 1171).

[2] J. CARBONNIER, *Flexible droit – Pour une sociologie du droit sans rigueur*, 8e éd., LGDJ, 1995, p. 36.

interrogé[3]. Le scientifique du droit pragmatique serait celui qui choisit le fait contre la norme, ou bien *la norme effective contre la norme valide*. Selon que le chercheur sera pragmatique ou bien attaché à quelque approche dogmatique du droit, ses méthodes, ses observations et, surtout, ses conclusions et ses propositions pourront différer radicalement. C'est pourquoi il faudrait préciser et développer la distinction du pragmatisme juridique et du dogmatisme juridique, laquelle ne saurait aller sans distinction des théories pragmatiques du droit et des théories dogmatiques du droit.

[3] Le pragmatisme des praticiens du droit, notamment des juges (dont le pragmatisme avec lequel ils appliquent les normes et/ou tranchent les litiges est un grand sujet) ou des législateurs (qui se montrent de plus en plus sensibles aux évaluations, aux études d'impact et à la réflexivité en général), pourrait donner lieu à d'autres travaux. Ainsi, le juge Benjamin Cardozo a promu une méthode très pragmatique : celle de l'utilité sociale devant amener à juger en fonction des conséquences (sociales, économiques, politiques, morales) des décisions et non en fonction du droit positif. De même, John Dewey incitait les juges, dans un premier temps, à trancher en opportunité les cas qui leur sont soumis en fonction de leurs conséquences pour les parties mais aussi de leurs conséquences pour l'ordre social, de leurs conséquences économiques, de leurs conséquences symboliques etc. Puis, dans un second temps, il leur appartiendrait de rechercher quelques moyens de droit positif afin de justifier juridiquement leurs décisions (J. DEWEY, « Justice Holmes and the Liberal Mind », *New Republic* 1927, vol. 53, p. 211 s.). Ensuite, et par exemple, il n'est que possible de se réjouir lorsqu'une cour d'appel refuse d'appliquer à un utilisateur du « réseau social » Facebook une clause des conditions d'utilisation du site alors que la clause en question était noyée dans le texte et qu'il suffisait d'un simple et unique clic pour que le consentement soit considéré comme acquis (CA Pau, 23 mars 2012, *Sébastien R. c/ Facebook*). De même, il faut voir le fruit d'un heureux pragmatisme dans le choix de la Cour de cassation de faire du besoin d'ouvrir plusieurs fenêtres sur un site web pour pouvoir être informé de son caractère publicitaire une infraction à l'article 20 de la *Loi pour la confiance dans l'économie numérique* qui prévoit que toute publicité électronique doit pouvoir être clairement identifiée en tant que telle (Cass. com., 29 nov. 2011, *Kelkoo*). Et juger que la gratuité du service Google Maps est un prix anormalement bas enfreignant le droit de la concurrence et constituant un abus de position dominante sur le marché de la cartographie en ligne (T. com. Paris, 15e ch., 31 janv. 2012, *Bottin Cartographes c/ Google France et Google Inc.*) est une autre illustration du pragmatisme concret dont peuvent faire montre les tribunaux.

La théorie du droit

Dans l'expression « théorie du droit » telle qu'ici utilisée, *« droit » renvoie moins à un ensemble de règles et d'institutions positives qu'à la discipline scientifique qui les étudie*[4]. Or toute activité scientifique reposerait sur une théorie sous-jacente, même si celle-ci peut ne pas être explicitée ou même ne pas être consciente. Si une théorie *lato sensu* peut se comprendre comme une explication rationnelle et générale d'un phénomène, comme une construction intellectuelle hypothétique, synthétique et systématique[5], la théorie *stricto sensu* telle qu'envisagée en ces lignes *assigne un objet d'étude et prescrit une méthode d'étude de cet objet à une science*[6], si bien qu'il n'existerait nulle science sans soubassement théorique. Une théorie serait donc le cadre dans lequel évoluerait une science. Il serait impossible de faire œuvre scientifique sans qu'une théorie indique où creuser et avec quels outils creuser[7].

[4] En effet, on peut distinguer deux théories du droit : la théorie de la science du droit et la théorie du droit positif. Il existe deux types de théories du droit en raison de la double signification du mot « droit » : théorie de l'étude du droit, qui dit comment elle doit être et ce qu'elle doit observer ; théorie du droit positif, énonçant les principes et lois permettant de comprendre et d'expliquer la structure et le contenu du droit positif.

[5] Pour André Lalande, une théorie désigne ce qui, « par opposition à la connaissance vulgaire, est l'objet d'une conception méthodique, systématiquement organisée » (V° « Théorie », in A. LALANDE, *Vocabulaire technique et critique de la philosophie*, 10e éd., Puf, coll. Quadrige dicos poche, 2010, p. 1128).

[6] En ce sens, Michel Troper enseigne que « l'affirmation de l'existence d'une règle juridique présuppose une définition générale du droit, de sa structure, des concepts juridiques, mais aussi une conception de la science qui permette de parvenir à la connaissance de cette règle ou de la validité des raisonnements qu'on lui applique » (M. TROPER, *Philosophie du droit*, 4e éd., Puf, coll. Que sais-je ?, 2015, p. 6).

[7] Selon une formule que Gaston Jèze aimait répéter à ses étudiants, « faire fi de la théorie, c'est avoir l'outrecuidance de soutenir qu'il serait inutile de savoir ce que l'on dit quand on parle, de savoir ce que l'on fait quand on agit » (cité par O. BEAUD, « L'œuvre de Gaston Jèze signifie-t-elle un repli de la doctrine publiciste française sur la technique juridique ? », *Jus Politicum* 2013, n° 11, p. 20).

Partant, si une étude pragmatique recherche ce que font les choses et non ce que sont les choses, elle ne peut néanmoins accomplir sa tâche sans savoir au préalable ce que sont les choses. La théorie du droit, comprise comme *« Code de la science du droit »*, indiquerait donc aux scientifiques du droit ce qu'est ce droit qu'ils doivent examiner — où est la limite entre droit et non-droit —, comment ils doivent l'examiner et quelles fins ils doivent poursuivre. Elle regrouperait ainsi l'ensemble des principes qui confèrent à cette matière scientifique son particularisme, du point de vue de son objet et du point de vue de ses méthodes, et dont dépend très directement l'état des connaissances.

La théorie telle qu'on la conçoit *lato sensu* intervient *a posteriori*, après l'expérience vécue, puisqu'elle consiste en une explication globale d'une réalité déterminée. *Stricto sensu*, elle possèderait un *rôle pré-expérimental* : il lui reviendrait d'arrêter l'objet d'étude et les principes méthodologiques de « sa » science. Une fois les faits recueillis, la science cherche à les analyser pour les expliquer, tandis que la théorie jouerait son rôle avant que le scientifique ne procède à ses expériences. Quant à ce qu'on désigne souvent par « théorie du droit », à savoir la systématisation du droit positif et l'explication de la structure et des tendances générales du droit, il s'agit peut-être davantage de *science macrojuridique* — par opposition à la science microjuridique[8]. Suivant le sens strict ici retenu, ce serait à la science et non à la théorie qu'il reviendrait de comprendre et d'expliquer les faits. La théorie se contenterait — mais c'est là la tâche la plus décisive de toutes — de dire à cette science quels sont ces faits qu'elle doit étudier et comment elle doit les étudier.

[8] La ligne de démarcation entre recherche macro-juridique et recherche micro-juridique se situerait au niveau de la *branche du droit* : les travaux touchant à une branche du droit ou, plus finement, à un régime juridique ou à une ou plusieurs norme(s) ou institution(s) spécifiques et concrètes relèveraient de la recherche micro-juridique ; les travaux portant sur des questions plus générales et plus transversales, dépassant le cadre d'une branche du droit donnée, intéressant le droit privé, le droit public, l'histoire du droit ou même le droit dans son ensemble, appartiendraient à la recherche macro-juridique.

Dès lors, si les activités de certains scientifiques du droit apparaissent pragmatiques, ce ne peut qu'être parce qu'ils sont influencés par des prémisses théoriques pragmatistes. L'objet de cette étude sera d'examiner les travaux des juristes pragmatistes afin d'identifier et mettre en lumière les théories pragmatiques du droit sur lesquelles ils s'appuient.

De plus en plus de publications scientifiques contemporaines tendent à se détacher du dogmatisme juridique qui a marqué le XXe s. et semblent s'inscrire, par opposition à ce dogmatisme juridique, dans le domaine du pragmatisme juridique. Néanmoins, cela n'est que rarement explicité et expliqué car une des premières règles du pragmatisme semble être de ne jamais revendiquer son pragmatisme et même de ne guère réfléchir au caractère pragmatique de ses activités. Il est ainsi rare que des pragmatistes affichent leur pragmatisme — celui-ci étant d'ailleurs souvent inconscient. Et les recherches sur les théories pragmatiques du droit soutenant ces travaux pragmatiques demeurent quasi-inexistantes. Pourtant, peut-être serait-il pertinent d'*ériger la distinction des théories dogmatiques et des théories pragmatiques en nouvelle* summa divisio *des théories du droit.*

Par ailleurs, il importe d'expliquer brièvement pourquoi une ou des « philosophie(s) pragmatiques du droit » ne sont pas évoquées ici. Comme la théorie du droit, la philosophie du droit chercherait à définir le droit. Mais, telle qu'on peut la concevoir[9], elle le ferait à des fins et dans des cadres abstraits qui ne paraissent pas pouvoir se concilier avec quelque intention pragmatiste[10]. En effet, indissociable du

[9] Les sens des expressions « philosophie du droit » et « théorie du droit » sont ô combien mal fixés, à tel point que des professeurs comme Michel Troper peuvent préférer les considérer tels des synonymes (M. TROPER, *Philosophie du droit*, 4e éd., Puf, coll. Que sais-je ?, 2015).

[10] B. OPPETIT, *Philosophie du droit*, Dalloz, 1999, p. 19 (« la théorie générale du droit, à partir des enseignements des sciences juridiques particulières, vise à donner une définition des concepts communs à des ordres juridiques différents, à les lier entre eux selon telle ou telle typologie et à bâtir un système, alors que la philosophie du droit se place au-dessus des droits positifs et recherche quelle doit être l'orientation du droit par rapport à telle ou telle échelle de valeurs ») ; A. JEAMMAUD, « Une typologie des activités

jusnaturalisme, elle serait subjective, idéaliste et spéculative, elle s'intéresserait à l'essence du droit, à ses permanences[11], à ses finalités en termes de justice ou d'épanouissement des libertés[12], autant d'objets qui n'existeraient pas aux yeux d'un pragmatiste[13]. « Philosophie » signifie étymologiquement

savantes prenant le droit pour objet », *Sciences de l'homme et société* 1999, p. 10 (« parmi les activités à distance du droit positif, la philosophie du droit est une réflexion critique sur le concept même de droit, l'ontologie du droit, les rapports entre le droit et les valeurs (justice, sécurité etc.). Plus feutrées devraient être les oppositions dans la sphère d'une théorie du droit comprise comme activité d'analyse de la structure ou de l'outillage d'ordres juridiques concrets. Sa vocation est de produire une connaissance des normes juridiques en tant que telles et de leur variété » (cité par J. MORET-BAILLY, « Esquisse d'une théorie pragmatiste du droit », *Droits* 2013, n° 55, p. 185)).

[11] Pour Dewey, une philosophie se caractérise par sa « recherche de l'immuable et de l'ultime — ce qui est — indépendamment du temps et de l'espace » (J. DEWEY, *Reconstruction en philosophie* (1920), Gallimard, 2014, p. 30).

[12] En ce sens, Michel Troper retient que « l'expression "théorie générale du droit" est apparue à la fin du XIXe siècle, sous l'influence du positivisme et de l'empirisme et en réaction contre la philosophie du droit qui se pratiquait jusqu'alors. Les tenants de la théorie générale du droit critiquèrent la philosophie du droit classique pour son caractère purement spéculatif. Les questions classiques dont elle traitait : "Qu'est-ce que le droit ?" ou "Existe-t-il des critères du juste ?", leur paraissaient donner lieu à des considérations purement métaphysiques, alors qu'ils entendaient fonder une science. Tandis que la philosophie du droit portait sur un droit idéal, la théorie générale du droit ne voulait traiter que du droit tel qu'il est, le droit positif. Il existait donc des liens entre la philosophie du droit et les doctrines jusnaturalistes, d'une part, la théorie générale du droit et le positivisme juridique, d'autre part » (M. TROPER, *Philosophie du droit*, 4e éd., Puf, coll. Que sais-je ?, 2015, p. 9).

[13] Par exemple, Michel Villey pouvait expliquer que « les problèmes philosophiques sont d'essence spéculative. Et ce sur quoi précisément spécule la philosophie, c'est ce qui se trouve par excellence de stable dans la réalité : l'universel – la structure permanente des choses » (M. VILLEY, *Philosophie du droit – Définitions et fins du droit – Les moyens du droit* (1984-1986), Dalloz, coll. Bibliothèque Dalloz, 2001, p. 30). Or le pragmatisme, tout au contraire, permet de mettre en exergue les dynamiques et non les permanences des choses. Quant à la description de la philosophie proposée par André Lalande, elle est tout à fait significative : « La philosophie est nettement distincte des sciences : celles-ci sont progressives, elles admettent des solutions certaines et universellement reconnues pour vraies ; elles s'accroissent par l'extension de leur domaine ; la philosophie, au contraire, est enfermée dans un cercle de problèmes, qui sous des formes diverses restent au fond toujours les mêmes, et qui ont pour caractère commun de ne pouvoir être soumis au contrôle de

« amour de la sagesse » ; la philosophie du droit, dont les visées seraient axiologiques et prescriptives, serait donc l'amour du droit sage, c'est-à-dire du droit juste, du droit bon, du droit droit[14]. Il y aurait ainsi communauté de fins mais divergence de moyens entre philosophie et théorie du droit et le pragmatisme ne semble pouvoir constituer une fin ou un moyen que de la théorie du droit[15].

Par conséquent, s'il ne s'agit pas de nier que la philosophie du droit puisse être stimulante et même utile à bien des points de vue[16], nulle philosophie pragmatique du droit ne

l'expérience ; son rôle consiste à les maintenir en discussion, et son progrès à en approfondir les termes ; elle n'est susceptible que d'opinions individuelles, et par là se rapproche de l'art » (V° « Philosophie », in A. LALANDE, *Vocabulaire technique et critique de la philosophie*, 10e éd., Puf, coll. Quadrige dicos poche, 2010, p. 775). Et d'ajouter que la philosophie est l' « étude de l'esprit en tant qu'il est caractérisé par des jugements de valeur » (*ibid.*, p. 776).

[14] En ce sens, on explique que « l'horizon et le pari de la philosophie du droit » résideraient dans la question suivante : « Les hommes peuvent-ils déterminer et établir, sous la conduite de la raison, les modalités d'une société juste qui permette et garantisse la coexistence pacifique de ses membres ? » (B. FRYDMAN, G. HAARSCHER, *Philosophie du droit*, 3e éd., Dalloz, coll. Connaissance du droit, 2010, p. 1). Et ces auteurs d'ajouter qu' « essayer de “piloter” le changement de façon à lui donner une forme juridique plus ou moins conforme aux idéaux humanistes » serait l'ambition des philosophes du droit (*ibid.*, p. 125).

[15] La différence entre théorie et philosophie du droit serait donc qu'il s'agirait de deux formes incomparables de définition en même temps que de méthode de recherche de la définition : d'une part, la théorie du droit rechercherait la définition objective et raisonnable du droit, ce qui ne l'empêcherait pas de devoir retenir l'une ou l'autre option épistémologique, parmi lesquelles celle du pragmatisme ; d'autre part, la philosophie quêterait l'essence universelle et éternelle du phénomène juridique, en recourant largement à la spéculation et aux jugements de valeur, en misant sur la raison et non sur l'expérience.

[16] Grand défenseur et grand promoteur de la philosophie du droit en France, Michel Villey écrivait : « La philosophie est un effort de connaissance. Dès l'origine, chez les Anciens, le contraire de la philosophie était le *negotium*, l'action, la pratique. Quitte à retourner la phrase de Marx : le rôle de la philosophie n'est pas de transformer le monde, mais de viser à le comprendre. Notre monde préfère la *praxis*, et l'on dirait qu'il faut aller jusque dans des pays sous-alimentés — aux Indes, au Tibet — pour trouver des gens soucieux d'autre chose que de gagner de l'argent et de la nourriture. La vie spéculative nous semble condamnée, antinaturelle, *primum vivere, deinde philosophari*,

sera envisagée en ces pages et l'expression « philosophie pragmatique » renverra toujours au courant de pensée venu des États-Unis et qu'on désigne communément sous ce nom.

Le pragmatisme

« Pragmatisme » vient du latin « *pragma* » signifiant « action ». On peut dès lors opposer le pragmatisme au dogmatisme (du latin « *dogma* » se traduisant par « croyance »). Le pragmatisme serait ainsi la qualité ou simplement la caractéristique de celui qui *s'oriente vers les actions et non vers les idées, vers les faits et non vers les pensées, vers le concret et non vers l'intellect*, et qui laisse de côté les intuitions et les spéculations, les réflexions et interprétations métaphysiques ou autrement stipulatives, ainsi que les arguments d'autorité.

Le pragmatisme en cause n'est pas celui qu'on retrouve dans le langage commun (synonyme d'opportunisme), notamment dans le champ politico-médiatique, mais celui qui renvoie à un *courant de pensée prenant pour critère de vérité le fait de fonctionner réellement, de réussir pratiquement*, et qu'on appelle classiquement « philosophie pragmatique »[17]. Le

surtout actuellement dans le monde des intellectuels. Aujourd'hui, la philosophie est ce qui manque le plus. Nos intellectuels se contentent d'informations particulières, utiles aux besoins de la vie pratique, celles que leur procurent les sciences. Les sciences modernes sont les auxiliaires de la technique, tandis que la philosophie est essentiellement inutile. Sauf qu'elle nous oriente vers le bien, le vrai ou le juste. Il est forcé que la science du droit soit très répandue, et rare la philosophie. Cela n'empêche pas qu'elle soit nécessaire » (M. VILLEY, *Philosophie du droit – Définitions et fins du droit – Les moyens du droit* (1984-1986), Dalloz, coll. Bibliothèque Dalloz, 2001, p. 21)

[17] Le pragmatisme a été fondé et promu à la fin du XIXe s. et au début du XXe s. essentiellement par trois auteurs : Charles Sanders Peirce (1839-1914), William James (1842-1910) et John Dewey (1859-1952). Toutefois, chacun a suivi sa propre voie, tandis que d'autres sont ensuite venues s'y ajouter, si bien qu'il faudrait certainement parler de « pragmatismes » (au pluriel : il y a le « pragmaticisme » de Peirce, l'« empirisme radical » de James, l'« instrumentalisme » de Dewey, l'« humanisme » de Ferdinand Schiller etc.). Cela présente l'avantage de laisser une importante marge de manœuvre

pragmatisme est cependant peut-être davantage une attitude intellectuelle, un état d'esprit, une épistémologie, donc une *réflexion critique sur les moyens d'accéder à la connaissance*, qu'une philosophie véritable[18]. Il s'agit principalement d'une méthode de clarification de la signification des mots-concepts difficiles en les rapportant aux effets pratiques qu'ils

intellectuelle à celui qui décide de suivre la voie intellectuelle du pragmatisme mais aussi l'inconvénient de placer celui qui se propose d'étudier ce pragmatisme face à un certain flou tant méthodologique que téléologique, les positions des uns et des autres étant parfois parfaitement inconciliables. Par suite, si les philosophes pragmatiques se sont penchés sur de multiples questions, de celle de la démocratie à celle du capitalisme en passant par celles de l'immigration ou du racisme, il ne s'agit ici que de s'intéresser à leurs réflexions épistémologiques et méthodologiques, d'une part, et juridiques — lorsqu'elles existent —, d'autre part. Après avoir exercé une influence majeure aux États-Unis au début du XXe s., étant même le courant philosophique dominant avant la Seconde Guerre mondiale, puis avoir connu une longue éclipse, le pragmatisme est revenu progressivement au premier plan de la philosophie américaine à partir des années 1980, notamment grâce aux pensées des néo-pragmatistes Richard Rorty (1931-2007) et Hilary Putnam (1926-2016). En Europe continentale, le pragmatisme a été « découvert » — il était plus méconnu que rejeté — récemment ; et il est de plus en plus et de mieux en mieux connu, que ce soit dans le champ philosophique ou parmi certaines sciences humaines et sociales (au cours des années 1990 et 2000, les principales œuvres des philosophes pragmatiques américains ont été traduites, éditées et commentées en français ; et une revue *ad hoc* (l'*European Journal of Pragmatism and American Philosophy*, revue semestrielle internationale de langue anglaise) est publiée depuis 2009 par la Cultural Society Pragma). Le pragmatisme a fait son entrée sur la scène intellectuelle française dans les années 1980 et a pris de l'importance en même temps que se sont développées la thématique de l'action et de l'acteur et les analyses dites « en contexte » ou « en situation ». Néanmoins, si la sociologie semble tout particulièrement conquise, la recherche juridique, au contraire, demeure pour l'instant en retrait, loin d'avoir pris à son tour le « tournant pragmatique ». La proximité entre la sociologie et le pragmatisme et l'éloignement du droit et du pragmatisme sont d'ailleurs assez aisés à expliquer eu égard aux objets traditionnels de l'une et de l'autre disciplines, si bien que les théories pragmatiques du droit semblent nécessairement impliquer un rapprochement du droit et de la sociologie et, plus largement, une ouverture véritable à l'interdisciplinarité.

[18] Ainsi Richard Rorty s'est-il demandé si « cette attitude ne conduit pas à une non-philosophie, au bout de laquelle se profilerait, à brève échéance, la mort de la philosophie » (cité par S. GILBERT, « Présentation », in L. DUGUIT, *Le pragmatisme juridique*, La mémoire du droit, 2008, p. 20).

engendrent dans l'expérience sensible, importante surtout sous l'angle des moyens d'enquête et de production des connaissances.

Ce courant de pensée semble ainsi en mesure de s'exporter, plus ou moins heureusement sans doute, dans toutes les formes de science et notamment parmi les sciences du droit. Il pourrait être porteur de *réfléchir aux visages que pourrait prendre le pragmatisme juridique en s'inspirant des propositions des philosophes pragmatiques* relatives à la double question « quel est l'objet de la connaissance juridique et comment l'atteindre ? ». Les scientifiques du droit ont peut-être beaucoup à apprendre de la philosophie pragmatique de la connaissance, de la science et du savoir, dont la rationalité substitue au doute de type cartésien les questions concrètes du savant et qui fonde par là une *conception expérimentale de la signification.*

En particulier, peut-être la « maxime du pragmatisme » pourrait-elle s'appliquer avec profit au droit et à la recherche en droit[1]. Selon cette maxime, il faut se borner à « considérer quels sont les effets pratiques que nous pensons pouvoir être produits par l'objet de notre conception. La conception de tous ces effets est la conception complète de l'objet »[2]. Ainsi, *une*

[1] C'est la voie suivie par le professeur Joël Moret-Bailly, dans un article paru en 2013 dans la revue *Droits* et intitulé « Esquisse de théorie pragmatiste du droit » (*Droits* 2013, n° 55, p. 177 s.). Le professeur y propose également d'étudier les normes en les rapprochant de l'idée selon laquelle les croyances ne seraient rien d'autre que des « habitudes d'action ». Ainsi fait-il des normes des « orientations d'habitudes d'action ». Surtout, il souligne combien une « théorie pragmatiste du droit » implique une extension du domaine de l'analyse juridique à d'autres formes de normativité que la normativité étatique (*ibid.*, p. 198).

[2] Peirce est souvent considéré comme le fondateur du pragmatisme, *a fortiori* dans sa dimension épistémologique — même s'il semble que le premier à avoir imprimé le mot ait été James, à l'occasion de son ouvrage *Philosophical Conceptions and Pratical Results* paru en 1898. En janvier 1879, Peirce publia en français, dans la *Revue philosophique*, un article intitulé « Comment rendre nos idées claires ». Il y énonce ce qui est aujourd'hui reconnu comme la « maxime du pragmatisme ». Et on relève que l'emploi le plus ancien, en anglais, de « pragmatism » se trouverait en réalité chez Georges Eliot qui, dans *Middlemarch* (1872, L. VII, chap. 71), écrit : « Mrs Dollop avait souvent

chose serait ce qu'elle fait ou est susceptible de faire ; elle se réduirait à ses effets ou, du moins, ne se comprendrait qu'à travers ses effets. La « maxime du pragmatisme » implique de toujours procéder à des tests scientifiques dès lors qu'une hypothèse émerge. Et, si cette hypothèse ne peut être ni confirmée ni infirmée, qu'elle est donc une hypothèse métaphysique, mieux vaudrait la rejeter au profit d'hypothèses plus concrètes. En somme, les concepts qui découlent du pragmatisme doivent être faits pour la pratique ou pour l'action et doivent s'adapter aux évolutions de celles-ci.

Le pragmatisme est ainsi foncièrement *évolutionniste*, à tel point qu'on fait de Charles Darwin l'un de ses principaux inspirateurs. Et le pragmatisme est *pluraliste* : les choses à étudier se présentent sous des jours divers et les moyens de les étudier, pour aboutir à des résultats complets et pertinents, doivent être pluriels. Enfin, le pragmatisme entretient des liens étroits avec le rationalisme, l'utilitarisme ou encore le conséquentialisme.

Néanmoins, les scientifiques du droit sont logiquement peu avertis en matière de philosophie pragmatique et il faut gager que le pragmatisme juridique trace souvent son chemin indépendamment de la philosophie pragmatique. *Certains scientifiques du droit contemporains forgent un pragmatisme juridique qui suit son propre genre.* Il n'en demeure pas moins qu'il pourrait être intéressant de rechercher dans quelle mesure la philosophie pragmatique pourrait être exploitée afin de comprendre le droit. Toutefois, en cette première étude, seul le pragmatisme juridique déjà existant sera interrogé. Il reviendra à la seconde étude de ce livre d'envisager les rapports entre droit et pragmatisme sous un angle plus prospectif et de réfléchir à de nouveaux modes de compréhension du droit inspirés du pragmatisme. Pour l'heure, il convient donc de

à résister au pragmatisme superficiel de clients disposés à penser que leurs renseignements sur le monde extérieur avaient la même valeur que ce qui était venu à l'esprit » (cité par R. BERTHELOT, « Observations sur pragmatique et pragmatisme », in A. LALANDE, *Vocabulaire technique et critique de la philosophie*, 10e éd., Puf, coll. Quadrige dicos poche, 2010, p. 1171).

rechercher ce que sont les théories pragmatiques du droit et non ce que pourrait être une théorie du droit rénovée sur la base du pragmatisme.

La théorie du droit et le pragmatisme

Lorsque, durant quelques mois dans les années 1872 et 1873, Charles Sanders Peirce et William James se sont réunis à Cambridge au sein d'un « Club » ironiquement baptisé « métaphysique », dans lequel se trouvaient des scientifiques mais guère de philosophes et duquel allaient jaillir les thèses fondatrices du pragmatisme, ils y étaient accompagnés par trois juristes[1]. De plus, le mot latin « *pragma* » désignerait au sens strict non toute action mais plus précisément l'action en justice[2]. Il est dès lors tentant d'imaginer que le droit entretiendrait des affinités avec ce courant de pensée plus qu'avec tout autre et on en vient à retenir que le pragmatisme serait pour les juristes un « retour aux sources »[3].

Toutefois, s'il n'est pas rare de trouver des références au « pragmatisme juridique » (« *legal pragmatism* » en anglais) et si les observateurs et commentateurs du droit recourent régulièrement à l'adjectif « pragmatique » afin de qualifier certaines réformes ou décisions de justice, on constate que l'expression « théorie pragmatique [ou pragmatiste] du droit » est quasiment inconnue tant dans la littérature francophone que dans la littérature anglophone (« *pragmatic [pragmatist] theory of law* »).

[1] Joseph Bangs Warner, Nicholas St John Green, professeur à la Harvard Law School, et, surtout, Oliver Wendel Holmes, futur juge à la Cour suprême des États-Unis passé à la postérité en tant qu'illustre théoricien du droit.

[2] C. LAVERGNE, Th. MONDEME, « Pragmatismes : vers une politique de l'action située », *Tracés* 2008, n° 15, p. 8.

[3] J. MORET-BAILLY, « Esquisse d'une théorie pragmatiste du droit », *Droits* 2013, n° 55, p. 212. Et l'auteur d'observer combien « la culture juridique a eu une grande influence tant sur la formation que sur la formulation de la philosophie pragmatiste » (*ibid.*, p. 188).

Les théories pragmatiques du droit sont le plus souvent cachées, ce qui rend leur étude délicate. Comme le pragmatisme, par principe, conduit à délaisser les questionnements théoriques réflexifs, les théories pragmatiques du droit n'ont, semble-t-il, jamais été explicitées bien qu'elles imprègnent substantiellement les travaux d'un nombre croissant de juristes. Par conséquent, là où la théorie normativiste, par exemple, s'appuie sur quelques ouvrages précisément identifiés[1], il n'existe guère de travaux de théoriciens du droit expressément consacrés à ces théories pragmatiques. Pour autant, il faut gager qu'elles sont une réalité et que, si elles sont pour beaucoup spontanées et implicites, leur influence se fait de plus en plus importante. Même lorsqu'un auteur ne précise en aucune page de ses ouvrages quelles sont les prémisses théoriques sur lesquelles il s'appuie, celles-ci existent nécessairement et on peut essayer de les identifier.

Quelques prémices de conceptions pragmatiques du droit ou, du moins, de réflexions sur le pragmatisme juridique peuvent cependant être trouvées dans les œuvres des illustres professeurs de droit de la première moitié du XXe s. que furent François Gény et Léon Duguit[2]. À l'ère contemporaine, le

[1] *Théorie pure du droit* d'Hans Kelsen ou *Le concept de droit* d'Herbert Hart, notamment.

[2] Durant l'automne 1923, Léon Duguit a assuré, en Espagne et au Portugal, un cycle de conférences au cours duquel il a en particulier cherché à interroger les doctrines juridiques de son époque sous l'angle du pragmatisme (le thème annoncé était « Exposition critique des divers concepts du droit et de l'État » et « Le pragmatisme juridique » n'était le titre que de la première conférence donnée à Madrid). Ces conférences ont récemment été traduites et publiées : L. DUGUIT, *Le pragmatisme juridique*, trad. S. Gilbert, La Mémoire du droit, 2008. Toutefois, dans son discours, Duguit se montre peu au fait de la philosophie pragmatique, ce que son hôte, le professeur Quintiliano Saldaña — qui, pour sa part, a davantage approfondi la question du pragmatisme juridique à l'occasion de divers travaux touchant au droit pénal —, lui a reproché en des termes assez forts : « Jamais on ne perçoit de maîtrise, de possession, de familiarité avec le pragmatisme et avec sa technique. Il [Duguit] a l'air d'un pragmatiste d'occasion, d'opportunité, par recours tactique » (Q. SALDAÑA, « Étude préliminaire – Le pragmatisme juridique de M. Duguit » [1924], in L. DUGUIT, *Le pragmatisme juridique*, La mémoire du droit, 2008, p. 152). Et d'ajouter que Duguit a donné au pragmatisme « un

professeur Joël Moret-Bailly a proposé, dans un article paru en 2013 dans la revue *Droits*, une « Esquisse de théorie pragmatiste du droit »[1]. Mais on trouve davantage d'approches pouvant s'analyser telles des théories pragmatiques du droit du côté des penseurs du droit anglo-saxons[2], si bien qu'il pourrait être bienvenu de faire connaître dans la culture juridique francophone ces visions du droit et des sciences du droit anglo-saxonnes. Par ailleurs, les philosophes pragmatistes ont pu s'intéresser au droit[3] — quoique rarement, aucun n'ayant travaillé sur le droit de façon systématique. Ils en sont ainsi venus, par exemple, à réfléchir à l'idée selon laquelle le droit ne serait pas une fin mais un moyen.

Ensuite, afin d'identifier les théories pragmatiques du droit, il convient de s'attacher en priorité aux études portant sur les *nouveaux objets normatifs* tels que, par exemple, les labels

contenu qu'il n'a pas » (*ibid.*, p. 125), qu'il s'est montré « prudemment approximatif à l'égard du pragmatisme juridique » (*ibid.*, p. 152). Il faut donc se montrer prudent à l'égard des réflexions sur le pragmatisme juridique de Léon Duguit. En revanche, l'approche du droit sociologique et expérimentale propre au « réalisme » du maître bordelais conduit peut-être à classer sa conception du droit parmi les théories pragmatiques.

[1] *Droits* 2013, n° 55, p. 177 s. Le professeur entend appliquer en théorie du droit la maxime de Peirce précédemment citée. Il souhaite également étudier les normes en les rapprochant de l'idée selon laquelle les croyances ne seraient rien d'autre que des « habitudes d'action ». Ainsi fait-il des normes des « orientations d'habitudes d'action ». Surtout, il souligne combien une « théorie pragmatiste du droit » implique une extension du domaine de l'analyse juridique à d'autres formes de normativité que la normativité étatique (*ibid.*, p. 198).

[2] Voir la bibliographie ci-dessous, notamment les publications de Brian Z. Tamanaha, professeur à l'Université de Washington, ou de Jules Coleman, ancien professeur à la Yale Law School.

[3] Tel a déjà été le cas de Dewey qui, lors d'un congrès organisé en 1941 à l'Université Northwestern de Chicago, a interrogé la philosophie du droit américaine sous l'angle du pragmatisme (J. DEWEY, « My Philosophy of Law », in *My Philosophy of Law: Credos of Sixteen American Scholars*, Boston Law Books, 1941, p. 73 s.). D'autres contributions de Dewey touchent spécifiquement au droit et des auteurs jugent qu'il serait porteur, spécialement pour la sociologie du droit, d'amorcer un programme de recherche sur la pensée juridique de Dewey (L. ISRAËL, J. GROSDIDIER, « John Dewey et l'expérience du droit – La philosophie juridique à l'épreuve du pragmatisme », *Tracés* 2014, n° 27, p. 163).

ou les standards. Il faut également se concentrer sur les travaux relatifs au *droit global*, sur les recherches dans des domaines particulièrement affectés par la mondialisation, comme la régulation de l'internet et du web, la lutte contre le réchauffement climatique, la responsabilité sociale des entreprises, le contentieux transnational des droits de l'homme, la régulation comptable et financière, les standards techniques etc. Et il faut se tourner en direction de la sociologie juridique, de l'analyse économique du droit ou encore du réalisme juridique.

Enfin, il faut tout spécialement rechercher le pragmatisme juridique du côté de l'*École de Bruxelles*. En effet, là où les facultés de droit françaises, par exemple, ne s'ouvrent que lentement au droit extra-étatique, un « réflexe conditionné par la culture positiviste classique »[1] conduisant à imaginer que l'État souverain jouirait d'un « droit au droit », une conception pragmatique du droit est portée depuis près d'un siècle par les chercheurs de l'École de Bruxelles. Ils ont toujours professé une *approche dynamique et ouverte du droit* et plus particulièrement des sources du droit, dont ils ont depuis déjà longtemps mis en lumière la diversification et la privatisation et qu'ils préfèrent envisager sous l'angle des sources réelles que sous l'angle des sources officielles[2]. De plus, les scientifiques de l'École de Bruxelles se consacrent tout spécialement à l'étude du *droit en action ou en contexte* ; ils considèrent que la norme prend vie et sens à l'occasion de ses applications et des effets qu'elle produit.

L'intention de la présente étude est donc de présenter les nouvelles habitudes de recherche, les nouveaux

[1] X. DIEUX, *Droit, morale et marché*, Bruylant (Bruxelles), coll. Penser le droit, 2013, p. 15.

[2] Par exemple, B. FRYDMAN, A. VAN WAEYENBERGE, dir., *Gouverner par les standards et les indicateurs – De Hume aux rankings*, Bruylant (Bruxelles), coll. Penser le droit, 2014. La 4e de couverture indique : « Les normes techniques (les standards) et les dispositifs de gestion, d'évaluation et de classement (les indicateurs) n'ont pas reçu jusqu'à présent toute l'attention qu'ils méritent alors qu'ils contribuent pourtant pour beaucoup à la régulation des sociétés contemporaines ».

positionnements épistémologiques, les nouveaux outils théoriques apparentés au pragmatisme juridique et que les objets normatifs et institutionnels originaux qui émergent au XXIe s. rendraient de plus en plus indispensables. La société mondiale est certainement marquée par la « pannomie » plus que par l' « anomie »[1] ; des normes surgissent de toutes parts et il paraît nécessaire de *donner aux juristes les moyens de rendre compte de ces phénomènes normatifs inédits*. Alors qu'on en vient parfois à craindre une fossilisation des usages risquant de couper dangereusement le droit scientifique du droit pratique, le droit des facultés du droit des cabinets, de plus en plus de travaux abordent ces phénomènes normatifs inédits et, par conséquent, s'émancipent de théories du droit modernes par trop dogmatiques, imposant aux chercheurs d'incommodes « œillères conceptuelles ».

Puisqu'une théorie, suivant le sens spécifique ici retenu, assigne un objet d'étude et prescrit une méthode d'étude de cet objet à une science, il convient d'interroger successivement les *objets d'étude* que les théories pragmatiques assignent aux scientifiques du droit (*première partie*), puis les *moyens d'étude* qu'elles leur prescrivent (*seconde partie*).

[1] B. FRYDMAN, « Comment penser le droit global ? », in J.-Y. CHEROT, B. FRYDMAN, dir., *La science du droit dans la globalisation*, Bruylant (Bruxelles), coll. Penser le droit, 2012, p. 17.

Première partie

Les objets d'étude assignés par les théories pragmatiques aux scientifiques du droit

On explique souvent qu'il ne serait pas utile de savoir ce qu'est le droit, de disposer d'une définition du droit pour « faire du droit », que le juriste serait comme le biologiste qui ne sait pas ce qu'est la vie mais que cette méconnaissance n'empêche pas d'avancer et de réaliser chaque jour de nouvelles découvertes. Pourtant, il faut croire que, si le biologiste étudie, par exemple, des animaux plutôt que des pierres, c'est parce qu'une conception de ce qu'est la vie l'anime et lui indique où chercher[1]. De même, si le scientifique du droit s'intéresse à certains objets, notamment normatifs et institutionnels, plutôt qu'à d'autres, cela implique que ses activités soient mues par une quelconque définition du droit. Et cette définition lui est fournie par une théorie du droit[2], laquelle peut être très élaborée

[1] Comme le disait Merleau-Ponty, « nous avons besoin de savoir ce que nous cherchons, sans quoi nous ne le chercherions pas » (M. MERLEAU-PONTY, *Phénoménologie de la perception*, Gallimard, 1945, p. 36).

[2] Il faudrait donc suivre Michel Troper lorsqu'il enseigne que, « puisque la science du droit doit décrire son objet, qui est le droit, il importe de commencer par le définir. […] On ne peut se passer d'une définition de l'objet droit, […] et cette définition ne peut être fournie par la science du droit, mais seulement par la métascience – autrement dit, par la théorie du droit. […] Le droit n'est pas donné, mais construit par la théorie qui en traite » (M. TROPER, *Philosophie du droit*, 4e éd., Puf, coll. Que sais-je ?, 2015, p. 43, 45-46 et 123). De même, Michel Villey pouvait expliquer que « nulle réponse rigoureuse ne serait possible à la question qu'est-ce qui est de droit (*quid juris* ?) si l'on ne disposait de quelque idée de ce qu'est le droit (*quid jus* ?).

comme très primaire, à tel point qu'elle peut en devenir occulte. Mais on ne saurait dans tous les cas se passer d'une définition de l'objet-droit ; et cette définition ne pourrait pas être fournie par la science du droit mais seulement par la méta-science — c'est-à-dire par la théorie du droit. Le droit n'est pas donné ; il est construit par sa théorie, y compris le droit du juspragmatiste.

Il convient à présent de rechercher les objets que les scientifiques du droit pragmatistes étudient et de discerner les soubassements théoriques sur lesquels ils reposent, donc de préciser le contenu des définitions pragmatiques du droit (*chapitre 2*), cela après avoir déterminé les enjeux qui s'attachent au fait de retenir de telles définitions plutôt que d'autres plus dogmatiques (*chapitre 1*). Si certaines théories bien connues peuvent sans doute s'analyser telles des théories pragmatiques du droit, à l'instar des théories dites « réalistes », ces théories pragmatiques sont aussi et peut-être surtout des théories qui soutiennent les travaux d'un nombre croissant de juristes mais qui ne sont guère explicitées, qui sont sous-jacentes à leurs études mais dont ils n'expliquent guère les prémisses ni les conséquences. Le pragmatisme présente ceci de particulier qu'il incite à laisser de côté les développements théoriques et épistémologiques préliminaires et à se consacrer directement à l'examen des faits. À l'heure actuelle, de plus en plus de chercheurs en droit, d'une part, se concentrent sur les normes et institutions « qui marchent », qui sont efficaces, et, d'autre part, ne s'interdisent *a priori* aucun objet d'étude *en ne posant pas la question de la définition du droit ni donc celle des limites de l'objet d'étude du juriste*. Peut-être est-ce avant tout dans les travaux de ces chercheurs, parmi lesquels nombre de sociologues et anthropologues du droit, qu'il convient de quêter le pragmatisme juridique.

Toute science du droit suppose admise une certaine conception du droit, de son objet et de ses sources ; et chaque science du droit ne vaudra que pour autant que valent ses principes » (M. VILLEY, *Philosophie du droit – Définitions et fins du droit – Les moyens du droit* (1984-1986), Dalloz, coll. Bibliothèque Dalloz, 2001, p. 13).

Chapitre 1. Les enjeux des définitions pragmatiques du droit

Si une étude pragmatique s'intéresse à ce que font les choses et non à ce que sont les choses, le pragmatisme juridique semble devoir être le parfait contraire de la théorie juridique. Il est dès lors peu étonnant que les réflexions sur les théories pragmatiques du droit soient excessivement rares. Toutefois, puisqu'il est impossible de rechercher ce que font des choses sans savoir au préalable ce que sont ces choses, toute étude pragmatique ne saurait se passer d'une théorie pragmatique lui indiquant la marche à suivre. Y compris d'un point de vue pragmatique, il semble indispensable de définir le droit pour pouvoir l'étudier[1].

[1] Sur ce point, les explications de Michel Troper paraissent ô combien éclairantes : « Pourquoi faudrait-il définir le droit ? La recherche d'une définition relève, comme c'est le cas pour d'autres phénomènes, d'une spéculation sur la nature ou l'essence du droit. Mais elle est aussi indispensable au travail même des juristes. On a souvent remarqué que les physiciens ne s'attardent pas à définir la physique ni les chimistes la chimie, tandis que les juristes ne peuvent se passer d'une définition du droit. Cela tient avant tout à ce que l'on ne peut pas appliquer une règle avant de l'avoir identifiée comme règle de droit. Quelle est la différence entre l'ordre du voleur et celui du percepteur ? Tous deux nous ordonnent de leur remettre de l'argent et, dans les deux cas, un refus nous expose à des conséquences désagréables. Nous disons pourtant que nous sommes obligés et contraints d'obéir au voleur, tandis que nous avons l'obligation d'obéir au commandement du percepteur. Autrement dit, nous identifions l'obligation d'obéir au percepteur comme juridique, conformément à une définition du droit. Cette définition n'a rien de philosophique. C'est le droit lui-même qui détermine les critères de ce qui est juridique et de ce qui, comme le commandement du voleur, n'est qu'une violation du droit. Il suffit donc, pour la plupart de nos besoins pratiques, de connaître ces critères, contenus dans des règles. Cependant, une telle connaissance ne nous informe en rien sur la nature du droit. Nous ne savons ni pourquoi ces critères ont été adoptés, ni si ces règles sont réellement obligatoires et, si elles le sont, pourquoi elles le

Les théories pragmatiques définiraient le droit principalement à travers le critère de l'effectivité : seraient juridiques et donc dignes d'être analysées par les scientifiques du droit *les normes et institutions qui produisent concrètement des effets de régulation*[1], quelles que soient leurs origines et leur éventuelle validité[2]. Ces théories pragmatiques du droit s'avèrent tout spécialement bienvenues dans le contexte du début du XXIe s., alors que les normes et institutions qui encadrent effectivement nombre d'activités, notamment économiques mais aussi sociales ou encore culturelles, sont de moins en moins des normes et institutions étatiques et de plus en plus de nouveaux types de normes et institutions extra-juridiques à l'aune des canons modernes.

L'observation du monde des normes et des institutions contemporaines amène à constater combien l'État se trouve mis en cause en raison de sa pesanteur et de l'efficacité précaire de ses interventions ; la globalisation des activités et des échanges érode sa souveraineté en même temps que son pouvoir d'influence. Dans le même temps, se développent des

sont : est-ce parce qu'elles sont justes, parce qu'elles émanent du pouvoir politique, ou parce qu'elles sont assorties de sanctions en cas d'infraction ? Comment savoir si les règles qui définissent ce qui est juridique sont bien elles-mêmes juridiques, si elles sont du droit ou autre chose ? Cette question n'est pas elle-même juridique, mais philosophique. Le juriste ne détient en effet par profession aucun élément de réponse » (M. TROPER, *Philosophie du droit*, 4e éd., Puf, coll. Que sais-je ?, 2015, p. 3-4).

[1] Ainsi, « pour le chercheur pragmatique, l'intérêt d'un objet, d'une norme, d'un dispositif se mesure moins à la qualité de son "*pedigree*" qu'à l'importance des effets de régulation qu'il produit » (B. FRYDMAN, « Comment penser le droit global ? », in J.-Y. CHEROT, B. FRYDMAN, dir., *La science du droit dans la globalisation*, Bruylant (Bruxelles), coll. Penser le droit, 2012, p. 17) ; « certains objets, non juridiques dans une approche classique du droit, qui identifie la règle de droit en fonction de son origine, deviennent justiciables d'une analyse juridique dès lors qu'ils produisent des habitudes d'action » (J. MORET-BAILLY, « Esquisse d'une théorie pragmatiste du droit », *Droits* 2013, n° 55, p. 198).

[2] Un sort particulier doit être réservé aux théories réalistes, lesquelles définissent le droit à travers ses effets juridictionnels, à travers les pratiques interprétatrices et créatrices des tribunaux. Elles conduisent ainsi les scientifiques du droit qui les prennent pour cadre à se concentrer sur les activités des juges et sur les résultats de ces activités.

puissances privées s'exprimant notamment au moyen de normes. Il paraît indispensable que le juriste s'autorise à traiter de ces puissances et normes privées, sans quoi les facultés de droit risqueraient de se trouver dangereusement décramponnées du *droit vivant*. Le pragmatisme juridique interdit d'imaginer que l'empire du droit pourrait aujourd'hui se résumer aux ordres juridiques étatiques et interétatiques.

En pratique, de plus en plus d'acteurs formulent des revendications et prennent des initiatives en matière de demande et d'offre de normes. Notamment, les « *global players* » produisent et/ou se soumettent à de nouveaux genres de normes, cela afin de standardiser les caractéristiques des produits et des services, assurer leur interopérabilité et donc favoriser la division du travail et la globalisation de la production et des échanges, afin de rassurer les clients, garantir les opérations et donc réduire l'incertitude et les risques, ou encore afin de diffuser et faire prévaloir certaines valeurs, certains modes de comportement. Ainsi diverses entreprises de production de normes voient-elles le jour, certaines relevant du bricolage et de l'improvisation, d'autres s'adossant à une ingénierie normative fort sophistiquée.

Or, lorsque la théorie prescrit de ne voir de droit que dans la loi et la jurisprudence, il est interdit aux scientifiques du droit de prendre en compte ces formes émergentes de normes et d'institutions, celles-ci relevant du *non-droit*. En revanche, si la théorie permet de voir dans tout objet normatif et dans tout objet institutionnel un objet juridique, ce que font au moins certaines des théories qu'il est ici proposé d'appeler « théories pragmatiques », alors la science du droit est en mesure d'*adapter son champ de recherche en fonction des nouveaux modes de régulation qui apparaissent* dans un monde où la souveraineté politique des États est de plus en plus concurrencée par d'autres formes de souveraineté (économique, technologique, culturelle etc.) qui justifieraient que le droit soit créé dans l'État mais aussi ailleurs que dans l'État. Il paraît de plus en plus difficile d'écarter de son analyse une part des *normes respectées et appliquées* au motif qu'elles ne seraient pas juridiques car guère valides dans un certain ordre juridique.

Les théories dites « panjuridiques » permettent au scientifique du droit de s'intéresser aux phénomènes de « guerre des normes »[1], de concurrence des normativités, de plurinormativité, d'internormativité, aux normes qui émergent de la pratique, à tous ces nouveaux objets normatifs que sont les codes privés, les chartes, les usages, les conditions générales d'utilisation, les contrats-types, les normes comptables, les normes managériales, les normes techniques, mais aussi les modes alternatifs de résolution des conflits, les labels, les standards, les protocoles, les meilleures pratiques, les statistiques, les sondages, les indicateurs de performance, les rankings, les algorithmes, les lois économiques des marchés, les *nudges*[2] etc. Le juriste qui se bornerait à n'étudier que les seules lois et jurisprudences passerait peut-être à côté des éléments les plus remarquables du droit contemporain.

Le droit positif postmoderne appellerait un droit scientifique postmoderne qui lui-même appellerait un droit théorique postmoderne empreint de pragmatisme. Ce dernier devrait *élargir l'horizon du juriste afin de lui permettre d'appréhender le champ des normativités dans son ensemble*, sans quoi son office risquerait de se voir menacé par d'autres spécialistes de la régulation, notamment en provenance des milieux économiques et du management. Si Kelsen ou Hart se sont évertués à précisément séparer, à l'intérieur des normes sociales, le droit et le non-droit, le droit n'étant qu'une forme parmi d'autres de régulation sociale présentant certaines caractéristiques rigoureusement déterminées, cette séparation ne paraît plus tenable et le pragmatisme invite, à travers le panjuridisme, à *fondre le non-droit d'hier dans le droit d'aujourd'hui*[3]. Les formes alternatives de normativité qui

[1] Par exemple dans le domaine des formats de vidéo (VHS contre Betamax ou, plus récemment, Blue Ray contre HD DVD). Or ce thème des « *standards wars* » demeure très peu étudié par les juristes.

[2] Les *nudges*, qu'on peut traduire par « coups de pouce », sont des incitations comportementales qui persuadent inconsciemment d'agir dans un certain sens plutôt que dans un autre.

[3] En ce sens, les théoriciens du droit actuels peuvent en venir à considérer qu' « il nous faudra peut-être repenser à nouveaux frais la norme juridique,

complètent ou concurrencent la normativité étatique ne sauraient échapper aux juristes ; et elles n'échapperaient pas aux juristes pragmatistes.

Mais ces derniers n'envisagent pas un droit homogène aux contours précisément déterminés. *Le droit des juspragmatistes se conjugue au pluriel.* Il convient à présent de détailler les différentes conceptions pragmatiques du droit qui empreignent la recherche juridique contemporaine.

voire le droit lui-même, et probablement nous résoudre à inventer une nouvelle logique des normes » (J.-Y. CHEROT, « Concept de droit et globalisation », in J.-Y. CHEROT, B. FRYDMAN, dir., *La science du droit dans la globalisation*, Bruylant (Bruxelles), coll. Penser le droit, 2012, p. 15).

Chapitre 2. Le contenu des définitions pragmatiques du droit

De nouvelles définitions pragmatiques du droit pourraient être proposées au départ d'une application au droit de la philosophie pragmatique. Par exemple, dès lors que le pragmatisme se ramène à l'affirmation selon laquelle « la vie est supérieure à la pensée dont elle est la fin ou même la règle »[4], on pourrait en venir à considérer que la vie du droit serait supérieure à la pensée du droit dont elle serait la fin ou même la règle. Et John Dewey pourrait être suivi lorsqu'il revendique que « nous pouvons, en considérant le droit comme fait, apprécier ce qu'il est seulement en indiquant comment il opère, et quels sont ses effets dans et sur les activités humaines en cours »[5]. Des définitions du droit focalisées sur le droit effectif et pratiqué devraient être tirées de ces propositions. Néanmoins, en ces lignes, seules les conceptions pragmatiques du droit préexistantes dans la pensée juridique seront envisagées. Ce sera l'objet de la seconde étude à venir que de proposer au droit de nouvelles voies à suivre au départ de la philosophie pragmatique.

Ensuite, si les définitions du droit sont si nombreuses et si variées, y compris dans le seul cadre du pragmatisme juridique, cela s'explique par le fait qu'il n'existe, dans le monde empirique, guère de réalité directement observable à laquelle il serait permis d'accoler le mot « droit ». Il s'y trouve uniquement des comportements humains et des objets que l'on peut comprendre tantôt d'un point de vue juridique, tantôt d'autres points de vue. Le droit ne serait ainsi pas la chose la

[4] G. CANTECOR, « Le pragmatisme », *L'année psychologique* 1907, p. 355.

[5] J. DEWEY, « My Philosophy of Law », in *My Philosophy of Law: Credos of Sixteen American Scholars*, Boston Law Books, 1941, p. 77.

plus aisée à saisir sous l'angle pragmatiste. Il faut cependant gager que des théories pragmatiques du droit existent bel et bien.

Ces théories pourraient être regroupées en cinq grandes familles : le panjuridisme (*section 1*), le réalisme (*section 2*), le sociologisme (*section 3*), l'économisme (*section 4*) et le syncrétisme (*section 5*). Telles seraient les cinq branches du juspragmatisme, chacune adoptant une vision spécifique de l'objet-droit.

Section 1. *L'approche panjuridique*

Font partie des théories panjuridiques certaines conceptions du droit de juristes — par exemple celles qui sont qualifiées de « pluralisme juridique radical » —, mais aussi les approches du droit de beaucoup de sociologues et anthropologues du droit, dont les objets d'étude les ont généralement conduits à ne pas adhérer aux théories du droit étatistes et formalistes[6]. Les chercheurs en droit pragmatistes sont souvent des chercheurs qui ne se soucient guère de connaître *a priori* les bornes et le cadre de leur objet d'étude et qui y intègrent toute donnée à la seule condition qu'elle leur semble utile, sans procéder à aucune vérification de sa juridicité. Ils se concentrent simplement sur le droit efficace, sans autre forme de procès[7]. Le panjuridisme est ainsi souvent spontané et implicite. Par conséquent, les théories sur lesquelles il repose sont inconscientes et de ce fait fragiles.

[6] Pour ne prendre qu'un exemple, l'œuvre de Georges Gurvitch semble s'inscrire pleinement dans le panjuridisme et reposer sur une théorie pragmatique du droit (notamment, G. GURVITCH, *L'expérience juridique et la philosophie pluraliste du droit*, Pedone, 1935).

[7] Ainsi Quintiliano Saldaña, qui fut peut-être le premier véritable penseur du pragmatisme juridique, pouvait-il écrire que « le pragmatisme juridique est une théorie du droit efficace » (Q. SALDAÑA, « Étude préliminaire – Le pragmatisme juridique de M. Duguit » [1924], in L. DUGUIT, *Le pragmatisme juridique*, trad. S. Gilbert, La Mémoire du droit, 2008, p. 129).

Les théories panjuridiques peuvent retenir la définition du droit suivante : *le droit est ce que les juristes étudient.* Ainsi autorisent-elles les scientifiques du droit à observer tout objet normatif ou institutionnel. Aux yeux de la plupart des théories du droit, un « *patchwork* normatif » n'implique pas nécessairement quelque « *patchwork* juridique » car encore faut-il que les normes en cause soient juridiques. Avec ces théories panjuridiques, il n'est pas nécessaire au scientifique du droit de poser la question de la juridicité des normes pour savoir s'il peut les intégrer ou non dans son objet d'étude puisque le seul fait de les étudier suffira à les considérer comme juridiques. Cela implique un renversement radical de perspective : *ce n'est plus de la définition du droit que dépend l'objet d'étude concret du juriste mais de l'objet d'étude concret du juriste que dépend la définition du droit.*

Peut-être le besoin de définir — et ainsi circonscrire et borner — l'objet d'étude avant de l'étudier fait-il peu de doute. Comme le soulignent des auteurs, les tenants et les aboutissants d'une recherche sur le droit dépendent forcément de la définition du droit retenue[8]. « On ne peut avoir une idée exacte des divers membres de l'homme ou rouages de la machine si l'on ne sait d'avance ce qu'est l'homme ou ce qu'est la machine »[9], disait Santi Romano. Aussi semble-t-il difficile de vouloir observer loin de toute considération théorique la réalité juridique, quelle qu'elle soit. Il appartient justement à la théorie de tracer les frontières du droit.

Dès lors, étudier la réalité juridique indépendamment de tout préjugé théorique apparaît impossible ou, du moins, très aventureux. Ce n'est, en effet, qu'en vertu de préjugés théoriques relatifs à l'ontologie du droit que l'on peut savoir où rechercher cette réalité juridique et où ne pas la rechercher. Autrement dit, il n'existerait pas de réalité juridique sans

[8] H. ABDELHAMID, « Les paradigmes postmodernes et la démarche pluraliste dans la recherche juridique », in Gh. OTIS, dir., *Méthodologie du pluralisme juridique*, Karthala, coll. 4 vents, 2012, p. 168.

[9] S. ROMANO, *L'ordre juridique* (1946), trad. L. François, P. Gothot, Dalloz, coll. Philosophie du droit, 1975, p. 7.

préjugé théorique permettant de la cerner[1]. Que « la réalité du droit mérite davantage de respect que la théorie du droit »[2] serait dès lors discutable puisqu'il ne saurait y avoir de réalité du droit loin de toute théorie du droit sous-jacente, loin de toute conception — éventuellement implicite ou même inconsciente — de ce qu'est et de ce que n'est pas le droit. Ensuite, il existerait des préjugés théoriques pragmatiques et des préjugés théoriques dogmatiques.

Or nombreux sont ceux, parmi les tenants du panjuridisme, qui évacuent sans autre forme de procès le problème de la juridicité, le problème des spécificités du droit parmi les différents modes de régulation sociale, qui en viennent à considérer que la question de la définition du droit serait vaine, inutile. Le caractère strictement juridique des travaux en cause se trouve peut-être compromis[3] ; car il n'est, semble-t-il, pas inconsidéré de convenir que la plupart des normes ne seraient pas juridiques[4] et qu'il serait par conséquent déterminant de savoir séparer droit et non-droit. Certes, le droit est une « notion à l'imprécision accueillante »[5]. Le danger est que, en en venant à admettre toutes les normativités sous la bannière de la juridicité, l'imprécision du droit risque de servir la dissolution du droit et, finalement, la

[1] Puisqu'il appartient à la théorie du droit de déterminer et circonscrire le champ juridique, ce dernier peut difficilement s'émanciper et s'écarter de cette première. Le droit serait ce que les théoriciens du droit dominants en font ; le reste ne serait que normativités et institutions extra-juridiques.

[2] M. VIRALLY, « Sur la prétendue "primitivité" du droit international », in *Recueil de travaux publié à l'occasion de l'Assemblée de la Société suisse de juristes à Genève, du 3 au 5 octobre 1969*, Librairie de l'Université Georg & Cie (Genève), 1969, p. 201 (cité par C. THIBIERGE, « Le droit souple – Réflexion sur les textures du droit », *RTD civ.* 2003, p. 599).

[3] En ce sens, on écrit que les auteurs en cause connaissent des « difficultés à préserver la juridicité de leur objet d'étude » (H. ABDELHAMID, « Les paradigmes postmodernes et la démarche pluraliste dans la recherche juridique », in Gh. OTIS, dir., *Méthodologie du pluralisme juridique*, Karthala, coll. 4 vents, 2012, p. 167).

[4] Par exemple, P. LIVET, *Les normes*, Armand Colin, coll. Vocation philosophe, 2006, p. 1 s.

[5] P. DEUMIER, *Le droit spontané*, Economica, coll. Recherches juridiques, 2002, p. 441.

disparition du droit, le concept de droit ne désignant plus rien de particulier. La question du sens du nom « droit » et de son adjectif « juridique » serait donc bien la plus épineuse de toutes celles qui se posent aux penseurs et aux commentateurs du droit, y compris lorsqu'ils s'attachent au pragmatisme juridique[1].

Toujours est-il que le scientifique du droit pragmatiste est peut-être en premier lieu celui qui ne s'interdit *ab initio* aucun objet d'étude, qui ne refuse *a priori* à aucune norme ou institution d'intégrer cet objet d'étude et qui détermine l'étendue de son terrain de recherche avant tout en fonction du *critère de l'effectivité*. Par exemple, les tenants du « pluralisme juridique radical », comme les sociologues et anthropologues du droit, voient en toute norme sociale une norme juridique et en toute institution sociale une institution juridique, sans rechercher de quelconques éléments significatifs permettant de séparer le social juridique du social non juridique, ce dernier n'existant tout simplement pas[2]. Tous estiment que les

[1] Pour ne prendre que deux exemples, Carré de Malberg soutenait que seul l'État serait investi de la puissance spécifique que serait la souveraineté et, partant, de la capacité de créer et d'appliquer le droit qui en découlerait (R. CARRE DE MALBERG, *Contribution à la théorie générale de l'État spécialement d'après les données fournies par le droit constitutionnel français*, t. I, Librairie du Recueil Sirey, 1920), tandis que Kelsen concevait qu'État et droit seraient une seule et même chose désignée par deux noms différents (H. KELSEN, *Théorie pure du droit*, 2e éd., trad. Ch. Eisenmann, Dalloz, 1962). Aux yeux de chacun de ces illustres professeurs, il n'y aurait d'ordres juridiques qu'étatiques et interétatiques. Le critère de la qualité juridique serait la qualité étatique. Ce faisant, les nouveaux foyers de normativité qui apparaissent devraient être écartés de l'étude *ab initio* sans égard aucun pour les « faits normatifs ».

[2] On fait remonter les prémices du pluralisme juridique radical à quelques écrits des années 1980, proches du mouvement *Critical Legal Studies* alors en plein essor sur le continent américain. Un auteur, en particulier, a souhaité développer un « pluralisme juridique critique » sensé dépasser les théories classiques du pluralisme juridique des juristes jugées « trop fermées » et encore trop « étato-centrées » (R. A. MACDONALD, « Critical Legal Pluralism as a Construction of Normativity and the Emergence of Law », in R. JANDA, A. LAJOIE, R. A. MACDONALD, G. ROCHER, dir., *Théories et émergence du droit : pluralisme, surdétermination et effectivité*, Bruylant-Thémis (Bruxelles-Montréal), 1998, p. 9 s. ; également, M.-M. KLEINHANS,

« réseaux mafieux ou ecclésiaux, jésuites ou trotskystes, des syndicats ou de la Résistance, sportifs ou intellectuels, de charité ou de profit, lignagers ou consensuels, secrets ou publics, sont autant d'exemples de ces "sociétés" [...] qui sont susceptibles de générer du droit »[1].

Logiquement, il ne serait pas contradictoire de dire que les normes sociales prennent une certaine forme et que les normes juridiques en prennent une autre, mais, au sens des théories panjuridiques, un tel propos serait antinomique puisque normes sociales et juridiques ne pourraient que présenter le même visage. Or, les normes sociales ne pouvant assurément se

R. A. MACDONALD, « What is a Critical Legal Pluralism », *Revue canadienne droit et société* 1997, n° 12, p. 25 s.). Le pluralisme juridique radical considère que le pluralisme en cause est celui des ordres juridiques ; mais, contrairement aux propositions classiques, ses défenseurs ne retiennent pas de définition de l'ordre juridique et utilisent alternativement et sans distinction « ordre juridique » et « ordre normatif », là où la théorie ordinaire du pluralisme juridique fait de l'ordre juridique une espèce d'ordres normatifs répondant à certains critères spécifiques consacrant le particularisme du droit au sein du monde social. Ainsi un professeur écrit-il, dans sa thèse de doctorat intitulée *Pour un pluralisme juridique radical*, qu'il y a un ordre juridique dans « toute forme de regroupement humain » (S. LEBEL-GRENIER, *Pour un pluralisme juridique radical*, th., Université McGill de Montréal, 2002, p. 22) et que le pluralisme juridique est « la situation où coexistent plusieurs systèmes juridiques dans un même milieu. En d'autres termes, le pluralisme juridique vise la coexistence de plusieurs ordres normatifs au sein d'une même unité d'espace et de temps » (*ibid.*). Pour les partisans du pluralisme juridique radical, la pluralité des ordres normatifs est signe de pluralisme juridique ; pour les adeptes de la théorie classique, cela ne peut être que le signe d'un pluralisme normatif ne disant rien de la réalité ou irréalité du pluralisme juridique. Et de préciser : « Nous désignerons par l'expression "système juridique" tout ensemble de normes qui s'articulent sur les fondements d'une même source, d'une même logique ou d'un certain critère unificateur. [...] Cette définition implique que tout ensemble de normes émanant d'une même communauté constitue un système juridique. C'est pourquoi nous considérons comme synonymes les expressions ordre normatif et système juridique. L'un comme l'autre désignent un ensemble de normes qui s'imbriquent, de façon plus ou moins étroite, dans un système » (*ibid.*, p. 23). La confusion entre les notions de « norme » et de « norme juridique » est totalement et explicitement assumée, si ce n'est revendiquée.

[1] J. VANDERLINDEN, « Réseaux, pyramide et pluralisme ou regards sur la rencontre de deux aspirants-paradigmes de la science juridique », *RIEJ* 2002, n° 49, p. 20.

réduire aux normes étatiques, les thèses selon lesquelles l'État aurait le monopole du droit seraient profondément infondées et les tenants du panjuridisme n'hésitent pas à exprimer sans détours leur volonté de les « combattre ». Leur intention est de « remett[re] en question le positivisme pour valoriser des normativités plus matérielles, fondées en grande partie sur un savoir social »[1] et de « revaloris[er] des véhicules normatifs occultés, souvent animés par des logiques matérielles, qui s'inscrivent dans une plus grande proximité avec la réalité des relations sociales »[2], mais cette intention n'est jamais accompagnée de celle de rechercher si lesdits « véhicules normatifs », « normativités » et « savoir social » sont aussi des « véhicules juridiques », « normativités juridiques » et « savoirs juridiques » ou s'ils sont des données non juridiques par définition exclues de l'objet d'étude des juristes. En cela, ce panjuridisme pourrait être qualifié de *« panjuridisme brut »*.

La critique qu'on pourrait donc exprimer à l'endroit de cette forme de pensée juridique (ou « juridique » entre guillemets) est qu'elle peinerait à convenablement décrire l'objet-droit car elle effacerait sa complexité ontologique pour succomber à un simpliste rapport « social = juridique ». Les juristes en viennent ainsi à dénoncer des conceptions qui ne feraient que « pulvériser la notion de droit »[3]. Tel serait par exemple le cas lorsqu'est affirmé, sans autre forme de procès, que la « normativité de tous les jours » est du droit[4] ou, plus clairement encore, que « toute normativité constitue du droit. […] Toutes les manifestations normatives doivent par conséquent être considérées comme pertinentes pour le

[1] S. LEBEL-GRENIER, *Pour un pluralisme juridique radical*, th., Université McGill de Montréal, 2002, p. 208.

[2] *Ibid.*, p. 354.

[3] R. LIBCHABER, *L'ordre juridique et le discours du droit – Essai sur les limites de la connaissance du droit*, LGDJ, 2013, p. 79.

[4] S. MACAULAY, « Images of Law in Everyday Life: The Lessons of School, Entertainment and Spectator Sports », *Law and Society Review* 1987, n° 21, p. 185 s.

juriste »[1]. Il semble que, même si le droit et l'État sont pleinement des constructions sociales, les uns soient inclus dans l'autre, ce qui interdirait la réciproque : tout ce qui est juridique ou étatique serait par définition social, mais cela n'impliquerait pas la possibilité de renverser le raisonnement. Dire que « toute norme est une norme juridique », ce serait comme dire que « tout fruit est une pomme », car les juristes, utilisateurs du langage *jus*-scientifique, voient dans les normes de droit une catégorie particulière au sein de l'ensemble des normes, comme les botanistes, utilisateurs eux-aussi d'un langage scientifique, considèrent que « pommes » est un terme désignant une catégorie de l'ensemble des « fruits », notion plus générique[2].

La méthode des tenants du « panjuridisme brut » pècherait en ce qu'elle ne suivrait pas la consigne de Durkheim : une science devrait, avant toute chose, « indiquer à quels signes extérieurs il est possible de reconnaître les faits dont elle doit traiter, afin que le savant sache les apercevoir là où ils sont et ne les confonde pas avec d'autres »[3]. Avec ce panjuridisme, on n'indique pas, si ce n'est vaguement, les signes extérieurs permettant de reconnaître les règles de droit dont on doit traiter.

Gérard Cornu relevait que certaines expressions initialement propres à la procédure judiciaire sont devenues des locutions familières si banales que beaucoup ne font plus le lien avec leur origine (« s'inscrire en faux », « à tour de rôle », « mettre en cause », « sur le champ », « en tout état de cause » ou « sur la sellette »)[4]. Le drame, pour la science juridique,

[1] S. LEBEL-GRENIER, *Pour un pluralisme juridique radical*, th., Université McGill de Montréal, 2002, p. VIII.

[2] Il faut dire que les partisans du « pluralisme juridique radical » se proposent ni plus ni moins que de « présent[er] le portrait d'une irrévérence et même d'une impertinence soutenue envers les canons de la théorie juridique classique. [Ils] pren[nent] plaisir à déboulonner ses principes structurants que sont l'ordre, la cohérence, l'objectivité et la certitude » (*ibid.*, p. 1).

[3] É. DURKHEIM, *Les règles de la méthode sociologique*, 2e éd. (1937), Puf, coll. Bibliothèque de philosophie contemporaine, 1973, p. XX.

[4] G. CORNU, « Linguistique juridique », in D. ALLAND, S. RIALS, dir., *Dictionnaire de la culture juridique*, Lamy-Puf, coll. Quadrige dicos poche, 2003, p. 954.

serait que « droit » et son adjectif « juridique » rejoignent la liste des termes déjuridicisés. Si le juriste est un scientifique qui utilise un langage scientifique, donc rigoureux et précis, cela implique, normalement, qu'il ne se réfère qu'à des « normes juridiques » et qu'il reconnaisse celles-ci au départ de critères stables et savamment retenus, spécialement afin de ne pas les confondre avec les normes sociales non juridiques ou, pire encore, avec les normes non sociales.

La prégnance du positivisme juridique moderne — et donc de l'étatisme juridique — dans la pensée juridique collective demeurant grande, il n'est guère surprenant qu'on en vienne à considérer que le pragmatisme obligerait le juriste à se « déculturer disciplinairement »[1]. Toutefois, les théories selon lesquelles il se trouverait du droit hors de l'État, selon lesquelles l'éticité ne permettrait pas seulement ou même pas du tout d'identifier la juridicité, s'avèrent désormais aussi nombreuses que diverses. Elles gagnent continuellement en « force doctrinale » — *i.e.* en popularité — et de plus en plus nombreux sont ceux qui regrettent que « le positivisme juridique constitue, depuis l'âge moderne, un obstacle à la connaissance vraie du droit »[2]. On entend, aujourd'hui, « reconnaître une valeur juridique à des normes qui, depuis quelque temps déjà, régissent en coulisse et invisiblement des situations de plus en plus nombreuses »[3]. Pareille reconnaissance consiste inéluctablement — bien que peut-être inconsciemment — en un acte théorique audacieux : la révision du concept moderne de droit. Et ce n'est que dans un second temps qu'elle peut prendre la forme d'un acte empirique, soit la recherche et l'identification concrètes de ce qui, grâce à la

[1] S. BELLINA, « L'analyse plurale du droit : enjeux épistémologiques et responsabilité du jeune chercheur », in Gh. OTIS, dir., *Méthodologie du pluralisme juridique*, Karthala, coll. 4 vents, 2012, p. 26.

[2] H. ABDELHAMID, « Les paradigmes postmodernes et la démarche pluraliste dans la recherche juridique », in Gh. OTIS, dir., *Méthodologie du pluralisme juridique*, Karthala, coll. 4 vents, 2012, p. 135.

[3] V. LASSERRE, *Le nouvel ordre juridique – Le droit de la gouvernance*, LexisNexis, 2015, p. 203.

réformation de la notion de droit opérée, passe de l'empire du non-droit à l'empire du droit.

Après les panjuridistes, une autre branche importante dans la grande famille du juspragmatisme est constituée par les réalistes.

Section 2. *L'approche réaliste du droit*

Si le réalisme est la qualité de celui qui tient compte, dans son action et dans sa pensée, de la réalité, il devrait aller de soi que tout juriste serait un réaliste et, par suite, un pragmatiste. Mais le réalisme n'est pas ici considéré telle une qualité des juristes pris individuellement ; il désigne une école particulière et ce ne sont que certains des juspositivistes et des juspragmatistes qui se positionnent derrière cette bannière.

Le recours au mot « réalisme » permet, tout d'abord, de marquer une rupture avec les visions idéalistes et métaphysiques du droit. Le discours réaliste rejette toute spéculation métaphysique sur le droit et donc toute construction qui ne reposerait pas sur l'expérience et sur de strictes observations et descriptions de faits. Le réalisme se caractérise par son très haut degré de figuration, c'est-à-dire de reproduction de la réalité[1].

En théorie du droit, il s'agit d'un courant pragmatiste qui vise à n'identifier le droit que là où il se situerait réellement. Ainsi enseigne-t-on que « l'autre forme de positivisme [avec le normativisme de Kelsen], *pragmatique celle-ci*, c'est le mouvement réaliste américain, de Oliver Wendell Holmes et de Karl Llewellyn, qui recherche les facteurs sociaux créateurs du

[1] On qualifie aussi de « réalistes » les études qui entendent s'attaquer aux nombreuses fictions qui constellent le droit dans sa vision traditionnelle (P. DEUMIER, *Introduction générale au droit*, 2e éd., LGDJ, coll. Manuel, 2013, p. 14).

droit et les résultats de son application »[1]. En particulier, les théories réalistes correspondent aux théories du droit qui se focalisent sur les décisions des juges interprétant ou créant *ab initio* les règles de droit. Les réalistes, pour le dire en un mot imagé, considèrent que le juge serait la bouche du droit et que, sans lui, ce dernier serait inaudible[2]. Il n'existerait de droit qu'appliqué, en action, concrétisé, individualisé et interprété[3].

Les théories habituellement qualifiées de « réalistes » sont les seules à avoir déjà été rapprochées du pragmatisme en ce qu'elles invitent à voir du droit seulement dans les effets juridictionnels, dans les applications et interprétations des normes que font les juges, donc dans une forme particulière de *droit en actes*[4]. Un juge de la Cour suprême des États-Unis affirmait : « On ne trouve pas le droit, on le fait »[5] ; et on le fait à des fins utilitaristes, soit dans le but de satisfaire le maximum d'intérêts et d'en sacrifier le minimum, attitude foncièrement

[1] W. FRIEDMANN, *Théorie générale du droit*, 4e éd., LGDJ, coll. Bibliothèque de philosophie du droit, 1965 (non souligné dans le texte original).

[2] Par exemple, l'École française de la théorie réaliste de l'interprétation, fondée et menée par Michel Troper, aurait entraîné diverses « mutations hiérarchiques », ou même opéré un « renversement de la hiérarchie des normes » (O. PFERSMANN, « Hiérarchie des normes », in D. ALLAND, S. RIALS, dir., *Dictionnaire de la culture juridique*, Lamy-Puf, coll. Quadrige dicos poche, 2003, p. 782) : seules seraient des normes les applications individuelles et déterminées, les règles générales et indéterminées étant créées par et avec celles-ci. « L'existence juridique d'une norme législative, écrit Michel Troper, ne résulte pas de sa conformité à la Constitution, mais de l'interprétation faite par le juge. La validité ne provient pas de la norme supérieure, mais du processus de production de normes inférieures » (M. TROPER, *Pour une théorie juridique de l'État*, Puf, coll. Léviathan, 1992, p. 92).

[3] Christian Atias notait ainsi que la jurisprudence est « le centre d'intérêt des juristes les plus "réalistes", de ceux qui vont au-delà du droit des livres pour atteindre le droit tel qu'il est dans la réalité, en actes, [...] [car] peu importe le sens de la loi ou la volonté du législateur si le juge en tire d'autres conséquences » (Ch. ATIAS, *Épistémologie juridique*, Dalloz, coll. Précis, 2002, p. 211).

[4] Notamment, W. G. FRIEDMAN, *Théorie générale du droit*, 4e éd., LGDJ, coll. Bibliothèque de philosophie du droit, 1965, p. 247.

[5] Cité par E. ZOLLER, « La Cour suprême des États-Unis entre création et destruction du droit », *Arch. phil. droit* 2006, p. 281.

pragmatiste[1]. Mais, si le droit ne se trouve pas, c'est-à-dire qu'il ne préexiste pas, s'il faut juger à partir de ce qui est et non à partir de ce qui doit être, il existe forcément des éléments extra-juridiques qui influencent les règles judiciairement fabriquées[2]. Aussi, bien que le juge soit considéré comme la seule source formelle des normes juridiques, les auteurs en cause s'attachent-ils à discuter du problème des sources matérielles ou « réelles » qui influencent les décisions judiciaires, lesquelles seules constitueraient donc le droit[3].

Par « réalismes », sont visés plus exactement deux courants théoriques « clairement identifiés, mais fort différents »[4] : le réalisme dit « scandinave » et le réalisme dit « américain ». L'un et l'autre se rejoignent à travers quelques postulats et constats communs, bien que, de manière générale, ils divergent en bien des points et sont mêmes, parfois, incompatibles. Au premier rang de ces points communs, il se trouve le souhait de s'attacher à une description empirique de faits juridiques observables[5]. Ensuite, comme la théorie réaliste

[1] R. POUND, *An Introduction to the Philosophy of Law*, Yale University Press (New Haven), 1922 (cité par F. MICHAUT, « États-Unis (grands courants de la pensée juridique américaine contemporaine) », in D. ALLAND, S. RIALS, dir., *Dictionnaire de la culture juridique*, Lamy-Puf, coll. Quadrige dicos poche, 2003, p. 663).

[2] Le juge Holmes convenait, en ce sens, que « les nécessités d'une époque, les théories morales et politiques dominantes, […] et même les préjugés que les juges partagent avec leurs concitoyens jouent un plus grand rôle que le syllogisme dans la détermination des règles qui doivent servir au gouvernement des hommes » (O. W. HOLMES, *The Common Law* (1881), Little Brown (Boston), 1963, p. 1 (cité par X. MAGNON, *Théorie(s) du droit*, Ellipses, coll. Universités-Droit, 2008, p. 131)).

[3] E. A. HOEBEL, K. N. LLEWELLYN, *La voie cheyenne – Conflit et jurisprudence dans la science primitive du droit*, (1941), trad. L. Assier-Andrieu, Bruylant-LGDJ (Bruxelles-Paris), 1999 (cité par L. ASSIER-ANDRIEU, « Coutumes et usages », in D. ALLAND, S. RIALS, dir., *Dictionnaire de la culture juridique*, Lamy-Puf, coll. Quadrige dicos poche, 2003, p. 322).

[4] É. MILLARD, « Réalisme », in D. ALLAND, S. RIALS, dir., *Dictionnaire de la culture juridique*, Lamy-Puf, coll. Quadrige dicos poche, 2003, p. 1297.

[5] Par suite, il existe peut-être une hiérarchie en termes de réalisme et de pragmatisme entre l'un et l'autre courant : le courant scandinave serait plus réaliste et pragmatique que le courant américain. Alf Ross soutenait que « le droit présuppose non seulement que le juge ait un comportement régulier,

scandinave, le réalisme américain se veut empirique et descriptif[1], il estime que le droit ne serait qu'un phénomène social comme un autre entièrement intégré dans le monde des

mais aussi qu'il ait le sentiment d'être lié par les règles » (A. ROSS, *On Law and Justice*, Stevens & Sons (Londres), 1958, p. 34 (cité par Ch. GRZEGORCZYK, F. MICHAUT, M. TROPER, *Le positivisme juridique*, LGDJ, coll. La pensée juridique, 1993, p. 325)). En cela réside une grande différence par rapport au réalisme américain aux yeux duquel les juges seraient bien davantage animés par un sentiment de liberté. Le réalisme scandinave serait par conséquent plus pragmatique que le réalisme américain, plus conforme à la « réalité » pratique du droit que tous deux se proposent de rechercher. Carbonnier disait de l'interprétation qu'elle serait « la forme intellectuelle de la désobéissance » (J. CARBONNIER, *Droit civil – Introduction*, 26e éd., Puf, 1999, p. 304) ; en tout cas est-elle une forme de liberté. Alors que les réalistes américains confèrent aux magistrats une liberté quasi-totale de décision et d'interprétation, chez les réalistes scandinaves celle-ci prend la forme d'une liberté limitée ou encadrée ; il s'agit, en quelque sorte, d'une « liberté juridique » (M. TROPER, *La théorie du droit, le droit, l'État*, Puf, coll. Léviathan, 2001, p. 84) car le juge se voit inéluctablement pressé par des « contraintes juridiques » (V. CHAMPEIL-DESPLATS, Ch. GRZEGORCZYK, M. TROPER, *Théorie des contraintes juridiques*, LGDJ, 2005). Le réalisme juridique scandinave apparaît étatiste sur le plan des sources formelles du droit, celles-ci se résumant aux cours et tribunaux étatiques, et semi-étatiste sur le plan des sources matérielles du droit, la loi et le règlement influençant autant que le contexte social, les ressentis personnels et le sentiment de la justice les décisions des juges. Le réalisme américain, pour sa part, est également tout-à-fait étatiste du point de vue des sources formelles du droit ; en revanche, il se distingue en ce qu'il ne l'est pas du tout concernant les sources matérielles : « Il faut rechercher l'origine des décisions dans les conversations du juge avec les autres membres de la juridiction, dans sa lecture des journaux et dans le souvenir de l'enseignement qui lui a été prodigué à l'université » (F. S. COHEN, *The Legal Conscience – Selected Papers*, Yale University Press (New Haven), 1960 (cité par F. MICHAUT, *La recherche d'un nouveau paradigme de la décision judiciaire à travers un siècle de doctrine américaine*, L'Harmattan, coll. Logiques juridiques, 2001, p. 211)). Par ailleurs, le réalisme américain semble moins monolithique que ne l'est le réalisme scandinave ; les variations entre les auteurs y sont beaucoup plus nombreuses et profondes et le scepticisme ambiant refreine toute recherche de théorie générale et complète.

[1] F. MICHAUT, « L'approche scientifique du droit chez les réalistes américains », in P. AMSELEK, dir., *Théorie du droit et science*, Puf, coll. Léviathan, 1994, p. 265 s.

faits[1] et il argue que l'interprétation serait un acte de volonté et non un acte de connaissance. Et, comme la théorie scandinave, le réalisme américain conçoit que ce n'est pas la décision qui dériverait de la règle mais la règle qui dériverait de la décision, laquelle ne préexisterait pas à l'intervention juridictionnelle, et il n'accueille pas plus la notion de validité que le syllogisme judiciaire logique, déductif et quasi-mécanique. Le droit serait toujours créé « *ex post facto* »[2].

Herbert Hart pouvait résumer en ces termes le point de vue réaliste : « Lorsque nous affirmons qu'un système juridique existe, nous nous référons [...] à un certain nombre de faits sociaux hétérogènes, et la vérité de cette assertion peut être établie par référence à une pratique effective qui réside dans la façon dont les tribunaux identifient ce qu'on doit considérer comme étant du droit »[3]. Et Alf Ross, illustre réaliste scandinave, de présenter ainsi sa conception du droit : « La question de l'existence d'une règle ou d'un système de règles est une question empirique de fait dépendant de la façon dont les tribunaux, dans la pratique, identifient ce qui doit être considéré comme étant du droit »[4]. En un mot, seuls les tribunaux auraient la possibilité de déterminer le droit ; et leurs décisions constituent un ensemble de faits empiriquement observables.

Qu'une norme soit perçue comme socialement obligatoire, et donc la croyance qu'il s'agit d'une norme juridique que les tribunaux appliqueront, serait l'élément qui

[1] En tout cas, les réalistes américains, emmenés par Llewellyn, prennent le contre-pied de la loi de Hume selon laquelle aucune conclusion prescriptive ne pourrait être inférée d'une série de prémisses purement descriptives. Pour eux, à l'inverse, les conclusions prescriptives devraient être inférées de prémisses purement descriptives.

[2] J. Ch. GRAY, *The Nature and Sources of the Law*, Columbia University Press (New York), 1909 (cité par F. OST, M. VAN DE KERCHOVE, *De la pyramide au réseau ? – Pour une théorie dialectique du droit*, Publications des Facultés universitaires Saint-Louis (Bruxelles), 2002, p. 377).

[3] H. L. A. HART, *Le concept de droit*, trad. M. van de Kerchove, Publications des Facultés universitaires Saint-Louis (Bruxelles), 1994, p. 109.

[4] A. ROSS, *Introduction à l'empirisme juridique*, trad. E. Matzner, É. Millard, Bruylant-LGDJ (Bruxelles-Paris), coll. La pensée juridique, 2004, p. 188.

ferait naître des devoirs. Parler d'une norme juridique reviendrait, en dernière analyse, à prédire le comportement futur des juges, autorités d'application du droit. Telle était la vision du droit et du travail des juristes promue par Oliver Wendell Holmes, juge à la Cour suprême des États-Unis (de 1902 à 1930) et compagnon de route de Charles Sanders Peirce et de William James au moment de la fondation du pragmatisme.

Le réalisme, en tant que « théorie socio-psychologique »[1], écarte la distinction des faits et des normes, des être et des devoir-être, afin de de fondre dans un cadre parfaitement empiriste[2]. Les normes juridiques seraient *des faits et des phénomènes sociaux comme les autres*, qui ne présenteraient guère d'ontologie ou d'originalité particulière[3]. Seule l'expérience devrait donc être la source de la connaissance du droit. Cela contribuerait à rapprocher la science juridique des autres sciences sociales[4] : sa logique serait

[1] É. MILLARD, *Théorie générale du droit*, Dalloz, coll. Connaissance du droit, 2006, p. 45. Un auteur qualifie, dans le même sens, la théorie réaliste de l'interprétation défendue par Michel Troper de « théorie factuelle » et de « théorie sociologique » (X. MAGNON, *Théorie(s) du droit*, Ellipses, coll. Universités-Droit, 2008, p. 147).

[2] *Cf.* F. OST, « La science du droit », in A.-J. ARNAUD, dir., *Dictionnaire encyclopédique de théorie et de sociologie du droit*, LGDJ, 1988, p. 363 s. ; R. GUASTINI, « Alf Ross : une théorie du droit et de la science juridique », in P. AMSELEK, dir., *Théorie du droit et science*, Puf, coll. Léviathan, 1994, p. 249 s. Le réalisme juridique est, à l'instar de la théorie normativiste et de la plupart des théories du droit, prescriptif vis-à-vis des scientifiques du droit et de leur discours juridique, en même temps qu'il est descriptif vis-à-vis de son objet d'étude. Le juriste devrait, après avoir émis des propositions sur le droit, c'est-à-dire des prévisions relatives au comportement des juges, vérifier leur exactitude en recherchant l'application effective des normes décrites par lesdits juges.

[3] Alf Ross en venait ainsi à considérer que « l'ordre juridique et l'ordre constitué par une bande de brigands sont tout aussi factuels. Du point de vue d'une science empirique, il n'y a aucune différence » (A. ROSS, *Introduction à l'empirisme juridique*, trad. E. Matzner, É. Millard, Bruylant-LGDJ (Bruxelles-Paris), coll. La pensée juridique, 2004, p. 122).

[4] D'ailleurs, Michel Troper, désignant le droit positif en tant qu' « ensemble de comportements sociaux », invite les juristes à recourir aux méthodes de la sociologie, soit aux « méthodes susceptibles de décrire les comportements

axée sur la causalité et non sur l'imputabilité, elle serait factuelle et non normative, moniste et non dualiste[1]. Le droit serait un ensemble de « faits sociaux »[2] à rechercher dans des actes humains, à savoir les discours des juges[3], eux-mêmes résultant de dispositions psychologiques empiriquement saisissables.

Aussi les *théories pragmatiques du droit historiques* sont-elles peut-être les théories réalistes, celles-ci seules pouvant s'analyser telles des *héritières de la philosophie pragmatique*[4]. Ce sont autant d'approches qui tendent à réduire le droit à son application, à son interprétation et, plus largement, à sa pratique. Le droit serait, selon les réalistes, fait de « *real rules* » plutôt que de « *paper rules* »[5] ; il impliquerait un ensemble de faits psychosociaux et comportementaux que la science juridique devrait étudier. Cette science serait donc

sociaux » (M. TROPER, *Pour une théorie juridique de l'État*, Puf, coll. Léviathan, 1994, p. 39).

1 E. PATTARO, « Définir le droit », *Droits* 1990, n° 11, p. 50.

2 A. ROSS, *Directives and Norms*, Routledge & Keegan (Londres), 1968, p. 82 (cité par F. OST, M. VAN DE KERCHOVE, *De la pyramide au réseau ? – Pour une théorie dialectique du droit*, Publications des Facultés universitaires Saint-Louis (Bruxelles), 2002, p. 380).

3 Selon la doctrine rossienne, toute proposition scientifique doit être vérifiable et cette vérification, en l'occurrence, consiste à observer l'application par les juges de la norme décrite. Les énoncés de la science juridique sont ainsi susceptibles d'être qualifiés d'énoncés empiriques dans la mesure où ils portent sur des faits observables (É. MILLARD, « Réalisme », in D. ALLAND, S. RIALS, dir., *Dictionnaire de la culture juridique*, Lamy-Puf, coll. Quadrige dicos poche, 2003, p. 1298). La science du droit des réalistes n'a pas pour objet des devoir-être, mais des faits qui parlent des devoir-être. Elle s'appuie sur une « conception expressive du droit » (É. MILLARD, *Théorie générale du droit*, Dalloz, coll. Connaissance du droit, 2006, p. 46).

4 Elles s'accordent notamment avec un article de Dewey intitulé « Logical Method and Law » (*The Philosophical Review* 1924, n° 33 (6), p. 560 s.) dans lequel est opéré le constat selon lequel le syllogisme judiciaire, presque mécanique, serait une idée naïve car le juge, au contraire, prendrait sa décision puis chercherait les moyens de la justifier (M. MENDELL, « Dewey and the Logic of Legal Reasoning », *Transactions of the Charles S. Peirce Society* 1994, n° 30 (3), p. 575 s.). « *We decide, then we deduce* », ainsi que l'a exprimé le juge Holmes.

5 K. N. LLEWELLYN, « A Realistic Jurisprudence: the Next Step », *Columbia Law Review* 1930, n° 30.

pleinement une science empirique. Et elle s'intéresserait à ce que le philosophe du droit danois Alf Ross appelait les « facteurs pragmatiques » des décisions de justice, c'est-à-dire leurs facteurs extra-juridiques, notamment les valeurs portées par les juges ainsi que par la société dans laquelle ils s'inscrivent.

Les débuts du mouvement réaliste aux États-Unis remonteraient à l'œuvre de Joseph X. Bingham, et plus précisément à un article publié en 1912, explicitement intitulé « What is the Law? »[1]. Dans cet écrit, l'auteur entendait poser les bases d'une nouvelle approche des phénomènes juridiques. Il prônait un point de vue « réaliste », soit un point de vue extérieur et empirique. Surtout, il invitait à rechercher dans la « pratique juridique réelle », c'est-à-dire dans la pratique judiciaire, l'exactitude ou inexactitude des propositions de droit formulées par les scientifiques du droit[2].

En 1897 déjà, Oliver Wendell Holmes, pionnier du réalisme américain, avait avancé qu'étudier le droit reviendrait à étudier « ce dont on a besoin pour comparaître devant les juges »[3], c'est-à-dire, dans son esprit, les « leçons de l'expérience sociale »[4]. Cela amena le juge Holmes à exprimer une opinion dissidente dans une affaire où la Cour suprême avait déclaré inconstitutionnelle une loi car, selon lui, il fallait faire prévaloir l'« expérience sociale », c'est-à-dire les « représentations collectives dominantes », sur la lettre de la

[1] J. W. BINGHAM, « What is the Law? », *Mishigan Law Review* 1912 (cité par X. MAGNON, *Théorie(s) du droit*, Ellipses, coll. Universités-Droit, 2008, p. 131).

[2] *Ibid.* (cité par X. MAGNON, *Théorie(s) du droit*, Ellipses, coll. Universités-Droit, 2008, p. 131).

[3] O. W. HOLMES, « The Path of the Law », *Harvard Law Review* 1897 (cité par R. SEVE, *Philosophie et théorie du droit*, Dalloz, coll. Cours, 2007, p. 136) ; également O. W. HOLMES, *Collected Legal Papers*, Peter Smith (New York), 1952.

[4] Cité par Th. KIRAT, « Le pragmatisme de Richard Posner : un regard critique », communication à la journée d'étude sur les philosophes pragmatistes et les économistes, IDHE-ENS Cachan, 11 avril 2005.

Constitution. Suivant une célèbre formule du juge Holmes, « le droit n'est pas affaire de logique mais d'expérience »[1].

Et, parmi les philosophes pragmatistes, John Dewey indiquait que la connaissance du droit impliquerait de se focaliser sur son application, car il n'y aurait pas de dichotomie entre la création du droit et son application : une règle de droit ne prendrait vie et sens que dans le cadre de sa mise en œuvre[2]. Quant à la théorie prédictive du droit d'Oliver Wendell Holmes, aboutissant à définir le droit sous l'angle de ses conséquences[3], elle n'est peut-être rien d'autre qu'une application au droit de la « maxime du pragmatisme » formulée par Peirce.

En définitive, il semble que le réalisme connaisse de nombreuses variantes — le réalisme du juge Holmes, par exemple, ne ressemble que peu à celui de Karl Llewellyn, l'un des plus illustres tenants du réalisme (mais un réalisme plus empirique et factualiste). Et il semble que certaines orientations réalistes soient plus intimes du pragmatisme que d'autres. Par exemple, il faudrait évoquer le récent mais important courant « *Critical Legal Studies* »[4], dont on dit qu'il « pousse le réalisme juridique à l'extrême »[5].

Reste que, eu égard aux enjeux contemporains de la recherche juridique, il faudrait peut-être se concentrer sur les

[1] O. W. HOLMES, *The Common Law*, Little Brown (Boston), 1881, p. 1 (cité par M. TOURBE, « La conception du pouvoir judiciaire chez Woodrow Wilson – Le réalisme juridique à l'épreuve du gouvernement des juges », *Jus Politicum* 2010, n° 4).

[2] J. DEWEY, « My Philosophy of Law », in *My Philosophy of Law: Credos of Sixteen American Scholars*, Boston Law Books, 1941, p. 77.

[3] « Les prophéties relatives aux décisions qu'en fait prendront les cours et tribunaux, et rien de plus : voilà ce que j'entends par droit » (O. W. HOLMES, *La voie du droit*, trad. L. de Sutter, Dalloz, 2014, p. 9).

[4] D. KENNEDY, « Form and Substance in Private Law Adjudication », *Harvard Law Review* 1976, vol. 89 ; F. E. OLSEN, *Feminist Legal Theory*, New York University Press, 1995. Pour le résumer en une phrase, le courant *Critical Legal Studies* entend introduire ou réintroduire, loin du positivisme scientifique, les valeurs économiques, politiques et culturelles dans l'analyse, l'enseignement et la pratique du droit.

[5] L. COHEN-TANUGI, *Le droit sans l'État*, 2e éd., Puf, coll. Quadrige essais débats, 2007, p. 72.

théories panjuridiques plutôt que sur les théories réalistes, les premières étant mal connues bien que potentiellement porteuses pour l'étude du droit à l'ère du droit global quand les secondes sont bien connues en théorie du droit mais de plus en plus archaïques en ce qu'elles limitent l'aire du droit à l'aire des prétoires d'État[1]. Il existerait donc bien des *théories pragmatiques du droit historiques* (ou modernes) et des *théories pragmatiques du droit nouvelles* (ou postmodernes). Et les unes et les autres s'avèrent fort dissemblables.

L'immense différence entre l'approche réaliste et les autres approches pragmatistes est que la première est un étatisme (elle réduit le droit à une certaine forme de normativité d'État) quand les autres théories pragmatiques tendent à consacrer le panjuridisme — elles sont d'ailleurs nettement moins élaborées. En faisant de la mobilisation par un juge le critère de la juridicité des normes, les théoriciens réalistes se placent du côté de l'étatisme juridique et loin du panjuridisme décrit au sein de la section précédente[2].

[1] En ce sens, l'économiste Gaëtan Pirou pouvait déjà écrire, durant la première moitié du XXe s., que « l'individualisme ou l'étatisme juridiques ont pu correspondre aux aspirations, aux nécessités, de telle ou telle période du passé. Actuellement, ces systèmes ne peuvent plus suffire. […] En montrant leur impuissance à interpréter et à règlementer les réalités sociales de notre temps, Duguit a travaillé utilement à l'édification d'un système juridique harmonisé à notre époque » (cité par S. GILBERT, « Présentation », in L. DUGUIT, *Le pragmatisme juridique*, La mémoire du droit, 2008, p. 114).

[2] Les théoriciens du droit réalistes, qui situent l'acte normatif dans l'application-interprétation, ne s'intéressent guère à toutes les applications-interprétations potentielles des textes généraux et impersonnels. Par exemple, ils ne tiennent en aucun instant compte de la perception des lois propre aux citoyens, aux avocats ou aux juristes des entreprises. Seules constituent leur objet d'étude les interprétations officielles ou « authentiques » — pour reprendre, paradoxalement, une expression kelsénienne (H. KELSEN, *Théorie pure du droit*, 2e éd., trad. Ch. Eisenmann, Dalloz, 1962, p. 460) —, c'est-à-dire celles qui proviennent des destinataires secondaires des « normes » que sont les juges, « tiers impartiaux et désintéressés » (P. CORNIOU, *Introduction générale au droit*, 9e éd., Dalloz, coll. Mémentos, 2005, p. 5). Partant, les réalismes sont comme le normativisme kelsénien des étatismes. Le réalisme autant que le normativisme voit dans l'État le seul foyer de juridicité et, plus encore, voit dans le juge le seul foyer de juridicité. Il est en ce sens significatif qu'Alf Ross écrivait que « la validité des normes ne peut être recherchée que

Le pragmatisme juridique se conjugue donc bien au pluriel. Comme la pensée pragmatiste, il est marqué par d'importantes divergences et même contradictions entre les divers courants qui le constituent. Le réalisme et le panjuridisme sont deux formes de juspragmatisme, bien qu'elles soient fort dissemblables autant du point de vue de leurs prémisses que du point de vue de leurs conséquences pour les sciences du droit qui s'y attachent. C'est pourquoi sont évoquées en ces lignes des « théories pragmatiques » (au pluriel), cette expression générique recouvrant des conceptions du droit et de la science du droit potentiellement très différentes.

Aussi faudrait-il peut-être retenir, loin de tout manichéisme, une *approche graduelle du pragmatisme des théories du droit* : il ne serait pas lieu de considérer que deux ensembles de théories devraient être distingués, celui des théories parfaitement pragmatiques et celui des théories entièrement dogmatiques, mais plutôt d'accepter que, sans doute, il existe toute une frange de théories qui peuvent s'analyser comme pragmatiques sous un certain angle et comme dogmatiques sous un autre angle.

Ensuite, après le panjuridisme et le réalisme, il faut évoquer le *sociologisme juridique*, autre forme d'approche pragmatiste du droit. Et celle-ci entretient bien davantage d'affinités avec le panjuridisme qu'avec le réalisme.

dans l'application judiciaire du droit et pas dans le droit qui fonctionne entre les personnes privées » (A. ROSS, *On Law and Justice*, Stevens & Sons (Londres), 1958, p. 34 (cité par Ch. GRZEGORCZYK, F. MICHAUT, M. TROPER, *Le positivisme juridique*, LGDJ, coll. La pensée juridique, 1993, p. 324)) et que Michel Troper souligne que la théorie en cause « ne concerne que les normes résultant de l'activité des organes capables de donner une interprétation authentique », c'est-à-dire les cours étatiques et, plus particulièrement, les cours suprêmes (M. TROPER, *Pour une théorie juridique de l'État*, Puf, coll. Léviathan, 1992, p. 94).

Section 3. *L'approche sociologique du droit*

Certaines définitions pragmatiques du droit proviennent des tenants d'une analyse sociologique du droit, par exemple Léon Duguit[1], Maurice Hauriou, Georges Scelle ou encore Roscoe Pound (défenseur de la *sociological jurisprudence*), auteurs cherchant à identifier le droit parmi les faits sociaux et à comprendre le droit à travers les faits sociaux. Et le pragmatisme juridique se situe encore dans les travaux des penseurs du droit allemands Savigny, Ehrlich, Gierke ou Jhering. Les uns et les autres invitent à concevoir le droit à travers ses conséquences, sa réception, son fonctionnement et ses pratiques sociales plutôt qu'à travers son contenu abstrait, à s'intéresser au « *law in action* » davantage qu'au « *law in books* »[2].

Ils souhaitent en revenir, comme Eugen Ehrlich avec sa théorie dite du *« droit vivant »*, au centre de gravité de l'évolution juridique que serait la société et non la législation, la jurisprudence, la doctrine ou la science du droit[3]. Pour Ehrlich,

[1] L'approche du droit préconisée par Léon Duguit est ainsi sociologique et expérimentale : « Constater les faits, n'affirmer comme vrai que ce que l'on constate par l'observation directe et bannir du domaine juridique tous les concepts *a priori*, objets de croyance métaphysique ou religieuse, qui prêtent à des développements littéraires, mais qui n'ont rien de scientifique » (L. DUGUIT, « Préface », in *Traité de droit constitutionnel – Tome premier : La règle de droit, le problème de l'État*, 3e éd., De Boccard, 1927). Il importerait donc de se débarrasser de ce qu'il appelait la « méthode scolastique », qui raisonne au départ de purs concepts abstraits et d'une logique formelle.

[2] R. POUND, « Law in Books and Law in Action », *American Law Review* 1910, n° 44, p. 12 s. Roscoe Pound pouvait écrire, par exemple, que « le droit doit être jugé à l'aune des résultats qu'il permet et non à raison d'une beauté de ses structures internes. Le droit doit être évalué à l'aune de la mesure dans laquelle il permet d'atteindre les fins qui lui sont assignées, et non à celle de la beauté des procédures ou de la rigueur avec laquelle ses règles dérivent des dogmes sur lesquels il repose » (« Mechanical Jurisprudence », *Columbia Law Review* 1908, p. 605).

[3] E. EHRLICH, « Le droit ne se réduit pas au droit étatique » (1913), in Ch. GRZEGORCZYK, F. MICHAUT, M. TROPER, *Le positivisme juridique*, LGDJ, coll. La pensée juridique, 1993, p. 372.

qui regrettait que « le droit dogmatique voile plutôt qu'il n'exprime la réalité pleine du droit »[1], les règlements abstraits formulés par l'État, « comparables à l'écume se formant sur la surface des eaux », ne s'adresseraient qu'aux tribunaux et autres organes de l'État, les groupes et les individus vivant leur vie juridique en pleine ignorance du contenu de ces règlements, ne connaissant que l'ordre juridique spontané de la société[2]. Selon lui, « ce n'est qu'une partie infime de l'ordre juridique de la société qui peut être atteinte par la législation de l'État et la plus grande partie du droit spontané se développe en toute indépendance des propositions juridiques abstraites »[3]. Ces dernières, formant la couche la plus statique du droit, seraient toujours en retard par rapport au *droit spontané* de la société qui, seul, serait le véritable droit, le droit étant, ontologiquement, une construction sociale.

Le droit serait donc l'affaire des sociologues autant que celle des juristes. Cela serait parfaitement cohérent et logique puisque, comme l'expliquait Ehrlich, « le juriste risque de construire un édifice tout à fait détaché du droit réellement en vigueur, du droit effectivement efficient dans un milieu social donné, s'il ne tient pas compte du droit non écrit, du droit vivant, du droit souple et dynamique, en mouvement perpétuel, qu'il est évidemment impossible de détacher de la réalité sociale du droit »[4]. En somme, *le juriste devrait être un sociologue*.

Foncièrement pragmatiste, l'approche sociologique du droit, pour reprendre les termes de l'un de ses plus célèbres promoteurs en France, Georges Gurvitch, consiste en « l'étude de la plénitude de la réalité sociale du droit »[5]. Il s'agit de

[1] E. EHRLICH, *Fondement de la sociologie du droit*, 1913 (cité par J. CARBONNIER, *Théorie sociologique des sources du droit*, Association corporative des étudiants en droit de l'Université Panthéon-Sorbonne, 1961, p. 28).

[2] *Ibid.*

[3] *Ibid.*

[4] G. GURVITCH, *Éléments de sociologie juridique*, Aubier, 1940, p. 6.

[5] G. GURVITCH, « Problèmes de sociologie du droit », in *Traité de sociologie*, t. II, Puf, 1968, p. 191.

« décrire les fonctions sociales du droit, les causes de sa genèse et de ses transformations [...] et les différentes manifestations de la vie du droit »[1], d'étudier « la réalité sociale pleine du droit, en partant de ses expressions sensibles et extérieurement observables, dans des conduites collectives effectives »[2], de s'intéresser aux « racines sociales du droit »[3]. Selon Gurvitch, le droit s'exprimerait par une « expérience spontanée et intuitive du sentiment de justice » et la rationalisation de cette expérience au moyen de lois positives ne serait qu'une forme dérivée et superficielle de droit, loin d'incarner l'essence des phénomènes juridiques[4].

Et de de regretter que « la Science du droit a tendance [à] perdre contact avec l'expérience juridique immédiate. Cela se produit chaque fois que la technique de systématisation, de construction et d'unification d'une certaine époque reste tellement en arrière de la réalité vivante du Droit [...] qu'elle devient parfaitement incapable de saisir et d'exposer le Droit effectivement en vigueur »[5]. La doctrine juridique, par conséquent, pècherait par excès de dogmatisme et seuls les sociologues du droit, qui se concentrent sur la réalité des « faits

[1] G. GURVITCH, *L'expérience juridique et la philosophie pluraliste du droit*, Pedone, 1935, p. 16.

[2] G. GURVITCH, « Éléments de sociologie juridique (extraits) » (1940), *Dr. et société* 1986, p. 427 ; également L. M. FRIEDMAN, « La sociologie du droit est-elle vraiment une science ? », *Dr. et société* 1986, p. 121. Jean Carbonnier, pour sa part, proposait la définition suivante de l'approche sociologique du droit : « Discipline qui recherche les causes sociales qui ont déterminé l'apparition des règles, qui recherche leur degré d'application effective et leurs incidences sociales. Son but premier est de connaître et d'expliquer les phénomènes juridiques, de les coordonner en lois scientifiques. [...] Elle étudie les phénomènes juridiques primaires : la règle de droit et le jugement ; et les phénomènes juridiques secondaires : diverses institutions concrètes du droit positif, contrat et responsabilité par exemple » (J. CARBONNIER, *Théorie sociologique des sources du droit*, Association corporative des étudiants en droit de l'Université Panthéon-Sorbonne, 1961, p. 5-8).

[3] Réf. à *Dr. et société* 2001, n° 47, « Aux racines sociales du droit : variations autour de quelques thèmes luhmanniens ».

[4] G. GURVITCH, *Le Temps présent et l'idée du Droit social*, Vrin, 1932.

[5] G. GURVITCH, *L'expérience juridique et la philosophie pluraliste du droit*, Pedone, 1935, p. 86.

juridiques », s'intéresseraient au « vrai » ou « véritable » droit, tel qu'il existe en pratique et non dans les livres[1].

Gurvitch pouvait dès lors plaider pour une forme d'approche pragmatiste du droit, imaginant qu'elle aboutirait à « élargir considérablement la sphère de l'expérience juridique, [...] faisant ressortir toute la richesse de la vie du droit, éliminant tout préjugé dogmatique et statique, en ouvrant de larges perspectives à une conception purement dynamique, qui pourrait servir de base philosophique commune à la science technique du Droit (évitant ainsi de momifier ses concepts), et à la sociologie juridique »[2].

Après Gurvitch, d'autres sociologues du droit ont souhaité « opérer une distinction entre la science des règles juridiques et la science de leur réalité sociale »[3], cette dernière se donnant pour objet d'étudier la « réalisation sociale du droit »[4]. Ce ne sont pas d'autres choses que la « dogmatique juridique » et la « pragmatique juridique » qui sont ainsi séparées.

L'approche sociologique-pragmatique du droit se distingue de la science juridique positiviste en ce qu'elle se demande, ainsi que l'enseignait Max Weber, « ce qu'il advient en fait du droit dans la communauté », tandis que les juristes modernes se demandent généralement « quelle est la

[1] Gurvitch séparait les règles de droit et les « faits normatifs », expliquant que les premières seraient du « droit fixé d'avance » et les seconds du « droit vivant, [...] plus dynamique et plus réel que toute règle » (*ibid.*, p. 73). Il y a « fait normatif » — qui est, au sens du sociologue du droit, un « fait juridique » — lorsqu'une pratique sociale devient du droit, par exemple en prenant la forme d'un usage. Les idées de « fait normatif » et de « droit social » — un droit autoproduit par la société — doivent permettre de souligner le lien consubstantiel reliant faits et droit, pratiques sociales et pratiques juridiques, toutes se confondant.

[2] G. GURVITCH, *L'expérience juridique et la philosophie pluraliste du droit*, Pedone, 1935, p. 152.

[3] J. COMMAILLE, « Sociologie juridique », in D. ALLAND, S. RIALS, dir., *Dictionnaire de la culture juridique*, Lamy-Puf, coll. Quadrige dicos poche, 2003, p. 1424.

[4] P. LASCOUMES, É. SERVERIN, « Théories et pratiques de l'effectivité du droit », *Dr. et Société* 1986, p. 150.

signification, autrement dit le sens normatif, qu'il faut attribuer logiquement à une certaine construction de langage donnée comme norme de droit »[1]. La science juridique classique étudie le droit valide, donc les devoir-être séparés strictement des être ; l'approche sociologique du droit, foncièrement pragmatique, étudie le fait en rapport avec le droit — ou même le *fait-droit*. Elle revêt sans doute quelque utilité dès lors qu'elle permet de souligner combien le respect de la norme juridique est davantage le fait de croyances et d'une pression sociale que d'une validité théorique[2] ou lorsqu'elle oppose au « droit des livres » des juristes dogmatiques le « droit de la pratique »[3]. On en fait même une solution à privilégier face à la « crise du droit, des institutions et de la justice »[4]. Peut-être tout jurislateur devrait-il être au moins autant sociologue du droit, attaché aux « usages sociaux du droit »[5], que juriste et plus sociologue du droit que « politicien »[6].

Par ailleurs, l'approche sociologique du droit conduit, à l'instar d'autres pragmatismes juridiques, au panjuridisme et, plus exactement, au « panjuridisme brut ». En témoigne la démarche de Durkheim qui l'amenait à traiter le droit tel un pur reflet de l'organisation sociale, sans autonomie ni rupture avec la vie sociale, et à ne laisser aucune place à une quelconque distinction du droit et de la société. La sociologie du droit elle-

[1] M. WEBER, *Économie et société*, t. I (1922), Plon, 1965, p. 321 (cité par Ph. RAYNAUD, « Weber Max », in O. CAYLA, J.-L. HALPERIN, dir., *Dictionnaire des grandes œuvres juridiques*, Dalloz, 2008, p. 596).

[2] Par exemple, V. DEMERS, *Le contrôle des fumeurs – Une étude d'effectivité du droit*, Thémis (Montréal), 1996 ; Ch. KOURILSKY-AUGEVEN, *Socialisation juridique et conscience du droit – Attitudes individuelles, modèles culturels et changement social*, LGDJ, 1997.

[3] A.-J. ARNAUD, *Critique de la raison juridique – 2. Gouvernants sans frontières – Entre mondialisation et post-mondialisation*, LGDJ, coll. Droit et société, 2003, p. 86.

[4] A.-J. ARNAUD, *Les juristes face à la société du XIXe siècle à nos jours*, Puf, coll. Sup, 1975.

[5] CURAPP, *Les usages sociaux du droit*, Puf, 1989.

[6] Par exemple, L. MADER, *L'évaluation législative – Pour une étude empirique des effets de la législation*, Payot (Lausanne), 1985.

même concède ses « hésitations » dès lors qu'il s'agit de définir le droit[1] ; et, le plus souvent, elle l'étudie sans l'avoir défini[2].

Illustre également la profonde tendance au panjuridisme des tenants de l'analyse sociologique du droit la définition du droit retenue par Henri Lévy-Bruhl, important sociologue du droit français du milieu du XXe s. : « Le droit est l'ensemble des règles obligatoires déterminant les rapports sociaux imposés à tout moment par le groupe auquel on appartient »[3]. N'est-ce pas la normativité sociale plus que le droit qui devrait être l'objet de pareille définition ? Jean Carbonnier n'enseignait-il pas que « le non-droit ne vient pas se mélanger au droit, il est d'un côté, le droit de l'autre. […] Le non-droit est l'essence, le droit l'accident »[4] ? Les promoteurs de l'approche sociologique, loin de l'étatisme juridique des normativistes mais aussi des réalistes précédemment décrits, adhèrent à la thèse du pluralisme juridique qu'ils définissent comme « existence, au sein d'une société déterminée, de mécanismes juridiques différents s'appliquant à des situations identiques »[5] et comme

[1] J. COMMAILLE, « La sociologie et les sens du droit », *Droits* 1989, n° 10, p. 23.

[2] Plus ou moins volontairement, les sociologues du droit succombent à la tentation du panjuridisme ; et il ne suffit pas de dire qu'ils étudient le « droit au sens large » (J.-L. BERGEL, *Théorie générale du droit*, 5e éd., Dalloz, coll. Méthodes du droit, 2012, p. 194) pour résoudre la difficulté. Ils en viennent, ainsi, à tenir des positions telles que : « Le droit étatique n'est qu'un îlot dans un vaste océan d'ordres de droit de différents genres » (G. GURVITCH, *Éléments de sociologie juridique*, Aubier, 1940, p. 161) ; ou : « La source des sources de la validité, c'est-à-dire de la positivité de tout droit, [réside dans] les "faits normatifs" spontanés [engendrés par] des croyances et intellections collectives » (G. GURVITCH, « Éléments de sociologie juridique (extraits) » (1940), *Dr. et société* 1986, p. 424) ; ou encore : « Toute forme de sociabilité active qui réalise une valeur positive est productrice de droit, est "fait normatif", [et] la microsociologie juridique doit distinguer autant d'espèces de droit que de formes de cette sociabilité » (G. GURVITCH, *Éléments de sociologie juridique*, Aubier, 1940, p. 156).

[3] H. LEVY-BRUHL, *Sociologie du droit*, 6e éd., Puf, coll. Que sais-je ?, 1981, p. 2.

[4] J. CARBONNIER, *Flexible droit – Pour une sociologie du droit sans rigueur*, 8e éd., LGDJ, 1995, p. 31.

[5] J.-G. BELLEY, « pluralisme juridique », in A.-J. ARNAUD, dir., *Dictionnaire encyclopédique de théorie et de sociologie du droit*, 2e éd., LGDJ, 1993.

« coexistence d'une pluralité de cadres ou systèmes de droit au sein d'une unité d'analyse sociologique donnée : société locale, nationale, mondiale »[1]. « À l'encontre d'une conception moniste du droit, [ils] suggèr[ent] fondamentalement qu'il existe au sein d'une société une pluralité de phénomènes de droit, que cette société soit caractérisée ou non par la présence de l'État »[2].

L'adage latin « *ubi societas, ibi jus* », signifiant qu'il n'existerait nulle société se développant sans « son » droit, se retrouve de façon récurrente dans la littérature juridique et *a fortiori* dans les œuvres des sociologues du droit. Mais il serait peut-être plus opérant d'avancer qu'il n'y aurait pas de société sans règles — « *ubi societas, ibi regula* »[3] —, le droit, répondant à certaines caractéristiques précisément établies, n'apparaissant qu'à partir d'un certain niveau de développement de la société. Longtemps, les rites, les usages stabilisés et les croyances partagées auraient suffi, loin de tout droit, à réguler efficacement les sociétés. Pourtant, cette maxime n'est que rarement jugée infondée et on retient que « le droit vient de la

[1] *Ibid.*

[2] J.-G. BELLEY, « L'État et la régulation juridique des sociétés globales – Pour une problématique du pluralisme juridique », *Sociologie et sociétés* 1986, n° 18, p. 12. Georges Gurvitch écrivait, témoignant du panjuridisme brut auquel conduit le sociologisme juridique : « Chaque groupement [...] s'affirme comme la source d'un nouveau droit objectif [...]. Que ce soit un syndicat professionnel ou une famille, un club ou une usine, une équipe de football ou une société par actions, un État ou une Société des Nations, le fait même d'une union inspirée par une valeur positive fait naître un nouveau droit doté de certains traits particuliers » (G. GURVITCH, *L'expérience juridique et la philosophie pluraliste du droit*, Pedone, 1935, p. 261). Or ces paroles ne sont pas symptomatiques de certaines dérives de la sociologie du droit mais bien représentatives de ses principales tendances. Nul doute que la plupart des sociologues du droit, au XXIe s. comme au XXe s., voient dans lesdits syndicat professionnel, famille, usine et équipe de football des sources de droits jaillissant loin du contrôle étatique. *Cf.*, par exemple, H. LEVY-BRUHL, « Esquisse d'une théorie des sources du droit », *L'Année sociologique* 1951, p. 3 s.

[3] F. OST, M. VAN DE KERCHOVE, *De la pyramide au réseau ? – Pour une théorie dialectique du droit*, Publications des Facultés universitaires Saint-Louis (Bruxelles), 2002, p. 368.

vie en société »[1]. Or, si l'homme est un être social et que, partant, tout homme vit en société, tout homme serait saisi par un ordre juridique. C'est ce que les panjuridistes, souvent, soutiennent[2].

Mais c'est aussi ce que les juristes peuvent contester, estimant que seules les sociétés étatisées seraient de ce fait juridicisées[3]. On observe, sur ce point, que « ce qui est spécifique à la société moderne, c'est que sa part juridique s'est autonomisée et ne fonctionne plus appuyée ou mélangée avec d'autres modes de régulation »[4]. Telle est la conséquence de l'activité des grands théoriciens du droit du XXe s., conséquence que les tenants de l'approche sociologique du droit, avec beaucoup d'autres juspragmatistes, cherchent, plus ou moins volontairement, à remettre en cause.

[1] P. DEUMIER, *Introduction générale au droit*, 2e éd., LGDJ, coll. Manuel, 2013, p. 41.

[2] Par exemple, N. ROULAND, « Sociétés traditionnelles », in D. ALLAND, S. RIALS, dir., *Dictionnaire de la culture juridique*, Lamy-Puf, coll. Quadrige dicos poche, 2003, p. 1421 (« les sociétés humaines ne se distinguent pas par l'existence ou l'inexistence du droit »).

[3] Beaucoup de théoriciens du droit soutiennent que le droit se démarquerait des autres formes de régulation en ce qu'il s'associerait à une forme d'autorité publique. Scientifiquement parlant, le droit manifesterait vis-à-vis de l'extérieur une « fermeture normative », même si celle-ci s'accompagnerait d'une « ouverture cognitive » censée lui permettre de s'adapter aux caractéristiques souvent complexes de sa société (N. LUHMANN, « L'unité du système juridique », *Arch. phil. droit* 1986, p. 173). Il serait un sous-système social « autopoïétique », c'est-à-dire se reproduisant soi-même (G. TEUBNER, *Le droit, un système autopoïétique*, Puf, coll. Les voies du droit, 1993; également, G. TEUBNER, « Evolution of Autopoietic Law », in G. TEUBNER, dir., *Autopoietic Law: A New Approach to Law and Society*, Walter de Gruyter (New York), 1988, p. 217 s. ; F. OST, « Entre ordre et désordre : le jeu du droit – Discussion du paradigme autopoïétique appliqué au droit », *Arch. phil. droit* 1986, p. 133 s.). On le qualifie également d' « autoréférentiel », ce qui signifie que « le droit produit le droit, les normes juridiques ne se fixent que sur la base de normes juridiques [...]. Il n'y a pas de droit en dehors du droit » (J.-A. GARCIA-AMADO, « Autoréférentiel (système) », in A.-J. ARNAUD, dir., *Dictionnaire encyclopédique de théorie et de sociologie du droit*, 2e éd., LGDJ, 1993, p. 51). Ainsi, non seulement il y aurait des normes sociales non juridiques à côté des normes juridiques, mais en plus elles ne se mélangeraient pas et il n'existerait nulle norme hybride.

[4] M. MIAILLE, « Définir le droit », *Droits* 1990, n° 11, p. 43.

Rejetant l'étaticité comme critère de la juridicité, celui-ci étant, à leurs yeux, logiquement trop théorique et axiologiquement trop dogmatique, les tenants de l'analyse sociologique du droit fondent la qualité juridique sur *l'effectivité normative*. Serait juridique la norme effectivement respectée par ses destinataires, produisant d'importants effets de régulation[1]. Un sociologue du droit souligne ainsi que « la théorie sociologique du droit est méfiante à l'égard de la primauté accordée à une rationalité formelle du droit et oppose l'efficacité sociale du "droit vivant" à l'artificialité de la loi étatique »[2]. Partant, aux yeux de la sociologie du droit, ce qui compte avant tout, et surtout avant la validité formelle de la règle, est l'expérience juridique intérieure propre à chaque individu et aux individus en tant que tout social.

Outre l'analyse sociologique du droit, un courant particulier au sein de la recherche juridique qui paraît intimement lié au juspragmatisme est l'analyse économique du droit.

Section 4. *L'approche économique du droit*

Bien que qualifiée, pour l'heure, de « science approximative »[3], l'analyse économique du droit, plus rarement appelée « économie du droit »[4], semble devoir être rapprochée

[1] Max Weber, par exemple, estimait qu' « est valide l'ordre juridique à propos duquel on peut dire qu'il existe une chance que ceux qui y participent orientent effectivement leurs actions selon la représentation que cet ordre est légitime » (M. WEBER, *Économie et société*, t. I (1922), trad. J. Freund, Plon, 1971, p. 30).

[2] J.-G. BELLEY, « L'État et la régulation juridique des sociétés globales – Pour une problématique du pluralisme juridique », *Sociologie et sociétés* 1986, n° 18, p. 13.

[3] A. BERNARD, « Law and Economics : une science idiote ? », *D.* 2008, p. 2806.

[4] Par exemple, G. ROYER, *L'efficience en droit pénal économique – Étude de droit positif à la lumière de l'analyse économique du droit*, LGDJ, coll. Droit et économie, 2009 ; G. MAITRE, *La responsabilité civile à l'épreuve de l'analyse économique du droit*, LGDJ, coll. Droit et économie, 2005 ;

du pragmatisme juridique. En effet, tous deux considèrent que le droit ne serait pas une fin mais un moyen[1], plus exactement un moyen d'« ingénierie sociale », pour reprendre une expression de Roscoe Pound[2].

L'analyse économique du droit est née aux États-Unis derrière le nom « *Law and Economics* », au cours des années 1960, sous l'impulsion de chercheurs de l'université de Chicago — on parle d'« École de Chicago » — et, plus particulièrement, du juriste Richard Posner[3] et des économistes Ronald Coase[4], George Stigler[5] et Friedrich Hayek[6]. Ces derniers ont souhaité appliquer les instruments usuels de l'analyse économique à des domaines jusqu'alors inexplorés par les économistes tels que les choix constitutionnels, les droits de

Th. KIRAT, *Économie du droit*, La découverte, coll. Repères, 2012 ; M. FAURE, A. OGUS, *Économie du droit : le cas français*, Éditions Panthéon-Assas, 2002.

1 V. VALENTIN, *Les conceptions néolibérales du droit*, Economica, 2002 ; T. SACHS, *La raison économique en droit du travail – Contribution à l'étude des rapports entre le droit et l'économie*, LGDJ, coll. Bibliothèque de droit social, 2013 ; M.-A. FRISON-ROCHE, « La recherche juridique en matière économique », in Y. AGUILA et *alii*, *Quelles perspectives pour la recherche juridique ?*, Puf, coll. Droit et justice, 2007, p. 93 s. ; B. DEFFAINS, « L'économie comme instrument de la recherche juridique », in Y. AGUILA et *alii*, *Quelles perspectives pour la recherche juridique ?*, Puf, coll. Droit et justice, 2007, p. 85 s.

2 Cité par P. AMSELEK, « L'étrangeté ontologique du droit », *Droits* 1990, n° 11, p. 92.

3 Notamment, R. POSNER, *Economic Analysis of Law*, 5e éd., Aspen Law & Business, 1998. *Cf.* S. HARNAY, A. MARCIANO, *Posner – L'analyse économique du droit*, Michalon, coll. Le bien commun, 2003 ; A. STROWEL, « Utilitarisme et approche économique dans la théorie du droit – Autour de Bentham et de Posner », *Arch. phil. droit* 1992, p. 143 s.

4 Notamment, R. COASE, « The Problem of Social Cost », *Journal of Law and Economics* 1960, p. 1 s. (cet article est souvent considéré comme l'élément fondateur du mouvement *Law and Economics*) ; R. COASE, *Le coût du droit*, trad. Y.-M. Morissette, Puf, 2000.

5 Notamment, G. STIGLER, « The Theory of Economic Regulation », *Bell Journal of Economics and Management Science* 1971, n° 2, p. 3 s.

6 Notamment, F. VON HAYEK, *Droit, législation et liberté* (1973), Puf, 1995. *Cf.* D. DANET, « Le droit économique doit-il être hayékien ? », *RIDE* 1995, p. 407 s.

propriété, les accidents ou les activités illicites[1]. Puis, l'analyse économique du droit a été progressivement découverte en Europe occidentale, à la fin du XXe s. Cependant, dès le XVIIIe s., certains en Europe ont pu chercher non à comprendre le droit à travers l'économie mais à comprendre l'économie à travers le droit[2]. En témoignent certains travaux d'Adam Smith ou Karl Marx au sujet des *conséquences économiques des lois*, objet foncièrement pragmatique[3].

Les tenants de l'analyse économique du droit cherchent à comprendre et à expliquer la réalité du droit non par le droit lui-même ou par quelques phénomènes sociaux ou politiques mais grâce aux techniques et aux concepts de la science économique[4]. En cela, l'approche économique est avant tout une méthode[5] ; et une méthode intimement liée au juspragmatisme car amenant à se concentrer sur certains effets, certains résultats, certaines conséquences des règles de droit.

Il s'agit en effet de rechercher, à l'aide des instruments issus de la microéconomie, les *conditions d'efficacité des normes juridiques*[6]. Les économistes du droit sont amenés, d'une part, à observer et expliquer le processus de « production » des règles de droit, ce qui est une attitude scientifique, et, d'autre part, à proposer l'édiction de règles de

[1] *Cf.* S. FEREY, *Une histoire de l'analyse économique du droit – Calcul rationnel et interprétation du droit*, Bruylant (Bruxelles), coll. Droit et économie, 2009.

[2] *Cf.* P. VER LOREN VAN THEMAAT, « L'économie à travers le prisme du juriste », *RIDE* 1989, p. 133 s.

[3] *Cf.*, notamment, J.-J. SUEUR, « La "main invisible" ou le droit économique – Retour sur Adam Smith et certaines de ses institutions », *RIDE* 2013, p. 491 s. ; F. ZENATI, « Le droit et l'économie au-delà de Marx », *Arch. phil. droit* 1992, p. 121 s.

[4] *Cf.*, notamment, E. MACKAAY, « La règle juridique observée par le prisme de l'économiste – Une histoire stylisée du mouvement de l'analyse économique du droit », *RIDE* 1986, p. 43 s. ; M.-A. FRISON-ROCHE, « Le modèle du marché », *Arch. phil. droit* 1995, p. 285 s.

[5] E. MACKAAY, S. ROUSSEAU, *Analyse économique du droit*, Dalloz, coll. Méthodes du droit, 2008.

[6] Y. GABUTHY, « Analyse économique du droit : présentation générale », *Économie et prévision* 2013, p. 202.

droit qu'ils jugent *optimales en termes de résultats économiques*, ce qui cette fois n'est pas une démarche scientifique mais prescriptive[1]. C'est surtout cette seconde démarche qui se rapproche du pragmatisme, même si c'est bien dans son ensemble que l'approche économique se focalise sur les effets (réels ou supposés) du droit.

Le droit devient, aux yeux de l'économiste, un système d'allocation de ressources et de fixation des prix dont il importe de saisir le fonctionnement afin de déterminer les conditions

[1] En effet, d'aucuns économistes du droit peuvent considérer que « l'économie du droit semble à même de renforcer le pouvoir explicatif et prédictif des modèles économiques et, ainsi, de permettre aux économistes de participer aux réflexions normatives visant à élaborer des règles juridiques adaptées aux réalités économiques et sociales (en matière de politique de la concurrence, de résolution des litiges, de lutte contre la délinquance économique et financière, etc.). Les analyses développées sont susceptibles d'enrichir l'élaboration des politiques publiques » (Y. GABUTHY, « Analyse économique du droit : présentation générale », *Économie et prévision* 2013, p. 202). Les rapports annuels « *Doing Business* » sont symptomatiques de cette approche prescriptive, quoiqu'ils n'émanent pas du milieu universitaire. Depuis 2004, la Banque mondiale a pris l'initiative de publier un rapport annuel, « *Doing Business* », à l'occasion duquel elle prétend évaluer les différents systèmes juridiques existant dans le monde à partir d'une description sommaire de l' « environnement juridique » dans lequel les entreprises exercent leurs activités, en fonction de leur aptitude à faciliter la création et le développement d'entreprises. Ces rapports reposent donc sur un étalonnage concernant les diverses réglementations économiques et les procédures et formalités qui encadrent la vie des entreprises. Dans ces classements, destinés à orienter l'action des pouvoirs publics et des investisseurs, les droits de tradition civiliste, le droit français en tête, se trouvent très gravement mis en accusation et fort mal classés. Le droit français était situé au 79e rang par le premier rapport, en 2004. Il est aujourd'hui 34e. *Cf.* B. DU MARAIS, dir., *Des indicateurs pour mesurer le droit ? Les limites méthodologiques des rapports Doing Business*, La documentation française, coll. Perspectives sur la justice, 2006 ; Association Henri Capitant, *Les droits de tradition civiliste en question – À propos des rapports Doing Business de la Banque Mondiale*, Société de législation comparée, 2006 ; J.-F. GAUDREAULT-DESBIENS, « La critique économiste de la tradition romano-germanique », *RTD civ.* 2010, p. 683 s. ; L. USUNIER, « Le rapport *Doing Business* 2012, la concurrence des systèmes juridiques et l'attractivité du droit français des contrats », *RDC* 2012, p. 575 s.

permettant d'atteindre l'efficience globale du système[1]. L'analyse économique du droit étudie, par exemple, la manière dont les comportements individuels et collectifs réagissent aux incitations véhiculées par les règles de droit[2]. Les outils propres à la science économique et qui peuvent servir l'analyse du droit sont, notamment, la théorie des jeux, l'économétrie, la statistique, l'analyse coût-avantage, les concepts de coûts moyens et marginaux ou encore différents théorèmes[3]. Autant d'éléments susceptibles d'intéresser tout juspragmatiste.

Il en va de même des *calculs d'efficience*, l'efficience étant l'une des notions-cadres de l'analyse économique du droit. Elle se définit à travers le critère de la « pareto-optimalité »[4] : une règle juridique est dite « pareto-optimale » lorsqu'elle ne peut pas être changée sans mettre ne serait-ce qu'un individu dans une position moins profitable par rapport à celle antérieure au changement. Si l'efficience venait à jouer un rôle cadre dans la recherche juridique, ce serait nécessairement que le pragmatisme juridique aurait prospéré fortement parmi les esprits juridiques[5].

Tel est déjà le cas en Amérique du Nord, où le courant *Law and Economics* est très influent et où il n'est pas rare que des décisions de justice fassent référence à des concepts empruntés à la science économique ou citent expressément des opinions issues de ce mouvement[6]. En revanche, en Europe et

[1] B. DEFFAINS, S. FEREY, « Théorie du droit et analyse économique », *Droits* 2007, n° 45, p. 228.

[2] Y. GABUTHY, « Analyse économique du droit : présentation générale », *Économie et prévision* 2013, p. 202.

[3] On cite souvent le « théorème de Coase » selon lequel, « en l'absence de coûts de transaction, les droits tels qu'ils sont initialement attribués par le droit ne peuvent faire obstacle à une répartition efficiente des ressources entre acteurs négociant librement sur le marché » (cité par J.-L. BERGEL, *Théorie générale du droit*, 5e éd., Dalloz, coll. Méthodes du droit, 2012, p. 188).

[4] Ce nom fait référence à l'économiste italien Vilfredo Pareto.

[5] *Cf.*, notamment, M. FATIN-ROUGE STEFANINI, L. GAY, A. VIDAL-NAQUET, dir., *L'efficacité de la norme juridique – Nouveau vecteur de légitimité ?*, Bruylant (Bruxelles), coll. À la croisée des droits, 2012.

[6] Aux États-Unis, il existe un *Journal of Law and Economics* (« Revue d'analyse économique du droit ») et la majorité des universités proposent des

notamment en France, l'analyse économique du droit est nettement plus en retrait, comme le juspragmatisme est bien moins développé[1]. Cette situation semble s'expliquer par des facteurs dogmatiques ou, pour le dire moins péjorativement, par des facteurs institutionnels : le monde universitaire est beaucoup plus concerné par les résistances à l'analyse économique du droit — qui seraient justifiées par le fait que cette discipline serait un vecteur de l'impérialisme culturel américain[2], un vecteur de l'américanisation du droit[3] — que le

cours d'analyse économique du droit, voire des programmes doctoraux spécialisés.

[1] Pour l'heure, l'analyse économique du droit continue de ne concerner qu'une toute petite minorité de l'ensemble des scientifiques du droit. Si quelques-uns en viennent à dénoncer l' « impérialisme économique », soit la tendance des économistes à appliquer à des domaines étrangers à la sphère économique la méthode de l'économie néoclassique, le droit n'est touché que très ponctuellement par ce phénomène, bien qu'il le soit de plus en plus. La France, y compris en comparaison de la situation dans les pays européens anglophones, germanophones et néerlandophones, demeure en retrait, comptant très peu de spécialistes de ces questions, à tel point que les principaux ouvrages d'analyse économique du droit écrits en langue française sont le fait de chercheurs québécois (en premier lieu, E. MACKAAY, S. ROUSSEAU, *Analyse économique du droit*, Dalloz, coll. Méthodes du droit, 2008 ; E. MACKAAY, A. PARENT, *Précis d'analyse économique du droit*, La grande école de la francophonie (Québec), 2015). Et les économistes français adeptes de l'analyse économique du droit publient des études portant sur des situations juridiques propres aux États-Unis, cela dans des revues anglo-saxonnes (*cf.* R. JANDA, « État des réflexions sur l'analyse économique du droit, à travers deux ouvrages américains », *Arch. phil. droit* 1992, p. 173 s.). Dès lors, Christophe Jamin peut juger que « c'est l'ignorance mutuelle qui rend le plus exactement compte des rapports qu'entretiennent les juristes et les économistes français » (Ch. JAMIN, « Économie et droit », in D. ALLAND, S. RIALS, dir., *Dictionnaire de la culture juridique*, Lamy-Puf, coll. Quadrige dicos poche, 2003, p. 578). Et de conclure : « Ce qui empêche l'analyse économique du droit de s'imposer, c'est donc une très ancienne tradition dogmatique qui privilégie l'étude des textes, mais aussi un vieux fonds moraliste qui n'a jamais été favorable à l'économie » (*ibid.*, p. 580).

[2] A. BERNARD, « Law and Economics : une science idiote ? », *D.* 2008, p. 2806. Selon l'auteur, l'analyse économique du droit est « une science encore balbutiante mais une idéologie triomphante » (*ibid.*).

[3] *Cf. Arch. phil. droit* 2001, « L'américanisation du droit » ; É. ZOLLER, « États-Unis (culture juridique) », in D. ALLAND, S. RIALS, dir., *Dictionnaire de la culture juridique*, Lamy-Puf, coll. Quadrige dicos poche, 2003, p. 653 (qui

monde des praticiens[1]. Au sein de ce dernier, en effet, beaucoup peuvent convenir très pragmatiquement que « les agents réagissent à l'environnement juridique et l'étude de ces comportements est nécessaire à la compréhension des implications économiques de cet environnement. L'examen des normes juridiques par le prisme de l'analyse économique est ainsi une source d'informations pour le législateur et le juge, ce qui devrait leur permettre d'améliorer la qualité du droit »[2].

Tandis que, en raison de la globalisation du droit ou, du moins, des activités que le droit est supposé régir[3], les systèmes juridiques et les droits nationaux entrent en concurrence sur le grand « marché du droit »[4], où se déploient les phénomènes de

observe l' « influence de la culture juridique américaine sur la plupart des systèmes juridiques contemporains ») ; É. ZOLLER, « Américanisation », in L. CADIET, dir., *Dictionnaire de la justice*, Puf, 2004.

[1] *Cf.* G. CANIVET, « La pertinence de l'analyse économique du droit : le point de vue du juge », *LPA* 2005, n° 99, p. 23 s. Guy Canivet, Premier président de la Cour de cassation de 1999 à 2007, souligne que, dans son activité jurisprudentielle, « le juge de cassation complète la loi en dépassant les intérêts individuels des parties au litige afin de poser une règle interprétative visant à la satisfaction de l'intérêt général, ce qui s'apparente à la recherche de la solution collectivement optimale ». Également, R. ENCINAS DE MUNAGORRI, « L'analyse économique est-elle une source du droit ? Propos sur la doctrine du premier président de la Cour de cassation », *RTD civ.* 2006, p. 505 s.

[2] Y. GABUTHY, « Analyse économique du droit : présentation générale », *Économie et prévision* 2013, p. 202.

[3] Par exemple, J.-Y. CHEROT, B. FRYDMAN, dir., *La science du droit dans la globalisation*, Bruylant (Bruxelles), coll. Penser le droit, 2012 ; J. -B. AUBY, *La globalisation, le droit et l'État*, 2e éd., LGDJ, coll. Systèmes, 2010 ; J.-L. HALPERIN, *profils des mondialisations du droit*, Dalloz, coll. Méthodes du droit, 2009 ; J. CHEVALLIER, *L'État post-moderne*, 3e éd., LGDJ, coll. Droit et société, 2008 ; É. LOQUIN, C. KESSEDJIAN, dir., *La mondialisation du droit*, Litec, coll. Travaux du Centre de recherche sur le droit des marchés et des investissements internationaux, 2000 ; M. DELMAS-MARTY, « La mondialisation du droit », in J. BAECHLER, R. KAMRANE, dir., *Aspects de la mondialisation politique*, Puf, 2003, p. 71 s. ; M. DELMAS-MARTY, « Les processus de mondialisation du droit », in Ch.-A MORAND, dir., *Le droit saisi par la mondialisation*, Bruylant (Bruxelles), 2001, p. 77 s.

[4] P. DEUMIER, *Introduction générale au droit*, 2e éd., LGDJ, coll. Manuel, 2013, p. 131. L'auteur souligne qu' « il existe de plus en plus de situations privées qui concernent plusieurs ordres juridiques étatiques à la fois. Il est aujourd'hui très facile pour une entreprise ou une personne de se placer sous l'empire de

« *law shopping* » et de « *forum shopping* », peut-être les facultés de droit ne pourront-elles guère demeurer longtemps hostiles à l'analyse économique du droit. Cette dernière serait appelée à jouer, en pratique, un rôle croissant, permettant indirectement au pragmatisme juridique de prospérer. Dans les faits, les *raisonnements conséquentialistes*, notamment de la part des juges, sont peut-être aussi importants que les raisonnements « purement » juridiques, c'est-à-dire focalisés sur l'application rigoureuse des normes valides aux faits qu'elles visent[1].

Par ailleurs, une tout autre et dernière forme de juspragmatisme peut être trouvée dans la théorie syncrétique du droit, ainsi que dans l'échelle de juridicité qui y est associée. Celles-ci aboutissent également à consacrer le panjuridisme, mais d'une manière originale qui pourrait éventuellement permettre au pragmatisme juridique de recevoir un accueil plus chaleureux de la part des juristes modernes attachés aux spécificités ontologiques du droit.

Section 5. *L'approche syncrétique du droit*

La théorie syncrétique du droit, esquissée à l'occasion de précédents travaux, peut être comptée au nombre des théories pragmatiques du droit[2]. Son principal apport consiste à établir la

l'ordre étatique de son choix, parfois même sans avoir besoin de se déplacer. Par exemple, les parties à un contrat franco-américain peuvent prévoir que leur contrat sera régi par la loi suisse » (*ibid.*).

1 Par exemple, F. OST, *Dire le droit, faire justice*, Bruylant (Bruxelles), coll. Penser le droit, 2007, p. 117 ; D. SALAS, « La part politique de l'acte de juger », *Les cahiers de la justice* 2011, n° 2, p. 113.

2 B. BARRAUD, *Théories du droit et pluralisme juridique – t. II : La théorie syncrétique du droit et la possibilité du pluralisme juridique*, PUAM, coll. Inter-normes, 2016 ; B. BARRAUD, « L'échelle de juridicité : un outil pour mesurer le droit et fonder une théorie syncrétique (première partie : présentation) », *Arch. phil. droit* 2013, p. 365 s. ; B. BARRAUD, « L'échelle de juridicité : un outil pour mesurer le droit et fonder une théorie syncrétique (seconde partie : application) », *Arch. phil. droit* 2014, p. 503 s. René Sève,

définition lexicale du droit en observant ce que ceux qui utilisent le nom « droit » et son adjectif « juridique » désignent à travers eux. La théorie syncrétique serait ainsi le parfait opposé d'une théorie du droit idéologique ou autrement personnelle.

Non convaincu par les théories du droit existantes — en ce que soit elles réduisent par trop l'objet d'étude des juristes, soit elles diluent excessivement *l'autonomie du droit* parmi les constructions sociales (tel est le cas des « panjuridismes bruts » précédemment décrits) —, cette nouvelle théorie du droit a pu être proposée. Ces pages ne sont pas le lieu où exposer plus avant ses prémisses et ses conséquences ; mais il faut souligner le caractère foncièrement pragmatique des unes et des autres.

En résumé, la définition lexicale du droit est le fruit d'une recherche des usages concrets de cette notion puisque son principe consiste à synthétiser les différentes conceptions du droit possédant actuellement une « force doctrinale significative » dans la pensée juridique collective[1], à mille

dans la dernière édition de son ouvrage *Philosophie et théorie du droit* (Dalloz, coll. Cours, 2016, p. 184-191), consacre quelques développements à l'explication de la théorie syncrétique dans la partie relative aux nouvelles voies qui s'offrent à la théorie juridique au XXIe s.

[1] Le « système théorique » qu'est la théorie syncrétique se scinde en trois éléments : une méta-théorie scientifique, une science des théories du droit et une définition lexicale du droit. *La méta-théorie scientifique prescrit à la science des théories du droit de constater objectivement et empiriquement la définition lexicale du droit.* C'est pourquoi il incombe au chercheur-lexicographe de recenser les conceptions de la juridicité revêtant *actuellement* une *force doctrinale significative* (*i.e.* jouissant d'un certain niveau de popularité, ce qui exclut les conceptions marginales rarement partagées). Autrement dit, la théorie syncrétique amène à *reconnaître ce qu'est le sens du mot « droit »* et non à vouloir proposer ou imposer, d'un point de vue subjectif, ce que devrait être le sens du mot « droit ». Le choix opéré est ainsi de miser sur ce qui serait *la* définition du droit, non en ce qu'elle revêtirait une quelconque qualité supérieure ou universelle mais en ce qu'elle formerait une construction syncrétique accueillant en son sein toutes les conceptions du droit justifiant actuellement d'un niveau non négligeable de reconnaissance et d'acceptation parmi la psyché juridique collective. La théorie syncrétique serait donc l'antithèse d'une théorie du droit partielle et partiale. C'est dans ce cadre que les différents critères de juridicité ont été identifiés, la juridicité véritable étant, aux yeux de la théorie syncrétique, le fruit de leur

lieues de toute spéculation et de toute stipulation[1]. Subséquemment, l'*échelle de juridicité*, instrument de mesure de la force juridique des normes, a été élaborée et expérimentée. Avec cet outil théorico-scientifique, la qualité juridique connaît des degrés, loin de la vision manichéenne droit/non-droit (soit une norme est pleinement juridique, soit elle ne l'est pas du

combinaison. Ces critères de juridicité sont la valeur juridique, la validité juridique, les qualités nomo-juridiques, la sanction juridique, l'application juridique et l'effectivité. À ceux-ci s'ajoute un critère transversal : le développement juridique de l'ordre normatif. Et il faut croire que pareille approche peut être éventuellement utile tant des penseurs du droit comptant au nombre des plus écoutés en viennent aujourd'hui à considérer que « les théories du droit sont précieuses si elles sont envisagées non exclusivement mais dans leur complémentarité » (P. DEUMIER, *Le droit spontané*, Economica, coll. Recherches juridiques, 2002, p. 318).

[1] L'intention animant la théorie syncrétique du droit peut, par exemple, être rapprochée de ces explications relatives au pragmatisme : « La fixation de la signification ou des effets de sens est fonction d'une forme d'activité coopérative au sein de groupes sociaux en vue de produire des croyances communes » (J. LENOBLE, « Les exigences du tournant pragmatiste et la redéfinition du concept de droit », *Les carnets du Centre de philosophie du droit* 2006, n° 126, p. 28) ; « La contingence, associée au caractère public de nos croyances et de notre langage fait apparaître la “solidarité” comme la seule alternative que le pragmatisme puisse opposer aux visages que prennent la nécessité et la transcendance dans la tradition philosophique. La solidarité signifie que nous ne pouvons rechercher ailleurs que dans nos croyances et dans les valeurs que nous partageons avec nos semblables la signification des choses » (J.-P. COMETTI, *Qu'est-ce que le pragmatisme ?*, Folio, coll. Essais, 2010, p. 147). Et, dans la pensée de Peirce, dont le pragmatisme vise en premier lieu à élucider les concepts difficiles — au nombre desquels figure sans aucun doute le concept de droit —, la vérité correspond aux « croyances stables » qui résultent d'un processus de débat collectif, si bien que la recherche de la vérité est forcément collective et ne peut être individuelle. On ne saurait penser pertinemment en pensant isolément, à base de certitudes et de convictions personnelles. L'activité de recherche doit donner lieu à « une définition du réel indépendante des pensées de tout individu particulier, mais pas de la pensée en général » (C. TIERCELIN, *C. S. Peirce et le pragmatisme*, Puf, coll. Philosophies, 1993, p. 107). Enfin, « le critère scientifique de la vérité correspond à l'opinion finale unanime de la communauté idéale des chercheurs : l'opinion sur laquelle fatalement tous les chercheurs se mettront finalement d'accord est ce que nous entendons par vérité » (*ibid.*).

tout)[1]. Et le panjuridisme que l'échelle de juridicité consacre permet à la théorie syncrétique de compter au nombre des théories panjuridiques — même une norme revêtant une juridicité d'un niveau de 1/10 ou de 2/10 sur l'échelle est juridique, bien qu'elle le soit très faiblement[2].

La théorie syncrétique du droit se présente telle *une théorie pluraliste du droit*, en ce qu'elle accueille plusieurs critères de juridicité, et telle *une théorie du pluralisme du droit*, puisqu'elle invite à considérer que toute norme serait, plus ou moins parfaitement, juridique. L'un comme l'autre aspect tendent à en faire une théorie pragmatique. Allant plus loin que les auteurs qui, s'intéressant aux nouvelles sources du droit, écrivent que celles-ci obligent à « reconsidérer le seuil de juridicité des normes »[3], la théorie syncrétique retient que les seules normes non juridiques seraient celles dont la juridicité est

[1] L'échelle de juridicité associée à la définition syncrétique du droit comporte *huit niveaux d'intensité juridique*, allant de « juridicité nulle » à « juridicité absolue ».

[2] Pour réussir à concilier panjuridisme et autonomie du droit, la solution consiste à considérer que, si toute norme est juridique, la juridicité n'est pas la normativité mais une qualité supplémentaire venant s'ajouter plus ou moins parfaitement à la qualité normative. C'est en consacrant *une conception graduelle de la juridicité* que la théorie syncrétique parvient à ce résultat : une norme d'essence privée est certes juridique, mais elle l'est généralement moins parfaitement qu'une norme d'essence étatique ; elle se rapproche davantage de l' « ivraie juridique » que du « bon droit » (réf. à A. PELLET, « Le bon droit et l'ivraie – Plaidoyer pour l'ivraie », in *Mélanges Charles Chaumont*, Pedone, 1984, p. 465 s.). Cela constitue une différence essentielle par rapport aux approches selon lesquelles les règles extra-étatiques présenteraient autrement mais *pas moins bien* les caractères de règles de droit. Avec la conception graduelle de la force juridique, la « contradiction entre, d'une part, la nécessité d'élargir le champ du droit par rapport à la définition qu'en donnent les théories classiques sous peine de ne pas saisir l'ensemble du phénomène juridique et, d'autre part, le risque ainsi encouru d'en perdre de vue la spécificité » (H. ABDELHAMID, « Les paradigmes postmodernes et la démarche pluraliste dans la recherche juridique », in Gh. OTIS, dir., *Méthodologie du pluralisme juridique*, Karthala, coll. 4 vents, 2012, p. 167) n'en est plus une.

[3] F. LATTY, « La diversité des sources du droit de l'internet », in Société française pour le droit international, *Internet et le droit international*, Pedone, 2013, p. 51.

nulle. Mais il est très incertain que de telles normes existent. En effet, l'expérimentation de l'échelle de juridicité a permis d'observer qu'y compris une règle de grammaire[1] ou une habitude[2] sont, *dans une certaine mesure*, juridiques.

La règle de grammaire et l'habitude seraient toutefois nettement moins juridiques que la plupart des normes supportées par les lois et autres formes d'actes normatifs étatiques[3]. Par exemple, la règle issue de la Constitution de la Ve République française selon laquelle « le Président de la République est élu au suffrage universel direct »[4] semble revêtir une juridicité absolue. Reste que, à la lumière de la théorie syncrétique du droit et de l'échelle de juridicité, il y aurait, entre la règle de grammaire et la norme portée par la Constitution, *une différence de degré et non une différence de nature*. Or les pragmatistes tendent à remettre en cause les distinctions ; pour eux, il faudrait par réflexe rechercher entre les choses des différences de degré avant de rechercher entre les choses des différences de nature[5].

À l'inverse, et par exemple, la théorie du « pluralisme juridique radical », aboutissant à un « panjuridisme brut », ne voit ni différence de nature ni différence de degré[6] entre le droit

[1] B. BARRAUD, *Théories du droit et pluralisme juridique – t. II : La théorie syncrétique du droit et la possibilité du pluralisme juridique*, PUAM (Aix-en-Provence), coll. Inter-normes, 2016, p. 623 (« Les participes passés des verbes conjugués avec l'auxiliaire "avoir" ne s'accordent jamais avec le sujet : ils sont invariables si aucun complément d'objet direct ne les précède » : juridicité moyenne-faible (niveau 5)).

[2] *Ibid.*, p. 625 (« Chaque mercredi matin, Monsieur X fait ses courses » : juridicité faible (niveau 3)).

[3] *Ibid.*, p. 590 s. et 632 s.

[4] Const. 4 oct. 1958, art. 6.

[5] En ce sens, André Lalande enseignait que « les questions philosophiques ne sont jamais des questions de tout ou rien, mais des questions de mesure et de degré » (V° « Pragmatique », in A. LALANDE, *Vocabulaire technique et critique de la philosophie*, 10e éd., Puf, coll. Quadrige dicos poche, 2010, p. 802).

[6] Toutefois, l'adjectif « alternatif » (« droit alternatif ») est de temps à autre employé afin de désigner « toutes les normes dont la production n'est pas, de près ou de loin, associée à l'État » (S. LEBEL-GRENIER, *Pour un pluralisme juridique radical*, th., Université McGill de Montréal, 2002, p. 26).

étatique et le « droit » des groupes de criminels, celui du milieu carcéral, celui des organisations multinationales ou encore celui des phénomènes de justice populaire[1]. Pour elle, les recherches menées sur ces objets spécifiques « ont démontré l'existence de systèmes normatifs, donc de droit »[2].

Certaines théories pragmatiques amènent ainsi à considérer simplement que le droit serait ce sur quoi travaillent les juristes : il s'agit des approches panjuridiques évoquées au sein de la première section. Avec elles, l'expression « théorie pragmatique » se présente bien tel un oxymore ; et, dans cet oxymore, le pragmatisme l'emporte sur la théorie puisqu'il s'agit d'autoriser le panjuridisme à travers une non-définition du droit, une non-spécification des critères conférant qualité juridique à certaines normes et à certaines institutions. Peut-être la théorie syncrétique du droit pourrait-elle constituer une théorie du droit plus forte capable de consolider le pragmatisme des scientifiques du droit, ceux-ci ne pouvant plus, grâce à elle, être dénoncés en ce qu'ils ruineraient l'autonomie du droit.

Il s'avère difficile de suivre les panjuridistes qui considèrent qu'il ne leur incomberait « ni de définir le droit ni d'étudier sa spécificité »[3] et qui, par suite, au lieu d'accueillir sans la discuter la définition du droit élaborée par les théoriciens du droit dont la tâche est justement de définir le droit et d'étudier sa spécificité, n'accueillent aucune définition du droit véritable et explicite. Ils refusent de « s'enfermer dans

[1] M. GALANTER, « Justice in Many Rooms: Courts, Private Ordering and Indigenous Law », *Journal of Legal Pluralism* 1981, n° 19, p. 1 s.; G. WOODMAN, « The Alternative Law of Alternative Dispute Resolution », *Les Cahiers de Droit* 1991, n° 32, p. 3 s.

[2] S. LEBEL-GRENIER, *Pour un pluralisme juridique radical*, th., Université McGill de Montréal, 2002, p. 58. Pour reprendre les mots de Carbonnier, le tenant du « radicalisme » serait trompé par la « grande illusion du pluralisme » ; « il croit avoir filmé le combat de deux grands systèmes juridiques, mais ce qu'il montre est un système juridique aux prises avec l'ombre d'un autre » ; « les choses ne se passent pas droit contre droit, mais droit contre sous-droit » (J. CARBONNIER, *Sociologie juridique*, Puf, coll. Quadrige manuels, 2004, p. 361).

[3] G. GURVITCH, *Éléments de sociologie juridique*, Aubier, 1940, p. 31-32.

l'interminable débat sur les frontières de la juridicité »[1]. Censés se concentrer sur la « réalité sociale » des normes *juridiques*, ils se focalisent en réalité sur la réalité sociale des normes sociales. Certains vont jusqu'à définir sans détour la sociologie du droit comme une « sociologie des régulations sociales »[2]. Très explicitement, ils conviennent que les « systèmes juridiques » comprennent du droit, mais aussi « du presque-droit, du comme-droit et du quasi-droit »[3] ; tandis que les anthropologues du droit étudient les « normes et institutions des populations » au départ d'un « postulat d'universelle juridicité »[4] qui les mène à affirmer sans ambages que tout système normatif serait juridique[5] car le droit serait un « fait social total »[6]. Carbonnier pouvait regretter la « confusion durkheimienne du social juridique et du social non juridique »[7], ce sont bien la plupart des panjuridistes qui apportent leur pierre à l'édifice de la *dissolution du juridique dans le social.*

L'enjeu, pour le pragmatisme juridique, serait de trouver les moyens d'associer ces deux propositions : d'une part, on ne

[1] J. COMMAILLE, « Sociologie juridique », in D. ALLAND, S. RIALS, dir., *Dictionnaire de la culture juridique*, Lamy-Puf, coll. Quadrige dicos poche, 2003, p. 1425.

[2] J. COMMAILLE, J.-F. PERRIN, « Le modèle de Janus de la sociologie du droit », *Dr. et société* 1985, p. 95.

[3] A.-J. ARNAUD, M. J. FARINAS DULCE, *Introduction à l'analyse sociologique des systèmes juridiques*, Bruylant (Bruxelles), 1998.

[4] L. ASSIER-ANDRIEU, « Coutumes et usages », in D. ALLAND, S. RIALS, dir., *Dictionnaire de la culture juridique*, Lamy-Puf, coll. Quadrige dicos poche, 2003, p. 322.

[5] *Ibid.*, p. 325; également, G. ROCHER, « Pour une sociologie des ordres juridiques », *Les Cahiers du droit* 1988, n° 29, p. 91 s.

[6] M. MAUSS, « Essai sur le don – Forme et raison de l'échange dans les sociétés archaïques », *L'Année sociologique* 1923-1924.

[7] J. CARBONNIER, *Théorie sociologique des sources du droit*, Association corporative des étudiants en droit de l'Université Panthéon-Sorbonne, 1961, p. 171. Pour Durkheim, « la vie générale de la société ne peut s'étendre sur un point sans que la vie juridique s'y étende en même temps et dans le même rapport » (É. DURKHEIM, *De la division du travail social* (1893), Puf, coll. Quadrige, 1998). La thèse défendue par le grand sociologue était que « le symbole visible de la solidarité sociale [...], c'est le Droit. Nous pouvons donc être certains de trouver reflétées dans le Droit toutes les variétés essentielles de la solidarité sociale » (*ibid.*).

peut se passer d'une définition du droit ; d'autre part, il faut retenir la définition du droit la plus ouverte et englobante afin de ne s'interdire aucun objet d'étude. La théorie syncrétique du droit et l'échelle de juridicité pourraient éventuellement être ces moyens, pourraient éventuellement permettre cette conciliation. Les étranges conceptions sans définition du droit qui sont la marque des théories panjuridiques ne gagneraient-elles pas à se ranger à la définition syncrétique du droit et à la vision graduelle de la juridicité. Celles-ci permettraient de résoudre — et non de passer sous silence — les *difficultés théoriques liées aux limites du territoire juridique dans le monde de la régulation sociale*, de légitimer théoriquement le panjuridisme[1]. Le chercheur pourrait alors se concentrer pleinement sur l'ambition pragmatiste de témoigner de données *jus*-factuelles et *jus*-pratiques sans devoir se poser systématiquement la question « ai-je affaire à du droit ? ».

L'échelle de juridicité cherche à satisfaire le besoin de plus en plus pressant d'*équilibre entre autonomie du droit et ouverture du droit*[2] : grâce aux enseignements tirés de son expérimentation, le chercheur en droit peut s'intéresser à tous les foyers de normativité tout en s'inscrivant — certes par un biais inhabituel et inattendu — dans la lignée des courants dominants de la pensée du droit moderne. La seule voie envisageable afin d'accueillir entièrement le pluralisme juridique horizontal (différents types de sources du droit) sans

[1] Le panjuridisme semble avoir jusqu'à présent toujours amené à retenir la définition du droit selon laquelle il serait tout ce que les juristes étudient. Cela implique un renversement radical de perspective puisque ce n'est plus de la définition du droit que dépend l'objet d'étude concret du juriste mais de l'objet d'étude concret du juriste que dépend la définition du droit. La théorie syncrétique, pour sa part, revient à la logique initiale en posant *ab initio* une définition du droit ; mais elle le fait de manière pragmatique et autorise elle-aussi le panjuridisme — tout en préservant, au contraire du panjuridisme ordinaire, la spécificité du droit à laquelle les illustres théoriciens du droit d'hier et d'aujourd'hui sont attachés. Aussi déboucherait-elle sur une forme de « panjuridisme éclairé et modéré ».

[2] Réf. à J.-Y. CHEROT, S. CIMAMONTI, L. TRANCHANT, J. TREMEAU et *alii*, *Le droit entre autonomie et ouverture – Mélanges en l'honneur de Jean-Louis Bergel*, Bruylant (Bruxelles), coll. Penser le droit, 2013.

ruiner le particularisme ontologique du droit paraît résider dans le pluralisme juridique vertical (différents niveaux de force juridique). Avec le soutien de la théorie syncrétique et de la conception graduelle de la juridicité qu'elle aboutit à consacrer, les travaux contemporains relatifs aux nouveaux objets normatifs pourraient *reposer sur des fondations théoriques plus solides, donc plus porteuses*.

Il s'agirait ainsi d'une *théorie visant à conforter l'acceptabilité* jus-*théorique de l'idée de pluralisme des sources du droit*, laquelle paraît intimement liée aux théories pragmatiques du droit, surtout dans leur versant panjuridiste. Or cela serait loin d'être anodin tant ladite idée manque de force sémantique, aux yeux du théoricien du droit mais aussi, plus généralement, aux yeux de beaucoup de juristes modernes, lorsqu'elle est utilisée par les sociologues du droit, par les anthropologues du droit ou encore par les tenants du « pluralisme juridique radical », tous se montrant quelque peu insensibles à l'autonomie du juridique au sein du social que des générations de penseurs du droit se sont évertuées à forger[1].

[1] Il conviendrait, préalablement à toute autre forme d'investigation relativement aux normes, d'être en mesure de distinguer celles qui revêtent la qualité juridique de celles qui n'intègrent pas le domaine du droit et qui, de la sorte, sont *extérieures à l'objet d'étude du juriste*. Nul ne saurait, semble-t-il, s'intéresser pertinemment aux normes de droit sans avoir auparavant identifié le ou les critère(s) permettant de reconnaître la juridicité des normes et, par conséquent, permettant de déterminer et délimiter le champ d'investigation. En témoignent clairement ces explications tirées de l'introduction d'un ouvrage récemment consacré aux « nouvelles sources du droit » : « Étudier les nouvelles sources du droit suppose nécessairement de réfléchir sur le système juridique, son contenu, ses caractéristiques et de se positionner par rapport au modèle pyramidal kelsénien et au postulat luhmannien de l'autoréférentialité du système Droit. […] La pyramide des normes kelsénienne s'est imposée comme l'aboutissement des efforts de rationalisation et de scientifisation du droit, les concepts-clé d'objectivité, de véracité-validité et d'autonomie du droit étant censés rendre possible le départ entre ce qui est juridique et ce qui ne l'est pas. […] Si seulement [les] hypothèses de clôture, d'autoréférentialité, de cohérence et de validité normative n'étaient pas considérées comme des conditions et caractéristiques exclusives du système juridique, cela permettrait d'envisager de nouveaux mécanismes et de nouvelles forces de production juridique, de nouvelles sources du droit qui ne peuvent plus se satisfaire de l'espace marginal qui leur a été traditionnellement concédé au-delà des

Outre un objet d'étude, une théorie juridique confère à « sa » science du droit une méthode d'étude de cet objet. C'est pourquoi il convient à présent de se pencher sur les *méthodes de travail des scientifiques du droit pragmatistes*. Le pragmatisme juridique incite à envisager les problématiques et phénomènes juridiques de manière *concrète, vivante et libre*[1]. Ce pragmatisme juridique serait ainsi tout spécialement intéressant à étudier sous l'angle épistémologique et méthodologique, sous l'angle du rapport à la connaissance juridique des juspragmatistes et des moyens qu'ils mettent en œuvre afin de mieux comprendre le droit dans le contexte du XXIe s.

frontières du système juridique » (V. LASSERRE, *Le nouvel ordre juridique – Le droit de la gouvernance*, LexisNexis, 2015, p. 9-10).

[1] Il faut redire, avec un auteur du début du XXe s., que « le pragmatisme est moins une doctrine qu'une méthode, et moins encore une méthode qu'un esprit, une certaine façon concrète, vivante et libre d'aborder et de traiter les problèmes philosophiques » (G. CANTECOR, « Le pragmatisme », *L'année psychologique* 1907, p. 355). Et Quintiliano Saldaña d'enseigner que « le concret est à la fois l'objectif et la limite du pragmatiste » (Q. SALDAÑA, « Étude préliminaire – Le pragmatisme juridique de M. Duguit » [1924], in L. DUGUIT, *Le pragmatisme juridique*, La mémoire du droit, 2008, p. 131).

Seconde partie

Les moyens d'étude prescrits par les théories pragmatiques aux scientifiques du droit

Actuellement, les scientifiques du droit pragmatistes semblent plus impliqués dans la réflexion méthodologique que dans la définition de l'objet-droit et, lorsqu'ils adoptent une attitude réflexive et recourent au méta-discours, celui-ci est souvent d'ordre épistémologique. En d'autres termes, ces scientifiques pragmatistes se posent plus fréquemment la question de leurs méthodes que celle de leurs objets. La matière première au sein de laquelle étudier ce pan des théories pragmatiques du droit ne manque donc pas.

Le progrès des sciences du droit passe peut-être en premier lieu par le progrès de leurs méthodes (*chapitre 1*) ; et la mise en lumière des principes méthodologiques pragmatiques en même temps que leur perfectionnement pourraient contribuer à ce progrès (*chapitre 2*). En somme, le pragmatisme serait une voie à suivre afin de prévenir la crise des facultés de droit et de la recherche juridique que d'aucuns redoutent[1], cette crise

[1] Déjà au début du XXe s. Léon Duguit ou François Gény plaidaient pour une rénovation de la science juridique qui ne s'est jamais réalisée, en France en tout cas. Peut-être cette rénovation est-elle néanmoins en train d'advenir et prend-elle la forme du pragmatisme ; et peut-être le fait-elle insensiblement, si bien que mon projet pourrait servir à la mettre en exergue et, ainsi, à conforter son mouvement. *Cf.* J.-P. CHAZAL, « Léon Duguit et François Gény – Controverse sur la rénovation de la science juridique », *RIEJ* 2010, n° 65, p. 132. L'auteur observe que « la réflexion et le discours des juristes français sur leur savoir, ses méthodes et ses finalités se sont considérablement

risquant de prendre la forme d'un « sommeil dogmatique »[2]. Ne désigne-t-on pas souvent la science du droit moderne par l'expression ô combien significative « dogmatique juridique » ? Le pragmatisme juridique semble être une tout autre façon de concevoir la mission du scientifique du droit, plus empirique et ouverte[3].

appauvris. Est encore d'une grande actualité le regret de Gény qui constatait que les jurisconsultes ne s'intéressaient guère à l'épistémologie : "la plupart pratiquent délibérément une sorte de procédure mécanique d'interprétation et d'adaptation des préceptes juridiques, aux visées courtes, aux tendances étroites" ».

2 Ch. Jamin, M. Xifaras, « De la vocation des facultés de droit (françaises) de notre temps pour la science et l'enseignement », *RIEJ* 2014, n° 72, p. 107.

3 Qu'on pense à la méthode exégétique qui a longtemps prévalu dans les facultés de droit françaises ou à tout autre mode d'approche du droit, forme de raisonnement, disposition d'esprit, il est certain que l'influence de la méthode adoptée par le scientifique sur ses travaux est décisive. S'ajoutent à cela les grandes différences entre les objets d'étude des positivistes modernes et ceux des pragmatistes postmodernes, si bien que les résultats des recherches des uns et des autres ne peuvent que diverger très fortement.

Chapitre 1. Les enjeux des méthodes pragmatiques d'étude du droit

Au premier rang des idées-clés qui gouvernent les travaux et raisonnements des juspragmatistes figurent la *mise en avant de l'effectivité, des conséquences, des résultats et de l'utilité au détriment des origines, de l'essence, de l'ontologie et de la métaphysique*. Avec le pragmatisme, on juge l'arbre à ses fruits plutôt qu'à ses racines. « Est vrai ce qui réussit », pouvait soutenir William James, avant de résumer en ces termes la posture pragmatiste : « Le pragmatisme, c'est l'attitude qui consiste à se détourner des choses premières, des principes, des catégories, des nécessités supposées, pour se tourner vers les choses dernières, les fruits, les conséquences, les faits »[4]. Selon la perspective pragmatiste, penser un objet reviendrait donc à identifier l'ensemble de ses implications pratiques, car seules ces dernières confèreraient un sens à l'objet pensé. Et la vérité ne saurait exister *a priori* ; elle se révèlerait progressivement grâce à l'expérience. Anti-essentialiste, anti-nominaliste[5] et anti-intellectualiste, le pragmatisme poursuivrait ainsi la fabrication d'un savoir supposément plus sûr.

Notamment, les juristes pragmatistes sont conduits à écarter de leurs démarches cognitives les problématiques philosophiques abstraites ainsi que les dualismes traditionnels qui enferment la pensée juridique dans de faux problèmes et retardent le progrès des connaissances. Ils portent leur intérêt sur les manifestations pratiques des choses et phénomènes juridiques et ne cherchent pas à en dire plus que ce qu'il est

[4] W. JAMES, *Le pragmatisme – Un nouveau nom pour d'anciennes manières de penser* (1907), trad. N. Ferron, Flammarion, coll. Champs classiques, 2007, p. 120.

[5] Le nominalisme implique que les mots ne désignent pas la réalité des choses mais seulement des représentations de celles-ci.

permis de comprendre par l'observation de ces manifestations pratiques. Aussi s'opposent-ils à la rupture entre la théorie et la pratique du droit, l'ambition étant de rendre les idées et les réflexions plus concrètes. Mais ils ne disent en aucun instant qu'il faudrait supprimer les systèmes d'idées ou mêmes les idéologies ; ils estiment qu'il faut évaluer ces systèmes d'idées et idéologies uniquement à l'aune de leurs mises en œuvre concrètes. Et si, face à une controverse juridique quelconque, il s'avère que nulle des options en présence n'emporte de conséquences pratiques différentes de celles de ses rivales, alors cette controverse juridique est parfaitement vaine.

Ensuite, tandis que prolifèrent, de manière assez désordonnée, des objets juridiques non ou mal identifiés hétéroclites qui mettent à l'épreuve les connaissances que les juristes ont pu croire « acquises », le pragmatisme de certains scientifiques du droit devrait leur permettre de rendre pleinement justice de la diversité des origines, des formes et des effets de ces nouveaux objets juridiques[6]. Avec le pragmatisme, il n'est, semble-t-il, pas de lieu-commun incontestable et incontesté, pas de connaissances *a priori* issues d'autre chose que de l'expérience[7]. Conscients de la labilité et de la

[6] Comme l'explique Benoît Frydman, « nous sommes mis en demeure par l'évolution du monde, des relations et des régulations juridiques de réévaluer les principes, les concepts et les outils du droit moderne, établis depuis plusieurs siècles, solidement pensait-on, mais qui montrent chaque jour davantage les limites de leur pertinence et de leur efficacité à capturer leur objet et à le faire comprendre. Nous sommes obligés de repenser les classifications et les catégories dans lesquelles les nouveaux objets qui émergent chaque jour, sortes d'ornithorynques du bestiaire normatif, se refusent obstinément à se laisser enfermer » (B. FRYDMAN, « Comment penser le droit global ? », in J.-Y. CHEROT, B. FRYDMAN, dir., *La science du droit dans la globalisation*, Bruylant (Bruxelles), coll. Penser le droit, 2012, p. 17).

[7] Par exemple, il est permis de s'étonner que les manuels d'introduction au droit continuent quasi-unanimement à perpétuer l'enseignement selon lequel il existerait trois sources de droit : la loi, la jurisprudence et la coutume. Le pragmatisme paraît conduire, plutôt qu'à accepter sans discussion pareil héritage, à se plonger dans les faits normatifs, à enquêter parmi eux afin de savoir si la vie du droit ne connaîtrait pas d'autres formes de normativité et si la loi, la jurisprudence et la coutume y jouent effectivement un rôle — dans

contingence du monde du droit, les pragmatistes paraissent s'efforcer à résister au besoin de certitudes et de principes définitifs. Pour eux, le manque de fondements absolus (scientifiques, moraux, religieux, culturels, politiques) serait une chance en ce qu'il permettrait de constamment chercher à améliorer les pratiques et les savoirs qui les accompagnent en expérimentant de nouvelles pistes d'action et de réflexion sur l'action. Leur démarche semble être ainsi, pour reprendre les qualificatifs utilisés par Richard Posner, foncièrement « pratique, instrumentale, avant-gardiste, sceptique, anti-dogmatique et expérimentale »[8].

Tournant résolument le dos à ce que d'aucuns ont pu qualifier de « nationalisme méthodologique », ils s'efforceraient à produire des travaux frappés du sceau de l'objectivité et de l'empirisme. Le pragmatisme juridique reprendrait ainsi à son compte l' « empirisme radical » développé par William James, dont le projet général consiste à *libérer les expériences de toute forme de pensée préexistante*[9]. Là où le penseur traditionnel essaie de faire entrer le réel dans son système, au besoin en remodelant artificiellement ce réel et en gommant les aspérités, le pragmatiste ferait de l'expérience sa religion, en accepterait la variabilité et la complexité, même si cela peut l'obliger à souvent revoir ses conclusions.

Alors que des professeurs en viennent à souligner combien la pédagogie parmi les facultés de droit serait le

beaucoup de branches du droit, la coutume semble ainsi être désormais une source asséchée.

[8] R. POSNER, *Overcoming Law*, Harvard University Press, 1995, p. 9.

[9] Déjà Léon Duguit se réclamait de cet empirisme radical, ce qui fait de lui un pragmatiste sous cet angle : « L'observation et le raisonnement sur les données de l'observation sont les seuls instruments d'investigation que l'homme possède pour arriver à découvrir la petite part de vérité qu'il lui est permis de connaître. Dans le domaine du droit, on ne peut arriver à des solutions à la fois pratiques et justes qu'en écartant tous les concepts *a priori* et toutes les vaines dialectiques que l'on prétend y rattacher » (L. DUGUIT, *Traité de droit constitutionnel – Tome premier : La règle de droit, le problème de l'État*, 3e éd., De Boccard, 1927, p. X).

« dernier refuge de la dogmatique »[10] et que « les modèles actuels de formation juridique, bien qu'en cours de réforme dans de nombreux pays, pâtissent encore de biais culturels et de conceptions du droit dépassées »[11], il semble que le développement des prémisses pragmatistes puisse susciter quelques évolutions non anecdotiques au sein de ces facultés.

Par exemple, il est remarquable que des professeurs de l'École de Bruxelles invitent leurs collègues à « rompre une fois pour toutes avec la chimère de l'encyclopédisme juridique qui, en multipliant le volume horaire des cours magistraux de droit positif, place les étudiants dans une course éperdue vers un mirage – la connaissance d'un droit fini, stable et objectif »[12]. Et d'ajouter que, « sans céder à l'opposition caricaturale entre têtes bien pleines et têtes bien faites, il est devenu évident que l'accélération du temps juridique, l'avènement d'un droit en réseau, la montée en puissance des normativités non ou para-juridiques, et la transformation corrélative des métiers du droit militent en faveur de nouveaux processus d'apprentissage qui font la part belle à l'interdisciplinarité, à la réflexivité (notamment par la théorie du droit) et au *learning by doing* (*moot courts*, "cliniques du droit" etc.) »[13]. Nul doute qu'apprendre le droit à travers des exemples détaillés ne produit pas les mêmes résultats qu'apprendre le droit à travers des notions générales abstraites et des exposés techniques de droit positif fermés à toute interdisciplinarité. Il faudrait trouver les

[10] Ch. JAMIN, M. XIFARAS, « De la vocation des facultés de droit (françaises) de notre temps pour la science et l'enseignement », *RIEJ* 2014, n° 72, p. 107.

[11] O. ROSELLI, « Formation, culture juridique, rôle du juriste et des opérateurs du droit à l'époque contemporaine de transition », *RIEJ* 2014, n° 72, p. 87. En ce sens, on souligne également « les apories du paradigme cartésien, qui n'est plus guère défendu par les théoriciens du droit à l'heure actuelle mais demeure dans l'inconscient juridique collectif, comme en témoigne la forme de l'enseignement du droit continental » (J. VAN MEERBEECK, « Penser par cas… Et par principes », *RIEJ* 2014, n° 73, p. 77).

[12] A. BAILLEUX, F. OST, « Introduction », *RIEJ* 2014, n° 72, p. 25.

[13] *Ibid.*, p. 25-26.

moyens d'une « alchimie ascendante »[14] en matière d'étude et d'enseignement du droit, plaçant les « faits juridiques » à la base de tout — et même si cela peut générer quelques travers : par exemple, si la méthode casuelle et le *learning by doing* en vogue aux États-Unis ont joué un rôle déterminant dans la façon de penser des juristes américains, qui apprennent le droit par des exemples détaillés et non à partir de notions générales exposées sous forme de concepts théoriques, ils risquent de priver le praticien de toute aisance rédactionnelle en dehors des chemins battus, faute de points de repère généraux et transversaux[15].

[14] J. PERELMAN, « Penser la pratique, théoriser le droit en action : des cliniques juridiques et des nouvelles frontières épistémologiques du droit », *RIEJ* 2014, n° 73, p. 133.

[15] F.-X. TESTU, « Casuistique », in D. ALLAND, S. RIALS, dir., *Dictionnaire de la culture juridique*, Lamy-Puf, coll. Quadrige dicos poche, 2003, p. 171. L'auteur explique ainsi : « S'il est vrai qu'on ne peut réduire le droit à une application mécanique de règles générales, le juriste a besoin d'un minimum de science. Les situations concrètes méritent certes d'être prises en compte et il est possible qu'un enseignement du droit soit fondé sur de telles bases ; mais il arrive nécessairement un moment où la réflexion doit changer de dimension, parce que les cas ne fournissent pas spontanément leurs propres conditions d'intelligibilité ; il faut alors conceptualiser et examiner les situations concrètes sous le filtre sélecteur d'une théorie (une généralisation intellectuelle) à la fois formalisatrice et simplificatrice » (*ibid.*, p. 172).

Chapitre 2. Le contenu des méthodes pragmatiques d'étude du droit

Certains principes méthodologiques gouvernant l'étude pragmatique du droit pourraient être déduits du volet épistémologique de la philosophie pragmatique. Celui-ci inciterait les scientifiques du droit à s'inscrire davantage dans une démarche de sciences sociales, concevant le droit entièrement tel un phénomène social, telle une activité humaine à vocation pratique en constante recomposition, contrastant avec l'attitude positiviste focalisée sur les textes et sur les normes valides. Le droit devrait dès lors s'analyser en tant que *pratique située* ne pouvant se comprendre sans prise en compte de son *environnement*. Cependant, puisque la présente étude n'est pas le lieu où entreprendre la transposition en droit des prémisses de la philosophie pragmatique — au contraire de la seconde étude à venir —, seuls les principes imprégnant déjà une partie de la littérature juridique seront ici exposés[16].

Ces principes juspragmatistes peuvent être regroupés en quatre ensembles : droit vivant, droit en situation et droit en action (*section 1*), expérimentations, enquêtes et études de cas (*section 2*), liberté, critique et éclectisme (*section 3*), ainsi

[16] Il n'en est pas moins remarquable, pour ne prendre qu'un exemple, que John Dewey défendait un enseignement conçu non comme transmission d'un savoir établi mais comme acquisition, par l'expérience, des connaissances. C'est sur cette conception qu'il a créé ses « écoles laboratoires ». Peut-être y a-t-il là une voie à explorer pour les facultés de droit. Dewey a commencé par être instituteur et il a alors développé un mouvement pédagogique visant à placer l'expérience au cœur des apprentissages : c'est en pratiquant concrètement les choses que l'enfant pourrait le mieux les comprendre. Aux États-Unis, Dewey est ainsi devenu la bête noire des défenseurs d'une école appliquant les programmes et transmettant des savoirs. Ce qui ferait la spécificité du pédagogue, ce serait la capacité à lier l'expérience humaine, la vie concrète et les sciences.

qu'interdisciplinarité, droit en contexte et sociologie du droit (*section 4*).

Section 1. *Droit vivant, droit en situation, droit en action*

Les juristes pragmatistes s'élèvent contre le fait que « nous avons sans relâche inculqué l'idée selon laquelle la bibliothèque doit être le lieu d'étude pour les étudiants autant que pour les professeurs, que c'est là pour nous ce qu'est le laboratoire pour les chimistes et les physiciens, le muséum d'histoire naturelle pour les zoologistes, et le jardin botanique pour les botanistes »[17]. En effet, ces juristes pragmatistes cherchent les moyens de pleinement rendre compte du droit qui *de facto* s'impose, du droit efficace, du « droit dans la vie » plutôt que du « droit dans les livres »[18]. Leur regard se porte en direction du droit vivant, du droit en situation, du droit en action. Cela implique d'adopter une *approche dynamique du droit* — là où le dogmatisme appelle le statisme[19].

Ensuite, les instruments des juspragmatistes doivent leur permettre de plonger au cœur des activités et des pratiques juridiques afin de comprendre *ce que fait le droit concrètement*. Dès lors, seules les problématiques factuelles et matérielles les

[17] Ch. C. LANGDELL (cité par S. HENNETTE-VAUCHEZ, in O. CAYLA, J.-L. HALPERIN, dir., *Dictionnaire des grandes œuvres juridiques*, Dalloz, 2008, p. 342).

[18] Ch. JAMIN, M. XIFARAS, « De la vocation des facultés de droit (françaises) de notre temps pour la science et l'enseignement », *RIEJ* 2014, n° 72, p. 107.

[19] Comme les philosophes pragmatiques, les tenants du pragmatisme juridique se placent dans la lignée du darwinisme et conçoivent un droit capable comme les êtres vivants de s'adapter à son environnement — ou en tout cas devant l'être. À la suite de Dewey, ils voient dans le droit un ensemble de processus continus : tout serait toujours « *in the making* », en train de se faire, mobile et évolutif. Les phénomènes cognitifs devraient se comprendre à la lumière des processus d'adaptation des organismes vivants. Ainsi Peirce a-t-il, par exemple, élaboré la notion de « doute vivant » par opposition au doute cartésien.

interpellent et ils délaissent les réflexions spéculatives, si bien qu'ils se rendent le plus souvent possible *sur le terrain* et s'éloignent du « ciel des concepts », des notions purement abstraites et posées *a priori*, redoutant ces produits universitaires qui rompent toutes leurs amarres à la pratique réelle du droit. Le monde juridique sort transformé de l'approche pragmatiste : il apparaît tel un processus factuel et pratique se récréant continuellement.

En particulier, le pragmatisme, parce qu'il attire l'attention sur l'effectivité du droit, amène à observer les *usages juridiques*. Il faudrait ainsi s'intéresser aux acteurs et aux actrices qui font le droit *in situ*, qui l'appliquent ou, du moins, l'utilisent dans leurs activités. En ce sens, des auteurs proposent des études ethno-méthodologiques et des « *legal-consciousness studies* » en partant de la thèse selon laquelle jusqu'au concept de droit ne saurait être appréhendé qu'au travers de ses usages, c'est-à-dire au travers des « pratiques » réelles et concrètes d'un droit « en train de se faire »[20]. À nouveau, peut être identifiée une véritable filiation entre le pragmatisme juridique et la philosophie pragmatique, notamment telle que promue par Dewey[21]. Et les *« cliniques juridiques »*, forme remarquable d'initiation au droit apparue il y a peu, sont possiblement un excellent témoignage du fait que le pragmatisme gagnerait les facultés de droit[22].

[20] B. DUPRET, *Droit et sciences sociales*, Armand Colin, coll. Cursus, 2006 ; B. DUPRET, « Le code en tant qu'accomplissement pratique – Respécification ethnométhodologique et cas d'étude égyptien », *Tracés* 2014, n° 27, p. 73 s.

[21] G. CALAFAT, A. FOSSIER, P. THEVENIN, « Droit et sciences sociales : les espaces d'un rapprochement », *Tracés* 2014, n° 27, p. 7 s.

[22] L'introduction de séances de travaux pratiques obligatoires par une loi du 30 octobre 1940 (en France) ou le développement des stages et de l'initiation ont sans doute été de premières étapes dans la marche vers un enseignement pragmatique du droit. Aujourd'hui, la création des « cliniques juridiques », consistant pour les étudiants à traiter, sous la direction de leurs professeurs et de praticiens, des cas réels et actuels, non plus seulement des cas passés ou fictifs, apparaît telle une nouvelle étape importante. Ainsi les professeurs de l' « École de Bruxelles » expliquent-ils que « ce qui distingue l'initiation aussi bien de l'apprentissage que de l'enseignement, c'est qu'elle se trouve aux prises avec le réel. Tout à coup, les apprentis juristes cessent de s'exercer à

En outre, le regard porté vers le droit en action contribue à renforcer les liens entre pragmatisme juridique et théories réalistes du droit. Ainsi, là où le courant normativiste se concentre sur la nature spécifique des normes juridiques et sur leur ordonnancement au moyen de la validité, Chaïm Perelman et ses continuateurs de l'École de Bruxelles adoptent une perspective tout autre. Ils délaissent l'étude du système juridique pour se concentrer sur les *cas particuliers tels que les juges sont amenés à les traiter*. Là seulement se trouverait le véritable droit positif compris comme droit vivant ou droit en situation. S'attachant à la manière dont le juge décide et motive ses décisions, ils invitent à focaliser l'attention non sur le législateur et sur le gouvernement mais sur les tribunaux. Le juge se trouve ainsi restauré dans la position de « point focal » du raisonnement juridique[23].

La fameuse parabole qu'Oliver Wendell Holmes propose est particulièrement instructive sous cet angle : « Si vous souhaitez connaître le droit et lui seul, vous devez vous mettre à la place du méchant qui a pour seul souci les conséquences matérielles qu'une telle connaissance lui permet de prédire, non pas à celle de l'homme bon qui trouve ses raisons d'agir, que ce soit par rapport au droit ou en dehors de lui, dans les sanctions

jouer le « jeu » du droit pour y participer vraiment. Ce passage de l'exercice au réel n'a rien d'anodin. Il est possible et souhaitable d'aller plus loin et, passant de l'observation à l'action, de proposer aux étudiants d'intégrer des “cliniques juridiques”. Ces dispositifs leur permettraient, sous la supervision d'un enseignant, de se frotter à des cas concrets, de gérer les attentes d'un “client”, bref de s'initier à la pratique du droit. Nous sommes convaincus que, si elles s'accompagnent de séances où s'opère un véritable retour réflexif, de telles cliniques peuvent être de puissants vecteurs de conscientisation et, dès lors, de responsabilisation de nos étudiants. Elles constituent un excellent laboratoire pour initier les apprentis juristes à la double dimension de leur discipline — mythe et réalité du “génie juridique”, plasticité et force symbolique du droit, liberté et responsabilité du juriste » (Séminaire interdisciplinaire d'études juridiques, « De futurs juristes libres et responsables ! Manifeste pour la formation en droit », *RIEJ* 2016, n° 76, p. 174).

[23] B. FRYDMAN, « Perelman et les juristes de l'École de Bruxelles », in B. FRYDMAN, M. MEYER, *Chaïm Perelman (1912-2012) – De la nouvelle rhétorique à la logique juridique*, Puf, 2012, p. 229.

moins précises que lui inflige sa conscience. Quand cet homme mauvais [qui est très pragmatique] va voir son avocat, il ne veut pas connaître le droit de façon abstraite, mais la loi qui prévaut dans le Massachusetts ou un autre État ; il ne veut pas connaître tout le droit, mais la manière dont les juges sont susceptibles de l'interpréter »[24]. Cette approche conduit donc à une analyse empirique du droit tournée en direction de ses praticiens et de leurs activités situées.

Section 2. *Expérimentations, enquêtes, études de cas*

Ensuite, le pragmatisme comprend une forme d'« expérimentalisme d'inspiration scientifique »[25] dont l'*enquête* est le pivot — par opposition à une conception des connaissances selon laquelle celles-ci découleraient seulement de l'usage de la raison. Il suppose de constantes validations et revalidations (ou ajustements) des connaissances à l'aune d'une *observation contrôlée des faits*. Pour pouvoir rendre compte le plus précisément et fidèlement possible du droit vivant, du droit en situation, du droit en action, les scientifiques pragmatistes procèdent à des expériences et mènent des enquêtes. Ainsi pourraient-ils se rapprocher au plus près du droit concret et permettre au savoir de suivre ses mouvements.

Avec le pragmatisme, les sciences du droit sont gagnées par l'esprit expérimental qui fait que nulle idée ne saurait être acceptée si elle n'est pas le fruit d'une expérience et si elle ne peut pas être révisée au cours d'expériences futures. Seules les *hypothèses expérimentables* peuvent être retenues[26] ; et,

[24] O. W. HOLMES, « La passe étroite du droit – Traduction par Françoise Michaut de O. W. Holmes, "The Path of the Law", *Harvard Law Review*, vol. X, 1897, p. 457-478 », [en ligne] *Clio@Themis* 2014, vol. 10, § 7.

[25] J.-P. COMETTI, *Qu'est-ce que le pragmatisme ?*, Folio, coll. Essais, 2010, p. 18.

[26] Aussi a-t-on pu écrire que « la pensée se trouve satisfaite quand elle sort de l'épreuve expérimentale plus forte, plus lumineuse et plus riche. La

lorsqu'elles le sont, elles doivent être immédiatement expérimentées. Aussi le pragmatisme est-il une *doctrine de terrain* et non une doctrine de cabinet. Il pousse le chercheur à creuser avec des outils matériels plutôt qu'avec des outils mentaux, à aller au plus près des faits et des activités pratiques. La recherche est conçue tel un procès dynamique dans lequel toute connaissance résulte d'un travail d'enquête.

Les études de cas également semblent être l'apanage des juristes pragmatistes, que les *situations particulières* intéresseraient davantage que les réflexions transversales. Pour les plus radicaux, adeptes de la « méthode casuelle intégrale », l'essentiel de la matière n'existerait pas à l'état désincarné et le droit serait abstraitement insaisissable, le seul moyen de l'approcher étant de traiter des cas particuliers[27]. Partant, il faudrait apprendre, ou réapprendre, à *penser le droit à partir du cas*, qu'il soit passé (la « *case method* » du « *common law* »[28]), présent (les cliniques juridiques), hypothétique (la casuistique) ou fictif (le courant « droit et littérature »[29])[30].

vérification, en un mot, est comme une crise de croissance de la pensée » (E. Le Roy, « Observations sur le pragmatisme », in A. Lalande, *Vocabulaire technique et critique de la philosophie*, 10e éd., Puf, coll. Quadrige dicos poche, 2010, p. 806).

[27] F.-X. Testu, « Casuistique », in D. Alland, S. Rials, dir., *Dictionnaire de la culture juridique*, Lamy-Puf, coll. Quadrige dicos poche, 2003, p. 171.

[28] *Cf.* D. Fennelly, « Penser par cas : *A Common Law Perspective* », *RIEJ* 2014, n° 73, p. 155 s. Dès 1871, la Harvard Law School institua, parallèlement aux enseignements magistraux, sa *case method* ; le doyen Langled faisait lire une série d'arrêts à ses étudiants qui devaient ensuite les discuter et répondre au feu roulant de questions posées par le maître ; la méthode, adoptée ensuite par toutes les écoles de droit, fut reçue avec enthousiasme dans les écoles de gestion et trouva son expression la plus élaborée à la Harvard Business School entre 1908 et 1920. La méthode casuelle était certainement destinée à s'affirmer dans les écoles de droit anglo-saxonnes, là où un droit peu légalisé s'alimente pour l'essentiel de la règle du précédent juridictionnel (F.-X. Testu, « Casuistique », in D. Alland, S. Rials, dir., *Dictionnaire de la culture juridique*, Lamy-Puf, coll. Quadrige dicos poche, 2003, p. 171).

[29] Notamment, François Ost a montré que l'approche « droit et littérature », qui pense à partir de cas fictifs, constitue une contribution essentielle à l'étude du raisonnement juridique (F. Ost, « Penser par cas : la littérature comme laboratoire expérimental de la démarche juridique », *RIEJ* 2014, n° 73,

Les raisonnements sont ici des raisonnements pratiques en situation, attachés aux interactions entre les *acteurs du jeu juridique*. Tandis que les juristes normativistes se consacrent surtout au système des normes juridiques et à leur production au sein de l'appareil d'État, les juristes pragmatistes analysent, en étudiant des cas spécifiques, comment les juges tranchent les litiges, comment ils motivent leurs décisions, comment les législateurs édictent les lois, comment les individus contractent, comment les multinationales créent leur droit propre etc. Partant, ils préfèrent le *point de vue microjuridique* au point de vue macrojuridique.

Pour ne prendre qu'un exemple, les scientifiques du droit de l'École de Bruxelles, dans le cadre de leurs travaux relatifs au droit global, sont souvent partis de cas singuliers : l'affaire « Yahoo! » pour l'internet, l'affaire « Nike » pour la responsabilité sociale des entreprises ou l'affaire « Total » pour le contentieux transnational des droits de l'homme[31]. Si les

p. 99 s.). Dans le même sens, les réalistes américains n'hésitent pas à recourir à « l'analyse "littéraire" du droit [qui] recherche dans les attendus des jugements les phénomènes narratifs et interprétatifs qu'on aurait cru réservés à l'écrivain ou à l'historien » (P. LIVET, « Argumentation et rhétorique juridique », in D. ALLAND, S. RIALS, dir., *Dictionnaire de la culture juridique*, Lamy-Puf, coll. Quadrige dicos poche, 2003, p. 85).

30 J. VAN MEERBEECK, « Penser par cas… Et par principes », *RIEJ* 2014, n° 73, p. 77 s. Benoît Frydman note ainsi que « l'approche macrojuridique privilégie l'étude du droit objectif au niveau de l'ordre juridique. L'approche microjuridique détermine les droits subjectifs à l'horizon du cas. L'ordre, d'un côté, le cas, de l'autre, tels sont les deux cadres dont l'histoire nous a dotés pour penser le droit. L'ordre s'est imposé de telle manière sur le continent européen que lorsque nous étudions "le droit", nous privilégions presque toujours l'approche macrojuridique, comme s'il n'y en avait pas d'autre, du moins valide scientifiquement » (B. FRYDMAN, « Comment penser le droit global ? », in J.-Y. CHEROT, B. FRYDMAN, dir., *La science du droit dans la globalisation*, Bruylant (Bruxelles), coll. Penser le droit, 2012, p. 17).

31 Benoît Frydman explique ainsi : « Notre approche pragmatique des phénomènes juridiques nous a conduit à étudier les conséquences de la mondialisation sur le droit, non sur la base d'une théorie générale préétablie, mais au départ d'études de cas et d'observations sur le terrain. Nous avons ouvert successivement une série de "chantiers" dans des domaines particulièrement affectés par la mondialisation, comme la régulation de l'Internet et des univers virtuels, la lutte contre le réchauffement climatique,

juristes de tradition romano-germanique se basent classiquement sur les règles pour penser le droit, règles qui ont vocation à résoudre tous les cas particuliers, cette méthode n'a en réalité rien d'évident et constitue même une rupture avec la méthode casuistique employée pendant des siècles et prévalant encore dans certains systèmes de *common law*.

La méthode pragmatiste reposerait donc en premier lieu sur des études empiriques et microjuridiques. La direction à suivre irait non de la théorie au cas de manière déductive mais *du cas à la théorie de manière inductive*. À l'heure du droit global, cette méthode a vocation à permettre d'élargir l'horizon des juristes et à amener à se concentrer sur les pratiques des acteurs originaux du droit d'aujourd'hui, lesquels ne seraient plus que de temps à autre des acteurs étatiques. Ainsi pourrait-on examiner au plus près les transformations du monde juridique[32] — mais à condition de s'en donner les moyens en termes de disposition d'esprit, c'est-à-dire sous l'angle de la liberté, de la critique et de l'éclectisme.

Section 3. *Liberté, critique, éclectisme*

Les éléments envisagés au sein des sections précédentes, du droit en action aux études de cas, ne sont pas indifférents à la pensée du droit. Au contraire, ils doivent la servir. En ce sens, des juristes pragmatistes se proposent d'adopter non le point de vue externe modéré classique des théoriciens du droit mais plutôt un « point de vue interne réfléchi » consistant à saisir, par la réflexion et au cœur même du droit vivant, les conflits de

mais aussi la responsabilité sociale des entreprises, le contentieux transnational des droits de l'homme, la régulation comptable et financière, les standards techniques et les indicateurs, ou encore l'Union européenne comme laboratoire du droit global » (B. FRYDMAN, « Comment penser le droit global ? », in J.-Y. CHEROT, B. FRYDMAN, dir., *La science du droit dans la globalisation*, Bruylant (Bruxelles), coll. Penser le droit, 2012, p. 17).

[32] B. FRYDMAN, *Petit manuel pratique de droit global*, Éditions de l'Académie royale de Belgique, coll. L'économie de marché est-elle juste ?, 2014.

valeurs qui le traversent et à définir les équilibres souhaitables afin d'en favoriser l'évolution tout en préservant sa fonction[33]. Ainsi la pratique et la pensée du droit seraient-elles intimement liées d'un point de vue pragmatiste quand, ordinairement, elles semblent se développer dans des sphères étanches l'une à l'autre[34].

Au moment de tirer les conclusions des enquêtes qu'il a menées et de réfléchir à leurs implications et conséquences, le pragmatiste ne se détache pas des objectifs d'objectivité et d'empirisme, ce qui signifie qu'il se place dans un cadre de *liberté intellectuelle*, c'est-à-dire à l'abri de tout précepte et de toute doctrine afin de pouvoir dégager les enseignements les plus justes de ses travaux. Ensuite, il n'en est pas moins souvent critique. Ainsi fait-on du pragmatisme une « éthique » garantissant *l'ouverture, la libre discussion et la critique*[35]. Sous cet angle, en ce qu'elles incitent à penser par soi-même, à l'aune de ses seules constatations empiriques, et à s'émanciper du conformisme, du suivisme, du conservatisme et du « prêt à penser », les théories pragmatiques du droit présentent peut-être les traits d'une philosophie juridique[36].

En outre, les scientifiques pragmatistes s'attachent à l'éclectisme, attitude consistant à ne se lier à aucune philosophie ou doctrine particulière afin de pouvoir retenir toute

[33] B. FRYDMAN, « La pensée juridique de Xavier Dieux », in X. DIEUX, *Droit, morale, et marché*, Bruylant (Bruxelles), coll. Penser le droit, 2013, p. 9.

[34] « C'est précisément en tant que pratique que le droit révèle la théorie qui lui est propre », écrit Benoît Frydman (*ibid.*).

[35] J.-P. COMETTI, *Qu'est-ce que le pragmatisme ?*, Folio, coll. Essais, 2010, p. 159.

[36] Peut-être est-ce en cela que la philosophie pragmatique mérite d'être appelée « philosophie », car la vocation du philosophe n'est-elle pas de s'affranchir des autorités de son époque, de résister à la puissance de l'opinion et de penser librement ? Michel Villey remarquait combien « les précis de droit se recopient les uns sur les autres et, pour l'essentiel, s'appuient sur une doctrine reçue » (M. VILLEY, *Philosophie du droit – Définitions et fins du droit – Les moyens du droit* (1984-1986), Dalloz, coll. Bibliothèque Dalloz, 2001, p. 27). Et d'ajouter : « L'étudiant français d'aujourd'hui est élevé dans la servitude de la littérature récente, et tenu soigneusement à l'abri de ce qui risquerait d'apporter dans ce concert une note discordante. Aux meilleurs il est conseillé de s'attacher à suivre le mouvement » (*ibid.*).

proposition quelle qu'elle soit à la seule condition qu'elle soit jugée pertinente, ce qui est impossible lorsqu'on est par principe attaché à un courant de pensée et opposé à tous les autres. Certaines théories pragmatiques du droit sont ainsi originales en raison de l'ouverture aux autres théories qui les caractérise, aucune n'étant considérée telle une concurrente, toutes étant des alliées potentielles dans la quête d'une meilleure compréhension du droit.

Aussi faut-il remarquer que le pragmatisme s'est déployé aux États-Unis dans un contexte où, à la fin du XIXe s., les toutes premières universités se développaient en étant fort peu structurées, laissant une grande liberté d'enseignement et de recherche à des professeurs guère astreints à suivre quelque programme ni quelques canons méthodologiques. Peut-être un tel contexte est-il favorable au développement de la recherche véritable, si bien qu'il faudrait quêter les moyens de renouer avec l'*« esprit de Cambridge »*[37], y compris au sein des facultés de droit.

Une des conséquences de cet « esprit de Cambridge » pourrait être d'amener à plus de recherches interdisciplinaires, en contexte, et notamment de sociologie du droit.

Section 4. *Interdisciplinarité, droit en contexte, sociologie du droit*

L'ouverture qui va de pair avec l'éclectisme ainsi qu'avec le pragmatisme plus généralement implique une ouverture des sciences du droit à l'interdisciplinarité — ou, plus exactement, à la *pluridisciplinarité*. En effet, il paraît important d'inclure dans l'analyse les enseignements issus des autres sciences sociales dès lors que ceux-ci permettent de mieux

[37] Du nom de la ville du Massachusetts dans laquelle Oliver Wendell Holmes, William James, Charles Sanders Peirce et leurs amis ont fondé le « Club métaphysique » en janvier 1872.

comprendre le droit[38], ce pourquoi François Gény plaidait déjà il y a longtemps[39]. Aussi, du côté de l'École de Bruxelles, a-t-on pris l'habitude de s'intéresser aux données classiquement considérées comme non pertinentes d'un point de vue juridique : commentaires dans la presse, opinion publique, stratégies des entreprises, conséquences économiques etc. L'interdisciplinarité est ainsi justifiée par la volonté d'étudier le droit « en contexte »[40].

Les professeurs attachés à cette école expliquent que « la culture juridique s'enracine dans la culture générale d'une communauté plus vaste que celle des seuls juristes, de sorte que celle-là ne peut se penser ni s'enseigner dans l'ignorance de celle-ci. Cette conviction anime notre Faculté depuis longtemps, dont les programmes font la part belle aux enseignements généraux de philosophie, de sociologie, de psychologie, d'histoire et d'économie. On sait par ailleurs que ces disciplines ont développé sur le droit un regard "externe" et critique, qui dévoile les présupposés et les mythes sur lesquels repose la culture juridique — ainsi que les institutions qui la dispensent. Elles ont donc un potentiel émancipatoire évident. C'est pourquoi il faut résolument exposer nos étudiants à ces regards perçants, seuls à même de les dessiller sur la réalité du droit, de

[38] En effet, pour un pragmatiste, il est évident que « le droit est le reflet et le moteur du changement social » car « le droit détermine les changements sociaux qui déterminent le droit etc. » (J. CHEVALLIER, « Le regard de Jacques Chevallier », *RIEJ* 2013, n° 70, p. 60).

[39] L'illustre professeur plaidait en faveur de l'ouverture des études juridiques sur le monde social et économique, en faveur d'une interdisciplinarité de nature, selon lui, à enrichir profondément les connaissances juridiques (F. GENY, *Méthode d'interprétation et sources en droit privé positif*, t. I, LGDJ, 1954, n° 3).

[40] En ce sens, il est remarquable que la *Revue interdisciplinaire d'études juridiques*, qui est en quelque sorte l' « organe » de l'École de Bruxelles, a été en 2013 rebaptisée *Revue interdisciplinaire d'études juridiques – Droit en contexte*, cela afin de souligner davantage son attachement à l'étude du droit tel qu'il se donne à voir en pratique, donc son orientation pragmatique.

les mobiliser face aux injustices, et de leur offrir une compréhension globale du phénomène juridique »[41].

Plus exactement, l'idée de *« contextualisation » du droit* signifie qu'il faudrait étudier non les normes et institutions dans leur validité et leur caractère officiel mais dans leurs réalités et leurs effets concrets, ce qui implique de s'ouvrir à de nombreux aspects extra-juridiques. Toute nouvelle règle de droit a des conséquences sociales, économiques, morales etc. qui sont parfois celles qui étaient attendues mais aussi parfois différentes de celles attendues. Or, d'ordinaire, les juristes ont peu d'égards pour ces effets des normes dès lors qu'ils excèdent le cadre du droit *stricto sensu*. La norme influence le milieu social dans lequel elle prend place, mais ce milieu social, en retour, influence également la norme en fonction de sa réception, il infléchit son sens et sa portée, aspect que l'étude du droit « en contexte » invite à prendre en considération.

Pour des pragmatistes, « la règle juridique est quelque chose qui évolue nécessairement, non seulement sous la pression des événements que sont les transformations macro-sociales, mais aussi plus quotidiennement du fait de son inscription à l'intérieur même des pratiques sociales. Le droit est dès lors quelque chose comme une effectuation, une pratique située qui ne se comprend que dans son environnement mais qui a également des effets sur celui-ci »[42]. L'analyse « en contexte » conduit donc à « mettre en évidence la tension dialectique entre le droit et le fait, qui est au principe de la

[41] Séminaire interdisciplinaire d'études juridiques, « De futurs juristes libres et responsables ! Manifeste pour la formation en droit », *RIEJ* 2016, n° 76, p. 171. Et d'ajouter : « Si l'on espère former des juristes capables de puiser à toutes les sources pour forger des solutions adaptées aux questions de demain, il faut leur indiquer la voie à suivre en leur montrant comment peuvent se répondre, par exemple, le droit, la philosophie, la littérature et la psychologie sur un objet donné. Dans cette perspective, notre faculté propose des cours de droit positif intégrant les explications et les évaluations tirées des sciences humaines qui en enrichissent l'intelligibilité » (*ibid.*).

[42] L. ISRAËL, J. GROSDIDIER, « John Dewey et l'expérience du droit – La philosophie juridique à l'épreuve du pragmatisme », *Tracés* 2014, n° 27, p. 167.

dynamique juridique »[43]. Le fait d'intégrer les normes et institutions dans leur contexte factuel, loin du vide de l'abstraction qui n'autorise que le développement des pensées spéculatives, doit permettre de construire de nouveaux savoirs mieux adaptés aux évolutions du droit dans toutes ses dimensions concrètes.

C'est notamment Dewey qui a invité les juristes à ne pas concevoir le droit au départ de principes moraux ou politiques *a priori* ni au départ d'une épistémologie qui serait première à toute connaissance des phénomènes juridiques. Pour l'illustre philosophe pragmatiste, au contraire, il faudrait situer la source du droit et de sa connaissance dans l'expérience, les normes et institutions étant en définitive des phénomènes sociaux pris dans des processus sociaux. Le droit ne saurait par conséquent se comprendre qu'à l'aune de ses conditions sociales d'émergence et de ses effets concrets.

Le pragmatisme inviterait donc au « nomadisme disciplinaire », ainsi qu'au *surpassement des frontières académiques*. Un regard purement juridique ne saurait permettre de comprendre véritablement le droit. En particulier, le droit étant, du point de vue pragmatiste, intimement lié aux faits sociaux, étant à la fois le reflet et le moteur du changement social, et étant même fait social lui-même, les sciences du droit seraient appelées à *se tourner largement vers la sociologie*[44].

Or il a déjà été souligné combien les travaux de sociologie du droit seraient nombreux à être gouvernés par des théories pragmatiques, par exemple quand ils s'attachent à mesurer l'efficacité sociale du droit ou les effets sociaux du droit. *Peut-être même la sociologie du droit est-elle au cœur du pragmatisme juridique.* Le juspragmatisme pourrait en tout cas offrir la clé d'une *collaboration plus réfléchie des sciences du droit et de la sociologie*. Et la sociologie, depuis longtemps gagnée par les thématiques de l'action et de l'acteur et par les

[43] J. CHEVALLIER, « Le regard de Jacques Chevallier », *RIEJ* 2013, n° 70, p. 61.
[44] John Dewey, notamment, plaidait pour une telle ouverture du droit à la sociologie (J. DEWEY, « My Philosophy of Law », in *My Philosophy of Law: Credos of Sixteen American Scholars*, Boston Law Books, 1941, p. 73 s.).

analyses en situation ou en contexte, pourrait être d'un grand secours afin d'aider la recherche juridique à prendre plus résolument le « tournant pragmatiste »[45].

Roscoe Pound pouvait observer qu' « une philosophie pragmatiste du droit est encore à venir. Au moment de sa dissémination, elle peut s'attendre à trouver de nombreux adeptes chez les juristes sociologues ». Il semble, en effet, que le pragmatisme juridique et la sociologie du droit partagent de nombreuses prémisses méthodologiques[46]. En renversant les rapports hiérarchiques de la théorie et de la pratique, le pragmatisme favoriserait l'association de la sociologie et de la doctrine juridique. D'une part, les juristes pourraient s'émanciper de l'idée que la connaissance des phénomènes juridiques dépendrait de préconçus théoriques ; d'autre part, les sociologues pourraient plus légitimement s'attacher à décrire les relations intimes entre droit et société[47].

Aux États-Unis, cette voie est déjà largement approfondie et des auteurs y défendent l' « analyse constitutive du droit »[48] ou des approches plus proprement sociologiques des phénomènes juridiques[49]. Intime des courants de recherche interdisciplinaires souvent associés à la « *Law and Society Association* », ce type d'analyse met l'accent sur *les rapports*

[45] La philosophie pragmatique est souvent critiquée en ce qu'elle se bornerait à asséner des banalités. À l'identique, les principes méthodologiques qui viennent d'être listés peuvent sembler tout à fait évidents, relevant du simple bon sens. Pourtant, l'observation des sciences du droit dans leur état actuel amène à constater que ces principes sont loin de les guider majoritairement. C'est pourquoi il pourrait être intéressant de se pencher plus avant sur les méthodes d'étude du droit attachées au pragmatisme juridique.

[46] R. POUND, « The Scope and Purpose of Sociological Jurisprudence », *Harvard Law Review* 1911, vol. XXIV, p. 591 ; R. POUND, « La place et la finalité de la théorie du droit sociologique » (1911), *Clio@Thémis* 2013, n° 6.

[47] G. CALAFAT, A. FOSSIER, P. THEVENIN, « Droit et sciences sociales : les espaces d'un rapprochement », *Tracés* 2014, n° 27, p. 7 s. ; L. ISRAËL, J. GROSDIDIER, « John Dewey et l'expérience du droit – La philosophie juridique à l'épreuve du pragmatisme », *Tracés* 2014, n° 27, p. 163 s.

[48] Notamment, A. HUNT, *Explorations in Law and Society – Toward a Constitutive Theory of Law*, Routledge (New York), 1993.

[49] Notamment, B. FLEURY-STEINER, L. B. NIELSEN, dir., *The New Civil Rights Research – A Constitutive Approach*, Ashgate (Aldershot-Burlington), 2006.

mutuellement constructifs que le droit et la société entretiennent, tranchant ainsi avec les conceptions selon lesquelles il s'agirait d'entités séparées ne s'influençant pas l'une l'autre.

Constitué de faits et produisant des effets, le droit est alors foncièrement pragmatique ; et le pragmatisme devient foncièrement juridique, à mesure que de plus en plus de juristes tendent à emprunter, plus ou moins volontairement et consciemment, son chemin, bien que les résistances demeurent fortes[50].

Peut-être une voie à explorer pourrait-elle consister à insérer dans les études et, plus encore, dans les enseignements juridiques une *règle des « trois tiers » : un tiers de matières philosophiques, théoriques et non juridiques ; un tiers de droit positif technique ; un tiers d'initiation et de pratique.*

[50] Ainsi, en France, les professeurs de droit peuvent-ils aujourd'hui encore observer combien « la formation actuelle des jurisconsultes est toujours refermée sur la pure technique juridique et il existe toujours des réticences considérables à l'idée selon laquelle seule l'interdisciplinarité permettrait de former de bons juristes. Les juristes ont donc toujours tendance, dans leur raisonnement, à procéder par abstraction, à interpréter les dispositions normatives de façon déconnectée des réalités sociales. […] On constate donc une permanence des méthodes juridiques et un enfermement persistant des études juridiques sur la technique » (J.-P. CHAZAL, « Léon Duguit et François Gény – Controverse sur la rénovation de la science juridique », *RIEJ* 2010, n° 65, p. 132).

Conclusion

Le terme « pratique » est, depuis le milieu du XIXe s., utilisé pour désigner tout ce qui s'oppose à la théorie[51]. Le droit pratique serait ainsi le « droit vécu » par opposition au « droit pensé », le « droit de tous » par opposition au « droit des intellectuels », la « physionomie réelle du droit » par opposition à la « physionomie imaginée du droit », le « droit tel qu'il est » par opposition au « droit tel qu'il doit être », le « droit des faits » par opposition au « droit du Droit ». Il existerait, par conséquent, un fossé irréductible entre la théorie du droit et la pratique du droit. Toutes deux pourraient se succéder, s'influencer, entrer dans un jeu dialectique, mais elles ne sauraient être mêlées autrement que ponctuellement, à moins de provoquer une inaudible cacophonie.

Les théories pragmatiques du droit essayeraient d'ouvrir une nouvelle voie capable de transcender cette coupure entre théorie et pratique[52]. Si « l'art du jurisconsulte est de maintenir

[51] J. HILAIRE, « Pratique », in D. ALLAND, S. RIALS, dir., *Dictionnaire de la culture juridique*, Lamy-Puf, coll. Quadrige dicos poche, 2003, p. 1180.

[52] L'enjeu consistant à rapprocher, en droit, la pratique et la théorie, à lier intimement la pratique à la théorie ou, plus encore, la théorie à la pratique, ne serait pourtant pas le moindre tant il semble que « la théorie du droit a rompu toutes ses amarres avec le droit vivant, de sorte qu'elle ne peut plus guère participer de l'étude concrète de la matière » (R. LIBCHABER, *L'ordre juridique et le discours du droit – Essai sur les limites de la connaissance du droit*, LGDJ, 2013, p. 1).

une union étroite entre la théorie et la pratique »[53], les théoriciens du droit pragmatistes seraient les premiers à s'adonner à cet art.

Il faut gager qu'une théorie pragmatique du droit est *un oxymore qui fait sens*[54] ; et qui fait de plus en plus sens au XXIe s. Lorsqu'on observe le paysage des sciences du droit, on constate que les conceptions du droit et des moyens de l'envisager évoluent. On se concentre de moins en moins sur la loi et la jurisprudence et de plus en plus sur des *formes normatives et institutionnelles nouvelles*, de moins en moins sur le droit de l'État et de plus en plus sur le droit des organisations privées, de moins en moins sur le droit international et de plus en plus sur le droit transnational. Or, si l'attention de certains scientifiques du droit se porte ainsi sur des objets normatifs nouveaux, cela se justifierait par le fait que ces derniers font

[53] O. BEAUD, « Doctrine », in D. ALLAND, S. RIALS, dir., *Dictionnaire de la culture juridique*, Lamy-Puf, coll. Quadrige dicos poche, 2003, p. 387.

[54] En effet, selon André Lalande, une théorie se définit de la façon suivante : « Par opposition à la pratique, dans l'ordre des faits : ce qui est l'objet d'une connaissance désintéressée, indépendante de ses applications » (V° « Théorie », in A. LALANDE, *Vocabulaire technique et critique de la philosophie*, 10e éd., Puf, coll. Quadrige dicos poche, 2010, p. 1128). Et le pragmatisme est ce « qui concerne l'action, le succès, la vie, par opposition à la connaissance théorique » (V° « Pragmatique », in A. LALANDE, *Vocabulaire technique et critique de la philosophie*, 10e éd., Puf, coll. Quadrige dicos poche, 2010, p. 802). Par conséquent, une « théorie pragmatique » serait nécessairement une *contradictio in adjecto*. Néanmoins, des auteurs peuvent expliquer que « le pragmatisme n'est pas vraiment une théorie pour se libérer de la théorie. Plutôt que de nous libérer des théories, le pragmatisme est une théorie pour libérer la théorie » (L. ISRAËL, J. GROSDIDIER, « John Dewey et l'expérience du droit – La philosophie juridique à l'épreuve du pragmatisme », *Tracés* 2014, n° 27, p. 172). Dewey expliquait en ce sens que, « si nos habitudes nous portaient à considérer que la connaissance était active et opérante, sur le modèle de l'expérience guidée par l'hypothèse ou de l'invention guidée par la recherche d'un possible, il n'est pas exagéré de dire que le premier effet serait de libérer la philosophie de toutes ces interrogations épistémologiques qui la désorientent. Celles-ci participent d'une conception du rapport épistémologique entre l'esprit et le monde, le sujet et l'objet, selon laquelle savoir, c'est se saisir d'un déjà là » (J. DEWEY, « My Philosophy of Law », in *My Philosophy of Law: Credos of Sixteen American Scholars*, Boston Law Books, 1941, p. 79).

preuve d'efficacité, emportent des effets régulatoires remarquables, de telle sorte que les ignorer amènerait à *se couper dangereusement du « droit réel » et du « droit vécu »*.

L'une des qualités du pragmatisme, y compris en droit, serait sa capacité à se renouveler, à « vivre avec son temps ». Là où les théories dogmatiques poussent à mettre en exergue de belles permanences du droit, les théories pragmatiques permettraient de mettre en évidence toute la *dynamique du droit*. Peut-être s'agit-il là du grand enjeu actuel de la recherche juridique. Les profondes mutations politiques, sociales, culturelles, économiques et technologiques qui sont la marque du début du XXIe s. interrogent ô combien profondément le droit. Il est impensable que celui-ci ne change guère ou ne change qu'à la marge par rapport à ce qu'il fut au XXe s., lorsque l'État maîtrisait de fait l'élaboration et l'application du droit et que les commentateurs en tiraient les conséquences en lui accordant un monopole du droit.

Il semble bel et bien permis de parler de *« vie du droit »*, une « vie » de plus en plus palpitante à mesure que les mouvements du monde s'accélèrent. Et, en même temps qu'il subit pour une part les changements qui affectent son environnement, le droit, pour une autre part, contribue à accélérer et à orienter ces changements[55]. Les théories pragmatiques semblent permettre mieux que toutes autres de souligner combien le droit s'inscrit dans l'évolution du monde et combien il contribue à l'évolution du monde[56].

[55] Dans les années 1980, le philosophe du droit Michel Villey écrivait : « Si vous demandez des crédits au CNRS, ne manquez pas de préciser que vous traitez le droit en instrument de développement ou de révolution : vous serez entendu par les sociologues » (M. VILLEY, *Philosophie du droit – Définitions et fins du droit – Les moyens du droit* (1984-1986), Dalloz, coll. Bibliothèque Dalloz, 2001, p. 129).

[56] Comme l'écrivait le médecin Claude Bernard, « une théorie, pour rester bonne, doit toujours se modifier avec les progrès de la science et demeurer constamment soumise à la vérification et à la critique des faits nouveaux qui apparaissent. Si l'on considérait une théorie comme parfaite et si l'on cessait de la vérifier par l'expérience scientifique, elle deviendrait une doctrine » (C. BERNARD, *Introduction à la médecine expérimentale*, 1865, p. 385 (cité

Ensuite, *la pluralité et la labilité qui caractérisent le pragmatisme et les connaissances qu'il permet*, y compris dans le champ juridique, doivent être rappelées. C'est ainsi que le pragmatisme éviterait de devenir une doctrine. Aucune des théories pragmatiques du droit ne semble revêtir l'ensemble des éléments présentés en ces pages. Et il n'est pas rare que certaines de ces théories s'opposent, en particulier en raison des objets variables qu'elles amènent à étudier. Peut-être la diversité qui empreint le pragmatisme juridique est-elle moins un défaut qu'une chance en ce qu'elle préviendrait toute tendance au dogmatisme et à la sclérose et en ce qu'elle pourrait s'avérer féconde[57].

Aussi l'étude qui s'achève ne visait-elle pas à délimiter rigoureusement et donc à réduire le territoire du pragmatisme juridique mais, à l'inverse, à *donner un aperçu de la multiplicité de ses réalisations et de ses potentialités*. Il est certainement loin d'avoir produit tous ses effets et de nouveaux développements sont à attendre. Il faut donc insister sur le caractère incomplet et provisoire des pistes dégagées en ces pages, lesquelles n'avaient pas d'autre ambition que de proposer un premier essai de synthèse. Par exemple, peut-être un élément important bien que non évoqué ici de la méthode pragmatiste consiste-t-il à largement orienter la science juridique vers la recherche de solutions pratiques tant, pour un juspragmatiste, les connaissances doivent servir à résoudre des problèmes concrets.

Malgré la distance qui caractérise actuellement les relations entre le pragmatisme et la recherche juridique prise dans sa globalité — distance qui s'explique en premier lieu par la méconnaissance du pragmatisme par les juristes —, ce pragmatisme pourrait empreindre demain le droit postmoderne comme le normativisme, l'étatisme et le scientisme marquent

par A. LALANDE, *Vocabulaire technique et critique de la philosophie*, 10e éd., Puf, coll. Quadrige dicos poche, 2010, p. 1128)).

[57] En outre, cette diversité est peut-être naturelle, consubstantielle au pragmatisme puisqu'elle se retrouve autant dans la philosophie pragmatique que dans le pragmatisme juridique. Pour les pragmatistes, il se peut que plusieurs idées ou thèses soient vraies en même temps.

aujourd'hui encore souvent le droit moderne. Dès lors, *l'effectivité serait au droit postmoderne ce que la validité est au droit moderne.*

Le pragmatisme est sulfureux car il remet en cause nombre d'habitus essentiels à beaucoup de courants de la philosophie classique. Il semble que le pragmatisme juridique apparaisse sous un même jour du point de vue de la pensée du droit, quoiqu'en Belgique moins qu'en France. Cependant, peut-être le juspragmatisme, franchissant les obstacles dogmatiques qui se dressent sur sa route, gagnera-t-il en importance et permettra-t-il à la recherche juridique d'être mieux en prise avec les enjeux contemporains.

Si le droit est en crise, il faut gager qu'en réalité *seule une certaine idée du droit est en crise* : celle qui a triomphé au XIXe et au XXe s. avec le positivisme étatiste. Le chemin du pragmatisme juridique est peut-être celui que, dans un futur qu'il n'est pas nécessaire d'imaginer lointain, la majorité des scientifiques du droit emprunteront. *Les sciences du droit de demain pourraient reposer principalement sur des théories pragmatiques du droit.*

Certaines constructions (juridiques, politiques, philosophiques etc.) sont opportunes parce qu'adéquates aux nécessités d'une époque ; d'autres sont périmées ou prématurées. Peut-être la révolution copernicienne de la recherche juridique est-elle en marche ; et peut-être est-elle appelée à suivre la voie du pragmatisme.

Seconde étude

Pensée pragmatiste et recherche juridique

(quelques propositions)

Introduction

L'objet de cette seconde étude sera, au contraire de la précédente dans le cadre de laquelle il s'est agi de présenter la recherche juridique pragmatique telle qu'elle est « en train de se faire », non d'observer comment le pragmatisme empreint le droit ou certains aspects du droit, mais de proposer quelques pistes que les juristes pourraient emprunter afin de rendre leurs travaux davantage pragmatiques. Et, cette fois à l'identique de la précédente étude, il ne sera pas lieu de s'intéresser au pragmatisme de toutes les activités juridiques mais uniquement de réfléchir à la recherche juridique, donc aux activités scientifiques et doctrinales des juristes, aux activités non de ceux qui pratiquent le droit mais de ceux qui l'étudient[58].

[58] D'autres travaux pourraient être consacrés au pragmatisme des praticiens du droit, notamment à celui des juges. D'aucuns ont déjà pu souligner à quel point le pragmatisme, notamment eu égard aux conséquences économiques des décisions, joue un rôle cardinal dans le *common law*. En France, c'est certainement une forme de pragmatisme qui conduit le Conseil constitutionnel à censurer parfois des articles de loi en raison de « changements de circonstances de fait ». Ainsi la constitutionnalité ou non-constitutionnalité d'une loi peut-elle se déduire non de ses termes juridiques mais de ses conditions de mise en œuvre, de leurs conséquences concrètes. Une même norme peut donc être constitutionnelle ou non en fonction de ses effets. Au-delà, bien des productions juridictionnelles se basent sur les effets pratiques des normes. Par exemple, avec sa « théorie des obligations positives », la Cour européenne des droits de l'homme affiche le « souci de conférer au système de sauvegarde et aux droits garantis une véritable effectivité » ; il s'agit de « protéger des droits non pas théoriques ou illusoires, mais concrets et effectifs » (CEDH, 9 oct. 1979, *Airey c/ Irlande*, pt. 24). Mais, donc, il

Le pari pris est que *le pragmatisme pourrait permettre de renouveler assez profondément la recherche juridique*. Le pragmatisme serait en mesure de changer quelques habitudes en matière de construction des objets juridiques, de pratique des enquêtes juridiques et de fabrication des concepts juridiques. Par suite, l'hypothèse initiale de cette étude est que la communauté *jus*-universitaire serait appelée à affronter une période que l'épistémologue Thomas Kuhn appellerait de « science extraordinaire », période marquée par la crise profonde du modèle et des paradigmes modernes et par l'émergence de cadres de connaissance nouveaux. Peut-être même ce temps de « science extraordinaire » est-il déjà pour une part d'actualité, ce que la première étude a tenté de montrer en exprimant la réalité de différentes théories pragmatiques du droit. Le juspragmatisme pourrait être, plus ou moins intensément et plus ou moins consciemment, un moteur de ces changements épistémologiques.

Avant d'ainsi songer aux éventuelles relations qui pourraient se nouer entre la recherche juridique et le pragmatisme, il convient de revenir sur l'identité de ce dernier[1]. Selon les dictionnaires de la langue française, est pragmatique ce qui « concerne les faits réels et l'action, par opposition à [ce qui est] théorique, spéculatif »[2]. Et le pragmatiste est celui qui « est plus soucieux de l'action, de la réussite de l'action que de considérations théoriques ou idéologiques »[3]. Dans le langage commun, le pragmatisme est

n'appartiendra pas à cette étude d'envisager cette autre forme de pragmatisme juridique.

[1] En premier lieu, « le pragmatisme » doit absolument être distingué de « la pragmatique », branche de la sémiotique qui s'intéresse aux éléments du langage dont la signification ne peut être comprise qu'à l'aune du contexte de leur emploi.

[2] V° « Pragmatique », in *Trésor de la langue française*. De même, dans le *Vocabulaire technique et critique de la philosophie* d'André Lalande, est pragmatique ce qui « concerne l'action, le succès, la vie, par opposition à la connaissance théorique et spéculative » (V° « Pragmatique », in A. LALANDE, *Vocabulaire technique et critique de la philosophie*, 10e éd., Puf, coll. Quadrige dicos poche, 2010, p. 802).

[3] V° « Pragmatique », in *Trésor de la langue française*.

donc la qualité de ce qui est « réel, efficace, susceptible d'applications utiles, par opposition à ce qui est oiseux ou même purement verbal »[1].

Mais le pragmatisme ici en cause est davantage un courant épistémologique précisément situé que le pragmatisme tel qu'on le retrouve communément dans le vocable journalistique et politicien, où il évoque l'opportunisme de l'homme politique ou de l'entrepreneur qui souhaite adapter ses stratégies et donc ses actes aux « réalités » du moment et mettre en œuvre les méthodes les plus efficaces. Si la conscience populaire associe souvent le pragmatisme à l'idée que l'intelligence devrait servir la capacité d'agir et non la connaissance, il existe aussi, à l'égard des sciences, une *épistémologie pragmatiste*, laquelle pourrait, à tout le moins, interroger la recherche en droit. Le pragmatisme est alors la « doctrine qui prend pour critère de vérité d'une idée ou d'une théorie sa possibilité d'action sur le réel »[2], qui « privilégie l'observation des faits par rapport à la théorie »[3]. C'est pourquoi il a été soutenu au sein de l'étude précédente qu'une « théorie pragmatique du droit » serait un « oxymore qui fait sens ».

Plus exactement, le pragmatisme dont il sera question en ces pages désigne un courant de pensée qui est né à Cambridge dans le Massachusetts au cours des années 1870 et qui, originellement, visait avant tout à rejeter les problèmes théoriques ou philosophiques relativement abstraits pour se concentrer sur les problématiques aux grandes implications pratiques[4]. Ce courant s'est ensuite à ce point développé qu'il

[1] V° « Pragmatique », in A. LALANDE, *Vocabulaire technique et critique de la philosophie*, 10e éd., Puf, coll. Quadrige dicos poche, 2010, p. 803.

[2] V° « Pragmatisme », in *Trésor de la langue française*.

[3] *Ibid.*

[4] *Cf.*, notamment, L. MENAND, *The Metaphysical Club – A Story of Ideas in America*, Strauss and Giroux, 2001. Toutefois, une forme de proto-pragmatisme a existé en France, au début du XIXe s., avec Pierre Maine de Biran qui a proposé une philosophie de l'effort et de l'habitude (P. MAINE DE BIRAN, *Nouveaux essais d'anthropologie*, 1820). Le philosophe disait ainsi : « J'agis, je veux ou je pense l'action, donc je me sais cause, donc je suis ou j'existe réellement à titre de cause ou de force ». Puis, son élève Félix Ravaisson et sa philosophie de l'habitude ont perpétué cette orientation proto-

est devenu, au début du XXe s., la première grande philosophie des États-Unis[1], le « cadeau fait par l'Amérique à la philosophie »[2] — mais, en Europe, il est très longtemps resté majoritairement rejeté et même ignoré[3]. Trois « pères fondateurs » principaux ont forgé le pragmatisme : le philosophe, logicien et mathématicien Charles Sanders Peirce (1839-1914), le psychologue et philosophe William James (1842-1910) et le pédagogue, psychologue et philosophe John Dewey (1859-1952). Aussi sera-ce principalement dans les

pragmatiste (F. RAVAISON, *De l'habitude*, Fournier, 1838). Et on a aussi appelé « pragmatisme » la doctrine exposée par Maurice Blondel dans *L'Action* (1893) — le philosophe proposait de désigner par le substantif « pragmatique » la « science de l'action ». Par ailleurs, on note aussi que, à la fin du XVIIIe s. et au début du XIXe s., « Pragmatisch » et « Pragmatismus » étaient très employés en Allemagne dans un sens se rapprochant de « positif » dans son acception la plus usuelle (V° « Pragmatique et pragmatisme, origine et histoire de ces mots », in A. LALANDE, *Vocabulaire technique et critique de la philosophie*, 10e éd., Puf, coll. Quadrige dicos poche, 2010, p. 1169). Hamilton, dans son article de 1832 « Johnson's Translation of Tennemann's Manual of the History of Philosophy », souligne qu' « il n'y a pas de mot qui revienne plus fréquemment dans les publications historiques et philosophiques d'Allemagne et de Hollande que pragmatisch ou pragmaticus et pragmatisme. Loin d'équivaloir à "dépendant des circonstances" et de s'opposer à "scientifique", ce mot pragmatique s'emploie particulièrement pour désigner cette forme d'histoire qui, négligeant le détail des circonstances, s'occupe de l'évolution scientifique des causes et des effets » (cité par V° « Pragmatique et pragmatisme, origine et histoire de ces mots », in A. LALANDE, *Vocabulaire technique et critique de la philosophie*, 10e éd., Puf, coll. Quadrige dicos poche, 2010, p. 1171). Le mot et l'orientation pragmatique auraient donc bien existé très avant que Peirce, James et Dewey s'en saisissent.

[1] *Cf.*, notamment, A. SCHMITT, « Le pragmatisme : une idée américaine », *Revue française d'études américaines* 2010, n° 124, p. 3 s.

[2] S. GALETIC, « Présentation », in W. JAMES, *La volonté de croire*, Les empêcheurs de penser en rond, coll. Grande, 2005.

[3] Quelques philosophes et écrivains européens se rallièrent néanmoins avec force et conviction au pragmatisme : l'anglais Ferdinand Schiller, les italiens Giovanni Papini et Giuseppe Prezzolini et les français Henri Bergson et Gilles Deleuze, notamment. On souligne que, depuis la fin du XXe s., les européens semblent redécouvrir une philosophie pragmatique longtemps demeurée à l'arrière-plan (S. MADELRIEUX, « Présentation », in H. BERGSON, *Sur le pragmatisme de William James*, Puf, coll. Quadrige grands textes, 2011). Il existerait même actuellement une « mode du pragmatisme » en philosophie dont le nombre de publications qui lui sont consacrées témoignerait.

prémisses méthodologiques retenues par ces trois auteurs, qui ont souhaité *réinventer la relation entre la pensée et la réalité*[1], que quelques moyens pragmatistes de renouveler la pensée juridique seront recherchés[2]. Ainsi serait-il peut-être possible de *réinventer la relation entre la pensée juridique et la réalité juridique.*

Il s'agirait de revenir, comme ces « pères fondateurs » l'ont fait, sur l'aristotélisme et sur le cartésianisme selon lesquels l'intuition permettrait mieux que l'expérience de construire les axiomes à partir desquels fonder les raisonnements déductifs[3]. Au contraire, nulle vérité ne saurait être établie *a priori* ; la vérité pourrait seulement se révéler progressivement à mesure des expériences menées ou vécues, loin de tout intellectualisme[4]. Pour Dewey, le pragmatisme serait avant tout un « expérimentalisme »[5]. Si « la route se construit à mesure qu'on avance »[6], si tout est continuellement « *in the making* », en train de se faire, de telle sorte qu'il faudrait toujours penser loin des dogmes et des idées préconçues, n'est-ce pas là un cadre dans lequel tout penseur

[1] *Cf.* M. OLIVIER, *Peirce : la pensée et le réel*, Hermann, 2013.

[2] Mais, alors que le pragmatisme s'était peu à peu endormi au cours du XXe s. — la philosophie analytique et l'empirisme logique ayant régné de manière presque incontestée dans les départements de philosophie des universités américaines des années 1930 aux années 1970 —, quelques auteurs et notamment Richard Rorty et Hilary Putnam l'ont remis sur le devant de la scène philosophique. Les ouvrages de ces auteurs sont ainsi d'autres contributions majeures à la philosophie pragmatiste qui ont permis son renouveau et sa redécouverte dans les années 1980 et 1990.

[3] Peirce s'opposait à « toutes les métaphysiques du fondement qui, d'Aristote à Descartes, en passant par Locke ou Hume, croient pouvoir fonder la philosophie sur des intuitions, des données sensorielles ou des premiers ultimes » (C. TIERCELIN, *C. S. Peirce et le pragmatisme*, Puf, coll. Philosophies, 1993, p. 9).

[4] Mais le pragmatisme n'est pas le contraire de la raison ; il s'agit plutôt de l'usage d'une « raison expérimentale » (A. SCHMITT, « Le pragmatisme : une idée américaine », *Revue française d'études américaines* 2010, n° 124, p. 6).

[5] J. DEWEY, *Reconstruction en philosophie*, Gallimard, 2014.

[6] J. DEWEY, *Expérience et nature*, Gallimard, coll. Bibliothèque de philosophie, 2012.

pourrait être tenté de se fondre, y compris le penseur du droit du XXIe s. ?

Néanmoins, les auteurs précités n'ont guère formulé une doctrine claire et unitaire. Ils ont souvent emprunté des chemins divergents et le pragmatisme ne se présente pas telle une philosophie ou doctrine précisément établie[1], à tel point que Peirce a tenté d'imposer le terme « pragmaticisme » afin de se démarquer du pragmatisme de James[2] et plus généralement de la lecture selon lui trop matérialiste, utilitariste et moralisatrice de ses sectateurs[3]. Aujourd'hui, le pragmatisme a connu tant de développements épars qu'il faudrait peut-être évoquer « les pragmatismes » plutôt que « le pragmatisme », cela afin de traduire la variété des approches se revendiquant du pragmatisme[4]. Dans le langage courant mais aussi et plus

[1] On observe en ce sens que « la quantité presque innombrable de positions souvent parfaitement incompatibles fait qu'il est presque impossible de définir le pragmatisme » (B. GAULTIER, *Qu'est-ce que le pragmatisme ?*, Vrin, coll. Chemins philosophiques, 2016, p. 1).

[2] Ce dernier a popularisé le mot « pragmatisme » à travers un ouvrage paru en 1907 et simplement intitulé « Pragmatisme ». Ce mot a alors été abondamment repris par les journaux et dans le langage courant, ce qui a gêné Peirce, jugeant qu'il se trouvait dévoyé (J.-P. COMETTI, *Qu'est-ce que le pragmatisme ?*, Folio, coll. Essais, 2010, p. 60).

[3] Autre exemple, Maurice Blondel, tenant de « la pragmatique » comme « science de l'action », disait « proteste[r] énergiquement contre le pragmatisme des Anglo-Saxons », ajoutant « je n'admets aucunement leur anti-intellectualisme et leur empirisme immanentiste » (M. BLONDEL, « Observations sur le pragmatisme », in A. LALANDE, *Vocabulaire technique et critique de la philosophie*, 10e éd., Puf, coll. Quadrige dicos poche, 2010, p. 803). Quant au pragmatisme d'Henri Bergson (*Matière et mémoire*, Félix Alcan, 1896), il n'a guère été influencé par la philosophie américaine, bien que le philosophe ait été très ami avec William James. On note ainsi que « le pragmatisme semble être à la fois un mouvement et de tous les mouvements » (A. SCHMITT, « Le pragmatisme : une idée américaine », *Revue française d'études américaines* 2010, n° 124, p. 5). « Galaxie », « nébuleuse » ou « famille » sont des termes régulièrement employés afin de qualifier les travaux des pragmatistes.

[4] On va jusqu'à estimer qu'« il y a autant de pragmatismes que de pragmatistes » (C. TIERCELIN, *C. S. Peirce et le pragmatisme*, Puf, coll. Philosophies, 1993, p. 6). Et un auteur a proposé une classification des différentes versions du pragmatisme en fonction de leurs origines et de leurs objets respectifs (R. BRANDOM, « Pragmatics and Pragmatisms », in

fortement dans le langage philosophique, le terme « pragmatisme » a été très tôt marqué par la polysémie ; et il en va encore ainsi aujourd'hui[1]. Nul courant plus que le pragmatisme n'est marqué par une forte variabilité, par un contenu hétérogène et assez désordonné, parfois même par des contradictions[2].

Aussi le pragmatisme dont il est ici question est-il peut-être davantage un *état d'esprit* à travers lequel les pragmatistes se rejoignent malgré leurs désaccords ; et cet état d'esprit amène à toujours privilégier l'empirisme, l'attention à l'expérience, aux effets, aux conséquences et aux données factuelles, au détriment des réflexions spéculatives ou métaphysiques[3] — en somme, le pragmatisme serait un corps assez difforme mais avec une colonne vertébrale, une étiquette passe-partout cachant des projets très différents mais qui se retrouvent à travers quelques lignes directrices. C'est avant tout de cet état d'esprit, de cette colonne vertébrale et de ces lignes directrices que les juristes pourraient s'inspirer. Il leur reviendrait dès lors de faire leur cette tournure générale de

J. CONANT, U. M. ZEGLEN, dir., *Hilary Putnam: Pragmatism and Realism*, Routledge (Londres-New York), 2002, p. 40 s.).

[1] On remarque que, dès les premiers emplois sporadiques du terme « pragmatisme », un double sens fondamental lui a été associé : il a été pris tantôt pour viser une connaissance utile, ou un point de vue utilitaire, tantôt pour viser une connaissance réelle (R. BERTHELOT, « Observations sur pragmatique et pragmatisme », in A. LALANDE, *Vocabulaire technique et critique de la philosophie*, 10e éd., Puf, coll. Quadrige dicos poche, 2010, p. 1171). Et, déjà à son époque, Léon Duguit pouvait observer combien « le pragmatisme n'est pas une doctrine, c'est un ensemble d'idées qui n'ont ni coordination ni harmonie. Ces idées manquent d'harmonie et d'enchaînement » (L. DUGUIT, *Le pragmatisme juridique*, La mémoire du droit, 2008, p. 159). Actuellement, la situation du pragmatisme demeure peu ou prou celle-là.

[2] *Cf.* R. SHUSTERMAN, « What Pragmatism Means to Me: Ten Principles », *Revue française d'études américaines* 2010, n° 124, p. 59 s.

[3] Depuis presque aussi longtemps que le pragmatisme existe, ses spécialistes considèrent qu'il « est moins une doctrine qu'une méthode, et moins encore une méthode qu'un "esprit", une certaine façon concrète, vivante et libre d'aborder et de traiter les problèmes philosophiques » (G. CANTECOR, « Le pragmatisme », *L'année psychologique* 1907, p. 355).

l'intelligence amenant à *se concentrer sur les faits et les effets*, à comprendre chaque conception et chaque théorie en fonction de ses résultats pratiques, se libérant des discussions verbales et des problèmes inutiles parce que sans implications concrètes.

Pour le reste, si les pragmatistes ont proposé des analyses diverses et variées sur de multiples questions, de la démocratie à l'éducation en passant par l'art[1], il ne s'agira pas ici de s'aventurer plus avant dans la « foultitude pragmatiste ». Il conviendra essentiellement de s'inspirer du pragmatisme lorsqu'il se présente telle *une conception générale de la connaissance*, lorsqu'il se conçoit en tant que méthode d'élucidation réactualisant et même « achevant »[2] l'empirisme anglo-saxon dans la lignée de Locke, de Berkeley, de Hume et de Reid. Notamment, il pourrait être porteur d'adapter au droit l' « empirisme radical » promu par James et visant à *libérer les expériences de toute forme de pensée préexistante*[3], ou bien de tenter de saisir le droit à travers la « maxime pragmatiste » posée par Peirce et selon laquelle il faudrait « considérer quels sont les effets pratiques que nous pensons pouvoir être produits

[1] Par exemple, John Dewey, « penseur-fleuve », a consacré des travaux au droit mais aussi à la démocratie, aux méthodes d'éducation, aux sciences, à la vie quotidienne, à l'égalité des sexes, à la place des valeurs, au rôle des arts, à la reconstruction de la philosophie etc. Pour ce qui est de la question démocratique, Dewey a développé une vision expérimentale de la politique et une vision radicale de la démocratie, critique à l'égard des tendances oligarchiques du capitalisme, dans un ouvrage intitulé *Le public et ses problèmes* (1927). Quant à l'approche pragmatiste de l'art, l'important est alors ce qui fait qu'une œuvre fonctionne comme œuvre ; l'art se comprend comme art en action et ce qui importe est son activation. Le pragmatisme est donc une philosophie qui déborde très largement la seule épistémologie.

[2] On considère en effet que « le pragmatisme peut être appréhendé sous deux aspects. On y peut voir une réaction contre le rationalisme kantien et l'idéalisme qui en est issu. On y peut voir aussi un développement ou un achèvement de l'empirisme, réalisant enfin toutes ses virtualités. C'est d'ailleurs en réagissant contre l'idéalisme que l'empirisme a été amené à reconnaître sa vraie nature et à s'affranchir de ses derniers scrupules » (G. CANTECOR, « Le pragmatisme », *L'année psychologique* 1907, p. 355).

[3] *Cf.* D. LAPOUJADE, *William James – Empirisme et pragmatisme*, Les empêcheurs de penser en rond, coll. Grande, 2007.

par l'objet de notre conception [car] la conception de tous ces effets est la conception complète de l'objet »[1].

Toutefois, la mise en relation des pensées pragmatiste et juridique pourrait sembler artificielle ou inconséquente — par exemple parce que l'une des conséquences les mieux connues du pragmatisme est de relativiser l'étanchéité des distinctions quand le droit repose justement sur d'innombrables séparations binaires et manichéennes[2]. Ces pensées pragmatiste et juridique entretiennent néanmoins depuis longtemps des liens importants[3]. On observe en ce sens combien « la culture

[1] Cité par C. TIERCELIN, *C. S. Peirce et le pragmatisme*, Puf, coll. Philosophies, 1993, p. 29.

[2] Selon Richard Rorty, les dualismes traditionnels enfermeraient la pensée dans de faux problèmes ; ils devraient donc être dépassés (R. RORTY, *Conséquences du pragmatisme*, Le Seuil, coll. L'ordre philosophique, 1999).

[3] Ainsi des juristes ont-ils influencé la philosophie pragmatiste dès ses débuts. Notamment, les pensées de Peirce et James ont été largement influencées par les propositions des juristes Joseph Bangs Warner, Oliver Wendell Holmes, juge à la Cour suprême des États-Unis et inspirateur du réalisme juridique, et Nicholas St. John Green, professeur de droit à la Harvard Law School (J. MORET-BAILLY, « Esquisse d'une théorie pragmatiste du droit », *Droits* 2013, n° 55, p. 187). Tous faisaient partie du « Club métaphysique » dans le cadre duquel les premières propositions pragmatistes ont jailli à partir de 1872. En outre, alors que Dewey a travaillé à plusieurs reprises sur le cas particulier du droit, les pragmatistes ont régulièrement recouru à un vocabulaire originellement juridique : « enquête », « contexte public de discussion » qui n'est pas autre chose qu'une téléportation du principe du contradictoire, « procédures », « jugements » ou encore « règles » (*ibid.*, p. 188). Par exemple, Dewey explique qu'on peut identifier le jugement avec la conclusion satisfaisante de l'enquête. […] La vérité et la fausseté sont des propriétés de […] l'achèvement de l'enquête par le moyen de laquelle il est atteint. La distinction entre les conclusions vraies et fausses est déterminée par le caractère des procédures opérationnelles par lesquelles les propositions concernant les éléments d'inférence (significations, idées, hypothèses), sont instituées » (cité par J.-P. COMETTI, *Qu'est-ce que le pragmatisme ?*, Folio, coll. Essais, 2010, p. 87). Pareille approche ressemble fort à la conception de la preuve de nombreux juristes : l'administration de la preuve ne viserait pas à établir la vérité mais plutôt une vraisemblance indispensable pour rendre le jugement tolérable. Enfin, le pragmatisme puiserait aussi dans le droit de l'Ancien régime. En effet, on appelait autrefois « pragmatique sanction » la décision fondamentale arrêtée une fois pour toutes et réglant certaines affaires politiques. Ce nom a été donné à plusieurs décrets impériaux ou royaux : par exemple, la pragmatique sanction de Bourges par laquelle Charles VII régla

juridique a eu une grande influence tant sur la formation que sur la formulation de la philosophie pragmatiste »[1]. Le pragmatisme découlerait du droit ; il serait même pour les juristes « un retour aux sources »[2]. Et on va jusqu'à soutenir que le pragmatisme se retrouverait largement dans « la manière de faire, de penser, voire d'envisager le monde des juristes »[3].

Seulement cela se vérifie-t-il bien davantage à l'égard des praticiens-juristes, notamment des magistrats mais aussi des avocats et autres juristes d'entreprise, qu'à l'égard des universitaires-juristes. C'est pourquoi l'objet de cette étude sera d'inviter ces derniers à se rapprocher du juspragmatisme dont les praticiens font preuve.

Dans l'histoire de la pensée juridique, cette dernière a rencontré à plusieurs reprises le pragmatisme, parfois de façon fortuite. Par exemple, l'école de la libre recherche scientifique, promue par François Gény au début du XXe s.[4], semble sensiblement empreinte — bien qu'inconsciemment — de pragmatisme, notamment de conséquentialisme. D'ailleurs, il est remarquable que cette conception de l'office du juge, lequel devrait s'attacher aux effets de ses décisions plutôt qu'à une application rigoureusement syllogistique des normes aux faits[5],

les affaires religieuses en France, la Pragmatique sanction de Charles VI destinée à régler la succession d'Autriche etc. Kant, dans une note à la « Grundlegung zur Metaphysik der Sitten », dit qu'on appelle pragmatiques sanctions « celles qui ne découlent pas proprement du droit des États comme lois nécessaires, mais de la précaution prise pour le bien-être général ». V° « Pragmatique et pragmatisme, origine et histoire de ces mots », in A. LALANDE, *Vocabulaire technique et critique de la philosophie*, 10e éd., Puf, coll. Quadrige dicos poche, 2010, p. 1169.

[1] J. MORET-BAILLY, « Esquisse d'une théorie pragmatiste du droit », *Droits* 2013, n° 55, p. 188.

[2] *Ibid.*, p. 211. Selon cet auteur, le pragmatisme « ne constitue, en grande partie, qu'un dérivé d'une pensée imprégnée d'une culture, voire d'une logique juridique » (*ibid.*, p. 212).

[3] *Ibid.*, p. 212.

[4] F. GENY, *Méthode d'interprétation et sources en droit privé positif* (1899), LGDJ, 1954.

[5] Pour déterminer les droits de chacun, le juge devrait recourir non à une interprétation littérale de la loi mais à l'observation de la réalité sociale et à la pondération des intérêts en présence. « [Il] ne découvrira, écrit Gény, la

a influencé de nombreux juristes dans toute l'Europe[1] mais aussi le mouvement réaliste américain et la « *sociological jurisprudence* ». Or, ainsi qu'expliqué au sein de la première étude, ces derniers sont intimement liés au pragmatisme, en particulier à travers l'œuvre et l'influence d'Oliver Wendell Holmes.

Le pragmatisme juridique en tant que tel n'a cependant été envisagé qu'à de rares occasions ; et il a encore moins souvent été étudié ou approfondi au moyen de travaux *ad hoc*[2].

mesure, juste et vraie, des droits individuels qu'en scrutant leur but économique et social et en comparant son importance à celui des intérêts qu'ils contrarient » (F. GENY, *Science et technique en droit privé positif – Nouvelle contribution à la critique de la méthode juridique*, Sirey, t. II, 1919, p. 173). La méthode du juge reviendrait donc « à reconnaître les intérêts en présence, à évaluer leur force respective, à les peser, en quelque sorte, avec la balance de la justice, en vue d'assurer la prépondérance des plus importants, d'après un criterium social, et finalement d'établir entre eux l'équilibre éminemment désirable » (*ibid.*, t. I, p. 167). Ainsi les magistrats jugeraient-ils très pragmatiquement, loin de tout dogmatisme.

[1] Notamment, P. VANDER EYCKEN, *Méthode positive de l'interprétation juridique*, Falk (Bruxelles), 1906 ; H. DE PAGE, *À propos du gouvernement des juges – L'équité en face du droit*, Bruylant (Bruxelles), 1931.

[2] En Europe, le pragmatisme juridique a été envisagé, en Espagne, dans les années 1920 par Quintiliano Saldaña (Q. SALDAÑA, *Teoria del derecho eficaz (pragmatismo juridico)*, Universidad de Madrid, 1924 ; Q. SALDAÑA, *Modernas concepciones penales en España – Teoria pragmatica del derecho penal*, 2e éd., Calpe, 1923). Celui-ci définissait le pragmatisme juridique comme étant « une théorie du droit efficace » (Q. SALDAÑA, « Étude préliminaire – Le pragmatisme juridique de M. Duguit » [1924], in L. DUGUIT, *Le pragmatisme juridique*, La mémoire du droit, 2008, p. 129), ajoutant que « le pragmatiste est un contrôleur. Le concret est à la fois son objectif et sa limite » (*ibid.*, p. 131). En France, François Gény a réalisé des travaux qui peuvent sans doute être affiliés au pragmatisme, bien qu'il ne connaissait guère ce courant de pensée. Quant à Léon Duguit, il a donné en 1923 un ensemble de conférences en Espagne et au Portugal sur le pragmatisme juridique, cela à l'invitation du professeur Saldaña (L. DUGUIT, *El pragmatismo juridico*, Francisco Beltran, 1924 ; L. DUGUIT, *Le pragmatisme juridique*, trad. S. Gilbert, La mémoire du droit, 2008). Ainsi l'illustre professeur bordelais, qui souhaitait critiquer les excès des abstractions juridiques et notamment des idées de « sujet de droit » et de « droit subjectif », pouvait-il expliquer, par exemple, que « tout concept est contingent à la réalité en cela qu'il y a une efficacité sociale et morale dans ce concept » (*ibid.*, p. 235). Toutefois, dans ses conférences, Duguit, d'une part,

C'est principalement du côté de l'École de Bruxelles, qui se revendique depuis plusieurs décennies d'une approche pragmatiste du droit, qu'il faut rechercher les travaux universitaires explicitement menés dans un cadre juspragmatiste. Au-delà de l'Europe, le pragmatisme juridique peut être situé dans les approches des « réalistes » américains tels que Karl Llewellyn ou Jerome Frank, lesquels se sont élevés contre la tentation de fonder le *common law* sur la métaphysique allemande héritée de Kant ou Hegel.

Mais, avant tout, c'est John Dewey, eu égard à sa qualité de « père fondateur » du pragmatisme et parce qu'il a plus que Peirce ou James porté son attention sur des questions juridiques[1], qui a donné au juspragmatisme une impulsion décisive[2]. Une place à part peut aussi être réservée à Oliver

se montre critique à l'égard du pragmatisme et, d'autre part, fait preuve de connaissances superficielles à son égard. Il se contente d'en évoquer les grandes lignes, ce que son hôte lui reproche en soulignant qu'il le connaît mal et que ses critiques sont non fondées, évoquant le « pragmatisme dilettante » de Duguit (Q. SALDAÑA, « Étude préliminaire – Le pragmatisme juridique de M. Duguit » [1924], in L. DUGUIT, *Le pragmatisme juridique*, La mémoire du droit, 2008, p. 153). Ainsi Saldaña commente-t-il : « Pour M. Duguit, le pragmatisme n'est pas une méthode, c'est une arme qu'il emploie contre le subjectivisme juridique. [...] Jamais on ne perçoit de maîtrise, de possession, de familiarité avec le pragmatisme et avec sa technique. Il a l'air d'un pragmatiste d'occasion, d'opportunité, par recours tactique » (*ibid.*, p. 144 et 152). Également, W. Y. ELLIOTT, « The Metaphysics of Duguit's Pragmatic Conception of Law », *Political Science Quarterly* 1922, vol. 37, n° 4, p. 639 s. Beaucoup plus récemment, le professeur Joël Moret-Bailly a proposé l' « Esquisse d'une théorie pragmatiste du droit » consistant notamment à transposer en droit la « maxime pragmatiste » de Peirce (*Droits* 2013, n° 55, p. 177 s.).

[1] Peirce et James ont seulement, à l'occasion, recouru à des exemples tirés du droit ou à des métaphores juridiques. Par exemple, dans *La volonté de croire* (1896), James défend l'idée qu'il serait toujours préférable de prendre des décisions concrètes, par exemple en droit, même lorsqu'on ne dispose pas de données ou de preuves concluantes.

[2] Dewey a régulièrement écrit sur le droit. Il a notamment soutenu une conception instrumentaliste du droit : celui-ci serait un outil utilisé et à utiliser afin de réaliser certaines finalités sociales. Dans un article de 1924 intitulé « Logical Method and Law », il soutient que le syllogisme judiciaire, presque mécanique, serait une idée naïve car le juge, au contraire, prendrait sa décision puis chercherait les moyens de la justifier, ce qui est très exactement la

Wendell Holmes, à sa conception de l'office du juge et à sa théorie prédictive du droit[1]. Enfin, des traces importantes de pragmatisme juridique peuvent être trouvées dans les recherches sociologiques ou économiques sur le droit — par exemple dans les ouvrages du juge américain Richard Posner, tenant de l'analyse économique du droit, ou parmi les travaux de Brian Z. Tamanaha[2] ou de Roscoe Pound, tenant de la « *sociological jurisprudence* »[3]. Et Jules Coleman et son

position de certains réalistes et notamment d'Oliver Wendell Holmes. Dewey disait observer des juges qui, dans un premier temps, trancheraient en opportunité les cas soumis à eux en fonction de leurs conséquences pour les parties mais aussi de leurs conséquences pour l'ordre social, de leurs conséquences économiques, de leurs conséquences symboliques etc. Puis, dans un second temps, ils rechercheraient dans le corpus juridique positif quelques moyens de motiver juridiquement leurs décisions. Le droit, au moins dans son pan judiciaire, serait donc empreint de conséquentialisme. Par ailleurs, dans son livre *Logic: The Theory of Inquiry* (1938), Dewey s'est concentré sur le jugement en droit, y trouvant un modèle pour les jugements en général, des individus dans leur quotidien. J. DEWEY, « My Philosophy of Law », in Julius Rosenthal Law Foundation, *My Philosophy of Law – Credos of Sixteen American Scholars*, Boston Law Books, 1941, p. 73 s. ; J. DEWEY, « Justice Holmes and the Liberal Mind », *New Republic* 1927, vol. 53, p. 211 s. ; J. DEWEY, « Logical Method and Law », *The Philosophical Review* 1924, vol. 33, n° 6, p. 560 s. ; J. DEWEY, « Austin's Theory of Sovereignty », *Political Science Quarterly* 1894, vol. 9, p. 31 s. ; J. DEWEY, *Characters and Events – Popular Essays in Social and Political Philosophy*, vol. 2, Holt and Company, 1929. *Cf.* aussi J. FRANK, « A Conflict with Oblivion: Some Observations on the Founders of Legal Pragmatism », *Rutgers Law Review* 1954, p. 425 s. ; J. FRANK, « Modern and Ancient Legal Pragmatism – John Dewey and Co. v. Aristotle (I) », *Notre Dame Lawyer* 1950, p. 207 s. ; J. FRANK, « Modern and Ancient Legal Pragmatism – John Dewey and Co. v. Aristotle (II) », *Notre Dame Lawyer* 1950, p. 460 s.

[1] Notamment, O. W. HOLMES, « The Path of the Law », *Harvard Law Review* 1897, vol. X, p. 457 s.

[2] Notamment, B. Z. TAMANAHA, *Realistic Socio-Legal Theory – Pragmatism and a Social Theory of Law*, Clarendon Press (Oxford), 2000.

[3] Comme le juge Holmes, Roscoe Pound se montrait très critique à l'égard de la « jurisprudence mécanique », donc à l'égard du syllogisme judiciaire, préférant que les juges rendent leurs décisions à l'aune de leurs conséquences concrètes (R. POUND, « Mechanical jurisprudence », *Columbia Law Review* 1908, p. 605 s.). Peuvent également être rapprochés de ce pragmatisme juridique le juge Benjamin Cardozo et sa méthode dite « de l'utilité sociale » : il faudrait juger en fonction des effets (sociaux, économiques, politiques, moraux) et non à l'aune du droit positif, si bien qu'un précédent auparavant

pragmatisme conceptuel[1] ou Brian Leiter et sa « jurisprudence naturalisée »[2] peuvent aussi être comptabilisés parmi les juspragmatistes, l'un et l'autre amenant à se concentrer sur les conséquences des applications des notions juridiques.

Seulement était-ce l'objet de l'étude précédente que de présenter ces conceptions pragmatistes du droit et de la science du droit déjà existantes parmi la pensée juridique contemporaine. En ces pages, il s'agira non de rechercher ce que sont actuellement les travaux pragmatiques des juristes mais, d'un point de vue prospectif et en partie prescriptif, d'imaginer ce que pourrait être le juspragmatisme à partir des propositions épistémologiques issues de la pensée pragmatiste.

La « galaxie pragmatiste » semble, depuis les années 1990, s'immiscer sur le devant de la scène intellectuelle européenne et notamment sur le devant de la scène intellectuelle française[3], cela non sans aviver quelques passions[4]. Les « anciens paradigmes » (structuralisme, fonctionnalisme etc.) perdraient beaucoup de leur force de conviction et de nombreuses sciences humaines et sociales s'ouvriraient aux thématiques de l'action et des acteurs[5]. L'action juridique et les acteurs juridiques pourraient-ils bientôt préoccuper davantage

pertinent mais produisant à présent de mauvaises conséquences devrait être abandonné (B. CARDOZO, *The Nature of the Judicial Process*, Yale University Press, 1921).

[1] J. COLEMAN, *The Practice of Principle – In Defence of a Pragmatist Approach to Legal Theory*, Oxford University Press, 2003.

[2] B. LEITER, *Naturalizing Jurisprudence*, Oxford University Press, 2007.

[3] En témoignent, en philosophie, les nombreuses publications au cours des dernières années de traductions et de commentaires des œuvres des « pères fondateurs » Peirce, James et Dewey, ainsi que des pragmatistes modernes Rorty et Putnam.

[4] Par exemple, D. DEBAISE, B. LATOUR, I. STENGERS, J. ZASK, *Vie et expérimentation – Peirce, James, Dewey*, Vrin, coll. Annales de philosophie de l'Université Libre de Bruxelles, 2008.

[5] Le monde de la recherche en sciences humaines et sociales aurait pris, à la fin des années 1980, un tournant qui l'aurait progressivement libéré des grandes conceptions passées. Se serait dès lors engagée une mutation épistémologique impliquant en premier lieu l'ouverture aux philosophies pragmatistes américaines du début du XXe s. (F. DOSSE, *L'empire du sens – L'humanisation des sciences humaines*, La découverte, 1997).

les juristes-chercheurs qu'à l'ère du droit moderne, quand l'État et ses textes officiels focalisaient toute l'attention ? Le courant pragmatiste qui paraît s'affirmer au sein des sciences humaines et sociales et en particulier en sociologie touchera-t-il jusqu'au droit, qui aime classiquement se tenir à part et affirmer haut et fort son « particularisme ontologique » ?

Si tel venait à être le cas, si le pragmatisme juridique gagnait demain les facultés de droit, celles-ci se détourneraient alors des conceptions abstraites du droit, appréhendé tel un ordre normatif dans lequel les règles se déduiraient logiquement les unes des autres ou tel un corpus nomo-textuel qui se suffirait à lui-même. L'originalité du pragmatisme juridique résiderait dans sa tendance à situer le caractère opératoire d'un concept non dans sa complétude analytique et idéaliste mais dans *son usage et ses effets pratiques*. Avec la pensée analytique et idéaliste kantienne, il existerait des conditions fixes et nécessaires préalables à la saisie de toute réalité donnée par l'expérience, les axiomes directeurs et les schèmes explicatifs de toute science devraient toujours être fournis *a priori* et il reviendrait aux savants de plier coûte que coûte les faits à des formules acquises par avance. Dans l'espace du pragmatisme juridique, ce n'est plus l'expérience juridique qui dérive des connaissances juridiques mais *les connaissances juridiques qui découlent de l'expérience juridique*. Le pragmatisme juridique placerait donc l'expérience juridique au commencement de tout.

Par suite, le juspragmatisme serait foncièrement un jusréalisme. Pour les juspragmatistes, une règle de droit ne prendrait vie et sens qu'à l'occasion de ses applications — notamment juridictionnelles mais aussi contractuelles et autres — et à travers les effets qu'elle produit[1]. Le pragmatisme serait donc pour les juristes un chemin épistémologique permettant de prendre ses distances avec le dogmatisme du droit moderne et d'être mieux en prise avec la réalité des « faits juridiques ».

[1] F. MICHAUT, *La recherche d'un nouveau paradigme de la décision judiciaire à travers un siècle de doctrine américaine*, L'Harmattan, 2000, p. 10.

L'objet des prochaines pages sera donc de réfléchir aux visages que la recherche juridique pourrait adopter si elle en venait à prendre résolument le « tournant pragmatiste » et à s'appuyer sur les prémisses de l'épistémologie pragmatiste. Cela pourrait en particulier s'appliquer à la définition du droit, donc à la définition de l'objet d'étude des juristes. La conception moderne de la recherche juridique selon laquelle son objet, le droit, se résumerait aux normes juridiques, lesquelles s'organiseraient sous la forme d'ordres de contrainte qui seraient nécessairement des États, si bien que la seule condition de la juridicité serait la validité étatique, n'est pas acceptée unanimement et ne l'a jamais été. Si, au cours du XXe s., elle a rencontré un succès croissant, il ne semble plus en aller ainsi. Comme cela a été observé au cours de la première étude, un nombre grandissant de chercheurs en droit s'engagent sur des chemins théoriques et épistémologiques nouveaux, dont un certain nombre paraissent relever d'une forme de juspragmatisme, dépassant l'acception positiviste-normativiste du droit. Dès lors, si Kelsen a été « le plus grand juriste du XXe s. »[1], que réserve le XXIe s. ?

Le positivisme-normativisme moderne, « désespérément froid »[2] car par trop rigide, caricatural et indifférent à la « vie du droit »[3] aux yeux de nombre d'auteurs contemporains, n'est évidemment pas, comme toute théorie quels que soient ses mérites, irréfutable[4]. Principalement, on regrette son

[1] O. CAYLA, « Kelsen Hans », in O. CAYLA, J.-L. HALPERIN, dir., *Dictionnaire des grandes œuvres juridiques*, Dalloz, 2008, p. 320.

[2] D. DE BECHILLON, *Qu'est-ce qu'une règle de droit ?*, Odile Jacob, 1997, p. 9.

[3] Réf. à J. HILAIRE, *La vie du droit – Coutumes et droit écrit*, Puf, coll. Droit, éthique, société, 1994.

[4] *Cf.* P. WACHSMANN, « Le kelsénisme est-il en crise ? », *Droits* 1986, n° 4, p. 56 s. ; P. AMSELEK, « Une fausse idée claire : la hiérarchie des normes juridiques », *RRJ* 2007, p. 561 s. ; P. AMSELEK, « Kelsen et les contradictions du positivisme juridique », *Arch. phil. droit* 1983, p. 271 s. ; L. HABIB, « L'impur objet de la science du droit », *Droits* 1990, n° 11, p. 92 s. ; M. VIRALLY, « Le juriste et la science du droit », *RDP* 1964, p. 609 s. ; J.-F. NIORT, « Formes et limites du positivisme juridique », *RRJ* 1993, p. 157 s. ; É. MILLARD, « La hiérarchie des normes : critique sur un fondement empiriste », [en ligne] < ufr-dsp.u-paris10.fr>, 2005 ; Ch. LEBEN, « Troper et

formalisme, son logicisme et son systématisme exacerbés, conduisant à ne pas s'intéresser au contenu ni à la pratique du droit[1]. Réduire le phénomène juridique à un ordre juridique abstrait, désincarné, impersonnel et simpliste, dans lequel les normes accèdent à la juridicité d'une manière purement mécanique, ne serait pas une conception juste, que ce soit aux yeux d'un jusnaturaliste ou bien aux yeux d'un juspragmatiste.

Alors que les juristes parlent de plus en plus de « droit souple », de « droit mou », de « régulation » ou de « gouvernance », et alors que les non-juristes parlent de plus en plus du droit, la vision selon laquelle « au fondement du droit il y a l'État et c'est tout »[2] apparaît de moins en moins correcte. Le « parfum d'aporie [...] de ces pures pétitions de principe »[3] est ressenti désormais par beaucoup d'observateurs et de penseurs des phénomènes juridiques. Alain Supiot, par exemple, regrette les « impasses kelséniennes d'une théorie rendue aveugle aux valeurs qui animent le droit et aux faits qu'il régit »[4], quand François Ost et Michel van de Kerchove déplorent cette pensée qui, « procédant par disjonction de ce qui est lié et enchevêtré, par réduction du disparate et du

Kelsen », *Droits* 2003, n° 37, p. 18 s.; également O. PFERSMANN, « Contre le néo-réalisme juridique – Pour un débat sur l'interprétation », *RFD const.* 2002, p. 279 s. ; M. TROPER, « Réplique à Otto Pfersmann », *RFD const.* 2002, p. 335 s.

[1] Ainsi Michel Villey pouvait-il écrire : « Quant à Kelsen, nous admirerons la netteté de son raisonnement, la précision de son langage, l'esthétique beauté du système. Mais nous lui saurons gré d'avoir démontré par l'absurde, en le menant avec rigueur à ses conséquences dernières, la fausseté du positivisme » (M. VILLEY, *Leçons d'histoire de la philosophie du droit*, Dalloz, coll. Philosophie du droit, 1962, p. 293).

[2] D. DE BECHILLON, *Qu'est-ce qu'une règle de droit ?*, Odile Jacob, 1997, p. 229.

[3] P. AMSELEK, « Une fausse idée claire : la hiérarchie des normes juridiques », *RRJ* 2007, p. 564.

[4] A. SUPIOT, « État social et mondialisation : analyse juridique des solidarités », Leçon inaugurale au Collège de France, 29 nov. 2012 ; également, A. SUPIOT, *Grandeur et misère de l'État social*, Fayard, coll. Leçons inaugurales du Collège de France, 2013.

contradictoire, et abstraction du singulier et du concret, ramène la diversité mouvante du réel à des entités élémentaires »[1].

Une approche plus pragmatique pourrait potentiellement permettre de réconcilier le droit et les faits, le droit et le réel, le droit et le concret. La pensée du droit devrait intégrer les dimensions sociale, humaine, psychique, politique, idéologique ou encore économique de celui-ci et ne plus le considérer tel un système parfaitement clôturé et indépendant de son environnement. Car, en définitive, l'excès de purisme reconduirait en direction des égarements métaphysiques que Kelsen lui-même dénonçait, mais sous d'autres formes, par exemple celles de l'« isolationnisme » et du « délire autoréférentiel »[2].

Si la « théorie pure du droit » et les théories du droit modernes en général sont chaque jour un peu plus malmenées par la « réalité juridique »[3], par leur confrontation au droit positif « véritable »[4] et à la conception du droit des citoyens-profanes qui ne le réduisent nullement à la validité, se concentrant surtout sur sa valeur subjective et effective, alors l'heure des théories pragmatiques du droit précédemment présentées pourrait venir. Mais ce sont aussi de nouveaux axes et modes de recherche et de compréhension du droit inspirés par la pensée pragmatiste qui pourraient éventuellement revêtir quelque intérêt à l'heure des nouveaux objets normatifs que sont les codes privés, les chartes, les usages, les conditions générales d'utilisation, les contrats-types, les normes comptables, les normes managériales, les normes techniques,

[1] F. OST, M. VAN DE KERCHOVE, *De la pyramide au réseau ? – Pour une théorie dialectique du droit*, Publications des Facultés universitaires Saint-Louis (Bruxelles), 2002, p. 127.

[2] D. DE BECHILLON, *Qu'est-ce qu'une règle de droit ?*, Odile Jacob, 1997, p. 266.

[3] P. AMSELEK, « Une fausse idée claire : la hiérarchie des normes juridiques », *RRJ* 2007, p. 562.

[4] *Cf.* R. CARRE DE MALBERG, *Confrontation de la théorie de la formation du droit par degrés avec les idées et les institutions consacrées par le droit positif français relativement à sa formation*, Librairie du Recueil Sirey, 1933, *passim*.

mais aussi les modes alternatifs de résolution des conflits, les labels, les standards, les protocoles, les meilleures pratiques, les statistiques, les sondages, les indicateurs de performance, les rankings, les algorithmes, les lois économiques des marchés, les *nudges* etc.

En particulier, l'acception la plus pragmatique du droit pourrait être l'acception panjuridique : toute norme serait une norme juridique, quels que soient les moyens théoriques permettant d'aboutir à pareil présupposé ou l'absence de tels moyens. D'un point de vue juspragmatiste, il serait peu conséquent d'écarter de l'analyse une part des normes applicables et, surtout, des *normes appliquées* car cela risquerait d'amener à des résultats non conformes à la réalité du *« droit vécu »*, laquelle devrait primer sur la réalité du « droit pensé »[1]. Ainsi, concernant par exemple un travail de recherche touchant au droit de l'environnement, il serait peu porteur d'ignorer une part des normes applicables et appliquées aux activités en lien avec la protection de l'environnement au motif que celles-ci ne seraient guère juridiques et de se concentrer sur quelques normes valides dans l'ordre juridique mais dans les faits ineffectives, *a fortiori* dès lors que ce travail serait destiné à un public de praticiens.

En toute étude juridique, il faudrait convenir, *ab initio* et sans autre forme de procès — éventuellement à l'aide de la théorie syncrétique du droit et de l'échelle de juridicité —, qu'une norme quelle qu'elle soit est nécessairement juridique et

[1] Il faudrait donc s'accorder avec qui regrette que, trop souvent, le vide législatif soit assimilé au vide juridique[1]. Le vide juridique est une chose impossible ; même l'entière liberté est déjà un régime juridique. En réalité, qui dénonce le vide juridique dénonce l'absence de droit étatique, comme qui envisage des « "trous" dans le droit » ou l' « imperfection du droit » (M.-C. RONDEAU-RIVIER, « L'alibi du vide juridique », *Économie et Humanisme* 1991, n° 318, p. 24) — lorsque des comportements ne sont pas encadrés par des règles de droit — envisage des « trous » dans le droit étatique ou l'imperfection du droit étatique, et comme qui décrit des lacunes du droit décrit des lacunes du droit étatique. « La loi peut avoir des lacunes, pas le droit », disait en ce sens Charles Beudant à la fin du XIXe s. (Ch. BEUDANT, *Cours de droit civil français*, Rousseau et Cie, 1896 (cité par J.-P. GRIDEL, *Introduction au droit et au droit français*, Dalloz, 1994, p. 12)).

donc susceptible d'intégrer l'objet d'étude. Ainsi compris, le pragmatiste-panjuridiste s'opposerait au dogmatique, au théoricien et, plus fortement encore, au philosophe, soit à tous ceux qui font œuvre spéculative, idéologique ou stipulative, loin des activités et enjeux les plus concrets auxquels sont confrontés les praticiens-juristes au quotidien. Ce pragmatiste-panjuridiste n'aurait pas d'autre ambition que de *témoigner de façon brute de données factuelles*, même si l'acceptabilité théorique de ses travaux pourrait être contestée. Reste que le pragmatiste-panjuridiste se concentrerait forcément sur le droit pratique, le droit pratiqué, le droit praticable, soit le droit des juristes qui ne se soucient guère de connaître les bornes et le cadre de leur objet et qui intègrent dans le monde juridique toute donnée à la seule condition qu'elle leur paraisse utile, sans procéder à aucune vérification de sa juridicité.

D'aucuns juspragmatistes considéreront que, en somme, les théories du droit appartiendraient davantage à l' « art de rêver, d'investir en rêverie, d'exciter son imaginaire, d'orienter, de contrôler, de diriger ses rêveries »[1]. Une recherche orientée vers la pratique juridique, elle, se devrait de rechercher constamment le pragmatisme, ce qui conduirait, notamment, à laisser au bord du chemin la question de la juridicité et de l'autonomie du droit dans le social, car ceux qui y répondent avec le plus grand « sens pratique »[2] sont peut-être ceux qui n'y répondent pas et qui, de la sorte, y apportent *des solutions très praticables*, bien qu'implicites.

Au-delà de ce point particulier qu'est la question de la définition de l'objet-droit, l'intention de faire œuvre pragmatiste en droit n'est ni transparente ni aisément saisissable[3]. Il semble délicat de percevoir sans hésitations ce

[1] G. THUILLIER, « Probabilisme et art de juger », in D. ALLAND, S. RIALS, dir., *Dictionnaire de la culture juridique*, Lamy-Puf, coll. Quadrige dicos poche, 2003, p. 1361.

[2] Réf. à P. BOURDIEU, *Le sens pratique*, Minuit, 1980.

[3] Par exemple, aux yeux de Jacques Chevallier, la science du droit, par définition, devrait refuser le pragmatisme, lequel ne pourrait exister que dans l'ordre de l'action et non dans l'ordre de l'observation (J. CHEVALLIER, « Doctrine juridique et science juridique », *Dr. et société* 2002, p. 110).

qu'une étude pragmatiste du droit et/ou en droit pourrait être exactement. En ces pages, il s'agira donc de dégager quelques voies à explorer au départ de l'épistémologie pragmatiste, c'est-à-dire d'essayer de transporter au sein de la recherche juridique les prémisses pragmatistes.

Celles-ci incitent notamment à n'être ni arcbouté sur quelque système de certitudes ni sceptique par principe, donc à rechercher toujours le meilleur équilibre tant en termes de point de vue qu'en termes de solution ou de proposition. En ce sens, peut-être le pragmatisme invite-t-il avant tout les juristes à se souvenir en permanence de l'éloge de la mesure par lequel Camus conclut *L'homme révolté*[1], à se souvenir en permanence du goût de Montaigne, bon cavalier, pour le trot plutôt que pour le pas ou le galop, à se souvenir en permanence des aphorismes de Pascal sur les rapports entre le juste milieu et la maïeutique[2].

Alors qu'on a pu, il y a peu, soutenir que la pensée juridique connaîtrait un « tournant pragmatiste »[3], l'enjeu, à travers cette étude, sera d'essayer de contribuer à ce tournant qui ne saurait aller sans tournant pragmatiste de la recherche juridique dans son ensemble. Dans le cadre juspragmatiste, s'affirme une nouvelle science du droit qui pourrait présenter un visage fort original à l'aune des canons modernes du droit. Elle implique à la fois de profonds changements dans la conception du droit (*première partie*) et de profonds changements dans la conception de l'office du juriste (*seconde partie*).

Si le pragmatisme s'est développé originellement en tant qu'épistémologie posant la question de l'objet de la connaissance puis celle des moyens de l'atteindre, il conviendra ici de s'intéresser à l'objet de la connaissance juspragmatiste puis aux moyens de l'atteindre. La recherche juridique mais aussi l'enseignement juridique pourraient en sortir fort enrichis.

[1] A. CAMUS, *L'homme révolté*, Gallimard, coll. Nrf, 1953.

[2] B. PASCAL, *Pensées*, 1669 (notamment : « Trop et trop peu de vin. Ne lui en donnez pas : il ne peut trouver la vérité. Donnez-lui en trop : de même »).

[3] J. LENOBLE, « Les exigences du tournant pragmatiste et la redéfinition du concept de droit », *Les carnets du Centre de philosophie du droit* 2006, n° 126, p. 4.

Avant d'entamer ces discussions, il convient, au sein d'un chapitre préliminaire, d'interroger la relation ambigüe entre pragmatisme juridique et philosophie du droit. En effet, le pragmatisme juridique pourrait *servir le progrès de la pensée juridique tout en s'élevant contre la philosophie du droit.*

Chapitre préliminaire. Le pragmatisme juridique : une nouvelle philosophie du droit ou une non-philosophie du droit ?

Le pragmatisme est une pensée séditieuse en ce qu'elle instille le doute à l'égard de nombre d'habitudes essentielles à la philosophie. Elle va jusqu'à poser *la question de l'utilité de l'activité philosophique*. Pour Richard Rorty, le pragmatisme serait un remède contre les « crampes philosophiques » qui bloqueraient trop souvent les débats[1]. Aussi une conséquence remarquable de la mise en rapport du pragmatisme et du droit serait-elle d'aboutir à *remettre en cause la philosophie du droit* — laquelle n'est déjà pas en odeur de sainteté dans les facultés de droit.

Plaider en faveur du pragmatisme juridique, ce ne serait donc pas plaider en faveur d'une nouvelle philosophie du droit mais plaider en faveur d'une prise de distance par rapport à la philosophie du droit. Si une philosophie se caractérise par sa « recherche de l'immuable et de l'ultime — ce qui est — indépendamment du temps et de l'espace »[2], donc par son attachement aux considérations métaphysiques[3], le pragmatisme

[1] Th. McCarty, « Ironie privée et décence publique », in J.-P. Cometti, dir., *Lire Rorty – Le pragmatisme et ses conséquences*, L'éclat, coll. Lire les philosophes, 1992, p. 84.

[2] J. Dewey, *Reconstruction en philosophie* (1920), Gallimard, 2014, p. 30.

[3] Ainsi retient-on que « la philosophie paraît être essentiellement, et même, si l'on veut que le mot ait un sens propre et précis, exclusivement, la métaphysique ; […] la science de la pensée en elle-même » (J. Lachelier, « Observations sur la philosophie », in A. Lalande, *Vocabulaire technique et critique de la philosophie*, 10e éd., Puf, coll. Quadrige dicos poche, 2010,

tel qu'il a été décrit en ces pages serait par nature inconciliable avec toute intention philosophique. Il a été abondamment souligné combien le pragmatisme serait davantage une attitude ou une disposition d'esprit qu'une véritable doctrine philosophique. Et, si l'on parle par habitude de « philosophie pragmatiste » afin de désigner ce courant de pensée, il faut rappeler que Charles Sanders Peirce, William James et leurs acolytes ont baptisé « Club métaphysique » le cercle de réflexion qu'ils ont créé dans les années 1870 par goût de la provocation, non afin d'expliciter l'objet de leurs travaux.

Michel Villey, illustre défenseur de la philosophie du droit en France, écrivait : « Les problèmes philosophiques sont d'essence spéculative. Et ce sur quoi précisément spécule la philosophie, c'est ce qui se trouve par excellence de stable dans la réalité : l'universel — la structure permanente des choses. Le marxisme dont nous sommes imbus a le tort majeur de confondre la philosophie avec une technique de l'action »[4]. Et les philosophes admettent généralement, à la suite de Hegel, que « l'idéalité du fini est la principale proposition de la philosophie »[5], que « toute véritable philosophie est un idéalisme »[6]. Dès lors, nul ne commettrait une plus grande contradiction dans les termes que celui évoquant une « philosophie pragmatiste »[7]. Surtout, et concrètement, un

p. 773). La philosophie est encore définie en tant que « connaissance spéculative de la vérité vraie » (M. BLONDEL, « Observations sur la philosophie », in A. LALANDE, *Vocabulaire technique et critique de la philosophie*, 10e éd., Puf, coll. Quadrige dicos poche, 2010, p. 776).

4 M. VILLEY, *Philosophie du droit – Définitions et fins du droit – Les moyens du droit* (1984-1986), Dalloz, coll. Bibliothèque Dalloz, 2001, p. 30.

5 G. W. F. HEGEL, « Théorie de l'être », in *Encyclopédie des sciences philosophiques*, 1817.

6 *Ibid.*

7 Et il en va encore ainsi dès lors que la philosophie se conçoit comme « ensemble des études qui concernent l'esprit, en tant qu'il se distingue de ses objets » (V° « Philosophie », in A. LALANDE, *Vocabulaire technique et critique de la philosophie*, 10e éd., Puf, coll. Quadrige dicos poche, 2010, p. 775), ou comme « effort vers la synthèse totale, vers une conception d'ensemble de l'univers » (*ibid.*).

juriste s'adonnant à des activités pragmatiques ne pourrait tout à la fois s'adonner à des activités philosophiques.

Le pragmatisme paraît consacrer une approche des modes d'accès à la connaissance scientifique et non philosophique, empirique et non spéculative. Il invite à *tirer cette connaissance de l'expérience* ; or « la philosophie est enfermée dans un cercle de problèmes qui ont pour caractère commun de ne pouvoir être soumis au contrôle de l'expérience ; [...] elle n'est susceptible que d'opinions individuelles, et par là se rapproche de l'art »[8]. « L'empirisme, note-t-on, doit être appelé une philosophie négative, ou même une négation de la philosophie »[9]. Il semble donc qu'il faille s'accorder avec Richard Rorty lorsqu'il voyait dans le pragmatisme « une attitude [qui] conduit à une *non-philosophie*, au bout de laquelle se profilerait, à brève échéance, la mort de la philosophie »[10]. Le pragmatisme juridique serait ainsi une approche du droit interdisant toute philosophie du droit, faisant de la philosophie du droit une perspective inconsistante, une perspective anti-pragmatique[11].

Pourtant, beaucoup de pragmatistes sont présentés — et parfois se sont présentés — tels des philosophes. John Dewey, par exemple, affirmait que la philosophie serait imbue de soucis pratiques[12]. Il s'élevait ainsi contre l'intellectualisme de la philosophie plutôt que de définir la philosophie par

[8] *Ibid.*

[9] J. LACHELIER, « Observations sur la philosophie », in A. LALANDE, *Vocabulaire technique et critique de la philosophie*, 10e éd., Puf, coll. Quadrige dicos poche, 2010, p. 774.

[10] Cité par S. GILBERT, « Présentation », in L. DUGUIT, *Le pragmatisme juridique*, La mémoire du droit, 2008, p. 20 (non souligné dans le texte original).

[11] Il y a quelques années, François Terré relevait que « nombre d'auteurs s'interrogent sur l'existence même de la philosophie du droit » (F. TERRE, « Préface », in M. VILLEY, *Philosophie du droit – Définitions et fins du droit – Les moyens du droit* (1984-1986), Dalloz, coll. Bibliothèque Dalloz, 2001, p. VI). Et Michel Villey notait que « la plus malade des philosophies semble la philosophie du droit » (M. VILLEY, *Philosophie du droit – Définitions et fins du droit – Les moyens du droit* (1984-1986), Dalloz, coll. Bibliothèque Dalloz, 2001, p. 31).

[12] J. DEWEY, *Reconstruction en philosophie* (1920), Gallimard, 2014.

l'intellectualisme et de prendre ses distances par rapport à elle. Si la philosophie désigne la *réflexion critique* par opposition à la réflexion technique, il est vrai qu'une philosophie pragmatiste est envisageable[13]. La philosophie du droit pourrait alors être pragmatique-critique[14], mais à condition de se détacher du jusnaturalisme — ce qui ne semble ni possible ni souhaitable tant ils sont historiquement liés.

Partant, le développement du pragmatisme juridique dans les facultés de droit ne pourrait que conforter le constat que Michel Villey opérait dans les années 1980 :

> *Ni la constitution sociale ni le régime des études depuis le début des temps modernes et plus encore au XXe siècle n'offrent un terrain favorable à la bonne culture de la philosophie. L'*Otium *(statut des classes oisives) cesse d'être une valeur dans ce monde, seul le travail est honoré, la spéculation déconsidérée. Le triomphe des sciences et la division du travail ont conduit à spécialiser, c'est-à-dire à cantonner chacun dans une expérience toujours plus étroite, et disparaît le regard sur l'universel. [...] À l'éruption des techniques et des sciences modernes correspond un effondrement de la philosophie, la fièvre d'agir s'accompagnant d'un ralentissement de la pensée. Aussi nos sciences et nos techniques partent à la dérive, déchaînées, sans que nous ne*

[13] En outre, si la philosophie « a pour centre le groupe formé par les trois sciences normatives fondamentales : éthique [ce qui est bien], esthétique [ce qui est beau] et logique [ce qui est vrai] » (V° « Philosophie », in A. LALANDE, *Vocabulaire technique et critique de la philosophie*, 10e éd., Puf, coll. Quadrige dicos poche, 2010, p. 776), alors le pragmatisme pourrait être considéré en tant que philosophie, notamment parce qu'il permet de répondre, par certaines de ses orientations, à la question de la logique, de définir la vérité. Mais d'autres branches du pragmatisme, qui visent à écarter des raisonnements tous les jugements de valeur, s'opposent à une telle philosophie.

[14] B. FRYDMAN, G. HAARSCHER, *Philosophie du droit*, 3e éd., Dalloz, coll. Connaissance du droit, 2010, p. 1. Toutefois, les auteurs écrivent aussi que « la philosophie juridique a toujours eu pour objet non seulement la question du droit, mais celle du droit juste. Philosopher, c'est, depuis les Grecs, réfléchir sur la double question de la vie bonne et de la cité juste » (*ibid.*, p. 8).

> *sachions plus contrôler leurs principes et leur direction.*[15]

Beaucoup jugeront que le pragmatisme, y compris juridique, serait plus encore que les positivismes modernes le grand fossoyeur de la pensée, y compris juridique. Il faut gager que *le pragmatisme n'est pas la fin de la pensée mais une autre forme de pensée*, suivant des chemins qui ne sont pas les chemins philosophiques : *une pensée de l'action et pour l'action* plutôt qu'une pensée de l'idée et pour l'idée, *une pensée des problèmes concrets en prise avec les réalités de son temps* plutôt qu'une pensée des permanences et de l'universel coupée des réalités de son temps, donc une pensée se voulant *productive* plutôt qu'une pensée assumant sa faible fécondité.

Dès lors, ce seraient non des philosophies du droit mais des théories du droit originales qui pourraient prendre appui sur les prémisses pragmatistes. Elles assigneraient aux scientifiques du droit des objets d'étude pragmatiques et des méthodes d'étude pragmatiques. Or il semble que déjà quelques théories pragmatiques du droit prospèrent, ce que la première étude de ce livre a souhaité montrer. D'autres pourraient bientôt être construites au départ du pragmatisme. Et ce serait même la pensée juridique dans son ensemble — à l'exclusion donc de la philosophie du droit — qui serait appelée à muer sous l'influence du pragmatisme, hypothèse que la seconde étude de ce livre tente de clarifier et d'approfondir.

Le pragmatisme serait un laboratoire important pour la pensée, la science, la création et l'application du *droit de demain*. En des temps où l'on en vient à se demander avec insistance « à quoi (nous) sert le droit ? »[16], le juspragmatiste répondra que le droit peut encore (nous) être utile.

[15] M. VILLEY, *Philosophie du droit – Définitions et fins du droit – Les moyens du droit* (1984-1986), Dalloz, coll. Bibliothèque Dalloz, 2001, p. 31.
[16] J. COMMAILLE, *À quoi nous sert le droit ?*, Folio, coll. Essais, 2015 ; F. OST, *À quoi sert le droit ?*, Bruylant (Bruxelles), coll. Penser le droit, 2016.

Première partie

Le juspragmatisme : vers une nouvelle conception du phénomène juridique ?

La problématique de l'actualisation du savoir juridique touche actuellement de façon prégnante la question de la possibilité et de la réalité d'un « droit global sans État »[17], dont l'un des plus anciens et des plus fervents défenseurs est symptomatiquement un avocat et non un universitaire[18]. Les juristes s'opposent au sujet de l'existence d'un droit transnational échappant aux droits étatiques et au droit inter-étatique ; ce droit est parfois perçu comme une évidence face à laquelle il serait impossible de demeurer impassible[19], mais il est plus souvent qualifié de « désordre » fort peu juridique[20].

Pourtant, un « vaste marché global des droits »[21] apparaîtrait. Il s'agirait désormais moins d'étudier un « système ordonné de partage du gouvernement du monde entre États souverains »[22] qu'une « somme de contraintes et aussi

[17] G. TEUBNER, *Global law without a state*, Dartmouth Publishing (Aldershot), coll. Studies in Modern Law and Policy, 1997.

[18] L. COHEN-TANUGI, *Le droit sans l'État*, 3e éd., Puf, coll. Quadrige essais débats, 2016 (1ère éd. 1986).

[19] A.-J. ARNAUD, *Critique de la raison juridique – 2. Gouvernants sans frontières – Entre mondialisation et post-mondialisation*, LGDJ, coll. Droit et société, 2003, p. 227.

[20] Réf. à Th. CAO-HUY, « Désordre, désordres – Le discours du désordre international », in J. CHEVALLIER et *alii*, *Désordre(s)*, Puf, 1997.

[21] B. FRYDMAN, *Petit manuel pratique de droit global*, Académie Royale de Belgique (Bruxelles), coll. L'économie de marché est-elle juste ?, 2014.

[22] *Ibid.*

d'opportunités »[1] pour des acteurs globaux de plus en plus nombreux et mobiles. À l'ère du droit global, les États ne seraient plus que des acteurs parmi d'autres dans la chaîne de production et de distribution du droit ; et les praticiens du droit élaboreraient des « véhicules juridiques » désormais incontournables bien que très iconoclastes aux yeux du droit moderne : chaînes de contrats, instruments financiers, montages fiscaux etc. De plus en plus de dispositifs de régulation originaux semblent prospérer. Il deviendrait impératif de mettre en lumière la « pannomie »[2] de l'univers juridique contemporain, même si cette « pannomie » suit aussi souvent la voie du « bricolage » que celle d'une ingénierie sophistiquée.

Les enjeux en matière de compréhension du droit et de réinvention des études du droit deviendraient donc considérables. Il s'agirait de se concentrer sur la connaissance du *droit « en actes »*, laquelle constituerait l'une des orientations majeures bien qu'encore souvent ignorée des recherches sur le droit. Face à pareils enjeux, le droit des juspragmatistes ne serait ni un droit théorique ni un droit pratique car le pragmatisme juridique amènerait à ne plus opposer les recherches théoriques et les recherches pratiques. « De triste coutume, souligne-t-on, le juriste oppose la théorie et la pratique. Dichotomie promue par l'analyse, classiquement binaire, d'obédience cartésienne, son application au droit ne précipita-t-elle pas le positivisme dans le dogmatisme au moment où il pensait, par ce dualisme, s'ouvrir à la science ? »[3].

Le danger serait que les écoles s'éloignent dangereusement des palais et des cabinets[4]. Il ne faudrait plus

[1] *Ibid.*

[2] *Ibid.*

[3] A. PAPAUX, « Droit en contexte, droit exercé : la mètis ou les figures de l'habileté juridique », *RIEJ* 2013, n° 70, p. 122.

[4] En ce sens, le professeur Joël Moret-Bailly écrit : « Il est courant, voire habituel, d'opposer une approche "théorique" du droit, qui serait l'apanage de l'Université, à une approche "pratique", portée par les professionnels, ce discours (facile ?) étant, de surcroît, souvent repris par les étudiants, désorientés par un décalage entre leur "droit vécu", souvent fait d'"irrespect"

concevoir une théorie tel un ensemble de « connaissances abstraites et spéculatives indépendantes des applications »[1]. Au contraire, la théorie devrait servir la pratique autant que la pratique servirait la théorie. Il s'agirait de dépasser le dualisme de la théorie et de la pratique afin de *rendre les idées plus concrètes et les actions plus intelligentes*. Une théorie devrait se comprendre en tant qu'explication synthétique et hypothétique d'un phénomène concret permettant de mieux le comprendre, de mieux l'anticiper et, par suite, de mieux agir sur lui. Dans le cadre d'une pensée de l'expérimentation, la recherche se conçoit tel un procès dynamique dans lequel la théorie n'est pas première mais *résulte du travail d'enquête* — même si cette enquête, dans un premier temps du moins, peut constituer une fin de connaissance en soi[2].

Pour Charles Sanders Peirce, la signification d'un concept résiderait dans ses effets, dans ce qu'il fait. Le pragmatiste a dès lors vocation à critiquer les concepts et les

des règles, et la présentation systématique et magistrale des règles et des systèmes de droit, implicitement censés régler les conduites, cette présentation étant alors vue comme idéale, irréelle sinon désincarnée, erronée, voire mensongère » (J. MORET-BAILLY, « Esquisse d'une théorie pragmatiste du droit », *Droits* 2013, n° 55, p. 211).

[1] V° « Théorie », in *Trésor de la langue française*. De même, dans le *Vocabulaire technique et critique de la philosophie* d'André Lalande, une théorie est définie de la façon suivante : « Construction spéculative de l'esprit ; par opposition à la pratique, à l'ordre des faits : ce qui est l'objet d'une connaissance désintéressée, indépendante de ses applications ; par opposition à la connaissance certaine : construction hypothétique, opinion d'un savant ou d'un philosophe sur une question controversée » (V° « Théorie », in A. LALANDE, *Vocabulaire technique et critique de la philosophie*, 10e éd., Puf, coll. Quadrige dicos poche, 2010, p. 1127-1128).

[2] Ainsi que l'écrivait Savigny, la division entre théorie et pratique juridiques, « bonne et légitime, pourrait dégénérer en isolement funeste [...]. La division est bonne si chacune ne perd point de vue l'unité primitive, si le théoricien conserve et cultive l'intelligence de la pratique, le praticien l'intelligence de la théorie. Là où cette harmonie est détruite, là où la séparation entre théorie et pratique devient absolue, advient inévitablement le risque que la théorie devienne un jeu de l'esprit, la pratique un métier purement artisanal » (C. F. VON SAVIGNY, *System des heutigen ràmischen Rechts*, t. I, 1848, p. XV (cité par O. BEAUD, « Doctrine », in D. ALLAND, S. RIALS, dir., *Dictionnaire de la culture juridique*, Lamy-Puf, coll. Quadrige dicos poche, 2003, p. 388)).

théories qui n'emportent pas de conséquences tangibles[1]. Il ne s'oppose pas à la théorie en tant que telle mais aux théories indifférentes à l'expérience. Toute théorie devrait être une *« théorie de la pratique »*. La pensée devrait en permanence porter sur des objets réels, loin d'accepter le réalisme métaphysique des platoniciens ou le réductionnisme conceptuel des nominalistes. On pourrait porter l'attention sur des questionnements suprasensibles, mais seulement si cela présente un intérêt pratique et n'amène pas à se noyer dans un flot de conjectures sans aucun débouché pratique. Aussi la recherche juridique pragmatiste ne pourrait-elle qu'être fondamentalement tournée vers la pratique[2].

[1] Pour prendre un exemple tiré de l'histoire de la pensée juridique, François Gény pouvait observer qu' « il n'y a pas dans le sujet de droit autre chose qu'un concept ; et il est possible qu'il soit quelque jour remplacé par une autre représentation de l'esprit plus adéquate aux besoins de la vie juridique. En attendant, il rend des services précieux » (F. GENY, « Les bases fondamentales du droit civil », *RTD civ.* 1923, p. 815 (cité par L. DUGUIT, *Le pragmatisme juridique*, La mémoire du droit, 2008, p. 247)). Un concept juridique ne saurait donc être conservé que tant qu'il rend de tels « services précieux ».

[2] De ce point de vue, une telle recherche juridique concentrée sur les enjeux concrets et délaissant les enjeux abstraits et par trop intellectuels ne serait guère une nouveauté. Alors qu'Aristote déjà faisait du droit un savoir tendu vers l'action, une « science pratique » s'opposant aux « sciences spéculatives et poétiques » (ARISTOTE, *Métaphysique*, IVe s. av. J.-C., L. E, chap. 1 (cité par J.-P. CHAZAL, « Philosophie du droit et théorie du droit, ou l'illusion scientifique », *Arch. phil. droit* 2001, p. 326)), Jean Bodin, au XVIe s., expliquait que le droit devait s'apprendre dans l'optique de « se préparer à gouverner les cités et à instruire les peuples » (J. BODIN, *Les six livres de la République*, 1576 (cité par J.-M. CARBASSE, « Professeurs à la faculté de droit », in D. ALLAND, S. RIALS, dir., *Dictionnaire de la culture juridique*, Lamy-Puf, coll. Quadrige dicos poche, 2003, p. 1246)), tâche ô combien pragmatique. Et on n'hésite pas à avancer que la doctrine serait principalement la source d'une production scientifico-pratique (O. BEAUD, « Doctrine », in D. ALLAND, S. RIALS, dir., *Dictionnaire de la culture juridique*, Lamy-Puf, coll. Quadrige dicos poche, 2003, p. 387), ou encore que « le droit est né de sa pratique » (Ch. CHENE, « Enseignement du droit », in D. ALLAND, S. RIALS, dir., *Dictionnaire de la culture juridique*, Lamy-Puf, coll. Quadrige dicos poche, 2003, p. 617), formule qu'il faut comprendre comme signifiant que « la science du droit est née avec la pratique du droit », tant et si bien que les universitaires-juristes seraient un groupe particulier parmi l'ensemble des praticiens-juristes, non un groupe parallèle à lui.

Le pragmatisme serait le grand médiateur de la théorie et de la pratique[1]. En ce sens, William James pouvait avancer que *toute distinction théorique devrait conduire à une différence pratique*. La pure théorie devrait être délaissée afin de se concentrer sur les considérations théoriques liées à des implications pratiques[2].

Mais il faudrait également se méfier de la pure pratique, en tout cas en tant que chercheur. Les travaux juspragmatistes ne sauraient être hostiles par principe aux réflexions théoriques ; ils devraient davantage reposer sur un savant équilibre entre données factuelles significatives scientifiquement et propositions théoriques tirées de ces faits ou expliquant ces faits. Sans cela, le chercheur risquerait de se perdre dans le matérialisme et dans un froid déterminisme. « Ce qu'il nous faut », affirmait James, « c'est une philosophie qui non seulement sollicite nos facultés intellectuelles d'abstraction, mais encore qui soit en prise directe avec le monde réel »[3]. Être

[1] Cela a d'ailleurs pu déplaire fortement à certains représentants de la philosophie européenne moderne, notamment Russell et Popper, lesquels qualifiaient le pragmatisme de « philosophie pour ingénieurs », qui attend des théories qu'elles se conforment aux désirs des hommes d'action. Et Popper de juger que le pragmatisme induirait une confusion entre science et technique, en assimilant les théories scientifiques à de simples règles de calcul, des « règles computationnelles ».

[2] D'ailleurs, si le pragmatisme juridique peut parfois être considéré comme étant quelque-chose de « banal » et « peu stimulant intellectuellement », cela provient justement des réticences à construire une « grande théorie du droit » qui sont sa marque (Th. G. Grey, « Holmes and Legal Pragmatism », *Stanford Law Review* 1989, p. 814).

[3] W. James, *Le pragmatisme – Un nouveau nom pour d'anciennes manières de penser* (1907), trad. N. Ferron, Flammarion, coll. Champs classiques, 2011. En ce sens, Raymond Saleilles pouvait enseigner que « le droit est une science positive, essentiellement positive, une science des réalités ; mais les réalités auxquelles il a à faire ne sont pas des réalités purement naturelles : elles répondent à la façon dont les hommes, vivant en société, conçoivent leurs relations soit entre eux, soit vis-à-vis des objets extérieurs ; c'est donc une science de relations et de relations conçues par l'esprit. Il est impossible, même si le droit échappe aux concepts purs, qu'il néglige la part faite aux conceptions de l'esprit » (R. Saleilles, *La personnalité juridique – Histoire et théories*, 1910, p. 621 (cité par L. Duguit, *Le pragmatisme juridique*, La mémoire du droit, 2008, p. 245)).

juspragmatiste, ce ne serait donc pas chercher à se passer de toute théorie mais lier le sens et la pertinence des théories aux actions et pratiques en découlant ou susceptibles d'en découler. Cela implique de procéder à un examen critique des faux-problèmes posés par une compréhension abstraite des constructions théoriques et, plus largement, intellectuelles.

S'appuyant sur l'exemple de l'enquête telle qu'elle se pratique dans les sciences de la nature, John Dewey invitait à abandonner l'opposition de la connaissance et de l'action, de la théorie et de la pratique, et incitait à suivre une méthode censée garantir, par la prise en compte permanente des conséquences, la sûreté des propositions et des jugements[1]. C'est bien ainsi que le juspragmatiste pourrait œuvrer. D'ailleurs, à l'occasion de ses travaux sur le droit, Dewey a pu regretter haut et fort que la philosophie du droit soit « piégée dans son refus de l'expérience » et que « le cadre intellectuel dans lequel ses problèmes se posent est un frein à l'élaboration d'instruments adéquats pour les résoudre »[2]. Il semble que la théorie du droit peine souvent à suivre la pratique du droit notamment parce qu'elle s'attache à des œuvres et à des noms qui, s'ils faisaient face au monde normatif du XXIe s., reverraient sans doute leurs copies. Lorsque Kelsen, au milieu du XXe s., a envisagé l'ordre juridique sous une forme pyramidale, il pouvait constater que, de fait, l'ordre juridique présentait une forme pyramidale. Mais, aujourd'hui, il conviendrait au minimum de vérifier si ces propositions sont toujours « valides » plutôt que de les perpétuer sans contrôle tels des dogmes intouchables.

Or, comme Michel Villey le remarquait déjà il y a quelques temps, « l'objet des théories générales du droit est

[1] J. DEWEY, *La quête de certitude – Une étude de la relation entre connaissance et action*, Gallimard, coll. Bibliothèque de philosophie, 2014. Dewey considérait ainsi que, « dans une philosophie reconstruite, une des tâches à accomplir consiste à rassembler et à présenter des raisons pour expliquer la disparition de l'ancienne séparation entre théorie et pratique » (J. DEWEY, *Reconstruction en philosophie* (1920), Gallimard, p. 57).

[2] J. DEWEY, « My Philosophy of Law », in Julius Rosenthal Law Foundation, *My Philosophy of Law – Credos of Sixteen American Scholars*, Boston Law Books, 1941, p. 73-74.

l'"analyse" et la mise en ordre des idées reçues dans le monde actuel. Délibérément, elles épousent les préjugés corporatifs, et se gardent de les mettre en question »[1]. Le pragmatisme juridique aurait déjà vocation à *libérer les juristes de ces préjugés corporatifs*, tant en matière de définition de l'objet-droit qu'en matière de méthode d'étude de cet objet-droit.

Considérant que la théorie devrait se focaliser sur la pratique et que sa fin serait de lui donner sens, le pragmatisme juridique rejetterait toute intention de consacrer quelque théorie générale du droit abstraite et *a priori*, seule la *compréhension empirique et expérimentée des normes et des institutions* devant revêtir de l'importance aux yeux du chercheur. La théorie des juspragmatistes serait donc foncièrement pratique et, par suite, c'est tout le droit des juspragmatistes qui serait foncièrement pratique. Quand le penseur traditionnel tenterait, parfois au prix de grandes manœuvres conceptuelles, de faire entrer le réel dans son système, le penseur pragmatiste s'ouvrirait sans retenue à l'expérience, en acceptant la variabilité et la complexité, étant disposé à modifier — et à perfectionner — son système autant que ce que les faits lui dictent.

Mais il faudrait plus encore chercher à ne « faire système » en aucune manière[2]. Le juspragmatiste serait donc celui capable d'œuvrer indépendamment de toute idée préconçue, sans ambition téléologique préétablie, sans dessein particulier autre que l'approfondissement de la connaissance du réel.

[1] M. VILLEY, *Philosophie du droit – Définitions et fins du droit – Les moyens du droit* (1984-1986), Dalloz, coll. Bibliothèque Dalloz, 2001, p. 22.

[2] James conseillait de ne pas chercher à exprimer le monde à travers des systèmes. Il écrivait ainsi que, bien souvent selon lui, « le monde auquel vous donne accès le philosophe est clair, limpide et noble. Il ne comporte aucune des contradictions de la vie réelle. […] C'est un temple de marbre qui scintille au sommet d'une colline. Mais cette manière de concevoir les choses, trop bien définie, est vaine car l'univers réel est une chose ouverte. Or le rationalisme fabrique des systèmes, et les systèmes sont forcément clos » (W. JAMES, *Le pragmatisme – Un nouveau nom pour d'anciennes manières de penser* (1907), trad. N. Ferron, Flammarion, coll. Champs classiques, 2011).

Avec le pragmatisme, les théories du droit devraient être considérées telles des théories scientifiques à part entière, c'est-à-dire telles des théories permises par l'observation de faits et permettant d'expliquer des faits. Or, en philosophie des sciences, une théorie scientifique doit répondre à plusieurs critères. Tout d'abord, les principes théoriques et les phénomènes observés doivent correspondre. Ensuite, une théorie doit permettre d'anticiper la réalité des faits. Enfin, la théorie doit résister à l'expérience et être compatible avec les nouveaux faits découverts à mesure des investigations — et, en cas d'incompatibilité, la théorie doit être immédiatement corrigée, si ce n'est invalidée. C'est ainsi à travers le temps que la force d'une théorie se mesurerait, en fonction de sa capacité à accueillir de nouvelles données factuelles, à résister aux expérimentations auxquelles les scientifiques procèdent.

Il s'en faut de beaucoup que les théories du droit, des théories jusnaturalistes aux théories juspositivistes, passent avec succès ces « tests scientifiques ». Peut-être les théories juspragmatistes pourraient-elles mieux y parvenir, notamment grâce à l'adaptabilité et à l'absence de dogmes qui les caractérisent. C'est d'ailleurs peut-être en raison de cette adaptabilité et de cette absence de dogmes qu'elles se présentent telles des « théories faibles ». Faire œuvre théorique ne serait jamais une fin ou une ambition du juspragmatiste.

Au-delà du problème des limites et des potentialités théoriques du pragmatisme juridique, ce dernier ouvrirait la voie à *des formes de techno-centrisme juridique et de conséquentialisme juridique au départ du critère général d'utilité*. L'objet des juspragmatistes, ce serait le droit utile, le droit conséquent, le droit effectif. Avec le juspragmatisme, le droit se réduirait à ses effets, l'important serait que les normes et les institutions produisent des effets. Un gouvernement par un *droit sans normes* (au moyen de statistiques, de sondages, d'indicateurs, d'algorithmes ou encore de « *nudges* »[1]) serait

[1] Les « *nudges* », qu'on peut traduire par « coups de pouce », correspondent à un gouvernement des comportements pas la psychologie. On obéit à un « nudge », par exemple, lorsqu'on boucle sa ceinture de sécurité non en raison

même parfaitement envisageable dès lors qu'il ferait preuve d'efficacité.

Aussi penser et étudier le droit reviendrait-il avant tout à penser et étudier les effets du droit (*chapitre 1*), si bien que l'on pourrait définir les concepts juridiques et en particulier la notion de droit en transposant la « maxime du pragmatisme » établie par Peirce (*chapitre 2*). Ensuite, les juspragmatistes devraient se concentrer sur les « faits juridiques » (*chapitre 3*) et sur le « droit en action » (*chapitre 4*) ; recherchant avant tout l'utilité du droit (*chapitre 5*), leurs travaux pourraient aboutir à des propositions pragmatiques de rénovation du droit et de l'État, notamment celle consistant à développer l'évaluation (*chapitre 6*). Enfin, l'analyse du droit pourrait prendre une nouvelle orientation en liant les actes juridiques à des formes de « croyances juridiques », à la manière de William James (*chapitre 7*).

de l'interdiction de conduire sans ceinture mais parce qu'une alarme de plus en plus stridente retentit dans le véhicule.

Chapitre 1. L'effectivité du droit

Avec le juspragmatisme, le critère premier, si ce n'est unique, de la juridicité serait *l'effectivité*, donc la capacité des normes à modeler concrètement les comportements de leurs destinataires. Les juspragmatistes n'adhéreraient guère aux critères de juridicité consacrés au cours des siècles passés : valeur (jusnaturalisme du XIXe s.) et validité (juspositivisme du XXe s.). Plaçant l'expérience à l'origine des idées et se concentrant sur ce qui est plutôt que sur ce qui doit être, le pragmatisme invite à considérer qu'*une chose est ce qu'elle fait*, que son sens réside dans ses effets, qu'un objet ineffectif n'existe pas[1]. En droit, cela obligerait à rechercher ce que sont les normes et quels sont leurs effets mais interdirait de postuler un éventuel droit naturel ou de juger les normes à l'aune de valeurs ou considérations purement subjectives et abstraites[2].

[1] Léon Duguit résumait ainsi la pensée pragmatiste dans cette formule : « Tout concept répond à une réalité dans la mesure, et seulement dans la mesure où il a une efficacité morale et sociale » (L. DUGUIT, *Le pragmatisme juridique*, La mémoire du droit, 2008, p. 235). Et d'ajouter : « Comme nécessairement il y a une échelle des valeurs morales et sociales, il y a des degrés de vérité conceptuelle, celle-ci étant d'autant plus forte et plus compréhensible qu'elle réalise une efficacité morale et sociale plus puissante et plus étendue » (*ibid.*) ; avant de conclure : « On aperçoit tout de suite le défaut saillant et la faiblesse irrémissible du pragmatisme : ceux qui l'enseignent n'ont jamais dit ce qui constitue la valeur morale et sociale d'un effet susceptible de faire que le concept réponde à une réalité » (*ibid.*, p. 236-237).

[2] En cela, le juspragmatisme rejoint le positivisme kelsénien. Aussi Michel Villey pouvait-il noter que, « pour Kelsen, le juriste s'occupe de normes existantes "effectives". N'importe lesquelles ; ce peuvent être indifféremment les normes du droit hitlérien ou du régime staliniste ou de la République de Weimar. Le juriste est neutre ; peu lui importe que ces textes visent la domination de la race germanique sur le monde, l'élimination des bourgeois, l'épanouissement des libertés, ailleurs la justice. Il les enregistre. Le savant ne cultive d'autre "valeur" que de promouvoir le progrès des sciences positives, lesquelles n'ont pas à connaître du bien et du mal. Décider des valeurs relève

Pourrait s'appliquer aux recherches en droit la célèbre conception pragmatiste de la vérité de William James : « Est vrai ce qui réussit »[3]. Partant, seul le *droit efficace*, qui *de facto* joue un rôle de régulation important, devrait intéresser le chercheur en droit. Et, s'il s'avérait que des formes privées de gouvernance prenaient la place de formes publiques de gouvernement de plus en plus obsolètes et ineffectives, alors ce chercheur devrait délaisser l'étude de ces dernières et se concentrer sur ces premières.

Ainsi que Léon Duguit le décrivait, « les concepts fondamentaux [du droit] répondent à une réalité, ont une valeur de vérité, parce qu'ils ont une efficacité indéniable, parce qu'ils permettent seuls d'atteindre effectivement les résultats auxquels tend nécessairement tout ordonnancement juridique de la société »[4]. Mais, si un tel concept ne produisait plus ses effets, ne permettait plus d'atteindre les résultats attendus, ne parvenait plus à « informer la réalité » — pour reprendre une formule de François Gény[5] —, il devrait être retranché de la liste des « concepts fondamentaux » et abandonné par la pensée juridique. Celle-ci devrait lui chercher un remplaçant plutôt que de vouloir le perpétuer au prix d'une séparation de plus en plus forte entre doctrine juridique et pratique juridique. Les concepts, notions et principes juridique ne trouveraient pas leur

d'une option irrationnelle, subjective de chaque être humain. Le savant n'a rien à en dire, sinon de les prendre comme elles se trouvent posées par quiconque. La science n'a pas compétence sur le Devoir-être. C'est un dogme que dicte Kant (Kelsen s'est formé dans l'idéalisme Kantien) ; le dogme général du positivisme. Jamais on n'a poussé si loin l'indifférence aux fins du droit. Le Kelsénisme mutile le droit par ablation de sa cause finale. Il entend faire de vos professeurs des savants neutres, cerveaux sans âme, êtres irresponsables, prodiguant leurs services à n'importe quoi. Le kelsénisme a eu du succès » (M. VILLEY, *Philosophie du droit – Définitions et fins du droit – Les moyens du droit* (1984-1986), Dalloz, coll. Bibliothèque Dalloz, 2001, p. 137).

[3] W. JAMES, *Le pragmatisme – Un nouveau nom pour d'anciennes manières de penser* (1907), trad. N. Ferron, Flammarion, coll. Champs classiques, 2007, p. 120.

[4] L. DUGUIT, *Le pragmatisme juridique*, La mémoire du droit, 2008, p. 243.

[5] F. GENY, *Science et technique en droit privé positif – Nouvelle contribution à la critique de la méthode juridique*, Sirey, t. I, 1914.

source et leur raison d'être dans une raison ultime s'imposant avec la force d'une vérité mathématique mais seraient des procédés imaginés par l'esprit humain afin de produire certains résultats pratiques. Ces concepts, notions et principes n'auraient de réalité que dans la mesure de leur effectivité. Il faudrait accepter sans réserve *leur contingence* et leur potentiel remplacement ou potentielle disparition.

Toute science doit déterminer les conditions d'après lesquelles ses propositions peuvent être tenues pour vraies. Or, avec le normativisme d'Hans Kelsen ou Herbert Hart, une proposition de droit décrit une règle juridique si cette règle est valide et existe dans l'ordre juridique. Cependant, la validité n'est pas une qualité empirique ; on ne peut donc pas la constater — cela d'autant plus que, si la validité dépend de la conformité à une norme supérieure, il arrive nécessairement un moment ou le processus de validation des normes tourne en *regressio infinitum.*

Avec le juspragmatisme, le chercheur devrait s'intéresser à l'effectivité des normes qui elle est une donnée empiriquement accessible. Cela emporterait des conséquences définitionnelles et, plus encore, méthodologiques : lorsque Dewey avance que « nous pouvons, en considérant le droit comme fait, apprécier ce qu'il est seulement en indiquant comment il opère, et quels sont ses effets dans et sur les activités humaines en cours »[6], il incite les juristes à *« faire l'expérience du droit »* au lieu de l'observer du haut d'une « tour d'ivoire ». Pour les tenants du pragmatisme juridique, la science du droit devrait donc suivre le modèle d'une véritable science empirique, constituée de propositions vérifiables et portant non sur des devoir-être mais sur des être, sur des faits empiriquement saisissables[7].

[6] J. DEWEY, « My Philosophy of Law », in Julius Rosenthal Law Foundation, *My Philosophy of Law – Credos of Sixteen American Scholars*, Boston Law Books, 1941, p. 77.

[7] Au-delà des effets qu'il produit, le droit serait aussi un objet empirique parce qu'il correspond à un ensemble de textes ou d'énoncés (une constitution, des lois, des décrets etc.) qui, autant que les activités des juristes et des

Certes, la « règle de reconnaissance », dans la théorie de Hart, est une pratique sociale que la science du droit doit constater dans la pratique effective des tribunaux et des autres autorités officielles[8]. Et Kelsen soutenait déjà qu'il ne faudrait appeler « droit » que ce qui s'avère constituer un ordre de contrainte efficace « en gros et de manière générale »[9]. Mais l'effectivité n'est alors qu'un mur porteur du droit parmi d'autres — au nombre desquels, notamment, l'hypothèse « logique » d'une norme fondamentale supposée. Il faut que, dans l'ensemble, les membres de la collectivité humaine se comportent selon les normes officielles pour que celles-ci constituent le droit[10] ; ensuite le juriste-chercheur n'aurait plus à se préoccuper de cette effectivité, sa tâche consistant à déterminer l'identité, le sens et la portée des normes valides dans l'ordre juridique. Avec le pragmatisme juridique, l'effectivité n'est plus une simple condition initiale de la

destinataires des normes, seraient des faits, de sorte que la science du droit décrirait ces faits et que les propositions de droit seraient bien des « jugements de réalité » (M. TROPER, *Philosophie du droit*, 4e éd., Puf, coll. Que sais-je ?, 2015, p. 43).

8 H. L. A. HART, *Le concept de droit*, trad. M. van de Kerchove, Publications des Facultés universitaires Saint-Louis (Bruxelles), 1994, p. 138 (« la règle de reconnaissance [n'existe] que sous la forme d'une pratique complexe, mais habituellement concordante, qui consiste dans le fait que [les juristes] et les simples particuliers identifient le droit en se référant à certains critères. Son existence est une question de fait »).

9 H. KELSEN, *Théorie pure du droit*, 2e éd., trad. Ch. Eisenmann, Dalloz, 1962.

10 « Il faut considérer, enseigne Michel Troper, que l'ordre juridique dispose du monopole de la contrainte, de sorte que les actes de contrainte de la bande de voleurs ne sont, de ce point de vue, pas des sanctions, mais des crimes. Sans doute pourrait-on penser que, du point de vue de la bande de voleurs, ce sont les contraintes prescrites par l'ordre juridique qui sont criminelles. Mais il suffit alors de rechercher quel est, des deux systèmes, le plus efficace. Si c'est celui des voleurs, il n'y a aucun inconvénient à le considérer comme un système juridique (et à le prendre comme objet de la science du droit), puisque cette appellation ne vaut pas prescription de lui obéir. Il est d'ailleurs assez fréquent qu'un groupe insurrectionnel soit désigné par le gouvernement comme une bande de voleurs et traité comme tel, puis que ce groupe s'impose sur une partie du territoire. Dans ce cas, du point de vue de la science du droit, il faut considérer qu'il y a deux systèmes juridiques efficaces et supposer une norme fondamentale pour chacun d'eux » (M. TROPER, *Philosophie du droit*, 4e éd., Puf, coll. Que sais-je ?, 2015, p. 52).

juridicité disparaissant ensuite de l'analyse : *la juridicité se réduit à l'effectivité.*

C'est ainsi que Karl Llewellyn, qui compta au nombre des premiers juspragmatistes, écrivait qu' « ignorer les effets du droit, c'est ignorer sa signification »[11]. Dans l'analyse de Llewellyn, le droit est appréhendé tel un instrument devant servir à réaliser certaines finalités sociales, culturelles ou économiques, non tel un ensemble de normes abstraites[12]. Il s'agit alors d'une conception du droit intéressée avant tout par les activités des gouvernants et des administrations, ainsi que par les comportements des justiciables et des juges. Pour Llewellyn, il faudrait se concentrer sur les effets et les conséquences du droit, donc observer la portée pratique des processus juridiques, car il n'y aurait qu'en eux que le droit fournirait sa pleine mesure[13]. En d'autres termes, il faudrait évaluer le droit à l'aune de ses implications pratiques. Richard Posner, qui est l'un des rares à avoir explicitement affiché sa filiation avec la pensée pragmatiste, soutenait pour sa part que « le droit n'est pas un texte sacré [...] mais une pratique sociale. La solidité des interprétations du droit et d'autres propositions juridiques est, ainsi, susceptible d'être évaluée avec justesse par l'examen de leurs conséquences dans le monde des faits »[14].

Aussi le pragmatisme juridique se rattacherait-il aux *théories sociologiques du droit*, qui ont plus pour objet de

[11] Cité par G. TUZET, « Pragmatisme et normativité », conférence au Collège de France, chaire Métaphysique et philosophie de la connaissance, 6 févr. 2013. Dans le même sens, Ferdinand Schiller considérait que « la vérité d'une affirmation se juge à la valeur de ses conséquences. Les conséquences vérificatrices sont des conséquences humaines et pratiques » (cité par L. DUGUIT, *Le pragmatisme juridique*, La mémoire du droit, 2008, p. 200).

[12] R. COTTERRELL, *The Politics of Jurisprudence – A Critical Introduction to Legal Philosophy*, University of Pennsylvania Press, 1989, p. 185.

[13] K. N. LLEWELLYN, *La voie cheyenne – Conflit et jurisprudence dans la science primitive du droit* (1941), trad. L. Assier-Andrieu, Bruylant-LGDJ, 1999.

[14] R. POSNER, « A Pragmatist Manifesto », 1995 (cité par Th. KIRAT, « Le pragmatisme de Richard Posner : un regard critique », communication à la journée d'étude sur les philosophes pragmatistes et les économistes, IDHE-ENS Cachan, 11 avr. 2005).

rechercher le fondement et le fonctionnement du droit dans la société que d'exprimer et d'expliquer son contenu abstrait[15] — car c'est essentiellement au sein de la société que le droit produit ses effets. Et il se rattacherait aux théories économiques du droit, notamment au mouvement « *Law and Economics* » dont Richard Posner a été l'un des maîtres d'œuvre et qui se focalise sur les effets économiques du droit.

Reste que, à l'aune de ces éléments, il apparaît évident que la branche de la recherche juridique qui pourrait être le plus précieux allié du pragmatisme juridique serait la sociologie du droit. Juspragmatisme et sociologie juridique se rejoignent en de nombreux points. Si la législation et la jurisprudence autant que la doctrine ne devraient pas comprendre le droit indépendamment des faits sociaux qu'il doit saisir et auxquels il doit s'appliquer, tout juriste devrait être un juriste-sociologue[16]. Dès lors que la connaissance des effets d'une règle de droit n'est plus distincte de la connaissance de cette règle elle-même, le monopole disciplinaire des juristes dans la compréhension

[15] On peut y affilier, par exemple, la sociologie juridique de Max Weber, qui a souhaité retracer l'évolution du droit depuis une révélation prophétique dans les temps primitifs jusqu'à une rationalisation systématique de nos jours, ou l'œuvre d'Eugen Ehrlich, qui a identifié les sources du droit parmi les faits sociaux.

[16] C'est ainsi que Roscoe Pound pouvait enseigner qu' « il est impératif de rechercher par un examen scientifique sérieux comment rendre notre production annuelle colossale de législation et de jurisprudence efficace. Un moyen disponible à cette fin est de se lancer dans une histoire juridique sociologique ; c'est-à-dire d'examiner non seulement l'évolution et le développement des doctrines, envisagées uniquement comme matériau juridique, mais quels effets sociaux les doctrines juridiques ont produit dans le passé et comment elles les ont produits. C'est pourquoi Kantorowicz appelle à une histoire du droit qui ne traitera pas des règles et des doctrines indépendamment de l'histoire économique et sociale de leur temps. Il s'agit, au contraire, de montrer comment le droit du passé est né de conditions sociales, économiques et psychologiques, comment il était en harmonie avec elles ou s'y accommodait et jusqu'où nous pouvons continuer avec ce droit pour base ou nous en détourner, avec pour espoirs bien fondés de produire les résultats désiré » (R. POUND, « The Scope and Purpose of Sociological Jurisprudence », *Harvard Law Review* 1911, vol. XXIV, p. 591 ; R. POUND, « La place et la finalité de la théorie du droit sociologique » (1911), *Clio@Thémis* 2013, n° 6).

des règles de droit ne serait pas plus justifié que celui des sociologues dans l'étude des effets du droit. Avec le juspragmatisme, la science juridique risquerait donc de devenir une simple branche de la sociologie.

En outre, le pragmatisme juridique serait un *conséquentialisme* : lorsqu'une norme est édictée, l'important serait les conséquences qu'elle emporte et notamment sa capacité à générer l'équilibre social attendu, le droit pouvant être compris avant toute autre chose tel un outil de pacification des relations humaines[17]. Ainsi le juge Benjamin Cardozo pouvait-il clamer que « ce n'est pas l'origine mais le résultat du droit qui est l'essentiel »[18] ; et la vision du droit d'Oliver Wendell Holmes est connue pour être une approche conséquentialiste très inspirée du pragmatisme[19].

Or, en France en particulier, il suffit d'observer les titres et les thèmes des ouvrages parus au cours des dernières années pour constater qu'on continue à étudier bien plus souvent les sources que les destinataires des normes. Notamment, on s'intéresse beaucoup aux juges et peu aux justiciables. On continue à envisager le droit tel un système rigoureusement ordonné à base de validité plutôt qu'en tant qu'instrument de régulation sociale dont l'élément clé devrait être *sa capacité à être un instrument de régulation sociale effectif*. Ne faudrait-il pas accueillir, plutôt que l'image de la « pyramide » kelsénienne, trop simple et droite par rapport aux enjeux contemporains, la présentation du droit de Roscoe Pound selon laquelle celui-ci « doit être jugé à l'aune des résultats qu'il permet et non à raison d'une beauté de ses structures internes. Le droit doit être évalué à l'aune de la mesure dans laquelle il permet d'atteindre les fins qui lui sont assignées, et non à celle

[17] Ferdinand Schiller soutenait en ce sens que « la vérité d'une affirmation se juge à la valeur de ses conséquences. Les conséquences vérificatrices sont, cela va sans dire, des conséquences humaines et pratiques » (cité par L. DUGUIT, *Le pragmatisme juridique*, La mémoire du droit, 2008, p. 236).

[18] Cité par G. TUZET, « Pragmatisme et normativité », conférence au Collège de France, chaire Métaphysique et philosophie de la connaissance, 6 févr. 2013.

[19] W. FRIEDMAN, *Théorie générale du droit*, 4e éd., LGDJ, coll. Bibliothèque de philosophie du droit, 1965, p. 247.

de la beauté des procédures ou de la rigueur avec laquelle ses règles dérivent des dogmes sur lesquels il repose »[20] ? L'essentiel serait donc d' « étudier le fonctionnement social des normes et les effets qu'elles produisent lorsqu'elles sont appliquées »[21].

Par suite, si la réalité ou même la vérité du droit doit être recherchée dans ses effets et conséquences, alors cette réalité ou même vérité du droit devrait être recherchée dans ses *applications*. Et ces applications, bien qu'elles ne puissent s'y réduire, seraient déjà des *applications juridictionnelles*. C'est pourquoi les juristes dits « réalistes », pour qui le « vrai » droit se situerait dans les décisions individuelles des magistrats prises au cas par cas plus que dans les lois et règlements à portée générale et impersonnelle, ont pu être considérés comme les premiers juspragmatistes. Dewey indiquait ainsi que la connaissance du droit dépendrait de la connaissance de son application, à tel point qu'il n'y aurait *pas de dichotomie entre l'existence du droit et son application*[22]. Une règle de droit ne prendrait vie et sens qu'au moment de son application et qu'à travers ses effets concrets sur les activités humaines.

Selon les réalistes, les effets juridiques seraient de type psychosocial. Le droit serait composé au moins autant de *comportements* que de normes et d'institutions. Ensuite, il s'agirait avant tout d'examiner les comportements des juges car les règles de droit n'existeraient que dans la mesure où elles sont effectivement appliquées en justice. Observer le droit, ce serait donc observer les normes que les magistrats mettent en œuvre au cas par cas. Et ces effets juridiques pourraient aussi être anticipés par les juspragmatistes — où revient la conception d'Oliver Wendell Holmes selon laquelle le

[20] R. POUND, « Mechanical jurisprudence », *Columbia Law Review* 1908, n° 8, p. 605.

[21] R. POUND, « The Scope and Purpose of Sociological Jurisprudence », *Harvard Law Review* 1911, vol. XXIV, p. 591 ; R. POUND, « La place et la finalité de la théorie du droit sociologique » (1911), *Clio@Thémis* 2013, n° 6.

[22] J. DEWEY, « My Philosophy of Law », in Julius Rosenthal Law Foundation, *My Philosophy of Law – Credos of Sixteen American Scholars*, Boston Law Books, 1941, p. 77.

scientifique du droit devrait produire des énoncés prédictifs des comportements des juges.

Par exemple, le juge Holmes définissait le droit sous l'angle de ses conséquences. Et les conséquences des décisions de justice devraient être évaluées, loin des normes officielles de l'ordre juridique positif, en fonction des *attitudes sociales* vis-à-vis de ce que le droit devrait être dans une société et à une époque données[23]. En somme, le droit « en vigueur » des jusnormativistes et des juspragmatistes ne serait pas le même. Karl Llewellyn distinguait les « *paper rules* » (telles qu'elles sont exprimées dans les « *statutes* » et les livres de droit) et les « *real rules* », c'est-à-dire les règles effectivement mises en œuvre dans leurs pratiques quotidiennes par les juges et les individus (« *usual practices* »)[24]. Pour les jusnormativistes, le droit serait fait de « *paper rules* » ; pour les juspragmatistes, le droit serait fait de « *real rules* ».

Il n'est pas rare que des réalistes américains soient qualifiés de « jusnaturalistes pragmatiques » attachés à « une nouvelle variété de droit naturel particulièrement ancrée au sol »[25]. Régulièrement, des juges des États-Unis écartent des règles légales ou même constitutionnelles au profit de « règles maquisardes »[26], c'est-à-dire de « principes »[27] ou « règles de

[23] O. W. HOLMES, « The Path of the Law », *Harvard Law Review* 1897, p. 457.

[24] K. N. LLEWELLYN, « A Realistic Jurisprudence: the Next Step », *Columbia Law Review* 1930, n° 30.

[25] F. MICHAUT, *L'École de la sociological jurisprudence et le mouvement réaliste américain*, th., Université de Lille, 1985, p. 12 (cité par X. MAGNON, *Théorie(s) du droit*, Ellipses, coll. Universités-Droit, 2008, p. 132). Llewellyn lui-même adoptait une attitude prescriptive vis-à-vis des juges et défendait un « grand style d'interprétation » faisant appel aux principes intangibles de la raison (K. N. LLEWELLYN, « A Realistic Jurisprudence, the Next Step », *Columbia Law Review* 1930).

[26] Ch. PERELMAN, « À propos de la règle de droit – Réflexions de méthode », in Ch. PERELMAN, dir., *La règle de droit*, Bruylant (Bruxelles), 1971, p. 316 (cité par F. OST, M. VAN DE KERCHOVE, *De la pyramide au réseau ? – Pour une théorie dialectique du droit*, Publications des Facultés universitaires Saint-Louis (Bruxelles), 2002, p. 350).

[27] R. DWORKIN, « Le positivisme », *Dr. et société* 1985, p. 35 (cité par F. OST, M. VAN DE KERCHOVE, *De la pyramide au réseau ? – Pour une théorie*

discrétion »[28] qui, dans ce cas, se présentent à la fois comme des règles de droit naturel et comme des règles de droit positif. L'important est que ces juges tranchent les litiges soumis à eux *en fonction des conséquences de leurs décisions* plus qu'en fonction d'une application purement syllogistique des normes abstraites aux faits concrets. Ainsi s'inscrivent-ils dans la lignée du pragmatisme juridique. Peut-être pourrait-il en aller à l'identique dans la sphère du droit universitaire : le chercheur devrait s'intéresser au moins autant aux faits concrets qu'aux normes abstraites.

Par suite, ces considérations relatives aux effets du droit, qui pourraient focaliser l'attention des juristes « postmodernes », conduisent à poser la question suivante : ne serait-il pas possible et pertinent de définir les concepts juridiques et en premier lieu le concept de droit à travers la « maxime du pragmatisme » de Peirce — sur laquelle s'est construite, initialement et en partie, la pensée pragmatiste ? Car cette « maxime du pragmatisme » invite à définir les objets par leurs effets, conséquences et résultats pratiques.

dialectique du droit, Publications des Facultés universitaires Saint-Louis (Bruxelles), 2002, p. 350).

[28] J. RAZ, *The Authority of Law*, Oxford University Press, 1979, p. 96 (cité par F. OST, M. VAN DE KERCHOVE, *De la pyramide au réseau ? – Pour une théorie dialectique du droit*, Publications des Facultés universitaires Saint-Louis (Bruxelles), 2002, p. 350).

Chapitre 2. La « maxime du pragmatisme » et le droit

Lorsque Charles Sanders Peirce a fondé le pragmatisme à la fin du XIXe s., son intention était de proposer « une méthode pour décider de la signification de mots difficiles et de concepts abstraits »[29] et ainsi « rendre nos idées claires »[30]. À ces fins, il a exposé ce qui est passé à la postérité en tant que « maxime du pragmatisme » (parfois désignée aussi en tant que « principe du pragmatisme »), une formule explicitant ce que devrait être l'objet de la connaissance : il faudrait « considérer quels sont les effets pratiques que nous pensons pouvoir être produits par l'objet de notre conception. La conception de tous ces effets est la conception complète de l'objet »[31].

Avec cette méthode de formulation des idées opposée aux approches cartésiennes et rationalistes, la définition d'un mot ne saurait être dissociée des effets pratiques observables et concevables de l'objet qu'il désigne — par exemple, la fragilité correspond à ce qui se casse en tombant ; l'obligation juridique renvoie à ce qui génère une sanction par un tribunal en cas de

[29] Ch. S. Peirce, « Comment rendre nos idées claires », *Revue philosophique* 1878 (cité par C. Tiercelin, *C. S. Peirce et le pragmatisme*, Puf, coll. Philosophies, 1993, p. 28).

[30] Pour Peirce, le pragmatisme est « une méthode de clarification conceptuelle qui doit, une fois éliminés les faux problèmes de la métaphysique traditionnelle, jeter les bases d'une nouvelle théorie de la signification et de la connaissance, au service d'une métaphysique purifiée dont la double caractéristique sera d'être scientifique et réaliste » (C. Tiercelin, *C. S. Peirce et le pragmatisme*, Puf, coll. Philosophies, 1993, p. 9).

[31] Ch. S. Peirce, « Comment rendre nos idées claires », *Revue philosophique* 1878 (cité par C. Tiercelin, *C. S. Peirce et le pragmatisme*, Puf, coll. Philosophies, 1993, p. 29).

non-respect[32]. Penser une chose reviendrait à concevoir l'ensemble de ses *implications pratiques*, seules ces dernières conférant un sens à l'objet pensé — objet n'existant pas *a priori* mais se révélant progressivement par l'expérience[33]. Cette méthode de clarification conceptuelle ne pourrait-elle pas permettre d'éclairer les concepts juridiques et notamment le premier d'entre eux, c'est-à-dire le concept de droit ?

Pareille proposition ne semble d'ailleurs guère novatrice puisque la théorie prédictive du droit d'Oliver Wendell Holmes dérive directement de la maxime pragmatiste de Peirce[34] : pour savoir ce qu'est une règle de droit, il faudrait chercher quels sont et quels pourraient être ses effets juridictionnels[35] ; et si ces effets ne paraissent pas pouvoir exister, alors c'est que la règle

[32] De plus, grâce à cette maxime, il devient aisé d'identifier les opérations nécessaires pour vérifier ou réfuter une proposition : par exemple, si quelqu'un soutient qu'un objet est fragile tandis que quelqu'un d'autre affirme qu'il ne l'est pas, il suffit de laisser tomber cet objet et d'observer ce qu'il se passe. En outre, cette maxime permet de distinguer les propositions vérifiables ou falsifiables de celles qui ne le sont pas et qui, par conséquent, ne revêtent aucune signification et sont purement verbales et oiseuses.

[33] Comme André Lalande le décrivait, la « maxime du pragmatisme », dans l'intention de Peirce, « n'avait d'autre but que de débarrasser la philosophie du psittacisme et de la logomachie, en distinguant par un critérium précis les formules creuses et les formules vraiment significatives. Les effets pratiques qu'il vise, c'est l'existence d'une expérience possible qui sera ou ne sera pas conforme à l'anticipation de l'esprit » (V° « Pragmatisme », in A. LALANDE, *Vocabulaire technique et critique de la philosophie*, 10e éd., Puf, coll. Quadrige dicos poche, 2010, p. 804).

[34] Les deux auteurs se fréquentaient intimement à Cambridge où, avec William James et leurs amis, ils ont fondé le « Club métaphysique » en janvier 1872.

[35] Holmes, dans son article « The Path of the Law » publié en 1897, résume sa conception du droit en ces termes : « Prenez la question fondamentale de ce qui constitue le droit. Vous trouverez des faiseurs de manuels pour vous dire que c'est un système de raison, que c'est une déduction de principes de morale ou d'action admises, ou n'importe quoi qui peut ou non coïncider avec la décision. Mais si nous nous plaçons au point de vue de notre ami le méchant, nous verrons qu'il se moque de l'action ou de la déduction ; tout ce qu'il veut savoir, c'est ce que les tribunaux du Massachusetts ou d'Angleterre décideront en fait. Je suis assez de son avis. Les prophéties sur ce que feront en fait les tribunaux, sans aucune autre prétention, voilà ce que j'entends par "le droit" » (O. W. HOLMES, « The Path of the Law », *Harvard Law Review* 1897, p. 457).

elle-même n'existe pas[1]. Définir le droit reviendrait donc à identifier ou imaginer ses effets. Pour mieux comprendre ce que les concepts juridiques désignent — et en premier lieu ce que le concept de droit désigne —, il s'agirait de rechercher empiriquement quels sont les effets que leurs objets produisent, ainsi que d'imaginer objectivement quels sont les effets qu'ils peuvent produire. Le sens et la portée de ces concepts ne déborderaient pas de ces effets réels et supposés[2].

Dès lors, la détermination du sens devrait s'opérer en priorité « au contact de l'expérience et de l'action »[3]. Où revient l'enjeu de ne plus opposer théorie et pratique mais, au contraire, de fondre la théorie dans la pratique. L'objectif, en adoptant la « maxime du pragmatisme », ne serait pas d'abandonner tout effort théorique mais de faciliter les efforts théoriques. En aucun cas il ne saurait être lieu de plaider pour une ambition intellectuelle réduite à la portion congrue ; cette ambition intellectuelle devrait en revanche se rapporter uniquement *à l'action et à la pratique « conçues ».* Ainsi pourrait-on évacuer des raisonnements tous les problèmes spéculatifs et métaphysiques sans implication ni conséquence concrète pour se concentrer sur ce qui présente un *« sens pratique ».*

Par exemple, à Léon Duguit qui clamait haut et fort que les concepts de sujet de droit et de droit subjectif devraient être purement et simplement évincés des réflexions juridiques, il faudrait répondre que tel pourrait être le cas uniquement s'il s'avérait impossible de leur trouver quelque utilité en pratique ; en revanche, tant que le chercheur peut y attacher différents

[1] En outre, l'application au droit de la « maxime du pragmatisme » est l'une des voies explorées par le professeur Joël Moret-Bailly dans son « Esquisse d'une théorie pragmatiste du droit » (*Droits* 2013, n° 55, p. 193).

[2] Par suite, pour résoudre une controverse quelconque, il faudrait se demander : « Quelle différence cela ferait en pratique si telle option plutôt que telle autre était vraie ? ». S'il semble qu'aucune différence concrète ne s'attache aux parties prenantes à la controverse, alors cette controverse est inutile, sans objet.

[3] C. TIERCELIN, *C. S. Peirce et le pragmatisme*, Puf, coll. Philosophies, 1993, p. 5.

effets juridiques précisément identifiés, alors ils méritent de demeurer dans le vocable des scientifiques du droit puisqu'ils sont favorables à une meilleure clarté intellectuelle du droit.

Peirce écrivait que « les éléments de tout concept pénètrent dans la pensée logique par la porte de la perception et ils sortent par la porte de l'action finalisée ; et tout ce qui est incapable de montrer son passeport, à l'une comme à l'autre des portes, doit se voir arrêté et interdit d'entrée par la raison »[1]. En conséquence, tout concept devrait avoir des antécédents pratiques observables, expérimentables, et devrait avoir des conséquences pratiques en guidant des actions. Un concept juridique serait pertinent à la seule condition de s'articuler avec des effets pratiques. Il devrait être fait pour l'action juridique, donc pour les praticiens du droit, et ensuite seulement être réutilisé dans l'espace universitaire. Toute notion juridique devrait pouvoir être mise à l'épreuve des faits et ne saurait être conservée qu'à condition d'avoir permis de mieux concevoir certains d'entre eux.

Ensuite, la « maxime du pragmatisme » amène à procéder à des tests scientifiques : par exemple, si une hypothèse est fausse, elle ne permettra d'identifier aucun effet concret et elle devra être abandonnée. Ainsi les erreurs et les confusions des juristes seraient-elles limitées grâce à la *mise en rapport permanente des objets juridiques conçus avec leurs effets concrets*.

Le pragmatisme est donc une position épistémologique consistant dans la *justification des idées par leurs effets*. Une idée serait sans objet dès lors qu'elle serait sans effets. Voltaire était ainsi pragmatiste avant l'heure lorsqu'il faisait observer que, « si Dieu n'existait pas, il faudrait l'inventer »[2], sous-entendant que Dieu existe (le concept de Dieu existe) parce qu'il produit des effets concrets dans les sociétés, notamment

[1] Ch. S. PEIRCE, « La maxime du pragmatisme » (1903), trad. C. Tiercelin, P. Thibaud, in *Œuvres – I. Pragmatisme et pragmaticisme*, Le Cerf, 2002 (cité par G. TUZET, « Pragmatisme et normativité », conférence au Collège de France, chaire Métaphysique et philosophie de la connaissance, 6 févr. 2013).

[2] VOLTAIRE, *Épîtres*.

des effets de régulation. Sans Dieu, ces sociétés présenteraient des visages tout autres et, notamment, elles manqueraient d'ordre. N'en va-t-il pas peu ou prou de même concernant le Droit (le concept de Droit) ?

Et l'on pourrait rapprocher de la maxime pragmatiste l'explication de Descartes selon laquelle « on rencontre beaucoup plus de vérité dans les raisonnements que chacun fait touchant les affaires qui lui importent, et dont l'évènement le doit punir bientôt après s'il a mal jugé, que dans ceux que fait un homme de lettres dans son cabinet touchant des spéculations qui ne produisent aucun effet »[1]. Ainsi la « vérité » du droit serait-elle mieux accessible au praticien, au fur et à mesure de ses activités juridiques quotidiennes, qu'au professeur ne rencontrant le droit qu'à travers les livres qu'il consulte à des fins de recherche.

Aussi les chercheurs-penseurs du droit pragmatistes devraient-ils se donner les moyens d'être mieux en prise avec les « faits juridiques », les moyens de casser la distance avec ce droit effectif qui, à en croire la « maxime du pragmatisme », serait le seul aspect du droit donnant à penser, si ce n'est le seul aspect du droit tout court.

[1] R. DESCARTES, *Discours de la méthode*, 1637, I, 7 (cité par V° « Pragmatisme », in A. LALANDE, *Vocabulaire technique et critique de la philosophie*, 10e éd., Puf, coll. Quadrige dicos poche, 2010, p. 804).

Chapitre 3. Les faits juridiques

Au début du XIXe s., du fait de la domination en France de l'École de l'exégèse, les juristes se bornaient à lire et à comprendre les codes — et il est vrai que ces codes tendaient à cannibaliser le droit et la justice. Plus tard, l'expérience a de plus en plus infirmé la prévalence des codes. Certains professeurs ont alors reconnu la « révolte des faits contre les codes »[1], révolte impliquant en particulier un fort développement des phénomènes jurisprudentiels ; d'autres ont persisté à promouvoir l'exégèse et le légicentrisme. C'est ainsi que, dans la doctrine, les normes effectives (des être) ont commencé à s'opposer aux normes valides (des devoir-être). Or le juspragmatisme inciterait inévitablement à délaisser l'étude des devoir-être au profit de *l'étude des être* — une règle de droit pouvant donc s'analyser tel un être. Le scientifique du droit devrait se préoccuper essentiellement des faits juridiques.

Se concentrer sur l'étude des faits juridiques, donc des activités et du fonctionnement concrets des normes et des institutions, ne serait pas sans importance à une époque doctrinale où l'on en vient de plus en plus régulièrement à regretter, par exemple, que les juristes-chercheurs adoptent une « approche trop légaliste, naïvement rationaliste et basée sur une méconnaissance du fonctionnement pratique du droit »[2]. Il faudrait trouver les moyens d'envisager le droit à la manière de Léon Duguit, qui retenait une conception de la science du droit très influencée par la philosophie positiviste d'Auguste Comte[3].

[1] J. CRUET, *La vie du droit et l'impuissance des lois*, Flammarion, 1908.

[2] E. LAZEGA, « Quatre siècles et demi de New (New) Law & Economics : du pragmatisme juridique dans le régime consulaire de contrôle social des marchés », *Revue française de socio-économie* 2009, p. 106.

[3] Selon Auguste Comte, l'humanité aurait connu « trois états » : l' « état théologique », tout d'abord, dans lequel l'homme expliquait les phénomènes par l'action d'agents surnaturels ; l' « état métaphysique », ensuite, dans

Pour l'illustre professeur bordellais, tout ce qui n'est pas tiré directement de l'observation de la réalité, tout ce qui s'attache davantage à l' « âge métaphysique » qu'à l' « âge positif », devrait être écarté de la recherche juridique car entravant le progrès de la connaissance *jus*-scientifique.

Or, si le « positivisme juridique » domine actuellement les facultés de droit, il est loin d'avoir porté jusqu'à son accomplissement le déploiement du positivisme en droit et, par suite, le déploiement de la science en droit. Le remplacement du jusnaturalisme par le juspositivisme ne s'est pas accompagné d'une élimination de tous les dogmes et de toutes les croyances parmi les universitaires-juristes. Peut-être le juspragmatisme permettrait-il de renforcer sensiblement le caractère scientifique de la science du droit, en la rendant plus empirique, en la conduisant à n'avoir plus d'égards que pour les seuls faits juridiques. Il ne s'agirait pas d'abandonner l'usage de tout concept mais de considérer que les constructions de l'esprit devraient être secondes, venant *après l'observation directe et objective du réel.* Les juristes ne chercheraient plus qu'à saisir des faits positifs et à les traduire sous la forme de lois scientifiques. C'est là la méthode des sciences modernes, qui longtemps est demeurée l'apanage des sciences naturelles avant de s'installer progressivement dans l'antre des sciences humaines et sociales.

Ce n'est pas une autre proposition que formulait John Dewey, selon qui connaître le droit, ce serait connaître une *réalité sociale*, un *donné social*, un ensemble de *faits sociaux*[4].

lequel les agents surnaturels étaient remplacés par des « forces abstraites », des abstractions personnifiées ; l' « état positif » ou scientifique, enfin, dans lequel l'esprit humain entend seulement découvrir, par l'usage combiné du raisonnement et de l'observation, les lois effectives de la nature et de la société (A. COMTE, *Cours de philosophie positive*, Bachelier, 1830). Plaider pour le pragmatisme juridique, ce serait plaider pour un droit entrant de plain-pied dans le troisième état : l'état positif ou scientifique.

[4] Dewey voyait dans le droit « un phénomène social de part en part ; social dans son origine, dans son but ou sa finalité, et dans son application » (J. DEWEY, « My Philosophy of Law », in Julius Rosenthal Law Foundation, *My Philosophy of Law – Credos of Sixteen American Scholars*, Boston Law Books, 1941, p. 76). Toute connaissance du droit en dehors du social serait

Les faits juridiques seraient ainsi une catégorie de faits sociaux[5]. Surtout, le droit des juspragmatistes ne serait composé que de tels faits juridiques.

Pareille conception s'oppose à toute la tradition juspositiviste du XXe s. et en particulier au normativisme selon lequel, à l'inverse, le droit ne connaîtrait nul fait car il serait composé uniquement de normes et les normes, loin de pouvoir s'analyser tels des faits, s'opposeraient aux faits. Pour Herbert Hart ou Hans Kelsen, il serait rigoureusement erroné de réduire le droit et les normes à des faits ou à des effets. Pourtant, lorsqu'Auguste Comte a doté le mot « positivisme » de son sens moderne, celui-ci est devenu synonyme de « scientifisme », se définissant comme intention d'appliquer à toute question, même humaine, morale ou sociale, les méthodes scientifiques modernes et de s'en tenir à l'étude des faits et aux enseignements qu'eux seuls fournissent. Aussi, dans l'expression « positivisme juridique », le terme « positivisme » serait-il en partie dévoyé ; *le juspragmatisme serait plus positiviste que le juspositivisme*.

Toujours est-il que le normativiste verra une contradiction dans l'expression « pragmatisme juridique » puisqu'elle conduit à mettre l'accent sur des faits quand le droit ne serait constitué que de normes. Michel Villey notait que, « quand les sciences des faits entrent dans la place du droit, il est difficile d'empêcher qu'elles n'y imposent leur hégémonie »[6]. Il semble toutefois que la place du droit se soit longtemps refusée à ouvrir la porte aux sciences des faits, reléguant notamment la sociologie du droit au rang de science très auxiliaire, l'essentiel de cette place du droit étant occupé

donc une illusion : « Le "droit" ne peut être considéré comme une entité distincte, mais doit être appréhendé à travers les conditions sociales dans lesquelles il se produit, et saisi dans ses opérations et conséquences concrètes » (*ibid.*, p. 77).

[5] Telle était déjà la méthode de Léon Duguit : « Élaborer un système basé sur la constatation des faits, sur la vérification des faits sociaux » (L. DUGUIT, *Le pragmatisme juridique*, La mémoire du droit, 2008, p. 187).

[6] M. VILLEY, *Philosophie du droit – Définitions et fins du droit – Les moyens du droit* (1984-1986), Dalloz, coll. Bibliothèque Dalloz, 2001, p. 240.

par la « dogmatique juridique », donc par la technique des normes, par le maniement des devoir-être. Reste que les juspragmatistes considéreraient nécessairement que les données pertinentes pour le scientifique du droit seraient des faits, dans la ligné des réalistes[7] et des conceptions sociologiques du droit[8]. La vérité scientifique ne serait alors rien d'autre que la *concordance entre les faits et les discours*.

Dès lors, une question cruciale est celle des conditions de production de cette concordance et, par suite, des connaissances. Sur ce point, la méthode de recherche du chercheur juspragmatiste, devant lui permettre de faire coller ses propositions et explications aux faits juridiques, s'organiserait nécessairement autour de *l'enquête*. L'enquête amène à *plonger sans idée préconçue au cœur des données factuelles*. Il s'agit ensuite de les recueillir et les ordonner, les trier, avant de pouvoir les analyser, les comprendre et les expliquer.

L'enquête suppose qu'il serait possible de découvrir la réalité indépendamment de toute opinion et de tout apriori, si bien que, à la différence des autres méthodes, elle permettrait d'invalider les croyances, de les critiquer ou les corriger[9]. Dès lors, les faits pourraient dominer les croyances, l'emporter sur les croyances. Aussi Peirce y voyait-il le moyen d'améliorer les pratiques en empêchant que des croyances infondées les perturbent[10]. Surtout, avec l'enquête, on construit strictement les connaissances sur les faits — par opposition à l'approche selon laquelle la raison universelle serait capable de produire les

[7] Par exemple, K. OLIVECRONA, *Law as Fact*, 2e éd., Stevens & Sons (Londres), 1971. Déjà Léon Duguit pouvait noter, à son époque, que « la doctrine réaliste a la prétention, que je crois justifiée, d'éliminer tout concept et de fonder le système juridique tout entier sur la simple constatation du fait social » (L. DUGUIT, *Le pragmatisme juridique*, La mémoire du droit, 2008, p. 217).

[8] R. POUND, « The Scope and Purpose of Sociological Jurisprudence », *Harvard Law Review* 1911, vol. XXIV, p. 591 ; R. POUND, « La place et la finalité de la théorie du droit sociologique » (1911), *Clio@Thémis* 2013, n° 6.

[9] B. KARSENTI, L. QUERE, « La croyance et l'enquête – Aux sources du pragmatisme », *Raisons pratiques* 2005, n° 15.

[10] Ch. S. PEIRCE, *Œuvres philosophiques – Volume 2 : Pragmatisme et sciences normatives*, Éditions du Cerf, coll. Passages, 2003, p. 176.

connaissances. Nulle vérité absolue ne saurait exister ; la vérité se découvrirait à mesure des investigations, méthodologiquement, à base de validation par les faits et de raisonnements abductifs[11].

Il résulte de tout cela que nulle approche du droit ne semble plus s'opposer à la métaphysique[12] que l'approche pragmatiste, en raison du besoin de s'attacher aux faits et aux effets[13]. Kant et Schopenhauer ont posé la distinction entre le phénomène (un fait à observer, objet de la physique) et la chose en soi (un concept à penser, objet de la métaphysique). Or beaucoup de pragmatistes se rejoignent dans la dénonciation des difficultés que suscite le besoin de certitude lorsqu'il se

[11] Distinguée tant de la déduction que de l'induction, l'abduction, dans la théorie de l'enquête de Peirce, « couvre toutes les opérations par lesquelles théories et conceptions sont engendrées » (*ibid.*, p. 177). C'est ainsi « tout mode ou degré d'acceptation d'une proposition comme vraie, sur la base qu'un fait, ou que des faits ont été établis dont l'occurrence se produirait nécessairement ou probablement au cas où cette hypothèse serait vraie » (*ibid.*, p. 184). Il faudrait donc réajuster en permanence les hypothèses et les théories à l'aune des données factuelles recueillies.

[12] On conçoit classiquement la métaphysique en tant que « couronnement de la philosophie », en tant que « base nécessaire mais aussi sommet le plus élevé de la philosophie » — quand le pragmatisme entend demeurer très terre-à-terre — qui traite des choses au-dessus de la nature, donc au-dessus des expériences sensibles et du monde matériel (par opposition à la physique), qui s'intéresse aux vérités premières, absolues et éternelles, à l'être en tant qu'être, à l'essence des choses au-delà de leurs apparences contingentes que les sciences positives étudient. La métaphysique se consacre à ce que l'intelligence ne peut atteindre par la perception externe ou interne et qui fait appel à la « raison pure », indépendamment de toute expérience. Au sens kantien, la métaphysique est l'aspiration de l'être humain qui ne peut se contenter de « garder des yeux de taupe fixés sur l'expérience », alors qu'il serait « fait pour se tenir debout et contempler le ciel » (E. KANT, *Critique de la raison pure*, 1781). Cet être humain serait alors en mesure de « découvrir les postulats de la raison pratique (la liberté, l'immortalité de l'âme, l'existence de Dieu) qui sont à la fois indispensables et inconnaissables » (V° « Métaphysique », in *Le petit Larousse illustré 2011*, Larousse, 2010). La métaphysique est donc l'exact contraire d'une connaissance empirique des phénomènes tels qu'ils sont dans les faits.

[13] *Cf.* P. AUBENQUE, *Faut-il déconstruire la métaphysique ?*, Puf, coll. Collection de métaphysique, 2009.

confond avec une quête de l'immuable et du permanent[14]. Ils critiquent toutes les approches rationalistes ou transcendantales faisant appel à des explications « supraempiriques » ou « inexpériençables »[15]. Ils exigent une connexion étroite entre l'idée et l'action, afin d'abandonner aux philosophies spéculatives toutes les questions métaphysiques ne pouvant générer mieux que des discussions verbales insolubles. Il ne faudrait toujours retenir que les seuls problèmes présentant un intérêt pratique, empruntant leurs termes au monde des faits. Le pragmatisme s'oppose ainsi à l'idéalisme et se rapproche du matérialisme, du réalisme et de l'empirisme[16]. Il s'élève contre cette métaphysique qui risque bien souvent de tourner en dogmatisme.

Pour ce qui est du droit, Kant distinguait deux questions principales : « *quid jus ?* » (qu'est-ce que le droit en soi ?), relevant des facultés de philosophie, et « *quid juris ?* » (quelle sera la solution de droit concrètement appliquée dans tel ou tel cas ?), à laquelle le jurisconsulte et les facultés de droit

[14] Notamment, J. DEWEY, *La quête de certitude – Une étude de la relation entre connaissance et action*, Gallimard, coll. Bibliothèque de philosophie, 2014.

[15] S. MALDERIEUX, « Méthode ou métaphysique ? L'empirisme pragmatique de John Dewey », *Critique* 2012, p. 1050. Déjà d'Alembert, dans son *Essai sur les éléments de la philosophie* (1759), se montrait très critique à l'égard de la tournure métaphysique de la philosophie. Il enseignait que le seul problème de la métaphysique serait celui de l'origine des idées : « Presque toutes les autres questions qu'elle se propose sont insolubles ou frivoles ; elles sont l'aliment des esprits téméraires ou des esprits faux, et il ne faut pas être étonné si tant de questions subtiles toujours agitées et jamais résolues, ont fait mépriser par les bons esprits cette science vide et contentieuse qu'on appelle communément métaphysique ».

[16] L'idéalisme désigne les courants philosophiques selon lesquels la nature ultime de la réalité reposerait sur l'esprit, sur des formes abstraites ou sur des représentations mentales. Toute existence et tout donné seraient donc subordonnés à la pensée. Les idées seraient premières et les faits seconds. La réalité serait abstraite et mentale plus que concrète et matérielle. Avec le réalisme et le matérialisme, au contraire, le monde externe connaîtrait une existence indépendante de la conscience et de la connaissance des hommes. Et l'empirisme de Locke ou Hume, soucieux de ne pas quitter le terrain de l'expérience sensible, est clairement hostile à la métaphysique et, plus généralement, à toute espèce de transcendance.

devraient répondre[17]. « *Quid jus ?* » pose le problème de l'essence du droit, interroge l'idée de droit, les fondements du droit et le sens du droit tel qu'il devrait être idéalement. Le juspragmatiste ne saurait se saisir de pareille problématique qui devrait effectivement être abandonnée aux philosophes. Au juriste, il reviendrait de se concentrer sur la question « *quid juris ?* », c'est-à-dire sur la question du droit tel qu'il se donne à voir empiriquement dans les faits.

Ainsi que l'exposait il y a déjà longtemps Léon Duguit, il importerait de *rénover la science juridique en la rendant plus sociologique et expérimentale* : le juriste-chercheur devrait « constater les faits, n'affirmer comme vrai que ce que l'on constate par l'observation directe et bannir du domaine juridique tous les concepts *a priori*, objets de croyance métaphysique, qui prêtent à des développements littéraires mais qui n'ont rien de scientifique »[18]. Il conviendrait donc d'abandonner ce que Duguit appelait la « méthode scolastique », qui raisonne au départ de concepts purement abstraits[19]. Les notions juridiques abstraites et les concepts posés *a priori* seraient par trop métaphysiques pour pouvoir être acceptés dans le cadre du juspragmatisme. La science du droit ne devrait comporter que des observations factuelles issues de l'expérience et des développements intellectuels strictement

[17] E. KANT, « Premiers principes métaphysiques sur la doctrine du droit », in *Métaphysique des mœurs* (1795), trad. A. Renaut, Flammarion, 1994.

[18] L. DUGUIT, « Préface », in *Traité de droit constitutionnel – Tome premier : La règle de droit, le problème de l'État*, 3e éd., De Boccard, 1927. Duguit pouvait ainsi déclarer : « J'aime mieux parler ouvertement, jeter définitivement par-dessus bord ces concepts de droit subjectif, de sujet de droit et de personnalité, montrer qu'ils ne sont plus d'accord avec les besoins des sociétés modernes, qu'ils ne répondent à aucune réalité et que l'on peut beaucoup mieux, sans leur recours qu'avec leur aide, protéger les situations légitimes et garantir le commerce juridique » (L. DUGUIT, *Le pragmatisme juridique*, La mémoire du droit, 2008, p. 240).

[19] Certes il y a désormais plusieurs décennies, Duguit pouvait demander : « Toutes les sciences — qu'elles soient physiques, biologiques ou psychologiques expérimentales — se sont déliées des idées de ces substances spirituelles, essences qui expliquent tout, en essayant de leur substituer des réalités. Pourquoi le droit ne pouvait-il pas s'en défaire ? » (L. DUGUIT, *Le pragmatisme juridique*, La mémoire du droit, 2008, p. 188).

construits à partir de ces observations factuelles. Un concept serait ainsi scientifique lorsqu'il traduit une réalité concrète saisie par l'expérience. Si la construction du savoir juridique requiert inévitablement quelques productions de l'esprit, devraient en être bannies toutes celles qui virent à la métaphysique, donc que les faits ne sauraient valider ou invalider parce qu'elles sont le fruit de l'imagination.

Le juspragmatisme inviterait à *éliminer toute dimension métaphysique du droit et des études du droit.* Il interdirait de chercher à dire ce que devrait être le droit mais aussi ce qu'est le droit dans son essence, dans son ontologie. Il s'opposerait à tout examen des normes et des institutions sous l'angle de quelques valeurs, fins ou principes « ultimes ». Il amènerait à adopter une attitude descriptive et explicative de faits juridiques, donc à se rapprocher de la sociologie juridique et à interroger en particulier le caractère instrumental du droit, ainsi que la manière dont le droit fonctionne effectivement.

Sans doute est-il vrai que « l'instrument de mesure finit toujours par être une théorie et [qu']il faut comprendre que le microscope est un prolongement de l'esprit plutôt que de l'œil »[20], c'est-à-dire que la science ne pourrait jamais consister en une transcription directe, complète et parfaite de la réalité nue, ce que beaucoup d'épistémologues ont noté. L' « empirisme immédiat », selon lequel des connaissances pourraient découler sans intermédiaire aucun de l'observation du réel, serait un « obstacle épistémologique »[21]. Il faut gager cependant qu'un scientifique du droit peut chercher à analyser le droit tel qu'il se donne à voir de la manière la plus concrète, matérielle et effective. Si jamais un objet ne peut passer directement de l'observation à la connaissance, rien n'empêcherait d'essayer de le faire passer le plus directement possible de l'observation à la connaissance, c'est-à-dire le plus objectivement et empiriquement possible, donc en délaissant au maximum les théories antérieures et les concepts construits *a priori*. S'il serait naïf d'imaginer que le donné pourrait ne pas

[20] G. BACHELARD, *La formation de l'esprit scientifique*, Vrin, 1938, p. 242.
[21] *Ibid.*

être sous l'influence du construit, qu'il ne subirait aucune déformation par le prisme du construit[22], le donné devrait être l'essentiel et le construit l'accessoire.

Loin de vouloir « inventer des métaphysiques qui nous égarent »[23], cela pourrait inciter à étudier tout spécialement le « droit en action », à mille lieues de toute métaphysique cherchant à s'évader du monde du sensible pour envahir celui de l'intelligible.

[22] F. GENY, *Méthode d'interprétation et sources en droit privé positif*, t. II, LGDJ, 1954, p. 83. François Gény expliquait que la science du droit autant que le droit positif ne sauraient ni saisir ni retranscrire immédiatement des faits juridiques. Selon lui, ils consistent « éminemment en éléments dialectiques ou logiques, capables de constituer une solide armature, qui puisse encadrer et réduire aux sanctions nécessaires tous les faits de la vie sociale. [...] Ce sont donc des vérités schématiques qui ne peuvent saisir les réalités morales, économiques, sociales, que par les arêtes vives qu'elles présentent au concept, donc en les déformant ou, plutôt même, en les transformant en entités idéales. De là suit que cette vérité est moins l'expression du donné de la vie sociale qu'un simple instrument technique, dont l'usage doit être dirigé et réglé en vue du but à atteindre » (F. GENY, *Science et technique en droit privé positif – Nouvelle contribution à la critique de la méthode juridique*, Sirey, t. I, 1914, p. 160-161). Ensuite, l'illustre professeur ajoutait que les procédés intellectuels et artificiels des juristes devraient être « sévèrement bridés », cela pour limiter autant que possible les excès inconséquents de logique et d'abstraction risquant d'éloigner excessivement les juristes des réalités sociales (*ibid.*, p. 164). Néanmoins, il affirmait que les procédés intellectuels et notamment les abstractions seraient « impérieusement nécessaires », à tel point que la devise du jurisconsulte pourrait être « vers l'unité par les approximations successives » (*ibid.*).

[23] J. DEWEY, *La quête de certitude – Une étude de la relation entre connaissance et action*, trad. P. Savidan, Gallimard, 2014.

Chapitre 4. Le droit en action

« Soyons pratiques » est l'une des devises des pragmatistes. Elle signifie que la réalité renvoie à « ce qui se fait ». « Ce qui existe réellement, ce ne sont pas les choses, mais les choses en train de se faire », écrivait William James[24]. Anti-essentialiste, anti-fondationnaliste et anti-représentationaliste mais foncièrement *vérificationniste*, le pragmatisme est une *pensée de l'action* par opposition aux philosophies des idées[25]. C'est moins l'action qui dériverait de la pensée que la pensée qui dériverait de l'action. Il faudrait être dans l'action et non dans l'idéalisme, encore moins dans l'idéologie. Cela ne signifie pas qu'il serait lieu de conserver seulement la pratique sans théorie mais qu'il conviendrait d'évaluer les systèmes intellectuels à l'aune de leurs mises en œuvre concrètes.

Le pragmatisme juridique serait ainsi la pensée du juriste pleinement inscrit dans le monde juridique, un monde en formation continue, qui change au long de mouvements ininterrompus — là où, avec le dogmatisme, « en déplaçant le questionnement des situations concrètes vers des problèmes de définitions et de déductions conceptuelles, on produit un dispositif de justification intellectuelle de l'ordre établi »[26].

[24] W. JAMES, *Essais d'empirisme radical* (1901), trad. G. Garreta, M. Girel, Flammarion, 2007.

[25] « Un des signes de l'idée vraie, explique-t-on, est sa fécondité, son aptitude à "rendre", à "travailler" efficacement ; cette aptitude ne se manifeste que par l'expérience, c'est-à-dire par l'épreuve de mise en action, en service ; cette expérience ne peut être réellement vérifiante qu'à la condition d'être une expérience réellement effectuée, réellement pratiquée. Partout la vérification doit être une œuvre, et non pas seulement un discours » (E. LE ROY, « Observations sur le pragmatisme », in A. LALANDE, *Vocabulaire technique et critique de la philosophie*, 10e éd., Puf, coll. Quadrige dicos poche, 2010, p. 805).

[26] J. DEWEY, *Reconstruction en philosophie* (1920), Gallimard, 2014, p. 247.

Aussi Ludwig Wittgenstein était-il juspragmatiste lorsqu'il avançait que les propriétés des normes devraient être comprises telles des propriétés pratiques ; une norme ne s'exprimerait en tant que norme qu'*au moment où elle guide les actions et les comportements humains et sociaux dans une certaine direction*[27]. L'important, face à une règle de droit, ce serait de saisir sa vie, non de décrire simplement son contenu abstrait.

Pierre-Joseph Proudhon lui-aussi faisait figure de pragmatiste avant l'heure lorsqu'il notait combien « toute idée, avec ses catégories, naît de l'action et doit revenir à l'action »[28]. Pareil aphorisme pourrait servir de devise du pragmatisme, indiquant combien, avec lui, *tout ne prendrait sens qu'en actes*. Aussi une pensée pragmatiste du droit partirait-elle du droit en action et viserait-elle le droit en action, délaissant toute réflexion qui ne le toucherait guère[29]. Puisque le pragmatisme juridique refuse qu'un modèle rationnel *a priori* puisse être valide, le chercheur devrait se plonger dans le droit en action afin de confirmer un modèle préalablement proposé ou, plus sûrement, afin d'élaborer *ab initio* un nouveau modèle précisément en rapport avec les activités concrètes des praticiens du droit. Si l'angle pragmatiste amène à définir les choses par ce qu'elles font, par leurs pratiques, c'est bien dans le droit en action — par opposition, notamment, au « droit des livres »[30] —, qu'il faudrait rechercher la matière première susceptible d'intéresser le scientifique juspragmatiste.

Et, puisque le droit entre en action et prend vie en particulier à travers les applications juridictionnelles des normes, le rapport intime entre pragmatisme juridique et

[27] Cité par J.-P. COMETTI, *Qu'est-ce que le pragmatisme ?*, Folio, coll. Essais, 2010, p. 177.

[28] P.-J. PROUDHON, *De la justice dans la révolution et dans l'église*, 1858.

[29] D'ailleurs, si le pragmatisme est une philosophie de l'action et si les actions sont déterminées notamment par des normes, la science juridique ne pourrait se passer du pragmatisme.

[30] Réf. à R. POUND, « Law in Books and Law in Action », *American Law Review* 1910, n° 44, p. 12 s.

réalisme juridique se trouve confirmé[31]. « La vie du droit, c'est son application », écrivait Roscoe Pound[32]. Une approche réaliste de la décision judiciaire entend comprendre, au-delà du contenu du droit positif, ses ressorts non juridiques liés aux considérations politiques, économiques et sociales, à la moralité, à l'opinion publique, aux intérêts personnels etc. ; autant d'éléments qui influencent le droit en action tout en étant indifférents du point de vue des lois, celles-ci pouvant appartenir au corpus juridique positif depuis des décennies voire des siècles. Le réalisme aurait donc posé les bases d'une compréhension du droit en action, en particulier en matière de décisions judiciaires et de régulation jurisprudentielle.

Par ailleurs, considérant que « l'action est juge des pensées »[33], l'enjeu serait de limiter les divergences entre les théories et les pratiques juridiques. Les premières pourraient coller aux secondes dès lors que le penseur du droit s'obligerait à ne rien écrire sans s'être au préalable plongé dans le droit en action, sans s'être immergé dans l'univers juridique tel qu'il vit. Finalement, le théoricien et le scientifique du droit ne seraient jamais de simples théoricien et scientifique du droit ; ils devraient s'efforcer à muer en théoricien-praticien et en scientifique-praticien du droit ; ils seraient dès lors mieux en mesure de comprendre les réalités et les enjeux propres au milieu juridique.

C'est ainsi que Charles Sanders Peirce a pu proposer son pragmatisme ou « pragmaticisme » en opposition au « doute de cabinet » de Descartes. Et c'est ainsi que John Dewey en est

[31] Les juristes réalistes comme John Chipman Gray, Karl Llewellyn ou Jerome Frank ont élaboré des analyses des décisions judiciaires dans le but de rendre compte du droit en action, compris telle une technologie de régulation sociale mise en œuvre activement par les tribunaux (notamment, R. COTTERRELL, *The Politics of Jurisprudence – A Critical Introduction to Legal Philosophy*, 2e éd., University of Pennsylvania Press, 1994 ; N. DUXBURY, *Patterns of American Jurisprudence*, Clarendon Press (Oxford), 1995).

[32] R. POUND, « The Scope and Purpose of Sociological Jurisprudence », *Harvard Law Review* 1911, vol. XXIV, p. 591 ; R. POUND, « La place et la finalité de la théorie du droit sociologique » (1911), *Clio@Thémis* 2013, n° 6.

[33] S. GOYARD-FABRE, *Pufendorf et le droit naturel*, Puf, 1994, p. 116.

venu à adopter une attitude pragmatiste située aux antipodes de l'approche « spectatoriale » de la connaissance : il ne faudrait pas se contenter de voir, de loin, les choses étudiées ; il faudrait *les pratiquer, s'y initier, s'y confronter*. Avec le pragmatisme, ce ne sont pas les yeux mais les mains qui permettent de connaître ; l'observation serait insuffisante à la construction d'un savoir sûr et il faudrait y ajouter la pratique. En d'autres termes, il serait préférable d'apposer sur les choses un *point de vue interne* — sans être pour autant intéressé — plutôt qu'un point de vue externe pour pouvoir bien les connaître.

Et cela s'appliquerait en particulier au droit, objet fort complexe qu'on ne pourrait que très schématiquement réduire à des lignes droites et à de belles formes géométriques. Approché *« en situation »*, le droit se révèle peut-être plus éloigné de la « pyramide des normes » ou du syllogisme judiciaire qu'on ne pourrait le croire dès lors qu'on ne le rencontre qu'à travers les manuels des étudiants[34].

Enfin, lier la connaissance du droit au droit en action aurait pour conséquence de diminuer l'écart qui peut exister entre universitaires et praticiens. Les savoirs des uns et des autres tendraient à se rapprocher, non parce que les praticiens iraient vers les universitaires, mais parce que *les universitaires iraient vers les praticiens* et seraient bientôt autant qu'eux capables de savoir comment agir face à telle ou telle situation. Ainsi les facultés de droit s'immisceraient-elles dans les cabinets et dans les prétoires à la faveur du déploiement du pragmatisme juridique. Cela ne serait pas anodin tant on peut regretter « le décalage toujours plus intense entre le droit des livres et le droit en action »[35]. Le scientifique du droit pragmatiste pourrait étudier non seulement la loi et la jurisprudence mais aussi *toutes les formes de droit vivant et de droit vécu* qui prospèrent en marge du droit officiel. Ce « droit

[34] A. PAPAUX, *Introduction à la philosophie du « droit en situation »*, LGDJ-Bruylant (Paris-Bruxelles), coll. Quid iuris ?, 2006.

[35] A.-J. ARNAUD, *Critique de la raison juridique – 2. Gouvernants sans frontières – Entre mondialisation et post-mondialisation*, LGDJ, coll. Droit et société, 2003, p. 362.

alternatif », qui se développe fortement à l'ère du droit global, les juspragmatistes seraient autrement capables d'en rendre compte que les juspositivistes modernes attachés à la validité d'État.

Les tenants du pragmatisme juridique, y compris dans les universités, feraient leur le discours suivant : « Nous sommes des êtres qui pouvons connaître parce que nous pouvons agir : la connaissance suppose l'action »[36]. Par conséquent, les travaux des juspragmatistes auraient toujours pour fin d'*augmenter l'utilité du droit*. Le juspragmatisme, intéressé avant tout par le droit en action, serait un utilitarisme juridique. C'est ainsi, par exemple, que toute différence présumée dans la pensée juridique devrait se traduire par une différence observable dans la pratique juridique, sans quoi elle serait inutile et devrait être évincée des réflexions — car cet utilitarisme juridique serait aussi un utilitarisme doctrinal[37].

[36] Ph. COPPENS, *Normes et fonction de juger*, LGDJ, coll. La pensée juridique, 1998, p. 170.

[37] William James, par exemple, pouvait tenir le discours suivant : « Je me fatigue et je vous fatigue, je le sais, en cherchant vainement à décrire par des concepts et des mots ce qui, selon moi, excède en même temps toute conceptualisation ou verbalisation. Tant que l'on continue de parler, l'intellectualisme demeure sans conteste maître du terrain. On ne peut revenir à la vie en parlant. C'est un acte. […] Les concepts au moyen desquels nous nous exprimons sont élaborés en vue de la pratique, et non du discernement » (W. JAMES, *Philosophie de l'expérience – Un univers pluraliste*, Les empêcheurs de penser en rond, coll. Grande, 2007).

Chapitre 5. L'utilité du droit

Nombre de pragmatistes ont soutenu que l'intelligence aurait pour fonction non de connaître pour savoir mais de *connaître pour agir*[38]. « La connaissance est un instrument au service de l'activité, la pensée a un caractère essentiellement téléologique », écrivait André Lalande au sujet du pragmatisme[39]. Ce dernier est ainsi souvent résumé à un courant de pensée prenant pour critère de vérité le fait de fonctionner réellement, de *réussir pratiquement*. Et William James a pu soutenir, dans ses plus célèbres formules, que devraient être considérées comme « vraies » les propositions qui « réussissent », qui « donnent satisfaction » : « La vérité, écrivait-il, c'est ce qui nous apporte la plus grande somme de satisfaction ; c'est le nom de l'idée à laquelle il est bon, il est profitable de croire ; ce n'est rien d'autre que l'avantageux dans l'ordre de la pensée. Le caractère commun de toute idée vraie, c'est de répondre à nos idées, de réussir, de rapporter »[40].

Avec James, le pragmatisme s'oriente vers la psychologie de l'action, faisant correspondre la vérité et l'utilité : est vrai ce qui est utile. Plus encore, « les idées ne sont pas vraies ou fausses. Elles sont ou non utiles »[41]. C'est pourquoi il semble inévitable de rapprocher le pragmatisme de l'utilitarisme et, par

[38] V. LEE, « The Two Pragmatisms », *The North American Review* 1910, vol. 192, p. 449.

[39] V° « Pragmatisme », in A. LALANDE, *Vocabulaire technique et critique de la philosophie*, 10e éd., Puf, coll. Quadrige dicos poche, 2010, p. 805.

[40] W. JAMES, *La volonté de croire* (1897), Les empêcheurs de penser en rond, coll. Grande, 2005.

[41] W. JAMES, *Le pragmatisme – Un nouveau nom pour d'anciennes manières de penser* (1907), trad. N. Ferron, Flammarion, coll. Champs classiques, 2007.

suite, de voir dans le pragmatisme juridique un *utilitarisme juridique*[42].

[42] Si le pragmatisme est typiquement américain, l'utilitarisme est essentiellement britannique. C'est notamment le philosophe et jurisconsulte Jeremy Bentham qui a élaboré la doctrine de l'utilitarisme selon laquelle tous les actes répondraient à une quête de maximisation de l'utilité. Il a tout spécialement appliqué ses thèses au droit (J. BENTHAM, *Théorie des peines et des récompenses*, 1811). Avec Bentham, l'utilitarisme était individualiste : chacun chercherait à satisfaire au maximum ses besoins personnels. L'utilitarisme a été par la suite envisagé sous l'angle de l'utilité sociale par John Stuart Mill puis par Rudolf von Jhering — qui a défini le droit par ses buts sociaux. Dans l'un de ses ouvrages, Michel Villey résume les travaux de Jeremy Bentham en rapport avec le droit : « Le savant moderne se débarrasse des superstitions qu'a forgées l'âge théologique ou la stérile "métaphysique". Il estime avoir découvert cette loi scientifique que toute action de l'homme serait mue par la recherche du plaisir, et la fuite des peines. Bentham imagine au surplus qu'il serait possible de construire une science des plaisirs et des peines. Science quantitative : elle mesure des degrés de plaisir. Bentham conçoit une science nouvelle de la législation, considérée comme un moyen de "maximation du plaisir" et de réduction de la quantité de peine, en nombre ou en intensité. Fabriquées consciemment dans ce but, les lois (que la fonction du juriste sera seulement d'appliquer) auront l'avantage d'être utiles. [...] Au temps de Bentham et en partie sous son influence, ou d'autres sectateurs de l'utilitarisme, le droit pénal va se réformer. Refondue, la liste des délits ; le délit, matière de la loi pénale, va s'identifier au comportement nocif, générateur de peine. Doivent disparaître du catalogue les offenses à Dieu (sacrilège, blasphème, hérésie) ou à la prétendue morale : les délits sexuels — la pédérastie (elle ne fait de peine à personne), le suicide. Il ne s'agit pas de voler au secours d'une vieille loi morale, qui manque de fondement scientifique. Par contre, restent le vol, l'homicide, les divers dommages. Quant à la peine, qui est l'instrument de la loi, on voit sa fonction : détourner ceux qui auraient l'idée de commettre des actes dommageables de l'intérêt escompté de l'opération, par la menace d'une peine supérieure au plaisir qu'ils y eussent trouvé ; ou si la menace est insuffisante, les mettre à l'abri. Meilleure technique : la prison. Aucune raison d'y ajouter un surcroît de supplices inutiles, des roues, des chevalets, des carcans. Le but est d'obtenir au total le chiffre optimum : accroissement du plaisir des uns, payé par la moindre quantité de souffrance pour les délinquants, ce qui devrait être l'objet d'un calcul précis. [...] Le droit ne poursuit plus le mirage d'une "justice" métaphysique ni l'accomplissement d'une morale non moins dépourvue de fondement scientifique. Il est mis au service des hommes. Un programme enfin réaliste. À quoi pourrait servir l'État, disait M. Giscard d'Estaing, s'il ne cherchait à promouvoir le "bonheur de chaque français" ; les voluptés de tous, le *Welfare* des Américains ? » (M. VILLEY, *Philosophie du*

Les idées seraient des outils mentaux élaborés afin de résoudre des problèmes. Il en irait de même des normes juridiques. Et, si les idées des pragmatistes doivent être conservées et crues vraies tant qu'elles demeurent adaptées mais doivent être déclarées fausses aussitôt qu'elles deviennent inadéquates, un même sort devrait être réservé aux normes juridiques. C'est ainsi que Léon Duguit faisait observer que « les dogmes juridiques sont l'expression d'une réalité pragmatique, car seuls ils permettent de réaliser le but que poursuit tout ordonnancement juridique. Ils valent par leur efficacité morale et sociale ; il faut donc les conserver et en affirmer la réalité, car la vérité n'a d'autre fondement que l'efficacité, et la mesure de celle-ci est en même temps la mesure de celle-là »[43].

L'important, du point de vue de qui produit ou applique le droit, mais aussi du point de vue de qui étudie le droit, ce serait son utilité, c'est-à-dire sa capacité et sa manière de rendre service à la société et aux individus qu'il vise. Le droit devrait être jugé, et par suite conservé ou modifié, à l'aune de sa fonctionnalité et de son efficacité ou efficience, à l'aune de sa capacité à atteindre les objectifs qui lui ont été assignés par ses sources. Il en résulte que la qualité du droit se mesurerait selon ses conséquences pratiques et non selon des principes intangibles issus d'un droit naturel ou universel très hypothétique ou d'une conscience personnelle très subjective. Mais le pragmatisme juridique, parce qu'il se veut non dogmatique, ne saurait interdire d'évaluer par ailleurs le droit à d'autres points de vue et notamment sous l'angle de certaines valeurs. D'ailleurs, cela permettrait de ne pas trop sombrer dans le relativisme, lequel est souvent désigné tel un effet collatéral négatif du pragmatisme.

En ce sens, les réalistes américains ont adopté une forme plus finaliste et axiologique d'utilitarisme juridique, n'observant pas la capacité des normes à produire les effets

droit – Définitions et fins du droit – Les moyens du droit (1984-1986), Dalloz, coll. Bibliothèque Dalloz, 2001, p. 112-114).

[43] L. DUGUIT, *Le pragmatisme juridique*, La mémoire du droit, 2008, p. 243.

voulus mais jugeant ces normes en fonction de leur capacité à réaliser certaines fins particulières — dont la liste est arrêtée par le chercheur-observateur et non par les institutions officielles. « Les réalistes, explique-t-on, sont préoccupés par le fait que l'approche formaliste, qui par nature isole le droit d'autres sphères telles que la politique, l'économie ou la sociologie, conduit au fait que le droit est plein de "mauvaises" décisions, "mauvaises" au sens où elles ont un impact négatif sur la société, quand bien même elles s'ajustent parfaitement dans le système juridique. Les réalistes pensent tout simplement que le droit ne devrait pas être séparé de la société qui l'a créé et au bénéfice de laquelle il devrait être appliqué »[44]. Mais les réalistes sont aussi utilitaristes lorsqu'ils examinent les décisions judiciaires à travers les motivations extra-juridiques qui poussent les magistrats à trancher dans un sens plutôt que dans un autre. Le juge ne déciderait pas en appliquant le syllogisme judiciaire mais en se basant sur des *critères non explicites d'utilité* dépendant des besoins respectifs des parties en procès mais aussi des besoins de la société[45].

Toujours est-il que, avec le pragmatisme, le mètre-étalon servant à jauger la valeur d'une idée n'est plus un rationalisme désincarné mais l'impact empirique que cette idée engendre sur les pratiques concrètes[46]. Il s'ensuit que le mètre-étalon servant à évaluer la valeur d'une règle de droit devrait être sa capacité à modeler dans le sens désiré les activités de ses destinataires, cela à leur bénéfice et au bénéfice global du corps social. Cet utilitarisme amène à placer la mesure *« coûts/bénéfices »*, cardinale dans l'analyse économique du droit, au cœur de la

[44] H. McCoubrey, N. G. White, *Textbook on Jurisprudence*, 2e éd., Blackstone Press (Ashland), 1996, p. 192.

[45] C'est ainsi que le juge Holmes pouvait soutenir que « ce qui est ressenti comme nécessité d'une époque, les théories morales et politiques dominantes, les intuitions de politique publique, avouées ou inconscientes et même les préjugés que les juges partagent avec leurs concitoyens jouent un plus grand rôle que le syllogisme dans la détermination des règles qui doivent servir au gouvernement des hommes » (O. W. Holmes, *The Common Law*, MacMillan (Londres), 1881, p. 1).

[46] A. Schmitt, « Le pragmatisme : une idée américaine », *Revue française d'études américaines* 2010, n° 124, p. 6.

logique juridique. Notamment, une transaction est dite « Pareto supérieure » (du nom de l'économiste italien Vilfredo Pareto) lorsque chaque partie augmente son utilité grâce à elle.

Partant, si le pragmatisme juridique conduit à rapprocher la science juridique de la sociologie lorsqu'il invite les juristes à se concentrer sur l'effectivité du droit ou sur les faits juridiques, il aboutit aussi à *rapprocher la science juridique de l'économie dès lors qu'il amène les juristes à se préoccuper de l'utilité des normes*. Avec l'analyse économique du droit, le principe d'*efficience économique* est mis au premier plan ; et ce principe signifie qu'une norme serait « bonne » à mesure qu'elle permettrait de maximiser la richesse tout en engendrant le plus faible coût social[47]. L'utilitarisme et le pragmatisme sont donc au cœur de l'analyse économique du droit. Ainsi, selon Richard Posner, les juges seraient le vecteur de la maximisation du bien-être social des individus : ils chercheraient à maximiser leur richesse, c'est-à-dire l'utilité attendue par les parties en conflit. Autrement dit, les juges seraient les agents d'une allocation efficiente des droits. Et Posner de décrire un *common law* qui « mime le marché », qui serait animé par des institutions tendant à produire des règles juridiques économiquement efficientes[48].

[47] R. COASE, « The Problem of Social Cost », *Journal of Law and Economics* 1960, p. 1 s. ; R. COASE, *Le coût du droit*, trad. Y.-M. Morissette, Puf, 2000 ; R. POSNER, « Wealth Maximization Revisited », *Notre Dame Journal of Law, Ethics and Public Policy* 1985, p. 85 s. Lorsque, dans les années 1970, Richard Posner a entamé ses recherches d'analyse économique du droit, son intention était d'évaluer économiquement les lois et les décisions de justice en s'attachant aux comportements des acteurs. Or il a pu noter que ces comportements présentent deux caractéristiques : tout d'abord, les agents cherchent à maximiser leur satisfaction lorsqu'ils prennent une décision ; ensuite, les normes imposent un prix plus ou moins élevé aux actions des agents, susceptible de les encourager ou de les dissuader. Dès lors, la production sociale des règles s'effectue sous la pression du calcul utilitaire des individus, se traduisant notamment par des demandes formées devant les tribunaux.

[48] R. POSNER, « Wealth Maximization Revisited », *Notre Dame Journal of Law, Ethics and Public Policy* 1985, p. 85 s.

En France, François Gény était pragmatiste-utilitariste lorsqu'il soutenait que « les règles juridiques et les solutions qu'elles consacrent sont essentiellement déterminées par le but pratique et la fin sociale des institutions. Voilà leur source, et, si l'on veut, voilà en même temps leur logique ; logique, vraiment sûre et féconde, parce qu'elle est faite tout entière de motifs moraux, psychologiques, économiques et qu'elle tend à réaliser l'équité objective, par la combinaison de l'idée de justice avec celle de plus grande utilité sociale »[49].

Toutefois, s'il fait peu de doute que les sources du droit sont mues par l'utilité de leur production normative, il semble que la pertinence et la congruence des textes soit trop rarement vérifiée par la suite. Oliver Wendell Holmes pouvait plaider pour une remise en cause permanente des normes visant à s'assurer de la pérennité de leur utilité. Or, remarquait-il, les législateurs ne se préoccupent souvent guère de la postérité de leurs lois passées. « Il est révoltant, écrivait-il, de ne pas disposer d'une meilleure justification à l'existence d'une règle de droit que le fait qu'elle ait été édictée sous Henri IV. Et il est encore plus révoltant que les justifications à son édiction se soient évanouies depuis, et que la règle ne persiste qu'en vertu de l'imitation aveugle du passé »[50].

Aussi le pragmatisme-utilitarisme pourrait-il mener les scientifiques du droit à promouvoir un droit positif plus pragmatique et, par suite, un État plus pragmatique, notamment en plaçant l'évaluation au premier rang des principes de la légistique.

[49] F. GENY, *Méthode d'interprétation et sources en droit privé positif*, t. I, LGDJ, 1954, p. 145. Dans le même sens, Raymond Saleilles notait que « la réalité juridique n'est pas un fait qu'on constate par l'observation mais un concept qui est vrai parce que c'est par lui qu'on arrive à protéger socialement des situations qu'il est légitime et socialement utile de protéger » (R. SALEILLES, *La personnalité juridique – Histoire et théories*, 1910 (cité par L. DUGUIT, *Le pragmatisme juridique*, La mémoire du droit, 2008, p. 244)).

[50] O. W. HOLMES, *La voie du droit*, trad. L. de Sutter, Dalloz, 2014, p. 27. Et d'ajouter que, « pour l'étude rationnelle du droit, l'homme de lettres peut bien être l'homme du présent, mais l'homme du futur sera l'homme de la statistique et le maître de l'économie » (*ibid.*).

Chapitre 6. De l'État pragmatique au droit pragmatique

Pour les pragmatistes, la connaissance doit servir à résoudre des problèmes concrets ; elle doit avoir pour fin d'élaborer des solutions efficaces et non d'être accumulée afin d'augmenter la quantité de savoir. Notamment, William James, ayant élaboré une psychologie et une philosophie de l'action, voyait dans les hommes des « animaux pratiques » dont l'esprit les aiderait à s'adapter à leur environnement[51]. Dès lors, l'objectif des juspragmatistes ne serait-il pas prioritairement de permettre aux normes et aux institutions de s'adapter à leur environnement ?

Surtout à l'ère contemporaine, marquée par de profondes ruptures par rapport à la modernité du XXe s., il semble que le déploiement d'une recherche juridique pragmatique doive servir au moins autant aux praticiens qu'aux universitaires, ces derniers se rapprochant toujours plus de ces premiers. Et les orientations juspragmatistes toucheraient davantage les moyens que les fins du droit. Les fins du droit, notamment l'idée de justice, ne seraient pas appelées à beaucoup évoluer ; dans tous les cas, le juspragmatisme n'aurait guère à se préoccuper de ces fins[52]. En revanche, il devrait se concentrer sur les moyens

[51] W. JAMES, *Philosophie de l'expérience – Un univers pluraliste*, Les empêcheurs de penser en rond, coll. Grande, 2007.

[52] Pour l'expérimentalisme, l'intelligence humaine se traduirait dans la capacité de réaliser l'adaptation mutuelle des moyens et des fins. Aussi faudrait-il se méfier de la tentation de se couper des fins. Ne pas chercher à arrêter les fins, ce n'est pas ignorer les fins ; car on ne peut pas fixer les moyens sans connaître les fins. Sur ce point, il est important de relever la mise en garde formulée par Michel Villey : « Nos sommités intellectuelles sont maîtres de la science des moyens, de l'efficacité, mais sur tout le reste, et sur les fins, à force de ne pas les regarder, atteints de cécité. Cette cécité est contagieuse. Jacques Ellul compare notre société à une puissante locomotive ; lancée en

d'atteindre ces fins, donc sur les modalités de l'élaboration du droit et sur leur rénovation potentielle[53] — ce que Jacques Chevallier appelle la « rationalisation de la production juridique »[54]. L'obligation de résultats qui incombe à l'État va forcément de pair avec une obligation de moyens[55].

Le pragmatisme juridique pourrait donc amener à entreprendre d'importantes réflexions sur *les enjeux et les techniques légistiques*, c'est-à-dire sur l'adaptation du droit et du droit de la création du droit à leur contexte, aux impératifs

avant, bien alimentée, desservie par des spécialistes qualifiés, toujours plus “fiable” et monstrueuse. Mais où elle voudra nous conduire, personne ne s'en préoccuperait » (M. VILLEY, *Philosophie du droit – Définitions et fins du droit – Les moyens du droit* (1984-1986), Dalloz, coll. Bibliothèque Dalloz, 2001, p. 138).

[53] « Le juriste, écrivait en ce sens Michel Villey, est spécialiste des moyens. Il est un ingénieur. [...] Nos plus éminents publicistes analysent les divers régimes (parlementaire, présidentiel, à deux ou multiples partis politiques...) ou systèmes électoraux ; mais ils doivent aussi noter les défaillances de chacun et, s'ils ont l'esprit d'invention, produire de nouveaux modèles, calculer leurs effets, utiliser une méthode expérimentale, ainsi que le constructeur d'un port travaille sur des modèles réduits » (*ibid.*).

[54] J. CHEVALLIER, « La rationalisation de la production juridique », in Ch.-A. MORAND, dir., *L'État propulsif – Contribution à l'étude des instruments d'action de l'État*, Publisud, 1991, p. 42. Pour Jacques Chevallier, cela reviendrait à « s'interroger en permanence sur l'efficacité des normes édictées, sur la pertinence de leur contenu, sur le bien-fondé des procédures, et ne pas hésiter à les reconsidérer en cas de besoin » (*ibid.*). Le professeur souligne en particulier qu'« à une légitimité fondée sur la régularité des procédures mises en œuvre, sur la conformité des conduites et des comportements, se substitue une légitimité fondée sur l'efficacité des actions entreprises, sur la capacité d'atteindre des objectifs préalablement fixés » (*ibid.*, p. 19). Également, K. GILBERG, *La légistique au concret : les processus de rationalisation de la loi*, th., Université Paris II - Panthéon-Assas, 2007.

[55] On relève combien, « avec la nouvelle rationalité juridique reposant sur l'efficacité, le droit et l'action publique ne se justifient plus que par leurs résultats » (J. COMMAILLE, « Effectivité », in D. ALLAND, S. RIALS, dir., *Dictionnaire de la culture juridique*, Lamy-Puf, coll. Quadrige dicos poche, 2003, p. 584). Seulement ces résultats ne peuvent-ils qu'être intimement liés aux moyens mis en œuvre.

pratiques, à l'expérience sociale et aux « nécessités ressenties du temps présent »[1].

La recherche juridique, *a fortiori* dès lors qu'elle se conçoit telle une recherche pragmatique, pourrait déboucher sur des propositions concrètes, notamment des propositions de réformes. Et ces propositions elles-mêmes devraient logiquement être pragmatiques, donc viser l'action, l'utilité, l'efficacité. Il ne s'agirait pas de chercher à figer le droit dans de belles formes, à le systématiser et l'ordonner dans des schémas, mais de chercher à l'impulser, à lui donner vie, donc à l'inventer. Partant, si ces lignes plaident pour une rénovation de la science juridique à base de pragmatisme, cela pourrait impacter indirectement le droit positif et les pratiques juridiques en raison de l'influence des propositions doctrinales qui en résulteraient.

À l'heure de la « crise de l'État », qui est avant tout une *crise de l'efficacité de ses interventions*[2], il pourrait être porteur d'inciter les pouvoirs publics à élaborer les cadres d'un « État pragmatique ». Si l'on peut être tenté d'associer le droit et l'État modernes avec certaines formes de dogmatisme, le droit et l'État postmodernes seront-ils empreints de pragmatisme[3] ? Alors qu'on décrit un droit présentant de moins

[1] R. POSNER, *Economie Analysis of Law*, 3e éd., Little Brown (Boston), 1986 (cité par F. OST, M. VAN DE KERCHOVE, *De la pyramide au réseau ? – Pour une théorie dialectique du droit*, Publications des Facultés universitaires Saint-Louis (Bruxelles), 2002, p. 332).

[2] Ainsi observe-t-on que, « mis en cause en raison de ses pesanteurs et de son inefficacité, l'État providence traverse actuellement une crise. La montée de l'exclusion mine sa base sociale, tandis que la globalisation des activités et des échanges érode sa souveraineté en même temps que son pouvoir d'influence. Il assiste ainsi, plus en spectateur qu'en acteur, à la "troisième révolution industrielle" de l'informatique et des télécommunications, se bornant souvent à lever les "entraves" règlementaires qui font obstacle au libre jeu des marchés » (B. FRYDMAN, G. HAARSCHER, *Philosophie du droit*, 3e éd., Dalloz, coll. Connaissance du droit, 2010, p. 5).

[3] Celui-ci pourrait amener à considérer, par exemple, que « le maintien des réglementations en vigueur et *a fortiori* la mise en œuvre de mesures nouvelles sont subordonnés à leur efficacité » (*ibid.*). Les auteurs envisagent en ces termes essentiellement l'efficacité économique. Ils soulignent que, « suivant les thèses néolibérales de l'analyse économique du droit, le droit n'a

en moins le visage d'une belle et noble « pyramide » mais de plus en plus le visage d'une « jungle normative » dans laquelle il ne serait plus un art mais un « sport de combat » livré aux « bricolage »[1], les enjeux semblent considérables.

Benoît Frydman, par exemple, invite les facultés de droit à se fondre dans une « philosophie de l'action, orientée vers l'innovation, qui cherche à élaborer des solutions pratiques aux questions et aux problèmes concrets que soulèvent la régulation et le respect des droits dans les environnements post-souverains »[2]. Tandis que le contexte au sein duquel le droit évolue ressemble de moins en moins à celui que le XIXe s. puis le XXe s. avaient proposé, de plus en plus d'activités et de relations transnationales supplantant les activités et les relations nationales, il deviendrait nécessaire que les chercheurs en droit, pragmatistes et au contact des réalités juridiques de terrain, conçoivent leur office non comme purement scientifique mais comme scientifique et pratique. Leurs recherches viseraient, certes, à approfondir les connaissances, mais ces connaissances devraient servir les légistes qui font et appliquent concrètement le droit. En particulier, le pragmatisme pourrait inspirer la légistique, art de concevoir et rédiger les textes de loi ou, plus généralement, les textes de droit.

Le premier des principes que les juspragmatistes souhaiteraient imposer à la légistique serait l'*évaluation* : au moment de créer des normes puis tout au long de la vie de ces normes, il importerait d'étudier leurs effets afin de vérifier leur pertinence, leur adéquation et, par suite, leur légitimité. Le droit devrait ainsi connaître un *tournant réflexif*, se prenant lui-même comme objet afin de mesurer sa capacité à produire les effets économiques et sociaux attendus, et favorisant la révisabilité

et ne doit avoir d'autre mission que de favoriser le développement de la production et des échanges, la maximisation des profits et l'allocation optimale des ressources » (*ibid.*).

[1] B. FRYDMAN, *Petit manuel pratique de droit global*, Académie Royale de Belgique (Bruxelles), coll. L'économie de marché est-elle juste ?, 2014.

[2] B. FRYDMAN, « Le droit global selon l'École de Bruxelles : l'évolution d'une idée centenaire », working paper de l'Université Libre de Bruxelles, n° 2014/3, p. 3.

des normes ou même de certains régimes juridiques dans leur ensemble en cas de besoin.

Les *« lois expérimentales »* pourraient dès lors se développer et les « montagnes » normatives régresser. En effet, il s'agirait désormais moins de songer en permanence à édicter de nouveaux textes que de chercher à modifier ou remplacer ceux dont il s'avère qu'ils perdent leur utilité à mesure que le monde, les cultures, les économies et les sociétés muent. Comme l'expliquait Jean Carbonnier, les lois devraient puiser dans une seule source : l'utilité sociale[1] ; il conviendrait donc de développer les moyens de vérifier l'adéquation des lois à cette utilité sociale. Or, depuis les années 1990, l'évaluation du droit se développe, notamment sous la forme des *études d'impact* et de l'évaluation *a posteriori* des politiques publiques[2]. Le phénomène est tout spécialement patent en droit de l'Union européenne. Les juspragmatistes ne pourraient qu'inviter à l'amplifier et à le généraliser.

Au XXIe s., de plus en plus de « marchands de droit » viennent concurrencer les États ; et les États entre eux se concurrencent. Les acteurs économiques transnationaux, innombrables, se trouvent en présence d'une mosaïque d'ordres juridiques au sein de laquelle ils sont libres de faire leur marché

[1] J. CARBONNIER, *Théorie sociologique des sources du droit*, Association corporative des étudiants en droit de l'Université Panthéon-Sorbonne, 1961, p. 111.

[2] En France, aux termes du décret du 22 janvier 1990, la démarche d'évaluation d'une politique de l'État a « pour objet de rechercher si les moyens juridiques, administratifs ou financiers mis en œuvre permettent de produire les effets attendus de cette politique et d'atteindre les objectifs qui lui sont assignés ». Par ailleurs, la loi organique n° 2009-403 du 15 avril 2009 a donné une place importante aux études d'impact. Celles-ci doivent être annexées aux projets de loi depuis le 1er septembre 2009. Elles comprennent des analyses portant sur les conséquences économiques, financières, sociales et environnementales, ainsi que sur les coûts et bénéfices financiers attendus. Enfin, il est remarquable qu'une circulaire du 7 juillet 2011 relative à la qualité du droit précise que « l'analyse de la nécessité, de la proportionnalité et des effets prévisibles des règles de droit nouvelles est une méthode à laquelle l'administration doit s'attacher dans l'élaboration de toute norme législative ou règlementaire » (cité par J. MORET-BAILLY, « Esquisse d'une théorie pragmatiste du droit », *Droits* 2013, n° 55, p. 178).

— d'où les expressions très en vogue en droit international privé de « law shopping » et « forum shopping »[1]. Or, ainsi qu'en témoignent notamment les enjeux environnementaux, il semble indispensable que les États continuent de régir par des normes fortes et précises de nombreuses activités. Seulement seraient-ils contraints de revoir leurs modes de régulation. Face à une « guerre des prix juridiques » très sauvage en raison des grandes disparités qui existent entre les ordres juridiques à travers le monde — les pratiques de dumping règlementaire visant à s'arroger d'importants avantages concurrentiels étant monnaie courante —, il semble indispensable d'explorer de nouveaux horizons légistiques. À l'heure de la globalisation du droit, les États, soucieux d'attirer le plus grand nombre d'activités, de fonds et d'investissements sur leurs territoires afin de générer des revenus, des emplois et de la croissance, souhaitent offrir des « paquets normatifs » attractifs aux multinationales et autres start-up. Ces dernières préfèrent logiquement les États les moins-disants sur le plan normatif, donc les moins contraignants. Mais les États ne peuvent pas non plus se passer de recettes fiscales, de prestations sociales et d'exigences environnementales. Ils se retrouvent ainsi dans des situations délicates ; et des réformes profondes sont attendues. Pour ce qui est du droit, la voie du pragmatisme juridique pourrait être empruntée[2].

[1] L'idéal, mais qui relève de l'ordre de l'utopique, serait qu'un État fédéral mondial soit construit. En son absence, se développe entre les États ce qu'on appelle l'« effet Delaware », du nom de cet État qui, en supprimant la plupart des exigences et contraintes pesant sur les sociétés, a incité nombre de celles-ci à s'y immatriculer, entraînant par la même occasion les autres États des États-Unis dans une « course vers le bas » en matière de droit des sociétés, de droit social et de fiscalité.

[2] Les spécialistes du droit global remarquent que les « *global players* », loin de vouloir s'émanciper du droit, sont en demande de normes et notamment de normes étatiques, cela afin de pouvoir s'appuyer sur la puissance publique et générer la confiance nécessaire aux échanges (B. FRYDMAN, *Petit manuel pratique de droit global*, Académie Royale de Belgique (Bruxelles), coll. L'économie de marché est-elle juste ?, 2014). L'observation sur le terrain des comportements de ces acteurs indique qu'ils sont en attente de lois, ne pouvant se satisfaire des seules lois naturelles et notamment de la « loi du marché ». Mais ils sont également exigeants à l'égard de ces lois, dont ils

Capable de poser un regard critique sur le fonctionnement du droit et des institutions[1] et évoluant loin du « ciel des concepts » et de « ces produits universitaires qui ont rompu toutes leurs amarres à la pratique réelle du droit »[2], le juspragmatiste réfléchirait avant tout aux formes que pourrait prendre le droit le plus utile, donc le mieux adapté aux temps actuels. Déjà Aristote notait que « la communauté politique s'est constituée dès l'origine et se conserve en vue de l'utile. C'est l'utile aussi que visent les législateurs, et on appelle juste ce qui est d'utilité commune »[3]. Le travail du juspragmatiste serait de montrer aux jurislateurs cet utile, ainsi que les moyens de l'atteindre. Et Aristote de prendre l'image des règles en

attendent qu'elles soutiennent leurs activités tout en ne leur imposant que les contraintes les plus légitimes. Et ces « *global players* », parfois aussi puissants que des États (peut-être même « souverains »), sont en mesure de développer leurs propres initiatives normatives. Ainsi le droit d'origine privée peut-il concurrencer le droit d'origine publique, *a fortiori* dès lors que ce dernier est touché par de graves carences — sur le fond, quand les textes adoptés ne répondent pas aux attentes, mais aussi sur la forme, par exemple lorsque les textes ne peuvent être adoptés qu'au terme de procédures longues et lassantes. Dans ce contexte et face à ces enjeux, il faut gager que le juspragmatisme pourrait être source de quelques enseignements importants. Comme l'explique Benoît Frydman, « la course vers le bas peut être retournée en course vers le haut si l'on parvient à mettre intelligemment en place les conditions et les instruments de nature à inciter les acteurs à y prendre part » (*ibid.*, p. 101).

1 C'est notamment à cela que devrait servir l'entrée dans une ère de pragmatisme juridique. Or, il y a maintenant quelques années, Michel Villey pouvait observer que « les jeunes technocrates qui sortent de nos facultés de droit ont fini par s'asservir si absolument à la société que tout leur propos est de servir à son fonctionnement et d'en accélérer la marche, de s'y plier, de s'adapter, de suivre son mouvement. [...] Comme ils ont été préservés de toute comparaison historique (l'histoire n'étant guère au programme), et que par ailleurs le "Meilleur des Mondes" fait aux technocrates une place confortable, ce régime leur semble excellent, et le positivisme scientifique peut les satisfaire » (M. VILLEY, *Philosophie du droit – Définitions et fins du droit – Les moyens du droit* (1984-1986), Dalloz, coll. Bibliothèque Dalloz, 2001, p. 139).

2 R. JHERING, *Scherz und Ernst in der Jurisprudenz*, 1884 (cité par M. VILLEY, *Philosophie du droit – Définitions et fins du droit – Les moyens du droit* (1984-1986), Dalloz, coll. Bibliothèque Dalloz, 2001, p. 188).

3 ARISTOTE, *Éthique à Nicomaque*, 349 av. J.-C., VIII, 11 (cité par A. SERIAUX, *Le Droit – Une introduction*, Ellipses, 1997, p. 49).

plomb des architectes de Lesbos pour montrer combien il faut que les normes s'adaptent aux réalités[1]. Le droit positif, instrument de régulation des sociétés, devrait donc faire preuve d'adaptabilité et de souplesse, abandonnant au maximum les rigidités qui risquent de le scléroser, autant de qualités que le pragmatisme pourrait contribuer à développer[2]. Dans les années 1940, Georges Gurvitch enseignait que « le droit fixé d'avance peut empêcher la vie juridique normale et n'avoir aucune prise sur les cas concrets : *summum jus summa injuria*, s'il se détache entièrement du droit souple et du droit intuitif »[3] ; une leçon que le juspragmatisme remettrait au goût du jour.

Déjà certains auteurs observent que « la transformation de l'État se fait sous le signe du pragmatisme »[4] et que « le droit post-moderne est un droit pragmatique »[5], acceptant que,

[1] « Un mètre, assurément, reste un mètre, mais en même temps un mètre courbe pour mesurer un arc de sphère ou un mètre plat pour mesurer une surface plane, ce n'est pas la même chose. Normalement, ce qui est bon à mesurer l'un ne l'est pas pour l'autre. Or, ce qu'envisage Aristote, c'est un instrument qui s'adapte et se modifie suivant ce qu'il y a à mesurer, tel que ce qu'il y a à mesurer en modifie même la nature, comme une règle en plomb qui est bonne pour une surface ou une autre » (J. BENOIST, « Aristote, Éthique à Nicomaque », in O. CAYLA, J.-L. HALPERIN, dir., *Dictionnaire des grandes œuvres juridiques*, Dalloz, 2008, p. 8). Et d'ajouter qu' « ainsi Aristote s'affirme comme le premier philosophe de la jurisprudence. [...] On a alors affaire à un droit qui est à l'épreuve du réel, et qui n'est pas un droit spécial, mais le droit lui-même, car le droit n'a précisément d'autre domaine que le réel (de l'action humaine) » (*ibid.*).

[2] Cela permettrait de lutter contre cette « victoire du fait contingent, malléable et changeant sur les règles abstraites et générales, tutélaires et relativement permanentes du droit de l'État » que d'aucuns décrivent (S. GOYARD-FABRE, *L'État, figure moderne de la politique*, Armand Colin, coll. Cursus philosophie, 1999, p. 109).

[3] G. GURVITCH, *Éléments de sociologie juridique*, Aubier, 1940, p. 177. Le sociologue observait également que « la rigidité même du système de la souveraineté de la loi et du contrat, ne faisant appel qu'au droit organisé et fixé d'avance, précipite encore sa ruine en provoquant des conflits aigus avec le droit social spontané et souple engendré par la société économique » (*ibid.*, p. 238-239).

[4] S. GOYARD-FABRE, *L'État, figure moderne de la politique*, Armand Colin, coll. Cursus philosophie, 1999, p. 140.

[5] J. CHEVALLIER, *L'État post-moderne*, 3e éd., LGDJ, coll. Droit et société, 2008, p. 137. Jacques Chevallier note que ce droit postmoderne est « sous-

désormais, « un pouvoir trouve sa légitimité non pas dans le fait d'être autorisé par une règle supérieure, mais dans le fait d'être effectivement obéi »[1]. Notamment, les institutions publiques seraient gagnées par les analyses du courant « *Law and Economics* », lesquelles tendraient à devenir une « idéologie pragmatique dominante »[2]. L'*efficience économique* serait le moteur et le guide de l'évolution juridique[3]. Le « droit-valeur » laisserait la place à un *« droit-outil »* et, sous cet angle, le droit américain serait le modèle à suivre[4] — si bien que beaucoup

tendu par une volonté d'action sur le réel ; cette préoccupation d'efficacité modifie la conception traditionnelle de la normativité : à la rigidité fait place la souplesse et à la stabilité l'adaptabilité. Ce droit apparaît comme un "autre droit", n'ayant plus guère à voir avec le "droit réglementaire" classique ; succédant au droit "abstrait, général et désincarné", "droit jupitérien" exprimant la transcendance étatique, il serait caractérisé par son adaptation au concret, son rapprochement des individus, son adéquation au contexte des sociétés qu'il prétend régir » (*ibid.*).

[1] F. ROUVILLOIS, « L'efficacité des normes – Réflexions sur l'émergence d'un nouvel impératif juridique », working paper de la Fondation pour l'innovation politique, nov. 2006, p. 6.

[2] J.-F. RIFFARD, « La mutation de la norme : l'avènement d'un droit nivelé – Ou retour sur quelques aspects de l'unification et la globalisation des droits », in M. BEHAR-TOUCHAIS, N. MARTIAL-BRAZ, J.-F. RIFFARD, dir., *Les mutations de la norme*, Economica, coll. Études juridiques, 2011, p. 109. L'auteur évoque également la « nouvelle religion au sein des institutions internationales principales comme la Banque Mondiale ou le FMI » (*ibid.*).

[3] Toutefois, suspectée d'habiller un ultralibéralisme économique, l'analyse économique du droit aboutit à des conclusions souvent contestées, notamment du fait des outils employés pour mesurer l'efficacité économique des règles (A. BERNARD, « Law and Economics : une science idiote ? », *D.* 2008, p. 2806).

[4] On décrit le *common law* tel « un droit non écrit [qui] ne peut être qu'un droit non écrit car il est autant une continuité toujours transitoire qu'un changement permanent ; autant un droit historique, traditionnel et coutumier qu'un droit moderne, contemporain et novateur ; autant un droit formaliste qu'informel » (É. PICARD, « Common law », in D. ALLAND, S. RIALS, dir., *Dictionnaire de la culture juridique*, Lamy-Puf, coll. Quadrige dicos poche, 2003, p. 244). Et d'ajouter que, « lorsque l'expérience concrète, qu'un anglais considère plus que tout autre chose, parce que sa mentalité le détourne vigoureusement de toute attitude dogmatique, viendrait à démontrer que la solution ancienne n'est pas adaptée, adéquate ou juste, il reconsidérera la question et ajustera la règle établie à mesure que se présente la nouveauté et à proportion des impératifs pratiques qu'elle recèle, sans entrer dans aucun débat » (*ibid.*).

constatent un mouvement d'« américanisation du droit »[1]. Ainsi l'État serait-il de plus en plus préoccupé par l'efficacité de son action juridique. Il suivrait donc une orientation juspragmatiste dont les chercheurs devraient rendre compte et, plus encore, qu'ils devraient encourager.

L'*efficacité du droit* deviendrait la grande cause de la doctrine, la préoccupation majeure des légistes, modifiant en profondeur la logique de la production normative. Cette approche pragmatiste conduit à infléchir les conditions d'emploi de la technique juridique : outre l'évaluation des effets des normes précédemment évoquée, le *droit « contractualisé »* connaît un constant élargissement, c'est-à-dire que les destinataires des normes sont de plus en plus fréquemment associés à leur élaboration — les individus respecteront d'autant plus les lois qu'ils ont intérêt à le faire ; et ils auront d'autant plus intérêt à le faire qu'ils auront participé à leur édiction.

Ensuite, parmi bien d'autres propositions envisageables, les principes d'une *légistique pragmatique*, permettant de répondre à l'enjeu décisif de ne pas construire le droit de demain avec les outils d'hier, pourraient être les suivants :

- → l'évaluation ;
- → la participation et la contractualisation ;
- → la corégulation ;
- → la subsidiarité ;
- → la souplesse, l'adaptabilité et la réactivité ;
- → l'éducation et la transparence ;
- → l'ouverture ;
- → la modernisation technologique.

[1] *Cf. Arch. phil. droit* 2001, « L'américanisation du droit » ; É. ZOLLER, « États-Unis (culture juridique) », in D. ALLAND, S. RIALS, dir., *Dictionnaire de la culture juridique*, Lamy-Puf, coll. Quadrige dicos poche, 2003, p. 653 (qui observe l'« influence de la culture juridique américaine sur la plupart des systèmes juridiques contemporains ») ; É. ZOLLER, « Américanisation », in L. CADIET, dir., *Dictionnaire de la justice*, Puf, 2004.

« Aujourd'hui, convient-on, la prime est à la flexibilité, à la rapidité, à l'innovation, à la compétitivité : toutes choses qui n'appartiennent pas au nombre des attributs des États, et qu'on trouve plus facilement dans les sociétés autorégulées »[1]. Mais l'État, s'ouvrant toujours plus au pragmatisme et moyennant quelques remises en cause et quelques sacrifices, ne pourrait-il pas lui aussi faire preuve de flexibilité, de rapidité, d'innovation et de compétitivité ? Ne pourrait-il pas abandonner le gouvernement et la règlementation au profit des plus pragmatiques « gouvernance » et « régulation » ? Seulement serait-il alors tentant de qualifier l'État d' *« entreprise »*[2], la puissance publique ressemblant par trop aux « puissances privées », loin du particularisme traditionnel — et nécessaire ? — de la sphère publique. Déjà en 1994 Jacques Commaille affirmait qu'il était temps de recourir au *« marketing politique »*[3], c'est-à-dire à un « processus de création de la norme analogue à celui suivi par un entrepreneur lorsqu'il lance un produit et qu'il se préoccupe d'abord de sa concordance avec les attentes de sa clientèle »[4].

Le théoricien du droit Norberto Bobbio distinguait le droit positif et le droit naturel grâce au critère de l'efficacité, qui serait le propre du premier et qui manquerait au second[5]. Seulement cette efficacité tend-elle de plus en plus à se détacher du droit positif, compris comme droit de l'État. Le pragmatisme juridique, mettant l'accent sur cette problématique, serait dès lors un appel à y répondre et une voie pour y répondre. En étant

[1] L. COHEN-TANUGI, *Le droit sans l'État*, 2e éd., Puf, coll. Quadrige essais débats, 2007, p. 22-23.

[2] P.-P. VAN GEHUCHTEN, « "Gouvernance" : réseaux et pouvoirs (réflexions à partir d'un siècle de secteur public) », in G. DEMUIJNCK, P. VERCAUTEREN, dir, *L'État face à la globalisation économique – Quelles formes de gouvernance ?*, Sandre, 2009, p. 102.

[3] J. COMMAILLE, *L'esprit sociologique des lois – Essai de sociologie politique du droit*, Puf, 1994.

[4] *Ibid.*

[5] N. BOBBIO, « Quelques arguments contre le droit naturel », *Annales de philosophie politique* 1959, p. 176 (cité par M.-Ch. ROQUES-BONNET, *Le droit peut-il ignorer la révolution numérique ?*, Michalon, 2010, p. 340).

en priorité attentif à l'opérationnalité[1] et à l'efficacité[2] des normes édictées, c'est-à-dire à leur capacité à « produire l'effet recherché »[3], il s'agirait de procéder à un changement de régime de la rationalité juridique : la rationalité du droit moderne résultait de ses qualités intrinsèques (systématicité, généralité, stabilité, prévisibilité) ; cette rationalité étant en « crise », elle aurait vocation à être remplacée par une rationalité d'ordre technico-économique, soit une « rationalité matérielle fondée sur l'efficacité des actions entreprises »[4]. Désormais, la légitimité de la loi devrait « se mesurer à ses performances »[5] ; elle ne serait plus assurée *a priori*, comme dans la pensée kelsénienne où la légitimité se résume à la validité dans l'ordre normatif étatique[6]. « La rationalité du droit ne se présume plus ;

[1] J.-M. Sauve, « Avant-propos », in Conseil d'État, *Le numérique et les droits fondamentaux*, La documentation française, coll. Les rapports du Conseil d'État, 2014, p. 6.

[2] Notamment, M. Fatin-Rouge Stefanini, L. Gay, A. Vidal-Naquet, dir., *L'efficacité de la norme juridique : nouveau vecteur de légitimité ?*, Bruylant (Bruxelles), 2012.

[3] F. Rangeon, « Réflexions sur l'effectivité du droit », in CURAPP, *Les usages sociaux du droit*, Puf, 1989, p. 130.

[4] J. Commaille, « Effectivité », in D. Alland, S. Rials, dir., *Dictionnaire de la culture juridique*, Lamy-Puf, coll. Quadrige-dicos poche, 2003, p. 584.

[5] F. Ost, « Le temps virtuel des lois post-modernes ou comment le droit se traite dans la société de l'information », in J. Clam, G. Martin, *Les transformations de la régulation juridique*, LGDJ, coll. Droit et société, 1998, p. 436. « La légitimité de la loi, écrit François Ost, se mesure à ses performances plus qu'à son contenu matériel (légitimité axiologique), à la régularité des procédures suivies (légitimité procédurale) ou à la normativité intrinsèque qu'elle représente (légitimité symbolique par préférence à la légalité même, à la figure du tiers arbitre). C'est la prise en compte des résultats obtenus qui fait toute la légitimité d'une législation qui se définit par son caractère programmatique. Autrement dit, la légitimité de cette législation reste toujours en suspens, dépendante de la preuve de l'accomplissement des performances escomptées » (*ibid.*).

[6] Selon Kelsen, « le principe que les normes d'un ordre juridique valent aussi longtemps que leur validité ne prend pas fin d'une façon qui est déterminée par cet ordre juridique, ou qu'elle ne fait pas place à la validité d'une autre norme de cet ordre, est le principe de légitimité » (H. Kelsen, *Théorie pure du droit*, 2e éd., trad. Ch. Eisenmann, Dalloz, 1962, p. 209). Aujourd'hui, on lie de plus en plus ordinairement légitimité et efficacité (notamment, M.-

il doit apporter la preuve de son efficacité », avance ainsi Jacques Chevallier[1], loin de la vision hobbesienne d'une loi qui serait un « commandement adressé par un supérieur à un homme préalablement obligé de lui obéir »[2].

Aussi le Conseil d'État et le Secrétariat général du Gouvernement incitent-ils les auteurs de textes à « s'interroger d'abord sur l'utilité et l'efficacité de leurs projets de réglementations »[3] et conviennent-ils que la « question fondamentale » serait : « Quelles sont les conditions à réunir pour assurer l'effectivité du nouveau dispositif ? »[4]. De plus en plus ordinairement, on fait dépendre l'effectivité des normes, leur réception et leur force normative de leur légitimité[5]. Le pragmatisme ne pourrait-il pas être une source de cette légitimité, quand le dogmatisme serait une source de discrédit ?

« À celui qui règne effectivement, il convient de porter la Couronne », disait le pape Zacharie à Pépin le Bref[6]. Et, « ne pouvant faire que le souverain légitime règne effectivement, on déclare le souverain effectif légitime »[7]. Mais, si l'État doit

A. FRISON-ROCHE, dir., *Les régulations économiques – Légitimité et efficacité*, Presses de Sciences Po-Dalloz, coll. Droit et économie de la régulation, 2004).

[1] J. CHEVALLIER, *L'État post-moderne*, 3e éd., LGDJ, coll. Droit et société, 2008, p. 11.

[2] Th. HOBBES, « La loi, source unique du droit », in Ch. GRZEGORCZYK, F. MICHAUT, M. TROPER, *Le positivisme juridique*, LGDJ, coll. La pensée juridique, 1993, p. 301.

[3] Conseil d'État, Secrétariat général du Gouvernement, « Guide pour l'élaboration des textes législatifs et règlementaires », 2e éd., [en ligne] <legifrance.fr>, 2007, p. 2.

[4] *Ibid.*, p. 6. Et d'ajouter qu' « une option juridique ne saurait être retenue sans prendre en considération les conditions de son effectivité, […] [ce qui est fait] parfois au terme du processus d'élaboration d'un projet de texte et qui gagnerait, au contraire, à être envisagé dès la phase initiale de conception » (*ibid.*).

[5] C. THIBIERGE, « Le concept de force normative », in C. THIBIERGE, dir., *La force normative – Naissance d'un concept*, LGDJ-Bruylant (Paris-Bruxelles), 2009, p. 776.

[6] Cité par É. MAULIN, « Souveraineté », in D. ALLAND, S. RIALS, dir., *Dictionnaire de la culture juridique*, Lamy-Puf, coll. Quadrige-dicos poche, 2003, p. 1437.

[7] É. MAULIN, « Souveraineté », in D. ALLAND, S. RIALS, dir., *Dictionnaire de la culture juridique*, Lamy-Puf, coll. Quadrige-dicos poche, 2003, p. 1437

toujours s'efforcer d'être le « souverain effectif », cela ne peut que signifier, en d'autres termes, s'efforcer d'être le détenteur du pouvoir légitime. « Qu'on imagine que seulement quelques milliers de citoyens refusent l'impôt ou le service militaire, professait Léon Duguit, et voilà l'État, prétendu tout-puissant, dans l'impossibilité matérielle d'assurer l'exécution d'une règle dont il aurait seul institué le caractère obligatoire »[1]. L'État, suivant la célèbre définition de Max Weber, est « une entreprise politique de caractère institutionnel [...] [qui] revendique *avec succès* [...] le monopole de la contrainte physique légitime »[2].

L'État moderne s'est imposé quand les légitimités sur lesquelles les pouvoirs du Moyen-Âge s'appuyaient se sont effondrées[3]. Mais rien n'assure aux bases de la légitimité étatique de toujours demeurer solides ; peut-être faudra-t-il ou faut-il déjà les refonder. Le contrat social serait « toujours à recommencer, à repenser et à refaire »[4]. Où revient cette question — mais cette fois visant le droit positif et non plus la doctrine — : l'heure du pragmatisme juridique serait-elle venue ? Conception de la démocratie faisant des méthodes de mise à l'épreuve et de vérification qui caractérisent l'esprit de laboratoire le modèle même de la tâche politique, ce pragmatisme ne saurait en tout cas laisser insensible.

Les pouvoirs publics, soucieux de donner aux lois leur « meilleure chance d'effectivité »[5], devraient avoir à l'esprit que les hommes « n'aliènent leur liberté que pour leur utilité »[6],

[1] L. DUGUIT, *Traité de droit constitutionnel – Tome premier : La règle de droit, le problème de l'État*, 3e éd., De Boccard, 1927, p. 114. Et d'ajouter que, « si l'impôt et le service militaire sont véritablement obligatoires, c'est que la norme qui les impose est une création spontanée de la vie sociale » (*ibid.*).

[2] M. WEBER, *Économie et société*, t. I (1922), Plon, 1965 (non souligné dans le texte original).

[3] Ph. RAYNAUD, « Anciens et modernes », in D. ALLAND, S. RIALS, dir., *Dictionnaire de la culture juridique*, Lamy-Puf, coll. Quadrige-dicos poche, 2003, p. 51.

[4] S. GOYARD-FABRE, « Contrat social (doctrines) », in D. ALLAND, S. RIALS, dir., *Dictionnaire de la culture juridique*, Lamy-Puf, coll. Quadrige-dicos poche, 2003, p. 284.

[5] J. CARBONNIER, *Sociologie juridique*, Puf, coll. Quadrige, 1994, p. 298.

[6] J.-J. ROUSSEAU, *Du contrat social*, 1762, L. I, chap. 2.

qu'il n'y a pas d'autorité naturelle, uniquement une autorité consentie. En somme, le droit devrait être au service de ses destinataires et non au service de ses sources. Déjà Portalis, au moment de présenter son projet de Code civil, pouvait observer que « les lois ne sont pas de purs actes de puissance »[1] et que « le législateur ne doit point perdre de vue que les lois sont faites pour les hommes et non les hommes pour les lois ; qu'elles doivent être adaptées aux caractères, aux habitudes, à la situation du peuple pour lequel elles sont faites »[2].

Par ailleurs, un dernier — et tout autre — apport du pragmatisme à la pensée juridique pourrait consister à analyser le droit et la doctrine tels des ensemble de « croyances stables » et d' « orientations d'habitudes d'action ».

[1] J.-É.-M. PORTALIS, *Discours préliminaire sur le projet de Code civil*, 1801.
[2] *Ibid.*

Chapitre 7. Le droit, source de croyances stables et d'habitudes d'action

Une question qui a grandement préoccupé Charles Sanders Peirce est celle de la nécessité pour l'homme de croire pour agir (croire en un dieu, croire en un but, croire en un destin etc., mais aussi croire au droit). Dès ses premiers écrits philosophiques[1], sa proposition était que l'enquête et l'expérience viseraient non à établir des vérités naturelles et incontestables mais à permettre d'agir en passant *du doute irritant et inhibiteur à la sécurité des croyances*[2]. L'état de croyance serait un état d'équilibre, c'est-à-dire de repos, ce qui justifierait de le rechercher en permanence[3]. Déjà Kant appelait « croyance pragmatique » l'adoption ferme d'une disposition d'esprit en raison de la nécessité d'agir[4].

C'est ainsi que le pragmatisme peut être, sans se contredire, à la fois une philosophie de l'action et une philosophie de la croyance — mais à condition de considérer qu'une croyance qui n'agit pas n'existe pas ou, du moins, est

[1] Ch. S. PEIRCE, « The Fixation of Belief » (1877), in J. BUCHLER, dir., *The Philosophy of Peirce: Selected Writings*, AMS Press (New York), 1956.

[2] En ce sens, William James, dans *La volonté de croire*, explique que les croyances seraient le guide de la vie quotidienne ; et il soutient qu'il serait toujours préférable d'agir sur la base d'une croyance fausse plutôt que de ne pas agir du tout. James s'appuie d'ailleurs — et c'est là l'une des seules fois dans son œuvre — sur un exemple juridique : il note que le phénomène se retrouve en droit car un juge doit toujours trancher dans un sens ou un autre. Des croyances amèneraient les magistrats à prendre leurs décisions, donc à agir (W. JAMES, *La volonté de croire* (1897), Les empêcheurs de penser en rond, coll. Grande, 2005).

[3] G. TUZET, « La justification pragmatique des croyances », *Revue philosophique de la France et de l'étranger* 2008, t. 133.

[4] E. KANT, *Critique de la raison pure*, 1781 (cité par V° « Pragmatique », in A. LALANDE, *Vocabulaire technique et critique de la philosophie*, 10e éd., Puf, coll. Quadrige dicos poche, 2010, p. 803).

infondée, inutile, sans objet[5]. Aussi, du point de vue du pragmatisme peircien, y a-t-il une équation et même une identité entre les croyances et les actes. Les croyances seraient donc indispensables, y compris au droit, en ce qu'elles permettraient de « sortir de l'état de malaise provoqué par les doutes pour atteindre [un] état satisfaisant »[6].

Dans la pensée de Peirce, le terme « vérité » désigne des *« croyances stables »* ; et la fixation de ces croyances est le fruit d'un débat collectif soumis à des procédures de validation spécifiques[7]. Aux dires du philosophe, « le seul but de la recherche est de fixer son opinion, de passer d'un doute à un état de croyance fixé, l'enjeu étant de surmonter des doutes légitimes par l'établissement de croyances stables et, par là même, vraies »[8]. La vérité ne serait donc pas un objet factuel à constater mais un résultat psychologique qui « se fait »[9].

Il est tentant de reconnaître dans cette description la tournure que prend bien souvent le *travail doctrinal*. Tout d'abord, la doctrine est collective, elle correspond à des travaux collectifs et non individuels — d'ailleurs, la doctrine est

[5] La croyance serait donc une « disposition à agir de nature extrinsèque et fonctionnelle » (J.-P. COMETTI, *Qu'est-ce que le pragmatisme ?*, Folio, coll. Essais, 2010, p. 320). Et Peirce d'écrire que « la signification intellectuelle des croyances est toute entière contenue dans les conclusions qui peuvent en être tirées, et en dernier ressort dans les effets qu'elles ont sur notre conduite. […] La signification intellectuelle de toute pensée réside en dernière instance dans ses effets sur nos actions » (cité par J.-P. COMETTI, *Qu'est-ce que le pragmatisme ?*, Folio, coll. Essais, 2010, p. 322).

[6] Cité par C. TIERCELIN, *C. S. Peirce et le pragmatisme*, Puf, coll. Philosophies, 1993, p. 83.

[7] Cité par J. MORET-BAILLY, « Esquisse d'une théorie pragmatiste du droit », *Droits* 2013, n° 55, p. 206.

[8] Cité par C. TIERCELIN, *C. S. Peirce et le pragmatisme*, Puf, coll. Philosophies, 1993, p. 83. En d'autres termes, « le critère scientifique de la vérité correspond à l'opinion finale unanime de la communauté idéale des chercheurs : l'opinion sur laquelle fatalement tous les chercheurs se mettront finalement d'accord est ce que nous entendons par vérité » (C. TIERCELIN, *C. S. Peirce et le pragmatisme*, Puf, coll. Philosophies, 1993, p. 107).

[9] Cela ne manque pas de contraster avec d'autres propositions pragmatistes tournées vers l'empirisme.

souvent présentée comme un « corps »[10] ; or Peirce s'élevait contre l'isolement, l'autonomie et la conviction personnelle, contraires à l'humilité des grands penseurs scolastiques[11]. L'important serait de fonder les connaissances sur un « contexte public de discussion, d'enquête et d'expérience »[12].

Ensuite, les professeurs débattent autour d'un point de droit positif ou d'une problématique plus théorique et, par la suite, une certaine conception émerge de la discussion, s'impose et finit par devenir un argument d'autorité, autrement dit une croyance stable que personne n'ose plus guère mettre en doute. Ainsi note-t-on combien « la doctrine a une remarquable capacité d'homogénéisation par mimétisme »[13]. Quand les débats doctrinaux laissent place à la doctrine, le « savoir » ou la « science » en vient à se confondre avec la croyance. Une croyance ne se définit-elle pas comme quelque-chose que l'on accepte sans en vérifier la réalité ni même le sens ou la pertinence ?

Jusqu'au concept de droit pourrait s'analyser telle une croyance stable : une croyance relative au sens du mot « droit »[14]. Et, plus généralement, on a pu se proposer

[10] Cela expliquerait l'emploi ordinaire de la première personne du pluriel (« nous étudierons… », « nous pouvons en conclure… », « il nous semble… » etc.). Chaque auteur entendrait ainsi engager par ses écrits l'ensemble de la doctrine. En ce sens, Ph. JESTAZ, Ch. JAMIN, « L'entité doctrinale française », *D.* 1997, p. 167 (« à défaut d'organe dirigeant, le pouvoir doctrinal français est directement exercé par les maîtres, qui ont *ut singuli* le droit d'exprimer la *communis opinio doctorum*, d'engager la doctrine par leur signature »). Par ailleurs, L. AYNES, P.-Y. GAUTIER, F. TERRE, « Antithèse de “l'entité” (à propos d'une opinion sur la doctrine) », *D.* 1997, p. 229 s.

[11] Pour Peirce, il faudrait « donner une définition du réel indépendante des pensées de tout individu particulier, mais pas de la pensée en général. Aussi la réalité sera-t-elle indissociable de l'idée sociale de communauté » (C. TIERCELIN, *C. S. Peirce et le pragmatisme*, Puf, coll. Philosophies, 1993, p. 107).

[12] J.-P. COMETTI, *Qu'est-ce que le pragmatisme ?*, Folio, coll. Essais, 2010, p. 52.

[13] F. ZENATI, « L'évolution des sources du droit dans les pays de droit civil », *D.* 2002, p. 15.

[14] C'est ainsi qu'on a pu souligner combien « la fixation de la signification — ou, pour le dire en d'autres termes, la détermination des effets de sens produits

d'« élucider le phénomène juridique en comprenant cette pratique par laquelle un groupe social produit une signification normative partagée »[15]. Ensuite, si le pragmatisme peut inciter à comprendre le droit et la doctrine tels des ensembles de croyances stables, peut-être faudrait-il regretter cette situation et, en particulier, inviter les universitaires-juristes à plus souvent adopter un regard réflexif sur leurs travaux, à plus souvent mettre en doute les savoirs hérités du passé, à plus souvent réviser leurs acquis.

Reste que la description faite par Peirce des activités cognitives semble s'appliquer tout spécialement aux activités cognitives des juristes. Il est vrai que la stabilité et même l'ordre sont indispensables au droit, notamment sous l'angle de la sécurité juridique — une interprétation erronée mais unanimement partagée vaudrait ainsi mieux qu'un débat mettant aux prises des interprétations plus ou moins justifiées. Mais peut-être la solidité et la solidarité de la doctrine, parfois reçue depuis des siècles, ne sont-elles en réalité que des apparences de solidité et de solidarité, ne valant que tant que les croyances demeurent stables.

En outre, pour pouvoir être stables, l'important serait que les croyances ne se construisent pas au hasard mais en suivant des procédures et des codes précisément fixés. Or le travail doctrinal répond justement à des règles méthodologiques rigoureuses : plan binaire, normes de citation, raisonnement syllogistique, construction des introductions, hiérarchisation des sources, exclusion de la « politique juridique » etc. Positivement, ces règles, notamment formelles, assurent l'unité du droit universitaire, son grand « particularisme ontologique ». Négativement, elles favorisent un conformisme bridant toute

par les opérations de jugement — est fonction d'une forme d'activité coopérative au sein de groupes sociaux en vue de produire des croyances communes » (J. Lenoble, « Les exigences du tournant pragmatiste et la redéfinition du concept de droit », *Les carnets du Centre de philosophie du droit* 2006, n° 126, p. 28)

[15] J. Lenoble, « Au-delà du juge – Des approches herméneutique et pragmatique à une approche génétique du concept de droit », *European Journal of Legal Studies* 2007, n° 1, p. 3.

velléité de réformer les approches scientifiques du droit. Mais les travaux de la doctrine juridique seraient bien dignes d'être qualifiés de « scientifiques ». Cela est décisif puisque Peirce distinguait quatre méthodes de fixation des croyances (l'obstination, la persécution, l'opinion publique et la recherche) dont seule la dernière serait capable de donner leur force aux croyances stables en les frappant du sceau de la science — « croyance stable » serait synonyme de « croyance scientifique » et même de « connaissance scientifique »[16]. Si la pensée juridique prend parfois des allures d'opinion publique, il semble qu'elle se construise bien plus sur des recherches que sur l'opinion, l'obstination ou la persécution.

Enfin, la théorie des croyances stables de Peirce pourrait permettre de comprendre, au-delà du fonctionnement de la doctrine, le fonctionnement du droit en général et notamment celui de la jurisprudence. En effet, cette jurisprudence, qui n'existe pas dans le droit officiel français — et même que le Code civil prohibe —, ne se développe-t-elle pas à base de dialogue collectif des juges aboutissant à la fixation de croyances stables quant aux interprétations à donner des lois et quant à l'existence de certaines règles non écrites ? Aussi la jurisprudence devrait-elle bien s'analyser telle une « autorité ».

Par ailleurs, le droit et la doctrine pourraient également, à travers le prisme pragmatiste, se comprendre en tant qu' « habitudes d'action », expression à nouveau empruntée au vocable peircien. Si les hommes peuvent nourrir des « attentes raisonnables relativement au comportement d'autrui »[17], peut-être est-ce notamment parce que le droit oriente fortement ce comportement, parce qu'il génère des habitudes d'action. Les règles de droit pourraient dès lors se comprendre telles des *« orientations d'habitudes d'action ».* C'est la proposition formulée par le professeur Joël Moret-Bailly à l'occasion de son « Esquisse d'une théorie pragmatiste du droit ».

[16] C. TIERCELIN, *C. S. Peirce et le pragmatisme*, Puf, coll. Philosophies, 1993, p. 91.

[17] M. WEBER, *Sociologie du droit*, trad. J. Grosclaude, Puf, coll. Quadrige grands textes, 2007.

Le professeur explique que, selon Peirce, « toute conduite est soumise à des règles », notamment juridiques, et une habitude d'action se définit comme « ce sur la base de quoi un homme est disposé à agir »[18]. Aussi faudrait-il placer au cœur du fonctionnement du droit non le Parlement ou les tribunaux mais les individus récepteurs des normes, car ce sont eux qui doivent être « disposés à agir » en fonction des normes, donc qui doivent être prêts à se soumettre au droit. Et, s'ils sont ainsi prêts à se soumettre au droit, cela s'explique sans doute par des « croyances stables », croyances en la légitimité des autorités publiques ou, éventuellement, des organisations sociales productrices de normes. L'habitude d'action ne saurait être purement mécanique ou répétitive ; elle est consciente : les citoyens se rendent compte qu'ils respectent le droit lorsqu'ils respectent le droit et, s'ils le font y compris lorsqu'ils en retirent un désagrément direct, c'est parce qu'ils en retirent également le bénéfice indirect consistant à préserver les termes du contrat social, lequel ne serait pas autre chose qu'une croyance stable généralisée donnant sa force à l'État.

Le professeur Moret-Bailly propose donc de reconsidérer la définition de la règle de droit afin d'y voir une « orientation d'habitudes d'action »[19]. Cela permettrait de mieux saisir divers aspects de la *vie du droit* qu'en se basant sur la conception impérativiste de la règle se bornant à la traduire en un

[18] Cité par J. MORET-BAILLY, « Esquisse d'une théorie pragmatiste du droit », *Droits* 2013, n° 55, p. 195. D'ailleurs, pour le professeur, il semble que la notion peircienne d'habitude d'action ait été construite sur l'exemple du droit (*ibid.*, p. 196). Il est vrai que c'est le juriste Nicholas St. John Green qui a fait connaître au « Club métaphysique » les idées du philosophe Alexander Bain sur la croyance comme habitude d'action (J.-P. COMETTI, *Qu'est-ce que le pragmatisme ?*, Folio, coll. Essais, 2010, p. 56).

[19] J. MORET-BAILLY, « Esquisse d'une théorie pragmatiste du droit », *Droits* 2013, n° 55, p. 196. Le lien entre les règles et les actions, donc entre les règles juridiques et les actions, fait peu de doute. François Gény parlait déjà de « règles d'action » (F. GENY, *Science et technique en droit privé positif – Nouvelle contribution à la critique de la méthode juridique*, Sirey, t. I, 1914, p. 97). *Cf.*, notamment, A. JEAMMAUD, « Les règles de droit et les actions », *D.* 1993, p. 207 s. ; É. SERVERIN, « Agir selon les règles dans la sociologie du droit de Max Weber », in A. BERTHOUD, É. SERVERIN, dir., *La production des normes entre État et société civile*, L'Harmattan, 2000, p. 209 s.

commandement unilatéral dont l'existence dépendrait uniquement de son émetteur et aucunement de son récepteur. Si la règle de droit est une orientation d'habitudes d'action, le chercheur en droit devrait porter son attention autant sur le destinataire que sur l'origine de la règle afin d'observer les comportements de ce premier et de quelle manière il reçoit la règle.

Où revient la grande différence entre le juriste normativiste focalisé sur la validité et le juriste pragmatiste focalisé sur l'effectivité : une loi parfaitement inscrite dans l'ordre juridique mais désuète et donc respectée par personne sera juridique aux yeux de l'un mais pas de l'autre ; et une règle sociale non étatique à laquelle le groupe en cause se conforme sans exception sera juridique aux yeux de l'un mais pas de l'autre[1]. Où revient, également, le lien intime que le pragmatisme invite à nouer entre le droit et la sociologie. Triompherait la pensée de Léon Duguit ou Gaston Jèze selon laquelle la légitimité du pouvoir politique s'éprouverait à mesure de son exercice et ne pourrait jamais être déduite de son origine[2].

[1] Le professeur Moret-Bailly en tire d'autres enseignements. Il prend l'exemple du Code civil lorsqu'il « propose, par principe, à propos de différents contrats, des règles supplétives de volonté, que les acteurs choisissent de mobiliser ou non », ainsi que l'exemple de « certaines règles fiscales qui proposent aux contribuables intéressés des régimes fiscaux avantageux, mais sans les obliger à y souscrire. Ces règles proposent bien aux acteurs des principes d'action, mais sans les imposer, et qui feront l'objet de délibérations par ces derniers » (*ibid.*). Le professeur évoque également le Code pénal, qui n'interdit pas d'adopter certains comportements tels que le vol ou le meurtre mais fixe les conséquences juridiques de l'adoption de ces comportement (*ibid.*). Selon Beccaria, inspirateur du système pénal moderne, la norme pénale s'adresse à un individu libre qui fera un choix raisonnable par rapport à celle-ci : commettre l'infraction ou non en fonction des conséquences de cette dernière. Il suffirait dès lors, sous un angle utilitariste, que le désagrément lié à la peine soit supérieur au gain offert par la commission de l'infraction pour éviter cette dernière (C. BECCARIA, *Des délits et des peines*, 1764).

[2] Notamment, G. JEZE, *Principes généraux du droit administratif*, Berger-Levrault, 1904, p. 18 (cité par O. BEAUD, « L'œuvre de Gaston Jèze signifie-t-elle un repli de la doctrine publiciste française sur la technique juridique ? »,

Avec la conception du droit comme ensemble d'orientations d'habitudes d'action, il faudrait donc, pour comprendre le droit, comprendre comment l'acteur qui concrètement et quotidiennement est confronté au droit l'appréhende. Tel était déjà le point de vue qu'adoptait le juge Holmes à travers sa théorie prédictive du droit : le scientifique du droit devrait se mettre dans la peau du « *bad man* » ou de l'homme ordinaire afin de cerner ses attentes à l'égard du droit et de la justice. Il en résulte que la valeur d'une règle de droit (sa force juridique ou, du moins, sa force normative) ne lui serait plus octroyée uniquement par son organe-auteur mais aussi et tout autant par ses *acteurs-récepteurs*. Peut-être y a-t-il là une voie intéressante à approfondir à l'heure où les juristes semblent de moins en moins pouvoir se passer de l'étude des nouvelles formes de normativité telles que les codes de conduite privés, les normes comptables, les normes managériales, les normes techniques, les standards, les indicateurs de performance etc. Un dispositif à vocation normative quel qu'il soit deviendrait justiciable d'une analyse juridique — ou plutôt socio-juridique — *dès lors qu'il génère des habitudes d'action*, donc dès lors qu'il fonctionne effectivement comme un ensemble d'orientations d'habitudes d'action. La recherche juridique en sortirait grandie, tant eu égard à son objet sensiblement élargi qu'eu égard à sa capacité à suivre les mouvements du monde et des sociétés d'aujourd'hui.

À l'aune du chapitre qui s'achève ainsi que des chapitres précédents, et considérant que « la vie du droit, ce n'est pas la logique mais l'expérience »[1], il semble qu'une science juridique pragmatiste ne pourrait guère s'accomplir de la même manière que la science juridique moderne, bâtie sur le normativisme du

Jus Politicum 2013, n° 11, p. 30) ; L. Duguit, *Traité de droit constitutionnel – Tome premier : La règle de droit, le problème de l'État*, 3e éd., De Boccard, 1927, p. 171 (« la loi émane des gouvernants ; quels qu'ils soient, ils ne peuvent se maintenir au pouvoir que si leurs actes et leurs décisions répondent aux tendances, aux besoins, aux aspirations, aux sentiments de la masse des individus composant le groupe. Le plus souvent, la loi positive est acceptée par cette masse et c'est pour cela qu'elle est obéie »).

[1] O. W. Holmes, *The Common Law*, MacMillan (Londres), 1881, p. 1.

XXe s. L'objet de la prochaine partie sera de réfléchir aux orientations que cette science juridique pragmatiste pourrait suivre en termes méthodologiques et, plus généralement, sous l'angle de l'attitude du chercheur.

Seconde partie

Le juspragmatisme : vers une nouvelle conception de la science juridique ?

Charles Sanders Peirce l'expliquait déjà à son époque : le pragmatisme est avant tout un *état d'esprit*, une *attitude* ou, s'il peut être un peu plus sophistiqué, une *méthode*[1]. Cette seconde partie visera à proposer quelques pistes afin d'identifier ce que pourrait être un état d'esprit, une attitude ou une méthode pragmatiste chez les juristes. Et, si cet état d'esprit, cette attitude ou cette méthode peut assurément toucher tout juriste et notamment les juges et les avocats[2], il s'agira ici de se concentrer sur les chercheurs en droit, donc sur les juristes pragmatistes qui pourraient se trouver parmi les universités.

Le pragmatisme n'est ainsi pas une doctrine, pas un ensemble d'idées de fond, mais davantage un mode d'approche des choses qui met l'accent sur l'action, sur les effets, sur les conséquences. Au-delà, il peut aussi inviter à poser un *regard critique et libre* sur l'objet observé, rejetant toutes les formes de conservatisme et de suivisme. N'y a-t-il pas là une voie intéressante à explorer pour les universitaires-juristes, une voie qui permettrait de renouveler les sciences du droit, la recherche juridique, la pensée du droit et la doctrine juridique ? La

[1] De même, Léon Duguit, qui a été l'un des rares juristes français à étudier le pragmatisme juridique, pouvait constater combien celui-ci « n'est ni une école ni une doctrine ; il est une méthode » (L. DUGUIT, *L'État, le droit objectif et la loi positive*, Fontemoing, 1901, p. 176 (cité par S. GILBERT, « Présentation », in L. DUGUIT, *Le pragmatisme juridique*, La mémoire du droit, 2008, p. 41)).

[2] *Cf.*, notamment, M. BRINT, W. WEAVER, dir., *Pragmatism in Law and Society*, Westview Press, 1991.

dimension critique de l'attitude pragmatiste doit permettre de passer outre les obstacles à la « créativité de l'agir », à la *liberté de la recherche*. Le pragmatisme, tel que William James également le concevait, n'est pas un système et encore moins une doctrine constellée de dogmes, mais une discussion, un *mouvement* ; moins une organisation définitive d'idées qu'une impulsion générale dont la recherche juridique pourrait profiter. Tel est le pari que ces lignes souhaitent prendre.

Le pragmatisme entend favoriser l'ouverture de la recherche, la libre discussion, les droits de la critique. De ce point de vue, il se rapproche d'une *éthique scientifique* : les chercheurs, en y adhérant, seraient mieux capables de contribuer au progrès scientifique, au développement des savoirs[3]. En effet, les pragmatistes sont sous l'influence des thèses darwinienne : pour eux, il n'existe guère d'espèces fixées pour toujours ; tout serait en mouvement et aucune connaissance ne saurait être acquise pour toujours. Cela ne pourrait-il pas s'appliquer au droit ? Ce dernier ne pourrait-il pas adopter l'*esprit expérimental* des pragmatistes ? Avec cet esprit expérimental, nulle thèse ne saurait être à l'abri d'une révision future justifiée par de nouvelles expériences[4]. Là où les cartésiens entendent se fonder sur des prémisses exactes afin d'aboutir à la vérité, les pragmatistes jugent qu'il faudrait au contraire tester les croyances de façon à pouvoir, à travers *l'enquête et la discussion*, identifier et éliminer les erreurs[5].

[3] J.-P. COMETTI, *Qu'est-ce que le pragmatisme ?*, Folio, coll. Essais, 2010, p. 159.

[4] Le pragmatisme se rapproche donc du scepticisme, mais en rejetant tout scepticisme radical. Le scepticisme est une approche philosophique selon laquelle la pensée humaine ne pourrait déterminer quelque vérité avec certitude. Il ne s'agirait pas de rejeter la recherche, mais au contraire de ne jamais l'interrompre en prétendant être parvenu à une vérité absolue.

[5] Cette méthode est ainsi proche de celle de Karl Popper et en particulier de l'idée de réfutabilité. Tel est notamment le cas avec la méthode de l'« abduction » promue par Peirce, laquelle serait « la seule espèce de raisonnement susceptible d'introduire des idées nouvelles » (cité par C. TIERCELIN, *C. S. Peirce et le pragmatisme*, Puf, coll. Philosophies, 1993, p. 96).

Ensuite, le pragmatisme renvoie dos-à-dos les deux tentations jumelles de l'aspiration métaphysique à des fondements permanents et de l'acceptation relativiste de la perte de tout repère. Ces deux tentations semblent exister en droit, quoique de moins en moins et quoique la première plus que la seconde. Reste que le pragmatisme serait une position équilibrée dont la recherche juridique pourrait profiter, surtout dès lors qu'elle aspire à la scientificité. Avec l' *« attitude empiriste »* décrite par James, et intimement liée au pragmatisme, il importe de se tenir rigoureusement sur le plan de l'expérience : « L'expérience seulement, mais toute l'expérience, tel est l'unique principe de James »[6]. Or cet empirisme n'a jusqu'à présent guère été considéré tel un principe-cadre des sciences juridiques, notamment en raison de la « loi de Hume » et de la dissociation radicale entre être et devoir-être. Mais, avec le pragmatisme, tout devoir-être peut s'analyser tel un être ; il est permis d'étudier l'existence d'une norme et ses effets concrets. Le juriste devrait en quelque sorte muer en *sociologue-juriste*, étudiant ce que fait le droit plutôt que ce qu'est le droit, donc se consacrant non plus à la technique ou dogmatique juridique mais à l'examen des *conséquences sociales, économiques et morales des normes*.

Et bien d'autres prémisses pragmatistes pourraient être éventuellement adoptées avec profit par les chercheurs en droit. Notamment, il pourrait être bénéfique de suivre la pensée de Dewey lorsqu'elle invite explicitement les théoriciens du droit à plus d'humilité conceptuelle et à une plus grande implication dans la compréhension des phénomènes sociaux et culturels du présent. Comme il ne faudrait pas séparer radicalement être et devoir-être, il ne faudrait pas séparer radicalement théorie et pratique du droit. Penser le droit, en tant que juspragmatiste, conduirait nécessairement à penser la pratique du droit. Il faut rappeler le précepte posé par Peirce selon lequel toute idée qui n'aurait pas de conséquences en pratique devrait être éliminée des raisonnements et des discours. La pensée juridique se fait parfois excessivement abstraite, nébuleuse, évasive ; une pensée

[6] S. MADELRIEUX, *William James – L'attitude empiriste*, Puf, 2008.

du droit pragmatique serait en permanence en prise avec les faits juridiques.

Et cela s'appliquerait *a fortiori* aux sciences du droit. Déjà François Gény soutenait qu'une science juridique ne pourrait se baser que sur le donné, donc sur l'observation de la réalité[7]. Et, si une grande partie de l'œuvre de François Gény se concentre sur le construit au-delà du donné, l'important serait de faire reposer le construit sur le donné, loin des spéculations et autres stipulations très éloignées du droit concret et pratique[8].

La recherche juridique, pour devenir pragmatique, pourrait s'engager dans les sept voies suivantes : se concevoir telle une recherche sociologique, conduisant à procéder à des enquêtes de terrain (*chapitre 1*), se baser sur une approche empirique (*chapitre 2*), se focaliser sur le droit tel qu'il est pratiqué au quotidien par les juristes (*chapitre 3*), se rapprocher sous certains aspects des sciences expérimentales (*chapitre 4*), chercher à se préserver du diktat des aprioris et des idées préconçues (*chapitre 5*), permettre au jugement critique de se libérer (*chapitre 6*) et, enfin, accepter le « darwinisme juridique », c'est-à-dire refuser tout conservatisme de principe risquant de freiner l'adaptation de la pensée juridique aux mutations du droit effectif (*chapitre 7*).

[7] F. GENY, *Science et technique en droit privé positif – Nouvelle contribution à la critique de la méthode juridique*, Sirey, t. III, 1924.

[8] Ainsi le pragmatiste considérera-t-il qu' « assurément, il faut toujours que la raison critique finisse par être satisfaite, et c'est toujours elle qui juge en dernier ressort. Mais cette raison souveraine n'est pas tout faite en nous d'avance ; elle a à se faire graduellement, et ne devient décidément compétente qu'après s'être transformée ou plutôt informée par l'effet même de l'expérience qu'elle a vécue » (E. LE ROY, « Observations sur le pragmatisme », in A. LALANDE, *Vocabulaire technique et critique de la philosophie*, 10e éd., Puf, coll. Quadrige dicos poche, 2010, p. 806).

Chapitre 1. Les enquêtes de terrain juridique

Peut-être, pour un juspragmatiste, est-il impossible de trouver sans chercher. « *Fabricando fabri fimus* »[9], disait-on déjà dans la Rome antique. Il n'est cependant pas rare, dans le domaine de l'étude et de la pensée du droit, que des conclusions soient proposées spontanément, sans qu'aucune enquête « de terrain » n'ait été au préalable entreprise[10]. Pourtant, « *res ipsa loquitur* »[11], notaient également les romains, à la suite des grecs. Il faut dire qu'Aristote[12], les sophistes et les épicuriens furent de premiers empiristes, donc peut-être aussi de premiers pragmatistes. La méthode des juspragmatistes serait en tout cas foncièrement sociologique. Elle supposerait, avant toute autre chose, d'*entreprendre des enquêtes de terrain juridique*.

[9] « La pratique fait l'ouvrier » ou « c'est en forgeant qu'on devient forgeron ».

[10] Par exemple, les options épistémologiques des jusnaturalismes, mais aussi celles des théories positivistes, ne permettent pas d'en faire des théories scientifiques puisqu'elles « déterminent *a priori* leur capacité explicative des théories juridiques, indépendamment de l'observation de leur pertinence quant à l'analyse du phénomène juridique » (R. RICCI, « Le statut épistémologique des théories juridiques : essai de définition d'une pratique scientifique juridique », *Dr. et société* 2002, p. 166). Et Carré de Malberg, ainsi que le note l'un de ses commentateurs, pouvait poursuivre l'ambition de « rechercher l'essence » des objets théoriques en cause, c'est-à-dire les « idées dont la valeur de vérité est indépendante de leurs réalisations empiriques » (É. MAULIN, *La théorie de l'État de Carré de Malberg*, Puf, coll. Léviathan, 2003, p. 336).

[11] « Les faits parlent d'eux-mêmes ».

[12] *Cf.* J. BENOIST, « Aristote – Éthique à Nicomaque, livre V », in O. CAYLA, J.-L. HALPERIN, dir., *Dictionnaire des grandes œuvres juridiques*, Dalloz, 2008, p. 1-2. L'auteur souligne notamment qu'Aristote refusait de séparer de l'être sensible sa structure intelligible et de faire de celle-ci un domaine de réalité séparé, ce que Platon appelait les « Idées » ; et qu'Aristote n'adoptait pas, comme le faisait Platon, l'attitude du philosophe législateur, qui se place dans la position, fictive, d'édicter lui-même ce que devrait être le droit, mais il essayait davantage de comprendre, de fait, ce qu'était le droit concrètement.

Les conclusions des travaux devraient être tirées *a posteriori*, non *a priori* en sélectionnant en opportunité les arguments allant dans le sens de la thèse défendue. Il reviendrait aux scientifiques du droit pragmatistes de limiter au strict minimum les structures conceptuelles — sans vouloir les supprimer totalement, car de simples données et observations ne sauraient constituer une science[1] — et de constater le maximum de données factuelles. Leur propos devrait donc être *descriptif*, principalement, et *explicatif*, ensuite, éventuellement *critique ou prospectif*, mais en aucun cas stipulatif, normatif, politique ou polémique.

Même si nombre d'auteurs considèrent encore que les sciences du droit ne sauraient être que des sciences normatives et non des sciences empiriques et causales[2], il devient de plus

[1] « Une pure collection de données d'observation ou d'expérience ne constitue pas une science : les "faits" doivent être ordonnés, interprétés, expliqués. En d'autres termes, c'est seulement lorsqu'elle est soumise à un traitement théorique qu'une connaissance des faits devient une science » (A. KOYRE, *Études d'histoire de la pensée scientifique*, Gallimard, 1973, p. 328 (cité par Ch. ATIAS, *Science des légistes, savoir des juristes*, 3e éd., PUAM (Aix-en-Provence), 1993, p. 207)). Et on peut plaider pour un « équilibre entre la réflexion ésotérique sur des mondes imaginaires et le traitement irréfléchi des données » (A. SUPIOT, « État social et mondialisation : analyse juridique des solidarités », Leçon inaugurale au Collège de France, 29 nov. 2012). Kant, pour sa part, retenait, de façon très imagée, qu' « une doctrine uniquement empirique du droit est une tête qui peut être belle, mais dont il est simplement dommage qu'elle ne possède point de cervelle » (I. KANT, « Doctrine du droit », in *Métaphysique des mœurs*, trad. A. Philolenko, Vrin, 1979 (cité par J. JIANG, « *Quid jus* ? Esquisse d'une théorie dialectique de la définition du droit », *RRJ* 2002, p. 628)).

[2] Une part non négligeable de la doctrine juge ainsi que le droit ne serait pas un phénomène empirique et/ou que la science juridique ne pourrait pas être une science empirique (par exemple, L. HABIB, « L'impur objet de la science du droit », *Droits* 1990, n° 11, p. 102 ; O. PFERSMANN, « Monisme revisité contre *juriglobisme* incohérent », in J.-Y. CHEROT, B. FRYDMAN, dir., *La science du droit dans la globalisation*, Bruylant (Bruxelles), coll. Penser le droit, 2012, p. 64). Par ailleurs, d'aucuns rejettent les travaux « englués dans la factualité et dans l'empirie » (S. GOYARD-FABRE, *Critique de la raison juridique*, Puf, 2003, p. 20). Hart ne voyait dans l'empirisme qu'une « prétention sans substance » (H. L. A. HART, « Le réalisme scandinave », *Annales de la Faculté de droit de Strasbourg* 2000, n° 4, p. 43 (cité par É. SERVERIN, « Quels faits sociaux pour une science empirique du droit ? », *Dr. et société*

en plus ordinaire de plaider en faveur du sociologisme au sein de la recherche *jus*-scientifique et beaucoup de professeurs de droit soutiennent désormais que « l'utilisation par le droit de la méthode sociologique est devenue une nécessité impérative »[1]. Ils suivent ainsi la méthode préconisée en son temps par Léon Duguit, selon laquelle

> *Il faut constater les faits, n'affirmer comme vrai que ce que l'on constate par l'observation directe et bannir du domaine juridique tous les concepts* a priori, *objets de croyance métaphysique ou religieuse, qui prêtent à des développements littéraires, mais qui n'ont rien de scientifique. [...] Je persiste à penser que l'observation et le raisonnement sur les données de l'observation sont les seuls instruments d'investigation que l'homme possède pour arriver à découvrir la petite part de vérité qu'il lui est permis de connaître. Je persiste à penser que dans le domaine du droit on ne peut arriver à des solutions à la fois pratiques et justes qu'en écartant tous les concepts* a priori *et toute la vaine dialectique que l'on prétend y rattacher. [...] J'ai un profond respect pour les croyances religieuses sincères ; j'admire les rêveries métaphysiques traduites en un beau langage ; mais les unes et les autres n'ont que faire pour la découverte de la vérité positive. [...] Dans le siècle par excellence des sciences positives, le domaine du droit est resté encombré de notions d'ordre purement métaphysique ; on n'a pas su apporter à l'étude du problème juridique une méthode véritablement et exclusivement réaliste. [...]*

2002, p. 61). Et Michel Troper de noter qu' « il semblerait qu'on ne puisse éviter le Charybde d'une science du droit comme science du devoir-être que pour tomber dans le Scylla d'une science empirique dépourvue de toute spécificité et indissociable de la sociologie » (M. TROPER, « Kelsen, Ross et la validité », *Dr. et société* 2002, p. 57). Plus généralement, on constate que la science et la pensée, en France, peinent à mettre en avant l'empirisme et demeurent très cartésiennes (D. BOURCIER, P. VAN ANDEL, *De la sérendipité dans la technique, la science et le droit*, Hermann, 2013).

[1] J.-L. BERGEL, *Théorie générale du droit*, 5e éd., Dalloz, coll. Méthodes du droit, 2012, p. 200.

> *L'intuitionnisme d'un Bergson, l'immanentisme d'un Blondel, le mysticisme d'un Hauriou, me laissent totalement indifférent. J'admire leur talent ; j'aime les sonorités poétiques de la philosophie bergsonienne ; je m'incline devant l'obscurité transcendantale de Blondel et d'Hauriou ; mais je persiste à penser qu'on ne peut arriver à la connaissance de la petite part de réalité qu'il nous est permis d'atteindre que par l'observation directe des faits qui tombent sous la prise des sens. Tout le reste c'est de l'imagination, du mysticisme, du sentiment, de la poésie, ce n'est pas de la connaissance du réel.*[1]

Partant, à l'aune d'une approche pragmatique et non dogmatique, bien des professeurs en viennent-ils à retenir des définitions et des positions plus proches du droit tel que l'expérience quotidienne le révèle et à affirmer, par exemple, contre l'article 5 du Code civil[2], qu'en droit français les juges disposent effectivement de la capacité de prononcer des arrêts de règlement[3] ; ils se proposent d'étudier les changements et l'instabilité du droit, contre toute essence atemporelle du droit[4] ; ou ils entendent se concentrer sur la coutume, qui ne se définit pas autrement que telle une création de droit par des faits[5].

Georges Gurvitch retenait que « toutes les conceptions du droit sont purement constructives », alors qu' « une réalité ne peut jamais être construite dans sa spécificité, elle ne peut qu'être retrouvée, saisie dans une expérience particulière, où

[1] L. DUGUIT, *Traité de droit constitutionnel – Tome premier : La règle de droit, le problème de l'État*, 3e éd., De Boccard, 1927, p. XVI, 3 et 77. Cela amenait Léon Duguit à demander : « Pourquoi inventer toutes ces entités imaginaires, droit subjectif, souveraineté, sujet de droit ? » ; et à répondre que « tout cela s'évanouit à la simple observation des faits » (*ibid.*, p. 674).

[2] « Il est défendu aux juges de prononcer par voie de disposition générale et réglementaire sur les causes qui leur sont soumises ».

[3] Par exemple, J. MORAND-DEVILLER, *Droit administratif*, 13e éd., LGDJ, coll. Cours, 2013, p. 266.

[4] Par exemple, J.-L. HALPERIN, « Le droit et ses histoires », *Dr. et société* 2010, p. 305.

[5] P. DEUMIER, *Introduction générale au droit*, 2e éd., LGDJ, coll. Manuel, 2013, p. 327.

elle est éprouvée, vécue immédiatement »[1]. Et de citer Henri Bergson qui écrivait qu' « une existence ne peut être donnée que dans une expérience »[2]. Le juspragmatiste devrait suivre le sociologue et le philosophe. Et il devrait suivre Maurice Hauriou, qui se disait « positiviste comtiste »[3] et qui expliquait que « la méthode positive pratiquée sincèrement [l'avait] mis à l'abri de l'influence des doctrines spéculatives »[4]. Également à l'instar de Raymond Carré de Malberg lorsqu'il entendait trouver le ferment de sa théorie de l'État dans les institutions positives et uniquement en elles[5], il importerait de se borner à observer le droit positif et à en rendre compte de la manière la plus directe et transparente possible.

Avec le besoin de mener des enquêtes de terrain, *l'empirisme et l'objectivité* se placent au cœur de la recherche juridique. Peut-être sont-ce les deux principes-cadres de la méthode pragmatiste. Empirisme et objectivité formeraient un couple indissociable et, par définition, jamais des observations empiriques ne sauraient comporter de jugements de valeur[6],

[1] G. GURVITCH, *L'expérience juridique et la philosophie pluraliste du droit*, Pedone, 1935, p. 13-14.

[2] H. BERGSON, *La pensée et le mouvant*, 1934, p. 59 (cité par G. GURVITCH, *L'expérience juridique et la philosophie pluraliste du droit*, Pedone, 1935, p. 14).

[3] M. HAURIOU, *Principes de droit public à l'usage des étudiants en licence et en doctorat ès sciences politiques*, 2e éd., Librairie du Recueil Sirey, 1916, p. VII.

[4] *Ibid.*, p. XXIV.

[5] R. CARRE DE MALBERG, *Confrontation de la théorie de la formation du droit par degrés avec les idées et les institutions consacrées par le droit positif français relativement à sa formation*, Librairie du Recueil Sirey, 1933, p. 16 (« nous douterions qu'il pût être reconnu une force juridique absolue à une logique qui prendrait son point de départ ailleurs que dans les institutions positives elles-mêmes. C'est pourquoi il nous semble qu'une théorie sur la formation du droit dans les divers États ne mérite de prendre place dans la théorie générale de l'État qu'autant qu'elle extrait ses matériaux ou éléments de justification des concepts et des systèmes de droit public qui, à une époque déterminée, se trouvent consacrés par les Constitutions et les lois de l'ensemble des États »).

[6] M. TROPER, « Entre science et dogmatique, la voie de la neutralité », in P. AMSELEK, dir., *Théorie du droit et science*, Puf, coll. Léviathan, 1994, p. 313.

même si le pragmatisme autorise sans aucun doute à proposer subséquemment des commentaires critiques.

Reste que, en toute science, il est reconnu que « les connaissances jaillissent avant tout de l'expérience »[1]. Pour reprendre la définition qu'en donnait Georges Gurvitch, l'expérience est la « connaissance acquise par une longue série d'observations qui ne peut jamais être close »[2] ; étant précisé qu'il semble nécessaire de séparer l'« expérience spontanée » (le vécu immédiat) et l'« expérience réfléchie », donc l'expérience analysée et expliquée, qui seule pourrait être qualifiée de « connaissance »[3]. Les enquêtes de terrain ont vocation à permettre de forger directement des expériences spontanées et indirectement des expériences réfléchies. Elles seraient indispensables à toute science pragmatiste, y compris à une science juridique pragmatiste.

Et cette science juridique serait foncièrement empiriste, le juspragmatisme contribuant à renforcer toujours plus les liens entre droit et sociologie.

[1] É. KLEIN, « Comment savons-nous ce que nous savons ? », conférence à l'Agora des savoirs, Centre Rabelais de Montpellier, 2 nov. 2011.

[2] G. GURVITCH, *L'expérience juridique et la philosophie pluraliste du droit*, Pedone, 1935, p. 19.

[3] *Ibid.*, p. 20.

Chapitre 2. L'empirisme juridique

L'empirisme, doctrine scientifique promue, en même temps que la modernité de la pensée, par Bacon, Locke, Hume, Bentham puis Auguste Comte, consiste à fonder le savoir sur l'expérience, sur les enquêtes de terrain précédemment évoquées, donc sur l'observation objective des faits, sur des « démonstrations par le fait »[1]. Il faudrait, pour adopter une démarche pragmatiste, établir les connaissances à partir d'expériences spontanées, donc à partir de faits bruts, immédiatement accessibles sans besoin de reconstructions intellectuelles, se donnant à voir sans aucun travestissement.

Une telle aspiration à l'empirisme n'est néanmoins guère originale et la théorie du droit cherche souvent à imposer une science empiriste du droit[2], considérant que les normes juridiques seraient des faits[3] — des « faits normatifs »[4] en quelque sorte — susceptibles de donner lieu à des « jugements de réalité »[5], *i.e.* des vérifications empiriques.

[1] É. DURKHEIM, *Les règles de la méthode sociologique*, 2e éd. (1937), Puf, coll. Bibliothèque de philosophie contemporaine, 1973, p. XII.

[2] Par exemple, M. TROPER, *Philosophie du droit*, Puf, coll. Que sais-je ?, 2003, p. 62 ; A. ROSS, *Introduction à l'empirisme juridique*, trad. E. Matzner, É. Millard, Bruylant-LGDJ (Bruxelles-Paris), coll. La pensée juridique, 2004, *passim* ; É. MILLARD, « Point de vue interne et science du droit : un point de vue empiriste », *RIEJ* 2007, n° 59, p. 59.

[3] Par exemple, V. PETEV, « Une conception socio-axiologique du droit », *Droits* 1989, n° 10, p. 70.

[4] G. GURVITCH, *L'expérience juridique et la philosophie pluraliste du droit*, Pedone, 1935, spéc. p. 17 (« la réalité du Droit saisie par l'expérience juridique est intermédiaire entre le monde des faits sensibles et le monde idéal ; l'expérience juridique, étant à mi-chemin entre l'expérience du sensible et l'expérience du spirituel, n'a pour données primordiales ni des valeurs idéales ni des faits sensibles mais des "faits normatifs", des faits sensibles incarnant par leur existence même des valeurs »).

[5] M. TROPER, *Pour une théorie juridique de l'État*, Puf, coll. Léviathan, 1994, p. 55.

L'empirisme est de plus en plus en vogue parmi les sciences humaines et sociales. Au sein de celles-ci, « tout discours dogmatique est désormais disqualifié d'office »[1]. Le mouvement d'« empirisation » de la recherche ne semble toutefois toucher qu'à la marge la recherche juridique, encore souvent arcboutée sur l'impossibilité de comprendre des devoir-être à l'aune de faits. Cette plus ou moins grande prospérité de l'empirisme n'est d'ailleurs sans doute pas sans lien avec la plus ou moins grande prospérité du pragmatisme dans les différents champs de la connaissance. Il n'en demeure pas moins que de plus en plus d'universitaires-juristes estiment qu'« il conviendrait de rompre avec nos habitudes de pensée héritées du passé et de mettre résolument nos idées en accord avec les faits »[2].

Les jusnaturalistes, les juspositivistes et les jusrationalistes objecteront que toute connaissance présupposerait l'intervention de la raison, en particulier du jugement qui serait un élément constitutif et formateur du fait — selon Gaston Bachelard, les faits n'existeraient pas en tant que tels et seraient toujours fabriqués par la raison[3]. Même Georges Gurvitch reconnaissait que « le *connu* est toujours plus complexe et plus artificiel que le *donné*, car il suppose une synthèse réfléchie ne pouvant jamais exprimer adéquatement les

[1] M. GIREL, « La production du doute et de l'ignorance dans les sciences », Questions d'éthique, France culture, 25 avr. 2013.

[2] P. AMSELEK, « L'évolution générale de la technique juridique dans les sociétés occidentales », *RDP* 1982, p. 289.

[3] Dans un passage célèbre de *La formation de l'esprit scientifique*, Bachelard soutient que « la connaissance du réel est une lumière qui projette toujours quelque part des ombres. Elle n'est jamais immédiate et pleine. Les révélations du réel sont toujours récurrentes. Le réel n'est jamais "ce qu'on pourrait croire" mais il est toujours ce qu'on aurait dû penser. La pensée empirique est claire, après coup, quand l'appareil des raisons a été mis au point. Rien ne va de soi. Rien n'est donné. Tout est construit » (G. BACHELARD, *La formation de l'esprit scientifique – Contribution à une psychanalyse de la connaissance objective*, Vrin, 1938, p. 13 (cité par Ch. ATIAS, *Science des légistes, savoir des juristes*, 3e éd., PUAM (Aix-en-Provence), 1993, p. 23)). Également, G. BACHELARD, *La philosophie du non – Essai d'une philosophie du nouvel esprit scientifique* (1940), Puf, coll. Quadrige grands textes, 2005.

données éprouvées. L'expérience intégrale de l'immédiat n'est qu'un des éléments constitutifs de la connaissance [...], la racine qui lui procure sa nourriture »[1]. Peut-être, d'un point de vue pragmatiste, ne faut-il pas ignorer ni nier ces considérations, notamment le fait qu'il y aurait toujours dialectique et interaction entre le sujet connaissant et l'objet de connaissance[2], mais s'efforcer à donner la priorité aux expériences spontanées et aux expériences réfléchies. Ainsi, loin de faire prévaloir l'observateur par rapport à l'objet observé, tout chercheur quel qu'il soit devrait peindre le même portrait de l'objet observé, c'est-à-dire peindre sa réalité concrète et uniquement sa réalité concrète. Ensuite, à chacun d'en proposer des commentaires critiques ou prospectifs — on parle ainsi parfois de « positivisme critique »[3]. Mais, au départ, il y aurait toujours l'expérience du sensible et tout expérimentateur placé dans de mêmes conditions devrait effectuer les mêmes constats et obtenir les mêmes résultats. C'est parce que l'agent est interchangeable que l'expérience est dite scientifique et que l'observation est objective[4]. Au moment de débuter ses recherches, le juspragmatiste devrait être mu par la volonté d'être non un acteur mais un simple spectateur aussi transparent que possible, un prisme ou, mieux, un miroir non déformant. Si l'élément étudié présente certains traits particuliers, l'enjeu prioritaire serait de les refléter aussi exactement qu'il est possible de le faire, tant dans leur quantité que dans leur qualité.

Bien sûr, il s'agit là d'un idéal qui ne saurait jamais correspondre à la réalité des activités *jus*-scientifiques. Et Jean Carbonnier pouvait reprocher aux juristes leur « tendance à prendre pour réalité sociologique leurs propres expériences du

[1] G. GURVITCH, *L'expérience juridique et la philosophie pluraliste du droit*, Pedone, 1935, p. 51 (souligné dans le texte original).

[2] F. OST, M. VAN DE KERCHOVE, *De la pyramide au réseau ? – Pour une théorie dialectique du droit*, Publications des Facultés universitaires Saint-Louis (Bruxelles), 2002, p. 474.

[3] L. WINTGENS, *Droit, principes et théories – Pour un positivisme critique*, Bruylant (Bruxelles), 2000.

[4] Ch. ATIAS, *Épistémologie juridique*, Dalloz, coll. Précis, 2002, p. 209.

droit, qui sont pourtant limitées, déformées et déformantes »[1]. Le juspragmatisme, d'ailleurs, devrait amener le chercheur à faire preuve de lucidité quant aux limites intrinsèques de ses activités scientifiques. Toutefois, cela ne saurait empêcher de chercher à améliorer la qualité de ses travaux scientifiques. Or on voit dans l'idéalisme — idéalisme platonicien notamment, qui s'oppose à l'empirisme et au réalisme[2] — la « pathologie typique des penseurs modernes et contemporains de la philosophie, mais aussi de la science du droit, qui perdent le contact avec le monde [...] et font tourner la pensée sur soi-même »[3]. L'empirisme et le pragmatisme pourraient être des « remèdes » importants. Les ouvrages issus de la recherche *jus*-scientifique ne devraient s'intéresser à aucun objet non observable et ne devraient contenir aucune proposition aprioristique, aucun élément immobile et intangible, aucun concept ou principe « pur » car déduit de la seule « Raison », aucune définition strictement abstraite, aucun élément sans rapport avec la pratique juridique, aucun élément créé et non constaté.

L'empirisme consiste donc à faire primer l'expérience sur toute autre forme d'accès à la connaissance, considérant que les faits seraient les seuls critères de la certitude véritable, de la certitude non convictionnelle, et qu'ils orienteraient les jugements plus qu'ils seraient orientés par eux[4]. Les faits seraient des « données primitives avec lesquelles il est impossible de négocier »[5], y compris les faits normatifs ou faits

[1] J. CARBONNIER, *Sociologie juridique*, Puf, coll. Quadrige manuels, 2004, p. 155.

[2] É. MILLARD, « Réalisme », in D. ALLAND, S. RIALS, dir., *Dictionnaire de la culture juridique*, Lamy-Puf, coll. Quadrige dicos poche, 2003, p. 1297.

[3] M. VILLEY, *Seize essais de philosophie du droit*, Dalloz, 1969 (cité par A. PUNZI, « Pour une philosophie réaliste du droit – Villey et les équivoques sur le droit naturel », *Dr. et société* 2009, p. 70).

[4] G. GURVITCH, *L'expérience juridique et la philosophie pluraliste du droit*, Pedone, 1935, p. 20.

[5] É. KLEIN, « Comment savons-nous ce que nous savons ? », conférence à l'Agora des savoirs, Centre Rabelais de Montpellier, 2 nov. 2011.

juridiques, et nul ne pourrait avoir raison contre les faits[1]. La connaissance pragmatique reposerait dès lors avant tout sur de simples « jugements d'existence » consistant à constater que quelque-chose est matériellement et effectivement[2]. Ainsi le savoir produit serait-il un savoir empirique, un savoir spontané[3].

Il reviendrait donc au chercheur d'aborder le droit tel un ensemble d'être et non tel un ensemble de devoir-être. Il pourrait dès lors admettre que « la connaissance juridique a pour objet des normes juridiques »[4], mais à condition de sous-entendre qu'une norme est un fait — ou, du moins, que son existence est un fait. Il lui incomberait de comprendre la science du droit en tant que « science des faits, et non science des normes supposées situées dans un autre monde que celui des faits »[5].

Tout apriorisme serait en conséquence exclu, à la suite de la célèbre incrédulité de Saint Thomas qui disait ne toujours croire qu'en ce qu'il voyait[6]. Cela, cependant, n'interdit pas d'émettre des hypothèses dès lors que celles-ci sont ensuite confirmées ou infirmées par une enquête de terrain[7]. L'approche empirique prohibe toute forme de spéculation et l'ensemble des propositions du chercheur doivent pouvoir être confirmées empiriquement, pouvoir être dites « vraies » ou « fausses », une proposition étant vraie si l'état de choses

[1] S. GOYARD-FABRE, *L'État, figure moderne de la politique*, Armand Colin, coll. Cursus philosophie, 1999, p. 149.

[2] É. SERVERIN, « Quels faits sociaux pour une science empirique du droit ? », *Dr. et société* 2002, p. 64 ; É. MILLARD, « Point de vue interne et science du droit : un point de vue empiriste », *RIEJ* 2007, n° 59, p. 59.

[3] Cela conduit à parler également de « sensualisme » puisque la priorité est donnée à ce qui se donne à voir aux sens.

[4] H. KELSEN, *Théorie pure du droit*, 2e éd., trad. Ch. Eisenmann, Dalloz, 1962, p. 6.

[5] É. MILLARD, « Une théorie empiriste du droit est-elle possible ? Présentation », *Dr. et société* 2002, p. 15.

[6] L'incrédulité de Saint Thomas lui donne une place unique dans le récit des apparitions de Jésus. Dans l'*Évangile de Jean*, il refuse de croire avant d'avoir vu les marques de la Crucifixion.

[7] Par exemple, J. CHEVALLIER, « L'État post-moderne : retour sur une hypothèse », *Droits* 2004, n° 39, p. 107 s.

qu'elle décrit existe réellement et peut être observé[1]. Essentiellement, l'examen empirique du droit devrait amener à constater la répétition de certains « faits juridiques » et, par induction, à en tirer des conclusions générales. La connaissance empirique s'oppose à la connaissance analytique qui porte sur des constructions conceptuelles et qui, elle, peut être plus ou moins pertinente et efficace cognitivement et explicativement mais ne peut pas être dite « vraie » ou « fausse »[2].

Partant, les sciences du droit, avec l'empirisme, se fondraient, épistémologiquement parlant, dans un cadre sociologique, celui d'un positivisme sociologique[3] et d'une véritable science sociale[4], afin d'adopter les modes d'étude classiques en sociologie[5] et une conception expressive du droit[6]. Les scientifiques du droit, pragmatistes, devraient avec Émile

[1] *Cf.* É. SERVERIN, « Quels faits sociaux pour une science empirique du droit ? », *Dr. et société* 2002, p. 61 s. L'empirisme, ainsi que l'expliquait Karl Popper, conduit à ériger la « falsifiabilité » (ou « réfutabilité ») en critère exclusif de la science : pour faire partie de la science empirique, un système doit « pouvoir être réfuté par l'expérience » (K. POPPER, *La logique de la découverte scientifique* (1959), Payot (Lausanne), 1973, p. 32), pouvoir être confronté à des données positives le confirmant ou l'infirmant. Il s'agit là d'un « signe rassurant de l'exigence et de la vitalité de la science » (Ch. ATIAS, *Épistémologie juridique*, Dalloz, coll. Précis, 2002, p. 209). Les apports de toute science du droit devraient donc être falsifiables, être susceptibles de se voir potentiellement invalidés par des tests reproductibles (W. SABETE, « La théorie du droit et le problème de la scientificité », *Arch. phil. droit* 1999, p. 303).

[2] Éric Millard propose l'exemple suivant : « Si je définis la loi comme l'acte voté par le législateur selon la procédure législative, il est nécessairement vrai que la loi du 9 décembre 1905 est une loi ; et que les lois constitutionnelles de 1875 ne sont pas des lois » (É. MILLARD, *Théorie générale du droit*, Dalloz, coll. Connaissance du droit, 2006, p. 25).

[3] L. DUGUIT, *L'État, le droit objectif et la loi positive*, Fontemoing, 1901 ; J. CARBONNIER, *Sociologie juridique*, Puf, coll. Quadrige manuels, 2004 ; J.-F. PERRIN, *Sociologie empirique du droit*, Helbing-Lichtenhahn (Bâle), 1997.

[4] É. MILLARD, « Ross Alf – On Law and Justice », in O. CAYLA, J.-L. HALPERIN, dir., *Dictionnaire des grandes œuvres juridiques*, Dalloz, 2008, p. 490.

[5] P. LASCOUMES, É. SERVERIN, « Théories et pratiques de l'effectivité du Droit », *Dr. et société* 1986, p. 129.

[6] É. SERVERIN, « Quels faits sociaux pour une science empirique du droit ? », *Dr. et société* 2002, p. 61.

Durkheim considérer que, « si les faits sont intelligibles tout entiers, ils suffisent à la science [...] car il n'y a pas alors de motif pour chercher en dehors d'eux les raisons qu'ils ont d'être »[1]. Si la science, chez Aristote (*Épistémè*), est la « connaissance des choses qui ne peuvent être autrement qu'elles ne sont, de ce qui existe nécessairement »[2], une étude scientifique du droit serait forcément une étude pragmatique du droit, forcément une étude empirique du droit, forcément une « étude sociologique du droit »[3].

Ensuite, imposant les enquêtes de terrain et l'empirisme au chercheur, le juspragmatisme pourrait contribuer à rapprocher la recherche juridique et la pratique juridique.

[1] É. DURKHEIM, *Les règles de la méthode sociologique*, 2e éd. (1937), Puf, coll. Bibliothèque de philosophie contemporaine, 1973, p. IX.
[2] ARISTOTE, *Éthique à Nicomaque* (vers 340 av. J.-C.), Vrin, coll. Textes philosophiques, 1994 (cité par J.-P. CHAZAL, « Philosophie du droit et théorie du droit, ou l'illusion scientifique », *Arch. phil. droit* 2001, p. 325).
[3] Par exemple, T. PARSONS, *Essays in Sociological Theory Pure and Applied*, The Free Press (New York), 1957 ; P. LASCOUMES, É. SERVERIN, « Théories et pratiques de l'effectivité du Droit », *Dr. et société* 1986, p. 127 s.

Chapitre 3. La science juridique comme science pratique

Si est pragmatique ce qui concerne les faits, ce qui s'attache à l'action pratique, à ses résultats et à ses conséquences, ce qui juge de la valeur des choses à l'aune de leur possibilité d'application concrète, ce qui œuvre dans le but de produire des effets en pratique, alors le juspragmatisme devrait conduire la recherche juridique à se rapprocher très intimement de la pratique juridique. Ainsi le juspragmatiste devrait-il s'intéresser à ce que font les choses, non à ce que sont les choses. À moins qu'on puisse savoir ce qu'une chose est en étudiant ce qu'elle fait puisqu' « une chose est ce qu'elle fait »[1], est les effets pratiques qu'elle produit[2].

C'est pourquoi le droit pragmatique paraît s'opposer au droit théorique et, plus encore, au droit philosophique, si bien que les théories pragmatiques du droit examinées au sein de la première étude seraient souvent des théories faibles se bornant à consacrer implicitement un « panjuridisme brut ». Le chercheur juspragmatiste, avec Durkheim et les sociologues, procèderait à des « démonstration[s] par le fait »[3], ce qui, inévitablement, interdirait de s'engager dans des réflexions d'ordre spéculatif, détachées des faits ou, du moins, cherchant à dépasser ou à transcender les faits. Ainsi la recherche juridique ne devrait-elle jamais s'éloigner de la pratique juridique.

[1] F. S. Cohen (cité par F. Michaut, « États-Unis (grands courants de la pensée juridique américaine contemporaine) », in D. Alland, S. Rials, dir., *Dictionnaire de la culture juridique*, Lamy-Puf, coll. Quadrige dicos poche, 2003, p. 663).

[2] M. Olivier, *Peirce : la pensée et le réel*, Hermann, 2013

[3] É. Durkheim, *Les règles de la méthode sociologique*, 2e éd. (1937), Puf, coll. Bibliothèque de philosophie contemporaine, 1973, p. XII.

Par suite, qu'on soit juriste-chercheur ou juriste-praticien, être pragmatiste en droit signifierait se concentrer avant tout sur la matière première juridique, c'est-à-dire sur les normes et les institutions. Les méthodes de la recherche en droit relèvent combien « le retour aux textes est pour le chercheur en droit l'équivalent du retour aux faits pour le chercheur en sciences dures »[4]. Plus encore, le juspragmatiste ne devrait pas revenir de temps à autre aux textes normatifs mais ne jamais s'en départir. C'est également cela qui justifierait de n'interroger que les aspects pratiques et concrets des problématiques et d'ignorer leurs aspects théoriques et philosophiques, mais aussi leurs aspects politiques ou autrement polémiques, lesquels, si ils permettent certainement de contribuer à l'évolution de la pensée juridique, n'obligent qu'à de rares « retours aux textes » et « retours aux faits »[5].

Le juspragmatiste, attaché à la pratique juridique, se sentirait concerné par les faits juridiques bien plus que par les fictions, les abstractions et les idéaux juridiques. S'il est vrai que « les fictions, en droit, servent à contrer les réalités »[6], il faudrait alors choisir entre réalité et fiction et le pragmatiste comme le praticien choisiraient toujours la réalité, ce qui peut aussi vouloir dire choisir le fait contre la norme[7], ou bien encore *choisir la norme effective contre la norme valide*. Avec

[4] R. ROMI, *Méthodologie de la recherche en droit*, 2e éd., Litec, coll. Objectif droit, 2010, p. 21.

[5] Et Gaston Jèze pouvait enseigner que « toute théorie juridique qui n'a pas pour point de départ l'observation minutieuse des faits et qui n'en est pas la synthèse exacte et adéquate est dénuée de valeur » (G. JEZE, « De l'utilité pratique des études théoriques de jurisprudence », *RDP* 1914, p. 313 (cité par O. BEAUD, « L'œuvre de Gaston Jèze signifie-t-elle un repli de la doctrine publiciste française sur la technique juridique ? », *Jus Politicum* 2013, n° 11, p. 20)).

[6] P. ROSANVALLON, « La démocratie : esquisse d'une théorie générale – Cours au Collège de France (9/10) », L'Éloge du savoir, France culture, 3 mai 2013.

[7] *Cf.* I. PARIENTE-BUTTERLIN, *Le droit, la norme et le réel*, Puf, coll. Quadrige manuels philosophie, 2005.

Spinoza, il faudrait « prendre la réalité pour ses désirs et non ses désirs pour la réalité »[8].

Tout spécialement, le juspragmatisme pourrait être le cadre préférentiel des travaux relatifs aux enjeux et techniques légistiques, c'est-à-dire relatifs à l'adaptation du droit et du droit de la création du droit aux mouvements de leur environnement et de leur contexte. Mais ce serait aussi au-delà du monde de la recherche, dans le domaine *jus*-politique, qu'il deviendrait aujourd'hui plus indispensable qu'hier de s'inscrire dans la lignée des manuels de droit dont « l'objectif est d'offrir aux étudiants, aux praticiens et à tous les juristes une réponse aussi concrète, utile et pragmatique que possible aux questions qu'ils rencontrent »[9].

Reste que la recherche juridique comprise comme recherche pragmatique devrait amener les travaux des universitaires à ressembler de plus en plus aux travaux des praticiens ou, du moins, à s'appuyer fortement sur eux. Les professeurs de droit en viendraient alors à produire régulièrement des « études de praticien »[10]. Mais le pragmatisme juridique pourrait aussi — bien que ce soit cette fois une proposition entièrement prospective, très éloignée des activités actuelles des chercheurs en droit — conduire la recherche juridique à emprunter certaines de leurs méthodes aux sciences expérimentales.

[8] Cité par R. ENTHOVEN, « Le réel et son double – Clément Rosset », Le gai savoir, France culture, 14 oct. 2012.

[9] P. VAN OMMESLAGHE, *Droit des obligations*, t. I, Bruylant (Bruxelles), 2010, p. 2 (cité par B. FRYDMAN, « La méthode pragmatique du professeur van Ommeslaghe », allocution prononcée à l'occasion de la conférence Perelman exceptionnelle, 26 nov. 2010).

[10] En ce sens, il est remarquable qu'un professeur écrive, en préface d'un ouvrage, que son auteur, « par sa méthode et son style, pense et écrit en avocat, c'est-à-dire en praticien du droit, placé en première ligne pour connaître *in concreto* les dérives du droit moderne, ce qui n'est pas fréquent dans la production intellectuelle ordinaire où les théoriciens sont nombreux mais coupés de la pratique, et où les praticiens qui écrivent sont rares » (Ph. NEMO, « Préface », in P. SIMON, *Le droit naturel – Ses amis, ses ennemis*, François-Xavier de Guibert, 2006).

Chapitre 4. La science juridique comme science expérimentale

Le juspragmatiste préfèrerait le *cas concret* au concept vaporeux. Déjà Descartes enjoignait ses lecteurs à construire les connaissances « à partir du particulier et non à partir du général »[11]. Et on observe que « rien n'est compréhensible sans exemples »[12], mais à condition de ne pas choisir ces exemple en opportunité, donc *a posteriori* afin de servir sa démonstration[13]. Les exemples, pour être pertinents, devraient toujours, d'une part, être acceptés *a priori* et, d'autre part, correspondre à « des situations moyennes et normales », non à « des cas extrêmes [et] des possibilités extraordinaires »[14].

Par conséquent, plutôt qu'à des exemples multiformes et parfois hasardeux, il pourrait être tentant d'étudier un *« sujet d'expérience »*, c'est-à-dire un ensemble d'exemples unitaire, représentatif ou symptomatique de la réalité contemporaine du

[11] R. DESCARTES, *Discours de la méthode – Pour bien conduire sa raison, et chercher la vérité dans les sciences*, Leyde, 1637.

[12] M. OLIVIER, *Peirce : la pensée et le réel*, Hermann, 2013.

[13] On note ainsi que « l'exemple est un allié dangereux pour qui cherche à évaluer le changement, dans la mesure même où il a été sélectionné en raison de son exemplarité et, donc, plus ou moins consciemment, du fait de son adéquation privilégiée au modèle théorique qu'il a pour fonction d'illustrer » (D. DE BECHILLON, « La structure des normes juridiques à l'épreuve de la postmodernité », in A. BERTHOUD, É. SERVERIN, dir., *La production des normes entre État et société civile – Les figures de l'institution et de la norme entre État et sociétés civiles*, L'Harmattan, 2000, p. 53). Et de citer Jean Rivero qui disait que, si « l'océan est peuplé d'une infinité de sardines et de quelques cœlacanthes », il serait peu judicieux de « penser une théorie générale du peuplement halieutique à partir de la seule observation des cœlacanthes » (*ibid.*, p. 64).

[14] R. CARRE DE MALBERG, *Contribution à la théorie générale de l'État spécialement d'après les données fournies par le droit constitutionnel français*, t. I, Sirey, 1920, p. XIII-XIV.

droit. C'est pourquoi il serait permis d'interroger, à l'aune du « virage pragmatiste » que la recherche juridique prendrait, la possibilité d'introduire la notion d' *« expérience scientifique »* et le procédé de l'expérience scientifique parmi les sciences du droit. Les chercheurs en droit pourraient-ils véritablement travailler au sein de laboratoires et au moyen d'instruments de laboratoire ?

L'attrait des juristes pour les sciences expérimentales comme pour le pragmatisme demeure une chose peu répandue, pour ne pas dire inexistante. Sans doute s'appuie-t-on régulièrement sur des métaphores tirées du jargon scientifique, mais, concrètement, les juristes ne procèdent jamais à de véritables expériences scientifiques[1]. Pourtant, il est généralement admis que, en tant que science sociale, le droit ne se situerait pas en dehors du champ scientifique et que nulle de ses composantes n'interdirait une pratique scientifique[2]. Le fait que la recherche juridique soit « un travail scientifique »[3] et le fait que le premier critère d'évaluation de pareille recherche doive être son « efficacité scientifique »[4] ne sont jamais mis en doute, ce qui importe étant « moins le résultat que la manière d'obtenir le résultat »[5] et autant la méthode empruntée que l'objectif poursuivi. Seulement les plus fortes conséquences de ces affirmations ne sont-elles jamais tirées ; « science sociale », le droit ne devrait pas, ni ne pourrait, quêter le statut de science expérimentale. Pourtant, « le rôle du juriste [n'est-il pas] de faire œuvre de clinicien, pas de prêtre ou d'apprenti-

[1] Du moins au niveau de la recherche juridique puisque les législateurs, eux, recourent parfois aux « lois expérimentales ».

[2] R. Ricci, « Le statut épistémologique des théories juridique : essai de définition d'une pratique scientifique juridique », *Dr. et société* 2002, p. 178.

[3] R. Romi, *Méthodologie de la recherche en droit*, 2e éd., Litec, coll. Objectif droit, 2010, p. 45.

[4] *Ibid.*

[5] F. Rouviere, « Itinéraire de la recherche en droit – Le plan de la thèse », conférence à la Faculté de droit et de science politique d'Aix-en-Provence, 3 mars 2012.

sorcier »[1] ? Aussi le chercheur en droit pourrait-il ou même devrait-il appuyer ses pratiques scientifiques sur des *procédures précises, rigoureuses et pérennes*, donc expérimentales.

En particulier, l'affirmation du pragmatisme chez les juristes inciterait à se demander s'il serait *possible d'étudier le droit au moyen d'instruments de mesure* — ceux-ci étant les outils les plus essentiels à tout scientifique — ou bien si le statut particulier des sciences humaines et sociales rendrait cette ambition inconséquente et les résultats potentiels nécessairement trop approximatifs. Les chercheurs en droit n'ignorent pas combien un caractère imparfait marquera toujours, quels que soient les efforts entrepris, les « sciences littéraires » en général et les sciences du droit en particulier. Ces « sciences à la cuillère » ne seront jamais des « sciences au microscope ». Cependant, le juspragmatisme ne permettrait-il pas de remédier, forcément de façon fragmentaire et dans une mesure modeste, à certaines de ces imperfections ? En somme, il s'agirait de transformer le droit universitaire en une « science à la petite cuillère » quand il se présenterait aujourd'hui davantage telle une « science à la grande cuillère » dans laquelle la « culture corporative » l'emporterait encore sur la « culture scientifique »[2].

Toutefois, si la « culture corporative » domine peut-être la « culture scientifique » parmi les chercheurs en droit, ce n'est pas fatalement pour de mauvaises raisons, tant s'en faut. Il importe de se méfier de la « loi de la bipolarité des erreurs »[3], cette sorte de balancier intellectuel qui ne permet à l'esprit de se délivrer d'un cercle d'égarements qu'en succombant aussitôt aux fourvoiements opposés. Et il convient de garder à l'esprit que « les nombres à eux seuls peuvent être aveugles et sans signification ; des données littéraires et qualitatives, sans nombres ni statistiques, ne sont souvent rien d'autre qu'histoires

[1] A. LECA, *La genèse du droit – Essai d'introduction historique au droit*, 3e éd., Librairie de l'Université d'Aix-en-Provence (Aix-en-Provence), 2002, p. 37.

[2] F. AUDREN, J.-L. HALPERIN, *La culture juridique française – Entre mythes et réalités – XIXe-XXe siècles*, CNRS éditions, 2013, p. 234.

[3] G. BACHELARD, *La formation de l'esprit scientifique*, Vrin, 1977, p. 20.

et impressions. Réunissez-les, et ils auront plus de sens ensemble qu'ils n'en avaient isolément »[1]. De ces points de vue également, le pragmatisme pourrait s'avérer utile en ce qu'il penche du côté de l'équilibre plus que du côté du manichéisme, en ce qu'il pousse à refuser tout système de certitudes mais aussi à rejeter tout scepticisme de principe.

Par suite, une recherche serait foncièrement juspragmatiste dès lors qu'elle consisterait *en la conduite et en l'exposé des résultats d'une expérience scientifique*. Intimement liée au pragmatisme, l'expérimentation est la « méthode scientifique [qui] exige l'emploi systématique de l'expérience et de l'observation contrôlée afin de vérifier les hypothèses avancées et d'acquérir des connaissances positives dans les sciences expérimentales »[2]. La science du droit pourrait-elle devenir une telle science expérimentale ? S'il est permis d'en douter pour des motifs ontologiques[3], de telle sorte que ces réflexions sont forcément très éloignées de la réalité des activités quotidiennes des chercheurs en droit, elle pourrait néanmoins, avec l'aide des prémisses pragmatistes, s'en

[1] L. M. FRIEDMAN, « La sociologie du droit est-elle vraiment une science ? », *Dr. et société* 1986, p. 116.

[2] V° « Expérimentation », in *Le petit Larousse illustré 2011*, Larousse, 2010 (non souligné dans le texte original).

[3] Ce n'est bien sûr pas par hasard que les sciences humaines et sociales sont qualifiées de « molles » par opposition aux sciences « dures » ou « exactes » que sont les mathématiques, la physique, la chimie, la biologie, la géologie ou encore l'informatique. Il serait difficile de suivre qui considère que « le droit est une science naturelle comme la botanique ou la zoologie, une science de faits susceptibles d'observation scientifique, et non pas un ensemble de concepts cérébraux » (E. PICARD, *Le droit pur* (1908), Kessinger Publishing (Whitefish), 2010) ; que « les sciences morales ne procèdent pas autrement que les sciences naturelles » (A. JOURDAN, *Le droit français*, 1875, p. 20 (cité par J.-P. CHAZAL, « Philosophie du droit et théorie du droit, ou l'illusion scientifique », *Arch. phil. droit* 2001, p. 310)) ; ou que « nous étudions le droit d'un point de vue analytique et synthétique, comme le chimiste étudie les corps qu'il décompose et classifie. [...] Par leur nature même, nos conclusions sont tout aussi rigoureuses que celles de la science des corps matériels » (E. ROGUIN, *La règle de droit*, F. Rouge (Lausanne), 1889, p. VI (cité par J.-P. CHAZAL, « Philosophie du droit et théorie du droit, ou l'illusion scientifique », *Arch. phil. droit* 2001, p. 310)).

rapprocher. Mais il ne saurait donc s'agir là que d'un pari sur l'avenir, que d'une proposition audacieuse. Jusqu'à présent, on n'a que très exceptionnellement procédé à des expériences en droit. Une telle ambition « scientifiste » est même relativement iconoclaste. Mais le juspragmatisme, en ce qu'il tendrait à renverser le juspragmatisme moderne, n'est-il pas, au moins parmi les facultés de droit françaises, une forme d'iconoclasme ?

Reste que, si expérimenter signifie « essayer ou tester les qualités de quelque chose »[1], « mettre à l'essai ce qui est nouveau dans son usage et dans sa pratique »[2], alors sous cet angle aussi faire œuvre pragmatique s'opposerait radicalement au fait de faire œuvre stipulative, péremptoire, spéculative ou métaphysique. Les commentaires devraient être seconds par rapport aux données factuelles qui devraient primer et pouvoir s'exprimer de la manière la plus brute. Procéder à des expériences est dès lors peut-être la meilleure façon d'aboutir à un tel résultat et de faire de la science juridique une science « endurcie » grâce au pragmatisme.

Par ailleurs, l'expérience désigne également la « connaissance acquise soit par les sens, soit par l'intelligence, soit par les deux, et s'opposant à la connaissance innée impliquée par la nature de l'esprit ; [le] fait d'acquérir, volontairement ou non, ou de développer la connaissance des êtres et des choses par leur pratique et par une confrontation plus ou moins longue de soi avec le monde »[3]. Où l'importance d'une approche empirique et sociologique apparaît clairement. Dans ce dernier sens au moins, il n'existerait pas de science sans expérience ni de science sans pragmatisme. D'ailleurs, la langue anglaise étiquette comme « *sciences* » les champs de la connaissance qui recourent à de vraies méthodes scientifiques, c'est-à-dire qui vérifient leurs hypothèses empiriquement, par

[1] V° « Expérimenter », in *Le petit Larousse illustré 2011*, Larousse, 2010.
[2] V° « Expérimenter », in *Trésor de la langue française*.
[3] V° « Expérience », in *Trésor de la langue française*.

des observations, des tests et des expériences[1]. La langue française, pour sa part, définit la science comme tout « ensemble structuré de connaissances qui se rapportent à des faits obéissant à des lois objectives et dont la mise au point exige systématisation et méthode »[2]. Partant, une activité serait d'autant plus scientifique qu'elle obéirait à des méthodes rigoureuses, objectives et empiriques et qu'elle exclurait toute subjectivité et toute improvisation. Or rien ne paraît plus méthodique qu'une expérience.

Peut-être la valeur scientifique d'une étude juridique est-elle, comme dans d'autres domaines, proportionnelle à sa *faculté à être testée, réfutée et invalidée par l'expérience*[3], ce que Karl Popper appelait « falsifiabilité »[4]. Acquérir de l'expérience en procédant à des expériences serait ainsi tout à fait normal au sein des sciences du droit. Cela pourrait même devenir une exigence scientifique en même temps qu'une exigence pragmatique.

Il n'en demeure pas moins, parmi ces sciences du droit qui sont beaucoup plus humaines que naturelles, qu'il est inévitable, à la suite de Max Weber, de « se résoudre dès le départ à une réussite incomplète »[5]. Il importe de ne pas ignorer

[1] L. M. FRIEDMAN, « La sociologie du droit est-elle vraiment une science ? », *Dr. et société* 1986, p. 116.

[2] V° « Science », in *Trésor de la langue française*.

[3] K. POPPER, *Conjectures et réfutations – La croissance du savoir scientifique*, trad. M.-I. Launay, M.-B. Launay, Payot (Lausanne), 1985, p. 65.

[4] K. POPPER, *La logique de la découverte scientifique* (1934), trad. N. Thyssen-Rutten, P. Devaux, Payot (Lausanne), 1973. Pour l'illustre philosophe des sciences, la pratique scientifique dépendrait de la possibilité de réaliser la dérivation d' « énoncés de base » susceptibles d'être confrontés à la réalité, un « énoncé de base » étant « un énoncé qui peut servir de prémisse dans une falsification empirique ; en bref, c'est l'énoncé d'un fait singulier » (*ibid.*, p. 40). Plus clairement, être scientifique, ce serait « émettre des hypothèses puis observer empiriquement si elles sont vérifiées » (J. CHEVALLIER, « L'État post-moderne : retour sur une hypothèse », *Droits* 2004, n° 39, p. 107). *Cf.*, également, Ch. ATIAS, *Science des légistes, savoir des juristes*, 3e éd., PUAM (Aix-en-Provence), 1993, p. 25.

[5] M. WEBER, *L'Éthique protestante et l'esprit du capitalisme* (1920), Pocket, coll. Agora, 1967, p. 23.

ni nier les nombreux « obstacles épistémologiques »[1] qui freinent ou malmènent les démarches des scientifiques du droit. Il demeure et demeurera toujours une différence irréductible de qualités entre les objets d'étude des sciences naturelles et ceux, fluctuants, contingents et plus ou moins incertains, des sciences sociales. Quant aux droits — *i.e.* au droit dans ses différents aspects —, objets de recherche des sciences du droit, il n'est pas rare qu'ils s'avèrent fort ambigus, évanescents et protéiformes. Les normes, les institutions et les pensées du droit ne sont compréhensibles que par le biais d'intermédiaires cognitifs qui tendent nécessairement à les déformer, à les subjectiver, loin des objets saisissables et palpables qui intéressent les sciences naturelles. Généralement, les sciences juridiques se consacrent à des formations psychiques collectives, à des conventions langagières relatives, problématiques et fragiles. Partant, les expériences juridiques ne sauraient être que des expériences limitées.

Et le pragmatisme, à l'évidence, ne saurait être ni un aboutissement ni un moyen ultime de perfectionner la recherche juridique. Mais il pourrait s'avérer utile à différents égards, *a fortiori* en des temps où l'on en vient de plus en plus à regretter la tendance au dogmatisme et, par suite, à la frilosité des facultés de droit[2].

Les juspragmatistes, mieux que les juspositivistes modernes et, plus encore, mieux que les jusnaturalistes, seraient en mesure de « critiquer et désorganiser le complexe impur des intuitions premières »[3], de ne pas céder aux « passions »[4], de

[1] G. BACHELARD, *La formation de l'esprit scientifique – Contribution à une psychanalyse de la connaissance objective*, Vrin, 1938.

[2] En ce sens, par exemple, Ch. JAMIN, M. XIFARAS, « De la vocation des facultés de droit (françaises) de notre temps pour la science et l'enseignement », *RIEJ* 2014, n° 72, p. 107.

[3] G. BACHELARD, *La formation de l'esprit scientifique – Contribution à une psychanalyse de la connaissance objective*, Vrin, 1938, p. 14 (cité par Ch. ATIAS, *Science des légistes, savoir des juristes*, 3e éd., PUAM (Aix-en-Provence), 1993, p. 23).

[4] Réf. à N. ROULAND, *Du droit aux passions*, PUAM (Aix-en-Provence), coll. Iségoria, 2005.

s'échapper des idoles, « sortes de fantômes qui nous défigurent le véritable aspect des choses [...] et que nous prenons pourtant pour les choses mêmes »[1]. Il leur appartiendrait de contredire qui annonce que le social, donc le juridique, ferait la part belle au « triomphe des illusions sur l'esprit scientifique »[2] et à « l'abolition du réel par l'hyperréel »[3], c'est-à-dire par les modèles. Aussi une implication nécessaire et cardinale du juspragmatisme pour le chercheur en droit serait-elle de légitimer son émancipation par rapport aux dogmes et autres idées préconçues qui pourraient freiner et désorienter ses entreprises scientifiques.

[1] É. DURKHEIM, *Les règles de la méthode sociologique*, 18e éd. (1937), Puf, 1973, p. 18.

[2] J. BAUDRILLARD, *À l'ombre des majorités silencieuses – La fin du social*, Denoël, 1982, p. 87 (cité par A. CARTY, « Du Postmodernisme en théorie et en sociologie du droit, ou Rousseau et Durkheim lus par Baudrillard », *Dr. et société* 1989, p. 383).

[3] É. DURKHEIM, *Les règles de la méthode sociologique*, 18e éd. (1937), Puf, 1973, p. 8.

Chapitre 5. L'indépendance d'esprit du chercheur en droit

Aujourd'hui plus qu'hier — et peut-être moins que demain —, penser le droit loin de tout préjugé, cela grâce aux prémisses juspragmatistes, apparaît tel un enjeu capital : les normes et les institutions effectives ne peuvent évoluer substantiellement, si ce n'est radicalement, et la pensée du droit demeurer inerte. Cette dernière ne saurait ignorer le « droit vivant » ou le « droit vécu »[1]. Pour rendre compte du droit tel qu'il se donne à voir dans les faits, spécialement du point de vue de ceux qui le pratiquent, il serait indispensable de l'appréhender loin des influences et des traditions héritées d'un passé qui ressemble chaque jour un peu moins au présent. Les chercheurs en droit ne peuvent, « en s'isolant dans le formalisme », se contenter d'étudier un « droit momifié et adoré pour lui-même » à travers un « culte idolâtre du "droit pour le droit", un paganisme juridique qui fait du droit une nouvelle religion centrée sur elle-même, alors qu'il doit être une science insérée dans la réalité »[2].

Un besoin important pour la recherche juridique contemporaine et de demain serait donc de prendre quelques distances avec ce que Pierre Bourdieu appelait le « fantasme de l'appareil »[3]. Le chercheur en droit ne devrait pas se lier *ab*

[1] A.-J. ARNAUD, *Critique de la raison juridique – 2. Gouvernants sans frontières – Entre mondialisation et post-mondialisation*, LGDJ, coll. Droit et société, 2003, p. 366.

[2] M. BEDJAOUI, *Pour un nouvel ordre économique international*, Unesco, 1979, p. 101 et 103 (cité par L. BAL, *Le mythe de la souveraineté en droit international – La souveraineté des États à l'épreuve des mutations de l'ordre juridique international*, th., Université de Strasbourg, 2012, p. 573).

[3] P. BOURDIEU, « Droit et passe-droit », *Actes de la recherche en sciences sociales* 1990, n° 81-82, p. 88 (cité par F. OST, M. VAN DE KERCHOVE, *De la*

initio à des paradigmes et des principes quels qu'ils soient[1]. Or le pragmatisme, en tant que disposition de l'esprit, attitude, méthode ou mode de pensée, invite à faire preuve de liberté intellectuelle. Cette invitation pourrait être reçue autant en droit qu'elle l'est ailleurs.

Par suite, cette liberté intellectuelle serait un moyen important de favoriser le progrès des connaissances juridiques. Parce qu'il s'oppose au dogmatisme, le pragmatisme conduit à redouter toutes les formes de suivisme, de conformisme ou de panurgisme. En droit comme dans les autres sphères de la connaissance, il peut servir à s'élever sans crainte contre certains dogmes reçus sans discussion depuis des générations et qui, peut-être, mériteraient aujourd'hui d'être reconstruits sur des bases actualisées, si ce n'est, pour certains, abandonnés. Comme l'a écrit Michel Villey dans sa *Critique de la pensée juridique moderne*, il faudrait, pour réfléchir utilement, « s'affranchir de l'opinion dominante de son époque »[2]. C'est exactement ce à quoi le pragmatisme incite. Et Villey de regretter que « les Précis de droit se recopient l'un sur l'autre, pour l'essentiel, s'appuient sur une doctrine reçue, une doctrine commune »[3].

pyramide au réseau ? – Pour une théorie dialectique du droit, Publications des Facultés universitaires Saint-Louis (Bruxelles), 2002, p. 323).

[1] En ce sens, Jacques Vanderlinden avance qu' « il est préférable de ne jamais penser en termes de paradigmes, si ce n'est celui de l'immense relativité de tout savoir et de la nécessité de sans cesse le remettre en question. […] Le paradigme — en tant que conception théorique dominante qui a cours à une certaine époque dans une communauté scientifique — est une telle source de reproduction de l'ordre établi, de conformisme à l'égard du "scientifiquement correct", de fermeture des esprits, que je préfère essayer de m'en passer plutôt que d'y succomber » (J. VANDERLINDEN, « Réseaux, pyramide et pluralisme ou regards sur la rencontre de deux aspirants-paradigmes de la science juridique », *RIEJ* 2002, n° 49, p. 20).

[2] M. VILLEY, *Critique de la pensée juridique moderne*, Dalloz, 1976, p. 17. Mais Michel Villey pouvait aussi écrire que « le conformisme, qui peut se justifier dans la dogmatique juridique, ou s'imposer dans certains régimes politiques, répugne à la philosophie » (M. VILLEY, *Philosophie du droit – Définitions et fins du droit – Les moyens du droit* (1984-1986), Dalloz, coll. Bibliothèque Dalloz, 2001, p. 34).

[3] *Ibid.*, p. 27.

C'est exactement contre cela que le pragmatisme s'élève[1]. Si ce courant de pensée est pluriel et ne connaît que quelques lignes communes pour beaucoup de divergences entre les positions de ses tenants, ce serait une force plus qu'une faiblesse ; car chaque pragmatiste pourrait ainsi suivre sa voie sans que lui soient imposés quelques canons dogmatiques. Si Michel Villey en appelait à « la liberté et [au] sursaut critique »[2], il semble que le pragmatisme juridique soit une réponse à cet appel. Il permettrait de résister à la puissance des autorités officielles et même de contester qu'il existe quelque autorité officielle. Le chercheur pragmatiste ne devrait jamais se départir de la « vigilance critique »[3] qui permet de ne pas suivre la voie officielle au seul motif qu'elle est la voie officielle.

Les pragmatistes tentent de résister au besoin de certitudes, au besoin de posséder *ab initio* des fondements

[1] À propos des sources de l'obsolescence malheureusement rapide de beaucoup d'ouvrages censés contribuer à la recherche juridique, Guy Thuillier écrit : « Si on s'interroge sur les raisons profondes de l'obsolescence rapide de ces travaux, on s'aperçoit qu'on a été trop docile, trop bien élevé : on a été où vont les autres, par habitude, par paresse, par pression du groupe, sous prétexte d'avoir une audience, d'exercer une influence, on n'a pas su marquer sa différence, apporter des "innovations", on n'a pas assez pris de risques ; or à quoi sert de publier un livre s'il n'est pas "risqué" ? On a cédé à la mode, on a fait "comme les autres", on n'a pas réussi à construire une œuvre : or l'officium du juriste n'est pas d'être un pion interchangeable sur l'échiquier » (G. THUILLIER, « Obsolescence des travaux juridiques », in D. ALLAND, S. RIALS, dir., *Dictionnaire de la culture juridique*, Lamy-Puf, coll. Quadrige dicos poche, 2003, p. 1102 (souligné dans le texte original)). Par ces mots, l'auteur vise particulièrement les jeunes chercheurs, soulignant combien il est « difficile d'écrire à 25 ou 30 ans car l'on subit la pression des modes universitaires » (*ibid.*). Ce serait non une possibilité mais une exigence première — en même temps que délicate à satisfaire — que de proposer des réflexions librement construites, loin des habitudes, de la pression du groupe et des modes dénoncées. Une méthode de la thèse en droit note que « l'esprit de système est bon et même nécessaire s'il est hypothèse prolongée et se fleurit de points d'interrogation. S'il se veut passage en force d'arguments d'autrui, il devient caricatural » (J.-M. MOUSSERON, « Guide de la thèse en droit », [en ligne] <daniel-mainguy.fr>).

[2] M. VILLEY, *Philosophie du droit – Définitions et fins du droit – Les moyens du droit* (1984-1986), Dalloz, coll. Bibliothèque Dalloz, 2001, p. 27.

[3] J.-P. COMETTI, *Qu'est-ce que le pragmatisme ?*, Folio, coll. Essais, 2010, p. 286.

absolus à partir desquels engager ses activités scientifiques. C'est ainsi que le pragmatisme promeut plus que tout autre mode de pensée la liberté intellectuelle. Partant, le pragmatisme juridique refuserait toutes garanties immuables et incontestables et conduirait non au doute et au scepticisme mais à une pleine et entière *libre discussion.* Ainsi pourrait-on continuellement chercher à améliorer ses pratiques et, par conséquent, à perfectionner ses connaissances. Aucune proposition ou expérimentation ne saurait être interdite *a priori*, sans égard envers ses conséquences, envers les bénéfices et les travers qu'elle peut générer.

La recherche juridique, d'un point de vue pragmatiste, devrait donc être une recherche libre et critique, mais aussi *ouverte, tant à la discussion qu'au changement.* Déjà dans certaines écoles de droit on se propose de « former des juristes libres, c'est-à-dire outillés pour poser un regard critique sur le discours dont ils sont les héritiers et capables de construire l'avenir juridique de nos sociétés »[1]. Et déjà des professeurs de droit préfèrent la « liberté de penser » à l'« autorité de la doctrine »[2]. Ce sont ces voies que le juspragmatisme invite à approfondir, ce pourquoi Léon Duguit avait déjà il y a longtemps plaidé lorsqu'il critiquait le fait que « la jurisprudence [*i.e.* la doctrine juridique] a ses dogmes qui établissent une servitude, et depuis des siècles les juristes sont, comme les théologiens, enchaînés par eux »[3].

[1] Séminaire interdisciplinaire d'études juridiques, « De futurs juristes libres et responsables ! Manifeste pour la formation en droit », *RIEJ* 2016, n° 76, p. 175.

[2] Ch. JAMIN, M. XIFARAS, « De la vocation des facultés de droit (françaises) de notre temps pour la science et l'enseignement », *RIEJ* 2014, n° 72, p. 107.

[3] L. DUGUIT, *Le pragmatisme juridique*, La mémoire du droit, 2008, p. 162. Et Duguit d'expliquer que « les juristes pénétrés, comme les théologiens, d'esprit déductif, confiants dans la puissance de la méthode rationnelle, formulent, comme eux, des concepts *a priori*, auxquels, comme eux aussi, ils croient d'une fois aveugle, ne soupçonnant pas qu'on puisse prétendre que derrière ces concepts il n'y a que le vide, le néant » (*ibid.*, p. 240). Penser librement, dans l'espace de l'une ou l'autre branche de la recherche juridique, semble être une entreprise délicate et Émile Durkheim pouvait regretter que « nous sommes encore trop accoutumés à trancher [les] questions d'après les

Ensuite, cette indépendance d'esprit du chercheur ne saurait aller sans liberté intellectuelle du chercheur, l'une étant le corolaire de l'autre et toutes deux étant fortement impliquées par le pragmatisme juridique.

suggestions du sens commun pour que nous puissions facilement le tenir à distance des discussions sociologiques. Alors que nous nous en croyons affranchis, il nous impose ses jugements sans que nous y prenions garde » (É. DURKHEIM, *Les règles de la méthode sociologique*, 2e éd. (1937), Puf, coll. Bibliothèque de philosophie contemporaine, 1973, p. VII). Avec Durkheim, il conviendrait de s'imposer la scientificité, donc l'objectivité et l'empirisme, et la criticité comme principes, de tout mettre en œuvre afin d'éviter de se laisser guider par ce « sens commun ». Il faudrait, avec le sociologue, « Penser librement, se détacher des "habitudes collectives" : c'est ce qui est surtout évident de ces croyances et de ces pratiques qui nous sont transmises toutes faites par les générations antérieures ; nous les recevons et les adoptons parce que, étant à la fois une œuvre collective et une œuvre séculaire, elles sont investies d'une particulière autorité que l'éducation nous a appris à reconnaître et à respecter. Or il est à noter que l'immense majorité des phénomènes sociaux nous vient par cette voie. […] Une fois que l'assemblée s'est séparée, que les influences sociales ont cessé d'agir sur nous et que nous nous retrouvons seul avec nous-même, les sentiments par lesquels nous sommes passés nous font l'effet de quelque-chose d'étranger où nous ne nous reconnaissons plus. Nous nous apercevons alors que nous les avons subis beaucoup plus que nous les avons faits. Il arrive même qu'ils nous fassent horreur tant ils étaient contraires à notre nature. […] Ce que nous disons de ces explosions passagères s'applique identiquement à ces mouvements d'opinion plus durables qui se produisent sans cesse autour de nous, soit dans toute l'étendue de la société, soit dans des cercles plus restreints, sur les matières religieuses, politiques, littéraires, artistiques, etc. » (*ibid.*, p. 7-11). Aussi Durkheim reste-t-il l'archétype du chercheur — très paradoxalement puisqu'il est un modèle en ce qu'il invite à ne pas avoir de modèle — : « Parce que la sociologie est née des grandes doctrines philosophiques, elle a gardé l'habitude de s'appuyer sur quelque système dont elle se trouve solidaire. C'est ainsi qu'elle a été successivement positiviste, évolutionniste, spiritualiste, alors qu'elle doit se contenter d'être la sociologie tout court » (*ibid.*, p. 139). Duguit, qui fréquentait Durkheim à Bordeaux, retenait une conception de son office peu ou prou similaire et que le chercheur en droit pourrait faire sienne : « Je ne saurais trop protester contre la tendance […] d'après laquelle toute disposition régulièrement émanée de l'organe législatif d'un pays serait une norme de droit devant laquelle le juriste devrait s'incliner sans mot dire. S'il en est ainsi, l'étude du droit ne vaut pas une minute d'effort » (L. DUGUIT, *Traité de droit constitutionnel – Tome premier : La règle de droit, le problème de l'État*, 3e éd., De Boccard, 1927, p. 175).

Chapitre 6. La liberté intellectuelle du chercheur en droit

La pensée du juspragmatiste serait notamment une pensée critique — mais une pensée critique venant toujours dans un second temps, en complément, après les observations et explications permises par une approche empirique ou par d'éventuelles « expériences scientifiques ». Plus exactement, cette pensée du juspragmatiste serait *librement critique* — et raisonnablement critique, pour ne pas perdre de vue l'exigence d'objectivité. Cette *liberté intellectuelle* serait rendue possible par l'indépendance d'esprit précédemment évoquée. Le chercheur, libéré de toutes les formes d'influence *a priori* qui pourraient l'amener à rechercher la réalité aux yeux des autres, aux yeux des maîtres, plutôt que la réalité aux yeux des faits, aux yeux de la science, aux yeux de la logique, serait mieux en mesure de saisir les modes de régulation contemporains et leurs conséquences.

C'est pourquoi le pragmatisme juridique irait nécessairement de pair avec une méfiance à l'égard du juspositivisme moderne et des habitus des universitaires-juristes qu'il a produit. Dans le domaine de la recherche juridique telle que la modernité l'a formatée, « l'âge, le tempérament, les ambitions et la carrière limitent la capacité à penser par soi-même »[1]. En matière d'intelligence et de réflexion, il semble pourtant indispensable d'emprunter la voie de la liberté et d'écouter la voix de la liberté, ce qui ne signifie ni « penser à contre-courant » ni « penser avec le courant », mais *« penser*

[1] G. Thuillier, « Penser par soi-même en droit », in D. Alland, S. Rials, dir., *Dictionnaire de la culture juridique*, Lamy-Puf, coll. Quadrige dicos poche, 2003, p. 1145.

loin du courant », indépendamment du courant[2]. Le cadre du juspragmatisme pourrait contribuer à développer dans une large mesure cette libre-pensée que beaucoup de chercheurs en droit peuvent aujourd'hui être tentés de se refuser, parfois presque explicitement.

Une conséquence du positivisme juridique moderne est d'attacher la force des arguments à leur origine plus qu'à leur contenu : un jeune doctorant, par exemple, ne pourrait dans tous les cas avoir raison contre Kelsen. Le juspositiviste semble plus préoccupé par « ce qu'en pensent les autres » et par « ce qu'en pensent les maîtres » que par « ce que j'en pense ». Il en irait tout au contraire avec le juspragmatisme.

Beaucoup de pensées collectives qui paraissaient très solides se sont finalement effondrées suite à l'affirmation d'une pensée concurrente qui semblait longtemps isolée et inacceptable, si ce n'est intolérable. Qu'on se rappelle Galilée reconduit au cachot, son procès achevé, et marmonnant : « Et pourtant elle tourne… ». Aucune « révolution scientifique » ne serait envisageable s'il était défendu de libre-penser, *a fortiori* en sciences humaines et sociales. Aussi le pragmatisme serait-il un cadre épistémologique particulièrement propice aux « révolutions scientifiques ».

Pourtant, en droit, on enseigne aujourd'hui encore très habituellement que les travaux de recherche auraient pour fonction essentielle de permettre aux enseignants-chercheurs de montrer à leurs pairs qu'ils ont rigoureusement intériorisé les habitus du corps des universitaires-juristes, intériorisé les dogmes (notamment formels) qui sont la marque de la doctrine

[2] Montaigne disait : « Je m'instruis mieux par opposition aux modèles que par leur imitation, et en les évitant qu'en les suivant » (M. DE MONTAIGNE, *Les essais*, Abel Langelier, 1588, L. III, chap. 8). Une réflexion doctrinale qui se bornerait à se fondre dans les traces des théories majoritaires, que cela soit par opportunité ou par manque de recul ou de maturité, n'en serait peut-être pas véritablement une. Il serait éminemment nécessaire de songer à la pertinence de toute proposition au départ d'une parfaite — ou plutôt d'une plus parfaite — indépendance d'esprit. Contrairement à Montaigne, qui entendait réfléchir contre les modèles, il s'agirait de réfléchir loin des modèles, indépendamment d'eux.

juridique[3]. Les éventuelles « découvertes scientifiques » ne seraient que secondaires ; parfois, elles ne seraient même pas souhaitables car pas acceptables. Le chercheur ne devrait pas poursuivre l'objectif d'ouvrir de nouvelles voies dans la montagne de la pensée juridique. Au contraire, il lui appartiendrait avant tout de prouver que les codes et la hiérarchie propres au milieu sont compris et acceptés, par exemple en publiant des « notes de jurisprudence » techniques sur le fond et standardisées sur la forme[4].

En ce sens, il est remarquable que William James a écrit un pamphlet contre le doctorat (intitulé « La pieuvre du doctorat »), lui reprochant d'enfermer la pensée dans des attentes et des structures l'empêchant de s'exprimer et de poursuivre une réflexion originale. Il se trouve peut-être dans un tel texte pragmatiste des pistes de réforme structurelle à entreprendre, en premier lieu pour les facultés de droit. Le pragmatiste ne saurait accepter l'idée que le suivisme et le conformisme seraient les meilleurs garants d'un travail de qualité. Prenant un accent voltairien, il en viendrait à clamer : « Je ne suis pas d'accord avec les recherches que vous menez, mais je me battrai pour que vous ayez le droit de les mener ».

Le chercheur pragmatiste serait celui qui est convaincu que « l'activité de la doctrine, comme toute activité scientifique, suppose la possibilité même de rechercher la vérité, ce qui implique non seulement la liberté mais aussi la critique qui est inhérente à l'éthos scientifique »[5]. Déjà Savigny insistait sur l'indissociabilité du chercheur, du sens critique et de

[3] Par exemple, H. Capitant, *La thèse de doctorat en droit*, 3e éd., Dalloz, 1935 ; R. Gassin, « Une méthode de la thèse de doctorat en droit », *RRJ* 1996, p. 1167 s.

[4] Ainsi le directeur d'une thèse qui a été reconnue comme de grande qualité par le milieu professionnel mais non par le milieu universitaire d'expliquer que, « dans l'univers de l'académisme, il n'est pas bon de travailler sur des sujets nouveaux, […] et plus encore de soutenir fortement des idées hétérodoxes. L'on peut y avoir raison avant tous les autres, mais il n'est pas recommandé de le faire savoir trop tôt » (L. Rapp, « Préface », in M.-Ch. Roques-Bonnet, *Le droit peut-il ignorer la révolution numérique ?*, Michalon, 2010, p. 16).

[5] É. Picard, « Science du droit ou doctrine juridique », in *Mélanges Rolland Drago*, LGDJ, 1989, p. 12.

l'indépendance d'esprit, ajoutant que « le conformisme est incompatible avec l'esprit de recherche »[6]. D'un point de vue pragmatiste, l'intérêt et la portée de réflexions quelles qu'elles soient dépendraient principalement de la capacité à faire œuvre libre et critique, donc de la capacité à faire abstraction de l' « influence morale du passé »[7] et des « précédents » ou préjugés de toutes sortes, de la capacité à « gouverner librement sa pensée »[8], de la capacité à suivre la première des règles du *Discours de la méthode* : « Ne recevoir jamais aucune chose pour vraie que je ne la connusse évidemment être telle : c'est-à-dire éviter soigneusement la précipitation et la prévention ; et ne comprendre rien de plus en mes jugements que ce qui se présenterait si clairement et si distinctement que je n'eusse aucune occasion de le mettre en doute »[9].

[6] C. F. VON SAVIGNY, *System des heutigen ràmischen Rechts*, t. I, Berlin, 1848 (cité par O. BEAUD, « Doctrine », in D. ALLAND, S. RIALS, dir., *Dictionnaire de la culture juridique*, Lamy-Puf, coll. Quadrige dicos poche, 2003, p. 387).

[7] G. POSTEMA, « On the Moral Presence of our Past », *Revue de droit de McGill* 1991, p. 1153 s.

[8] G. THUILLIER, « Penser par soi-même en droit », in D. ALLAND, S. RIALS, dir., *Dictionnaire de la culture juridique*, Lamy-Puf, coll. Quadrige dicos poche, 2003, p. 1145.

[9] R. DESCARTES, *Discours de la méthode – Pour bien conduire sa raison, et chercher la vérité dans les sciences*, Leyde, 1637. Une recherche critique devrait donc se concevoir comme entourée de certaines normes de discussion impliquant des présupposés logico-sémantiques proches du cartésianisme. Ces normes seraient, notamment, les suivantes : « Chacun doit pouvoir mettre en question toute affirmation quelle qu'elle soit » ; et « aucun locuteur ne doit être empêché par une pression autoritaire de mettre à profit ses droits établis de prendre part à la discussion » (R. ALEXY, *Theorie der juristichen Argumentation*, Suhrkamp (Francfort-sur-le-Main), 1983 (cité par P. LIVET, « Argumentation et rhétorique juridique », in D. ALLAND, S. RIALS, dir., *Dictionnaire de la culture juridique*, Lamy-Puf, coll. Quadrige dicos poche, 2003, p. 85)). Ces prémisses seraient les « présupposés transcendantaux » de toute *disputatio*, indétachables d'une « morale de la discussion » (J. HABERMAS, *Morale et communication* (1986), Flammarion, coll. Champs, 1999 (cité par P. LIVET, « Argumentation et rhétorique juridique », in D. ALLAND, S. RIALS, dir., *Dictionnaire de la culture juridique*, Lamy-Puf, coll. Quadrige dicos poche, 2003, p. 85)). Elles seraient essentielles à tout progrès du savoir scientifique, y compris à tout progrès du savoir juridique.

La « capacité doctrinale » serait donc la capacité de *penser par soi-même*[10]. Un chercheur qui, *ab initio*, s'auto-imposerait des barrières ou des interdits, qui se refuserait le droit à la libre critique, non parce qu'il jugerait cela pertinent mais parce que *magister dixit* (« le maître l'a dit »), ne ferait guère œuvre pragmatique. Car suivre cet adage latin, sans prendre de recul ni s'autoriser quelque « marge de pensée », amène à conforter la « pensée unique » et le « prêt-à-penser » que d'aucuns dénoncent très au-delà de la sphère juridique[11].

Le juspragmatiste serait au contraire en mesure d'emprunter à cette « intelligence sans attache » dans laquelle le philosophe Karl Mannheim voyait le modèle même du grand chercheur[12]. Dans le cadre du pragmatisme, il faudrait sans cesse se risquer à « inquiéter les certitudes »[13], à « produire l'insécurité culturelle dont nous avons besoin pour comprendre l'actualité »[14], à prendre le « temps de penser »[15] et l'espace de penser, c'est-à-dire se fermer au flux des influences et s'ouvrir au monde des réalités brutes.

Par conséquent, d'un point de vue juspragmatiste, la force et le succès d'un écrit juridique devraient peut-être dépendre de son *taux d'innovation*. La rénovation de la culture juridique française qui a marqué le début du XXe s. n'aurait pas été possible si de jeunes professeurs ne s'étaient pas libérés du pseudo-savoir existant pour se consacrer au savoir en devenir, restant à bâtir. Les propositions et orientations de Capitant, Gény, Lévi-Ullmann, Pic, Thaller, Barthélémy, Duguit, Esmein,

[10] G. THUILLIER, « Penser par soi-même en droit », in D. ALLAND, S. RIALS, dir., *Dictionnaire de la culture juridique*, Lamy-Puf, coll. Quadrige dicos poche, 2003, p. 1145.

[11] *Cf.*, par exemple, C. HAGEGE, *Contre la pensée unique*, Odile Jacob, 2012.

[12] Cité par J.-A. MAZERES, « Préface », in J. JIANG, *Théorie du droit public*, L'Harmattan, coll. Logiques juridiques, 2010, p. 8.

[13] A. CAILLE, S. DUFOIX, dir., *Le tournant global des sciences sociales*, La découverte, 2013.

[14] *Ibid.*

[15] Réf. à M. GOBERT, « Le temps de penser de la doctrine », *Droits* 1994, n° 20, p. 97 s.

Hauriou ou Michoud[16] ne seraient pas aujourd'hui encore influentes si ces auteurs n'avaient pas innové grandement, quitte à faire preuve d'un iconoclasme mal accepté par les pairs, tenants de l'orthodoxie juridique — à l'époque liée à l'École de l'exégèse[17].

Encore faut-il souligner que, sous l'angle pragmatiste, penser librement, ce n'est pas penser différemment ; c'est penser indépendamment, objectivement, rationnellement, logiquement, constructivement. Plaider pour la liberté du chercheur, ce n'est en aucun instant soutenir l'anarchie scientifique, théorique ou doctrinale[18]. La « souveraineté » de

[16] Telle est la liste des auteurs auxquels une contribution est consacrée dans N. HAKIM, F. MELLERAY, dir., *Le renouveau de la doctrine française – Les grands auteurs de la pensée juridique au tournant du XXe siècle*, Dalloz, coll. Méthodes du droit, 2009.

[17] *Cf.* O. BEAUD, « Les *Principes de droit public* cent ans après – Pourquoi un tel ouvrage mérite une réédition », in M. HAURIOU, *Principes de droit public* (1910), Dalloz, 2010, p. X. François Gény, par exemple, « jeune universitaire provincial » (J. BOULAIRE, « François Gény et le législateur », in N. HAKIM, F. MELLERAY, dir., *Le renouveau de la doctrine française – Les grands auteurs de la pensée juridique au tournant du XXe siècle*, Dalloz, coll. Méthodes du droit, 2009, p. 69), s'est attaché, avec la parution en 1899 de la première édition de *Méthode d'interprétation et sources en droit privé positif* (F. GENY, *Méthode d'interprétation et sources en droit privé positif*, Marescq-Aîné, 1899), à la destruction pure et simple de la « méthode classique » dont il dénonçait le caractère abusivement abstrait. Il s'est alors attaqué sans détour aux plus glorieux commentateurs du Code civil. Pourtant, il a très vite emporté la conviction de beaucoup de ses contemporains (Ch. JAMIN, « Dix-neuf cent : crise et renouveau dans la culture juridique », in D. ALLAND, S. RIALS, dir., *Dictionnaire de la culture juridique*, Lamy-Puf, coll. Quadrige dicos poche, 2003, p. 382), simplement parce que ses thèses, bien qu'inédites et assez iconoclastes, leur sont apparues plus justes que celles qui jusqu'alors dominaient la pensée *jus*-civiliste collective. Loin de l'École de l'exégèse, Gény encourageait les interprètes de la loi à s'affranchir de la volonté du législateur dès lors que des difficultés nouvelles apparaissaient et à préférer la « libre recherche scientifique ». Ces conseils pourraient, à l'heure de l'internet, de la globalisation et de la postmodernité, être étendus à toutes les strates de la recherche juridique. Il faudrait savoir s'affranchir des « normes » du passé dès lors que ce qui est étudié ou pensé aujourd'hui n'existait pas dans ce passé et, partant, ne pouvait guère être pris en compte.

[18] *Cf.* P. FEYERABEND, *Contre la méthode – Esquisse d'une théorie anarchiste de la connaissance*, trad. B. Jurdant, A. Schlumberger, Le Seuil, 1979.

l'esprit devrait simplement amener à des libres-propositions qui, bien que peut-être fausses ou du moins incorrectes, contribuent toutefois à enrichir ou même à créer la discussion, à susciter le débat et la réfutation, donc la réflexion de laquelle peut jaillir quelque progrès du savoir.

Et encore faut-il souligner que, sous l'angle pragmatiste, la libre recherche devrait amener à faire de *l'équilibre* et de *la mesure* des principes essentiels des réflexions. Or, par une sorte de rétroaction, équilibre et mesure interrogent la libre-pensée et posent la question d'une *libre-pensée modérée*. Certainement importe-t-il d'« aller au-delà de la fausse impression d'immobilisme ou de continuité des mondes du droit si souvent cultivée par les juristes eux-mêmes »[19]. Mais, tout d'abord, cela ne saurait s'appliquer identiquement à toutes les branches de la recherche juridique et à toutes les branches du droit. Il existe des problématiques et des objets à propos desquels il ne reste plus grand chose à penser librement, en tout cas dans un cadre juridiquement conséquent, logique et rationnel. Ensuite, il y a nécessairement des limites à la libre-pensée résultant du besoin de méthode, donc du besoin de faire œuvre méthodique.

Surtout, la leçon formulée par Savigny serait à retenir : il existerait « une double contrainte s'impos[ant] à tout travail juridique doctrinal : d'un côté, le respect de l'héritage scientifique légué par la tradition et les maîtres du passé ; de l'autre, le tout aussi nécessaire esprit critique grâce auquel les notions classiques subissent l'épreuve de la vérification scientifique »[20]. C'est bien dans la mesure, l'équilibre et la prudence que se trouveraient les moyens épistémologiquement et pragmatiquement les plus efficaces d'accéder à quelques connaissances concernant le droit. Aussi le scientifique juspragmatiste ne devrait-il en aucun instant chercher à ébranler la culture juridique héritée du passé. Au contraire, une approche

[19] J.-L. HALPERIN, « Le droit et ses histoires », *Dr. et société* 2010, p. 313.

[20] C. F. VON SAVIGNY, *System des heutigen ràmischen Rechts*, t. I, Berlin, 1848, p. XIII (cité par O. BEAUD, « Doctrine », in D. ALLAND, S. RIALS, dir., *Dictionnaire de la culture juridique*, Lamy-Puf, coll. Quadrige dicos poche, 2003, p. 387).

libérée de tout apriori pourrait très bien aboutir à la conclusion selon laquelle les propositions classiques seraient les plus pertinentes ou selon laquelle la modernité de la pensée juridique serait plus conforme aux « faits juridiques » qu'une hypothétique postmodernité de la pensée juridique.

Il serait donc tout à fait possible et même commun que les analyses et pensées du droit du juspragmatiste s'avèrent proches de certaines des analyses et pensées du droit classiques. L'exigence pragmatiste serait que cela ne soit pas la conséquence d'un quelconque attachement dogmatique à ces analyses et pensées préexistantes mais le résultat d'une recherche entreprise à l'aune des six éléments qui, selon Karl Popper, permettent de savoir si une théorie mérite d'être remplacée par une autre — le critère transversal, éminemment pragmatique, étant l'adéquation par rapport aux faits que vise la théorie — :

> *Une théorie t2 paraît [...] mieux correspondre aux faits que t1 lorsque :*
> *1. t2 formule des assertions plus précises que ne le fait t1, et celles-ci résistent à des tests plus précis ;*
> *2. t2 prend en compte et explique davantage de faits que t1 [...] ;*
> *3. t2 décrit ou explique les faits de manière plus détaillée que t1 ;*
> *4. t2 a subi avec succès des tests où t1 avait échoué ;*
> *5. t2 a permis de nouveaux tests expérimentaux qui n'avaient pas été envisagés avant que cette théorie n'ait été conçue [...], et a subi ces tests avec succès ;*
> *6. t2 a permis d'unifier ou de relier divers problèmes qui étaient jusque-là sans rapport.*[21]

À titre de conclusion quant au besoin de penser librement en droit, besoin impliqué par le pragmatisme juridique, il est tentant de prêter la plume à Guy Thuillier, dont les conseils, prodigués au sein d'un article intitulé « Penser par soi-même en

[21] K. POPPER, *Conjectures et réfutations – La croissance du savoir scientifique*, trad. M.-I. et M. B. de Launay, Payot (Lausanne), 1985, p. 343-344.

droit », ne paraissent pouvoir qu'être bien accueillis par d'éventuels juspragmatistes.

> *Penser par soi-même est chose difficile, pénible : or trop souvent le juriste ne fait pas d'effort pour penser par lui-même, il se contente de « faire comme les autres », de mettre ses pas dans les pas d'autrui, il vit commodément* à louage, *il subit des influences, la pression du groupe — qu'il soit juge, administrateur ou professeur — est très forte, les* entraves *au jeu de la pensée sont nombreuses. La pensée est en quelque sorte liée, prévisible, asservie (« le maître l'a dit » est une formule dangereuse), l'esprit perd sa souplesse, sa flexibilité, on ne sait plus imaginer, inventer, créer. [...] Il faut savoir désapprendre, c'est-à-dire se décharger d'un excès de savoir, rompre avec les coutumes de pensée, les habitudes corporatives, tenter de refaire son esprit, se débarrasser des préjugés et conventions qui s'attachent indûment à l'*officium.[1]

Le juspragmatiste, libre penseur du droit, pourrait s'accorder en définitive parfaitement avec les conceptions dominantes issues de la modernité juridique. Si celles-ci lui semblent cohérentes et pertinentes, cette continuité entre modernité et postmodernité serait fort heureuse. Reste que

[1] G. THUILLIER, « Penser par soi-même en droit », in D. ALLAND, S. RIALS, dir., *Dictionnaire de la culture juridique*, Lamy-Puf, coll. Quadrige dicos poche, 2003, p. 1145 (souligné dans le texte original). Pour reprendre à nouveau quelques explications d'Émile Durkheim, penser librement reviendrait à faire preuve de « maturité intellectuelle » et « ce que réclame [la méthode sociologique], c'est que le sociologue se mette dans l'état d'esprit où sont physiciens, chimistes, physiologistes, quand ils s'engagent dans une région encore inexplorée de leur domaine scientifique. Il faut qu'en pénétrant dans le monde social il ait conscience qu'il pénètre dans l'inconnu ; il faut qu'il se sente en présence de faits dont les lois sont aussi insoupçonnées que pouvaient l'être celles de la vie quand la biologie n'était pas constituée ; il faut qu'il se tienne prêt à faire des découvertes qui le surprendront et le déconcerteront. Or il s'en faut que la sociologie en soit arrivée à ce degré de maturité intellectuelle » (É. DURKHEIM, *Les règles de la méthode sociologique*, 2e éd. (1937), Puf, coll. Bibliothèque de philosophie contemporaine, 1973, p. XIV).

l'important, différenciant le moderne et le postmoderne, ne serait pas la fin mais bien le moyen. Alors que d'aucuns annoncent le « crépuscule de la modernité »[1], il serait temps de reconsidérer beaucoup des fondements de cette modernité. Dès lors, il faudrait, pragmatiquement, s'évader des axiomes classiques, ce que soulignent ceux qui critiquent des juristes français « souvent dans un profond sommeil » et qui seraient incapables de voir et donc de prendre en compte les évolutions alentour[2].

De plus en plus de chercheurs en droit regrettent que leur espace de pensée soit « monoculturel »[3], imprégné du « positivisme ambiant »[4]. Ils souhaitent se libérer des « rhétoriques de la modernité »[5] pour donner « force normative » à de nouveaux paradigmes[6]. Toutefois, l'ambition

[1] Y.-Ch. ZARKA, « L'ombre du Léviathan », *Cités* 2004, n° 18, p. 3.

[2] X. DE LEMOS CAPELLER, « Globalisation des échanges et espaces juridiques – Présentation du dossier », *Dr. et société* 1997, p. 10. Par exemple, Norberto Bobbio enseignait que, « quant au positivisme comme théorie, il s'appuie sur un jugement de fait, ou plutôt sur une série de jugements de fait, et peut être résumé dans cette formule : "Il est en fait vrai que le droit en vigueur est un ensemble de règles de conduite, qui, directement ou indirectement, sont formulées et mises en valeur par l'État". Qui veut repousser cette théorie ne devra pas diriger sa critique à prouver qu'elle ne sert pas au but, mais il devra prouver qu'elle est fausse, c'est-à-dire que les faits dénoncés par elle ne se sont pas vérifiés du tout, ou ne se sont pas vérifiés de la manière dont ils ont été interprétés. Qu'il soit bien clair cependant que ce second type de réfutation ne contient ni n'absorbe le premier ; on peut prouver que la théorie est fausse entièrement ou partiellement sans avoir pour cela prouvé l'inopportunité du mode d'approcher le droit ; du moment qu'il est vrai que certaines erreurs de fait peuvent être imputables à la mauvaise assiette de la méthode, les deux choses ne s'impliquent pas » (N. BOBBIO, *Essais de théorie du droit*, trad. Ch. Agostini, M. Guéret, LGDJ-Bruylant (Paris-Bruxelles), coll. La pensée juridique, 1998, p. 30).

[3] Ch. EBERHARD, « Penser le pluralisme juridique de manière pluraliste – Défi pour une théorie interculturelle du droit », *Cahiers d'anthropologie du droit* 2003, n° 2, p. 4.

[4] A. SERIAUX, « Droit naturel », in D. ALLAND, S. RIALS, dir., *Dictionnaire de la culture juridique*, Lamy-Puf, coll. Quadrige dicos poche, 2003, p. 509.

[5] Réf. à M. M. CARRILHO, *Rhétoriques de la modernité*, Puf, 1992.

[6] Réf. à É. GAILLARD-SEBILEAU, « La force normative du paradigme juridique », in C. THIBIERGE, dir., *La force normative – Naissance d'un concept*, LGDJ-Bruylant (Paris-Bruxelles), 2009, p. 171 s.

du juspragmatiste ne devrait pas être de faire œuvre révolutionnaire mais simplement de faire œuvre objective et empirique, éventuellement œuvre critique et prospective. Cela implique que les reproches potentiellement adressés à la modernité juridique ne devraient pas être purement subjectifs et partisans, ou alors ils ne seraient pas admissibles. Partant, la critique ne saurait être une fin en soi ; elle ne pourrait que faire suite à une approche objective et empirique des données et des enjeux en cause. Un juspragmatiste ne saurait « regretter » ou « dénoncer » quoi que ce soit *ab initio*. *Ab initio*, il s'agirait uniquement de chercher à « se rendre indépendant des préjugés que sa formation est susceptible d'avoir fait naître dans son appréhension du droit »[1].

Émile Durkheim remarquait combien « les croyances et les pratiques nous sont transmises toutes faites par les générations antérieures ; nous les recevons et les adoptons parce que, étant à la fois une œuvre collective et une œuvre séculaire, elles sont investies d'une particulière autorité que l'éducation nous a appris à reconnaître et à respecter »[2]. L'autorité et la pression du passé et des enseignements reçus sont indéniables et il est impossible de s'en détacher totalement. Et cela semble se vérifier en droit plus qu'ailleurs. Toujours est-il qu'il faudrait, avec Olivier Beaud, considérer que « la tradition juridique doit être écartée lorsqu'elle survit seulement par inertie »[3] ; mais à condition de trouver les moyens d'une telle mise à l'écart de la tradition juridique puisque la difficulté est que, souvent, ce qui survit par inertie, ou par « mode »[4], paraît survivre du fait de ses apparentes légitimité et pertinence. L'épistémologie pragmatiste recèlerait nombre de ces moyens de se défaire de l'influence de la modernité juspositiviste. C'est pourquoi une épistémologie juridique pragmatiste pourrait être la bienvenue, alors que

[1] J.-L. HALPERIN, « Le droit et ses histoires », *Dr. et société* 2010, p. 296.

[2] É. DURKHEIM, *Les règles de la méthode sociologique*, 2e éd. (1937), Puf, coll. Bibliothèque de philosophie contemporaine, 1973, p. 11.

[3] O. BEAUD, *La puissance de l'État*, Puf, coll. Léviathan, 1994, p. 17.

[4] Par exemple, S. SUR, « Les phénomènes de mode en droit international », in SFDI, *Le droit international et le temps*, Pedone, 2001, p. 49 s.

l'époque semble de plus en plus marquée par de grandes « manœuvres juridiques ».

Il serait donc nécessaire, en tant que juriste pragmatiste, de retenir et, surtout, d'appliquer dans ses activités scientifiques la liberté intellectuelle de Descartes. L'auteur du *Discours de la méthode* expliquait ainsi :

> *Je me suis aperçu que dès mes premières années j'avais reçu quantité de fausses opinions pour véritables et que ce que j'ai depuis fondé sur des principes aussi mal assurés ne pouvait être que fort douteux et incertain, de façon qu'il me fallait entreprendre sérieusement, une fois en ma vie, de me défaire de toutes les opinions que j'avais reçues jusqu'alors en ma créance et commencer tout de nouveau dès les fondements si je voulais établir quelque-chose de ferme et de constant dans les sciences.*[1]

Le progrès des connaissances scientifiques ne saurait se nourrir de la pensée unique ou de la soumission à une quelconque orthodoxie[2]. Alors qu'est annoncée la « fin des certitudes »[3], il deviendrait chaque jour un peu plus important d'adopter une attitude pragmatiste et de n'accueillir aucune théorie ou explication tel un donné intouchable[4].

[1] R. DESCARTES, *Méditations métaphysiques*, 1641.

[2] J. COMMAILLE, « Hommage à Pierre Bourdieu », *Dr. et société* 2002, p. 7.

[3] Réf. à I. PRIGOGINE, *La fin des certitudes*, Odile Jacob, coll. Sciences, 1996.

[4] Reste que, en droit au moins autant qu'en sociologie, « quand, comme condition d'initiation préalable, on demande aux gens de se défaire des concepts qu'ils ont l'habitude d'appliquer à un ordre de choses, pour repenser celles-ci à nouveaux frais, on ne peut s'attendre à recruter une nombreuse clientèle » (É. DURKHEIM, *Les règles de la méthode sociologique*, 2e éd. (1937), Puf, coll. Bibliothèque de philosophie contemporaine, 1973, p. 144). Cela ne devrait pas constituer un obstacle interdisant au chercheur de penser. Pour Gaston Bachelard, une science doit inlassablement « recommencer, renouveler, réorganiser » (cité par A. VAN REETH, « Les vertus du non (4/4) : La philosophie du non de Gaston Bachelard », Les nouveaux chemins de la connaissance, France culture, 17 oct. 2013). Certainement pareille observation s'applique-t-elle à plus forte raison à l'égard de la pensée — dont la pensée du droit —, qui ne saurait jamais s'achever et devrait sans cesse se renouveler et se réorganiser.

Par suite, le juspragmatisme justifierait d'entreprendre nombre de nouvelles recherches et nombre de nouvelles discussions, y compris autour de problématiques qui peuvent sembler avoir été résolues depuis longtemps. Ce serait plus encore dès lors qu'une problématique semble avoir été résolue depuis longtemps qu'il importerait de la réinterroger à l'aune de l'actualité des faits juridiques, car il faudrait accepter que tout en droit est susceptible de changement et même que tout en droit change, bien que plus ou moins diamétralement selon les époques et selon les circonstances. Le pragmatisme juridique serait ainsi un *darwinisme juridique* — *i.e.* un *évolutionnisme juridique*.

Chapitre 7. Le darwinisme juridique

Les pragmatistes contemporains, à l'image de Richard Rorty ou Hilary Putnam, estiment pour beaucoup qu'il n'existerait aucune méthode rationnelle permettant de rechercher une quelconque vérité, ni « discours de la méthode » (cartésianisme), ni « logique de la découverte scientifique » (popperisme). La voie à suivre serait dès lors celle de la discussion ou, mieux, de la *libre discussion au sein d'une communauté scientifique*.

Cette libre discussion, accompagnant l'examen objectif et empirique de la réalité des faits, permettrait d'affiner continuellement les connaissances. C'est pourquoi une marque du pragmatisme serait son évolutionnisme ou darwinisme. Le droit peut-il s'engager sur ce chemin de l'évolutionnisme ou darwinisme, acceptant la propension au changement de tous les aspects du droit et par suite du savoir sur le droit ? Il s'avère, au moins à l'échelle française, qu'il ne le fait guère. Et il ne semble pas prêt à le faire, préférant s'appuyer sur diverses rigidités donnant l'impression d'un droit et d'une science du droit gravés dans le marbre. C'est ainsi que Paul Amselek peut noter combien « les juristes n'envisagent pas un seul instant que les choses pourraient être autrement qu'elles sont »[1]. Pourtant, le juspragmatiste gagera que le savoir juridique devrait évoluer à mesure que le droit effectif évolue et, plus largement, à mesure que la société évolue. La pensée juridique d'aujourd'hui ne saurait dès lors être identique à celle d'hier.

Pragmatiques, les chercheurs chériraient ou, du moins, tolèreraient nécessairement l'évolution et rejetterait le

[1] P. AMSELEK, « L'étonnement devant le droit », *Arch. phil. droit* 1968, p. 169 (cité par C. PERES, « La réception du droit souple par les destinataires », in Association Henri Capitant, *Le droit souple*, Dalloz, coll. Thèmes et commentaires, 2009, p. 93).

conservatisme, que celui-ci vise l'objet d'étude ou la méthode d'étude. Or, dans l'antre des sciences sociales, les juristes sont souvent désignés par les scientifiques des autres disciplines, peut-être non sans raisons, tels des « conservateurs parmi les conservateurs » — même si le dogmatisme est partout présent[2]. Ils sont régulièrement raillés, si ce n'est déconsidérés ou même dénoncés, de ce fait[3]. Rémy Cabrillac observe ainsi, de façon symptomatique, que les métaphores en droit se réfèrent presque toujours au style classique et presque jamais au style baroque, jugé trop révolutionnaire[4]. Et Christian Atias de relever combien les universitaires-juristes sont « naturellement conservateurs »[5] et combien « être conservateur serait même pour le juriste une qualité indispensable »[6] ; tandis que Georges Gurvitch, il y a maintenant de nombreuses années, notait déjà à quel point les transformations de la technique et de la pensée juridiques s'accomplissent « avec infiniment plus de difficulté et de lenteur que les variations de l'expérience juridique et de la réalité du droit »[7] et à quel point la science du droit est frappée par « un retard perpétuel, non seulement sur l'expérience

[2] P. Legendre, *Sur la question dogmatique en occident*, Fayard, 1999. On observe que, parmi la société dans son ensemble, « la tentation, rassurante, est de s'accrocher aux formes existantes et familières qui nous ont accompagnées jusqu'alors. Il est plus facile de penser adaptation que rupture » (J.-P. Corniou, *Le Web, 15 ans déjà... et après ?*, Dunod, 2009, p. 3).

[3] Par exemple, P. Bourdieu, « La force du droit – Éléments pour une sociologie du champ juridique », *Actes de la recherche en sciences sociales* 1986, n° 64, p. 3 s. ; P. Bourdieu, « Les juristes, gardiens de l'hypocrisie collective », in F. Chazel, J. Commaille, dir., *Normes juridiques et régulation sociale*, LGDJ, coll. Droit et société, 1991 ; A.-J. Arnaud, *Les juristes face à la société – Du XIXe siècle à nos jours*, Puf, coll. Sup, 1975.

[4] R. Cabrillac, « Le recours à la métaphore architecturale en droit : l'exemple des codes », Colloque transdisciplinaire Droit et Architecture – Reconsidérer les frontières disciplinaires, leurs interactions et leurs mutations, LID2MS, Aix-en-Provence, 11 avr. 2013.

[5] Ch. Atias, *Épistémologie juridique*, Dalloz, coll. Précis, 2002, p. 148.

[6] *Ibid.*

[7] G. Gurvitch, *L'expérience juridique et la philosophie pluraliste du droit*, Pedone, 1935, p. 86.

juridique, mais aussi sur la philosophie du droit et sur la sociologie juridique »[1].

Georges Gurvitch observait également que « les juristes ont une tendance invétérée au dogmatisme et au conservatisme »[2] et que « la croûte conceptuelle particulièrement épaisse caractérisant toute technique juridique conduit à “momifier” les catégories et les formules employées, ce qui provoque de grandes lenteurs et de graves difficultés d'adaptation »[3]. Le constat opéré par l'illustre sociologue est-il encore valable aujourd'hui ? Le juspragmatisme serait en tout cas un moyen de faire en sorte qu'il le soit de moins en moins en désinhibant la recherche juridique.

On remarque encore que les juristes des universités ne chercheraient que rarement à réinventer ou à actualiser leur discipline, qu'ils seraient « sujets à l'inertie, à la résistance au changement conceptuel […] et au déterminisme social »[4], que leurs savoirs et savoir-faire seraient presque toujours en retard et de ce fait inadéquats[5]. À l'aune de ces explications, nul doute que l'immixtion du pragmatisme et, plus particulièrement, du darwinisme dans les facultés de droit obligerait les chercheurs-juristes à une assez radicale *mutation de leur état d'esprit*. Mais peut-être en sortiraient-ils plus dignes d'être ainsi appelés « chercheurs ». Car ce darwinisme semble être une disposition de l'esprit indispensable au chercheur.

L' « évolutionnisme » ou « darwinisme » est la capacité à reconnaître et à accepter *l'évolutivité et la non-fixité des choses*. Nulle science ni pensée véritable ne serait possible sans ouverture au darwinisme. Tout chercheur pragmatiste serait

[1] *Ibid.*
[2] G. GURVITCH, *Éléments de sociologie juridique*, Aubier, 1940, p. 8.
[3] *Ibid.*, p. 9.
[4] D. DE BECHILLON, *Qu'est-ce qu'une règle de droit ?*, Odile Jacob, 1997, p. 39.
[5] E. PUTMAN, « Éditorial », *RRJ* 2012, p. 1599 ; également, CIEDEL, *Le droit autrement : nouvelles pratiques juridiques et pistes pour adapter le droit aux réalités locales contemporaines*, Éditions Charles Léopold Mayer, 2001.

disposé, au terme d'une discussion libre mais éclairée, à reconnaître que l'explication ou la théorie la plus pertinente à propos d'une problématique donnée n'est pas du tout ou pas exactement celle qu'il a pu proposer par le passé et à subroger à ses anciennes conclusions impropres de nouvelles conclusions plus congruentes. L'attitude pragmatiste-évolutionniste serait donc intimement liée à la possibilité d'une libre discussion, orientée par aucune forme de dogmatisme, et l'une ne saurait aller sans l'autre.

Ensuite, l'engagement à modifier ses explications et ses propositions sitôt que cela se justifie scientifiquement, logiquement ou discursivement — c'est-à-dire sitôt que cela permet une mise en conformité des discours par rapport aux réalités — devrait conduire à écarter des pensées et des attitudes les considérations politiques ou autrement idéologiques.

Le savoir se développerait à mesure que les doutes remplaceraient les convictions et les certitudes[1], les doutes autorisant l'évolution au contraire des convictions et des certitudes qui, en tant que manifestations du dogmatisme, semblent forcément hostiles à toute remise en cause. Les scientifiques du droit, pragmatiques, humbles, objectifs et disponibles intellectuellement, dont les parcours épistémiques et épistémologiques seraient uniquement tracés par des recherches empiriques et par des discussions libres et ouvertes, devraient donc se tenir en permanence prêts à corriger leurs affirmations, théories et autres conclusions antérieures, cela pour la seule mais bonne raison qu'une nouvelle donnée ou une nouvelle explication aurait émergé et qu'il importerait d'en tenir compte.

En des temps où le droit postmoderne et le droit global paraissent prendre progressivement la place du droit moderne et des droits étatiques, un nombre croissant de juristes invitent leurs contemporains à « privilégier le dynamique sur le statique,

[1] Il faut rappeler, avec Montaigne, que « nous progressons dans le savoir quand nous remplaçons une conviction par un doute » (M. DE MONTAIGNE, *Les essais*, Abel Langelier, 1588, L. III, chap. 8).

les mouvements sur les modèles »[1], cela dans le but de mieux exprimer toute la complexité et toute la mobilité du droit effectif[2]. Christian Atias relevait que « l'aptitude des juristes à

[1] M. DELMAS-MARTY, « Le pluralisme ordonné et les interactions entre ensembles juridiques », *D.* 2006, p. 951.

[2] La recherche juridique devrait s'inscrire dans la lignée des observations de Maurice Hauriou selon lesquelles « l'édifice tout entier repose sur l'observation ; or l'observation est sous la dépendance des faits et de leur interprétation qui est toujours susceptible de progrès. Dans une première synthèse, les pièces détachées ont toutes été ajustées, l'ensemble paraît satisfaisant, on produit son système, on publie son livre. Puis, du temps passe, on continue à observer et à réfléchir, on aperçoit de nouveaux détails, auxquels il conviendrait de faire une place, la valeur de ces détails nouveaux modifie souvent celle des éléments anciens ; on reprend l'analyse, on retaille les pièces, on refait sa construction, elle a changé de forme puisqu'elle est une résultante, mais, dans l'ensemble, elle paraît mieux répondre à la réalité — on fait une nouvelle édition considérablement remaniée — ; et ainsi de suite. Au lecteur superficiel, ces remaniements périodiques peuvent donner l'impression d'une pensée subjective qui se cherche ; au lecteur averti et qui remarque qu'on va toujours dans la même direction, ils doivent donner celle d'un laboratoire où l'on travaille toujours avec la même méthode et avec les mêmes idées directrices et où l'on publie des résultats successifs, dont quelques-uns se détruisent, mais dont la grande majorité s'accumulent d'une façon cohérente. Et, sans doute, il vaudrait mieux alors garder par devers soi tous ces remaniements préalables et ne publier que les résultats définitifs, faire comme Montesquieu pour *L'Esprit des lois*, raturer pendant vingt ans son manuscrit. Oui, mais, depuis Montesquieu, on s'est aperçu qu'il n'y a jamais de résultats définitifs » (M. HAURIOU, *Principes de droit public à l'usage des étudiants en licence et en doctorat ès sciences politiques*, 2e éd., Librairie du Recueil Sirey, 1916, p. XXVIII-XXIX). C'est ainsi qu'il s'agirait d'envisager le travail de chercheur en droit, dont la tâche consisterait à fournir des explications et des propositions, afin de comprendre le droit dans ses multiples dimensions, qui ne sauraient procéder que d'ajustements continus et d'affinements permanents. Cette tâche supposerait de convenir que nul conservatisme, nul dogmatisme ne devrait venir empêcher ou freiner ces ajustements et ces affinements. « Le vieil idéal scientifique de l'épistêmê, précisait Karl Popper, l'idéal d'une connaissance absolument certaine et démontrable, s'est révélé être une idole. L'exigence d'objectivité scientifique rend inévitable que tout énoncé scientifique reste nécessairement et à jamais donné à titre d'essai. En effet, un énoncé peut être corroboré mais toute corroboration est relative à d'autres énoncés qui sont également proposés à titre d'essai » (K. POPPER, *La logique de la découverte scientifique* (1959), Payot (Lausanne), 1973, p. 286). Aussi le chercheur devrait-il accepter *ab initio* la relativité de sa production littéraire et scientifique et la potentialité de devoir tôt ou tard la reconsidérer, plus ou moins entièrement.

accueillir l'innovation est un facteur déterminant dans la formation de leur savoir »[1]. C'est pourquoi, au-delà de sa pertinence et de sa légitimité objectives relativement aux données factuelles recueillies, le succès d'une nouvelle théorie ou autre proposition juridique dépendrait étroitement de la disposition du public des juristes à l'accueillir sans préjugé conservateur ou conformiste. Aussi l'appel pragmatiste lancé à l'acceptation du changement en droit ne s'adresse-t-il pas uniquement au chercheur qui écrit ; il s'adresse aussi et peut-être surtout au chercheur qui lit. Il concerne l'ensemble de la doctrine juridique et même l'ensemble des juristes. Il deviendrait nécessaire de se donner les moyens de ne jamais rejeter une nouveauté quelconque par réflexe au seul motif qu'elle présente ce caractère de nouveauté.

Néanmoins, l'orthodoxie juridique paraît s'estomper peu à peu à l'ère contemporaine, y compris en France — alors que dans certains pays, par exemple en Belgique ou au Québec, elle semble en passe de n'être bientôt plus qu'un lointain souvenir. De plus en plus de chercheurs en droit voient dans une pensée statique et immuable une bien fade et sinistre pensée et abordent les essais innovants sans préconçu négatif, au contraire. Aussi faudrait-il parier sur le futur dépassement de la description du juriste qu'esquissait Georges Ripert, selon laquelle « tout juriste est le successeur d'un pontife. […] Le texte promulgué au Journal officiel devient sacré. Les Universités et les tribunaux sont les édifices consacrés au culte. À tout le moins, les juristes sont les défenseurs de l'ordre établi, non pas seulement par devoir, mais aussi par conviction de la beauté de cet ordre »[2]. Plus la pensée postmoderne, dont le pragmatisme pourrait être la base, se développera contre les dogmes et les œillères conceptuelles modernes et moins ce portrait apparaîtra correct.

Depuis Jacques Cujas, dont l'approche des phénomènes juridiques était marquée par les idées d'évolutions historiques et

[1] Ch. ATIAS, *Épistémologie juridique*, Dalloz, coll. Précis, 2002, p. 57.

[2] G. RIPERT, *Le régime démocratique et le droit civil moderne*, LGDJ, 1936, n° 3.

de changements d'époques[1], les juristes qui nient la réalité de la « vie du droit »[2] se sont sans cesse confrontés à ceux qui la reconnaissent ou même la promeuvent. Si les premiers ont longtemps paru l'emporter, peut-être ne pourra-t-il plus en aller ainsi à l'avenir. Il deviendrait de moins en moins acceptable de « se contenter, sa vie durant, de décliner le même Décalogue, [ce qui] est moins faire œuvre de constance que d'autosatisfaction [et] ce qui est, sans doute, la génuflexion la plus ridicule »[3]. Un nombre croissant d'auteurs en appellent pragmatiquement à une « ingénierie juridique toujours plus innovante »[4], à une « pensée renouvelée du droit, innovatrice plutôt que conservatrice »[5], ou à une « refonte de l'outillage théorique des juristes »[6]. Le pragmatisme pourrait être au cœur de ces mouvements épistémologiques, peut-être d'ailleurs assez inconsciemment — comme s'il devait s'imposer naturellement car il serait indissociable de « l'époque ».

Reste alors à observer que, si le pragmatisme implique l'acceptation sans arrière-pensée du changement, il interdit en revanche de vouloir, de quelque manière que ce soit, forcer ou imposer ce changement. Seul le changement objectivement et empiriquement motivé devrait s'imposer à l'esprit du chercheur. Il faudrait repenser la pensée du droit ou repenser sa pensée du droit seulement en cas de « changements de circonstances de fait ou de droit », pour reprendre l'expression du Conseil constitutionnel ; des changements qui paraissent se démultiplier au XXIe s., confirmant à la fois que le droit possède une histoire et que cette histoire s'accélère. En

[1] X. PREVOST, *Jacques Cujas (1522-1590) – Le droit à l'épreuve de l'humanisme*, th., Université Paris I - Panthéon-Sorbonne, 2012.

[2] Réf. à J. CRUET, *La vie du droit et l'impuissance des lois*, Flammarion, 1908 ; J. HILAIRE, *La vie du droit*, Puf, coll. Droit, éthique, société, 1994.

[3] J.-M. MOUSSERON, « Guide de la thèse en droit », [en ligne] <daniel-mainguy.fr>.

[4] E. PUTMAN, « Éditorial », *RRJ* 2012, p. 1599.

[5] L. COHEN-TANUGI, *Le droit sans l'État*, 2e éd., Puf, coll. Quadrige essais débats, 2007, p. 16.

[6] D. DOGOT, A. VAN WAEYENBERGE, « L'Union européenne, laboratoire du droit global », in J.-Y. CHEROT, B. FRYDMAN, dir., *La science du droit dans la globalisation*, Bruylant (Bruxelles), coll. Penser le droit, 2012, p. 269.

revanche, le chercheur mû par l'ambition de faire œuvre révolutionnaire ou iconoclaste ne saurait s'inscrire dans un cadre pragmatiste[1]. En somme, seul le droit effectif ferait foi.

Le darwinisme et le pragmatisme impliqueraient donc également de savoir résister à la « mode de voir du changement partout »[2]. En premier lieu, le chercheur devrait prendre garde à ne pas ériger en cas général ce qui ne serait qu'un exemple faisant face à d'innombrables contre-exemples[3]. Quand quelques exceptions au principe apparaissent, ce dernier n'en demeure pas moins le principe, jusqu'à ce que les exceptions deviennent si nombreuses et puissantes qu'elles aboutissent à le renverser. Il serait en conséquence important de toujours mesurer quantitativement l'ampleur des phénomènes supposément nouveaux et de fonder ses conclusions sur l'étude d'un échantillon suffisamment représentatif.

En résumé, ce chapitre portant sur le darwinisme juridique visait à souligner combien le pragmatisme juridique aurait vocation à assurer l'adaptation du droit universitaire au droit effectif. Rien dans le droit ne saurait être universel ni intemporel. Le juriste-chercheur devrait se convaincre que « la

[1] Il ne faudrait surtout pas suivre Descartes qui, dans le cours de ses *Méditations métaphysiques*, faisait table rase de tous les enseignements passés et était conduit à mettre en doute l'existence de toute chose, y compris du monde et de lui-même (R. DESCARTES, *Méditations métaphysiques*, 1641).

[2] A. JEAMMAUD, É. SERVERIN, « Évaluer le droit », *D.* 1992, p. 263.

[3] « L'exemple, note-t-on, est un allié dangereux pour qui cherche à évaluer le changement, dans la mesure même où il a été sélectionné en raison de son exemplarité et, donc, plus ou moins consciemment, du fait de son adéquation privilégiée au modèle théorique qu'il a pour fonction d'illustrer » (D. DE BECHILLON, « La structure des normes juridiques à l'épreuve de la postmodernité », in A. BERTHOUD, É. SERVERIN, dir., *La production des normes entre État et société civile – Les figures de l'institution et de la norme entre État et sociétés civiles*, L'Harmattan, 2000, p. 53). Et de citer Jean Rivero selon qui, si « l'océan est peuplé d'une infinité de sardines et de quelques cœlacanthes », il serait peu judicieux de « penser une théorie générale du peuplement halieutique à partir de la seule observation des cœlacanthes » (*ibid.*, p. 64). Sur ce point, il est remarquable que les ouvrages de référence en matière de droit dit « postmoderne » pèchent souvent par leurs manques d'illustrations concrètes venant attester de la congruence des propositions avancées.

pensée naît d'évènements de l'expérience vécue et doit leur demeurer liée comme aux seuls guides propres à l'orienter »[1]. Ainsi deviendrait-il juspragmatiste. Tocqueville pouvait observer que, en toute population — par exemple dans la population des chercheurs en droit —, l'expérience est non seulement la seule source légitime de changement mais aussi la seule source possible de changement[2].

Cela suppose notamment qu'une théorie du droit repose sur le droit effectif et puisse être invalidée par l'étude du droit effectif. Or cette prémisse n'est pas admise par tous les théoriciens du droit, beaucoup d'entre eux préférant voir, avec Gaston Bachelard et loin du pragmatisme, un « monstre épistémologique [dans] l'idée d'une coïncidence entre pensée et réalité, [dans] l'idée d'une adéquation entre théorie et expérience »[3]. Toutefois, comme Norberto Bobbio le constatait, la réduction théorique du droit à la seule normativité étatique a coïncidé, au début et au milieu du XXe s., avec la réalité d'une production de la majeure partie des normes par les organes de l'État, si bien que la théorie se serait alors bornée à traduire la pratique[4]. Ne faudrait-il pas vérifier si la réalité du droit effectif est aujourd'hui toujours la même avant de perpétuer ce positivisme étatiste issu d'un siècle passé ?

Maurice Hauriou pouvait regretter que son « emploi d'une méthode d'observation des faits tellement positive, tellement rigoureuse, tellement sincère » amenait nombre de ses contemporains à « ne pas en comprendre les exigences parce qu'ils s'attend[aient] à des systèmes achevés et que [ses] travaux n'[étaient] en réalité que les *bulletins successifs d'un*

[1] H. ARENDT, *La crise de la culture* (1968), trad. P. Lévy et *alii*, Gallimard, coll. Folio essais, 2011, p. 26.

[2] A. DE TOCQUEVILLE, *De la démocratie en Amérique* (1835 et 1840), Flammarion, coll. GF, 2010, p. 244.

[3] G. BACHELARD, *Essai sur la connaissance approchée*, Vrin, 1928, p. 43 (cité par Ch. ATIAS, *Science des légistes, savoir des juristes*, 3e éd., PUAM (Aix-en-Provence), 1993, p. 23).

[4] N. BOBBIO, *Essais de théorie du droit*, trad. Ch. Agostini, M. Guéret, LGDJ-Bruylant (Paris-Bruxelles), coll. La pensée juridique, 1998, p. 27.

laboratoire de recherches »[1]. Le juspragmatiste, quant à lui, comprendrait ces exigences scientifiques. Plus encore, il les ferait siennes. À ses yeux, le chercheur serait pareil à un juge instruisant pragmatiquement à charge et à décharge, non pareil à un avocat défendant dogmatiquement une position donnée *a priori*, au besoin en en faisant payer le prix à la réalité des faits.

[1] M. HAURIOU, *Principes de droit public à l'usage des étudiants en licence et en doctorat ès sciences politiques*, 2e éd., Librairie du Recueil Sirey, 1916, p. XXVI (souligné dans le texte original).

Conclusion

Au sein de l'étude qui s'achève et, plus généralement, dans ce livre, il s'est agi de confronter non le pragmatisme et le droit des praticiens mais le pragmatisme et le droit des universitaires[1]. Le pari pris est que les facultés de droit pourraient tirer profit d'un éventuel « tournant pragmatiste ». C'est pourquoi l'objet des précédents chapitres a été de présenter quelques voies pragmatistes que les chercheurs en droit pourraient emprunter à l'avenir, subrogeant progressivement le pragmatisme juridique postmoderne au positivisme juridique moderne[2].

[1] Il s'en faut de beaucoup, d'une part, que le droit des praticiens soit exactement le même que le droit des universitaires et, d'autre part, que les activités des universitaires-juristes soient aussi pragmatiques que les activités des praticiens-juristes. Le pragmatisme permet d'interroger sous un angle original la technique juridique, les pratiques juridiques ou encore la légistique. Seulement ce pragmatisme semble-t-il déjà imprégner considérablement la technique juridique, les pratiques juridiques et la légistique. Cela se vérifie en particulier en matière d'activités juridictionnelles, dans les pays de *common law* mais aussi dans les pays de tradition civiliste.

[2] La liste de ces voies pragmatistes ne saurait être exhaustive : il faut rappeler combien le pluralisme et l'hétérogénéité comptent au nombre des premières caractéristiques du pragmatisme, à tel point qu'il n'est pas rare que des pragmatistes s'opposent ou se contredisent. Dès son origine, le pragmatisme s'est développé autour d'incompréhensions entre ses fondateurs James et Peirce — ce dernier préférant parler, à propos de ses idées, de « pragmaticisme ». Quant au néo-pragmatisme de Richard Rorty ou Hillary Putnam, il diverge en de nombreux points des pensées des « pères fondateurs », à tel point que Rorty a pu qualifier ses thèses de « second pragmatisme » afin de marquer la rupture avec le « premier pragmatisme » du

En guise de conclusion, il convient d'insister sur certaines potentialités, conséquences et limites attachées au pragmatisme juridique — compris donc en tant que pragmatisme *jus*-universitaire et en tant qu'épistémologie juridique, en tant que *conception de la connaissance juridique, de son objet et des moyens de la forger*. Si, aux États-Unis, on en vient aujourd'hui à considérer qu'« une approche pragmatique du droit est largement banale »[1], il faut gager que, en Europe et notamment en France — où la pensée pragmatiste demeure encore assez peu et mal connue en dehors du cercle des philosophes —, des enseignements importants peuvent potentiellement être tirés de la mise en relation du pragmatisme et du droit.

À la fin du XIXe s. et au début du XXe s., le classicisme des études du droit et des études en droit est apparu de plus en plus archaïque à mesure que, *de facto*, les phénomènes juridiques évoluaient, les codes de l'époque napoléonienne ne pouvant plus être appliqués comme ils l'étaient avant la révolution industrielle et les sociétés et les cultures ayant de nouvelles attentes à l'égard du droit. Non sans peine, certains professeurs sont parvenus à susciter d'importantes révisions des

début du XXe s. Beaucoup soulignent combien le pragmatisme ne présente guère un visage homogène et présente même souvent un visage contradictoire. L'historien des idées Arthur Lovejoy a pu recenser jusqu'à treize types particuliers de pragmatisme (cité par A. SCHMITT, « Le pragmatisme : une idée américaine », *Revue française d'études américaines* 2010, n° 124, p. 3). Le pragmatisme serait donc, plutôt qu'une philosophie claire et précise, un ensemble d'idées dans lequel chacun pourrait puiser quelques orientations. C'est en ce sens que William James a comparé le pragmatisme au « corridor de l'hôtel-philosophie » : « Chaque chambre est occupée par un philosophe avec sa doctrine propre, mais tous doivent emprunter le corridor comme voie d'accès ou de sortie. Il n'importe donc pas d'être athée ou théiste, idéaliste ou réaliste, moniste ou pluraliste, pour être pragmatiste — le pragmatisme est, au moins en première instance, un simple moyen pour rendre clairs les concepts de ces différentes doctrines, que chacun a donc intérêt à utiliser pour le profit de sa pensée » (W. JAMES, *Le pragmatisme – Un nouveau nom pour d'anciennes manières de penser* (1907), trad. N. Ferron, Flammarion, coll. Champs classiques, 2007).

[1] Th. C. GREY, « Holmes and Legal Pragmatism », *Stanford Law Review* 1989, p. 814.

habitudes *jus*-universitaires[1]. Ne vit-on pas, à l'aube du XXIe s., un moment similaire à celui que les facultés de droit ont connu au commencement du XXe s. ? Est-il possible de comprendre et d'expliquer le droit global et le droit transnational dans le cadre du droit moderne, construit à base de validité et de légicentrisme ? Et, si de nouveaux cadres épistémologiques doivent être élaborés afin de mieux saisir ce droit global et ce droit transnational, le pragmatisme juridique ne pourrait-il pas jouer un rôle clé ?

Dans les années 1900, John Dewey observait à quel point chaque aspect et chaque phase de la vie humaine avaient été radicalement transformés, directement ou indirectement, pour le meilleur ou pour le pire, par des révolutions industrielles et technologiques[2]. Le philosophe pragmatiste n'opérerait-il pas un même constat à la vue des conséquences de la mondialisation actuelle ? Or le droit — ainsi que l'étude et l'enseignement du droit — ne sauraient demeurer à la marge de ces mouvements.

Le pragmatisme pourrait être au droit postmoderne ce que le dogmatisme dit « positiviste »[3] est au droit moderne[4]. Et l'effectivité des normes pourrait être au droit postmoderne ce que la validité des normes est au droit moderne. Richard Rorty fait du pragmatisme l'attitude épistémologique la mieux adaptée à la culture que les mutations actuelles du monde et des sociétés réclameraient[5]. Peut-être le pragmatisme juridique est-il l'attitude *jus*-épistémologique la mieux adaptée à la culture

[1] *Cf.* N. HAKIM, F. MELLERAY, dir., *Le renouveau de la doctrine française – Les grands auteurs de la pensée juridique au tournant du XXe siècle*, Dalloz, coll. Méthodes du droit, 2009.

[2] J. DEWEY, *Expérience et nature*, Gallimard, coll. Bibliothèque de philosophie, 2012.

[3] Le pragmatisme juridique semble plus proche du positivisme tel que conçu par Auguste Comte que le « positivisme juridique ».

[4] On observe d'ailleurs, au-delà du cas du droit, une grande intimité en le pragmatisme et les courants de pensée relevant du postmodernisme (A. SCHMITT, « Le pragmatisme : une idée américaine », *Revue française d'études américaines* 2010, n° 124, p. 6).

[5] R. RORTY, *Conséquences du pragmatisme*, Le Seuil, coll. L'ordre philosophique, 1999.

juridique que les mutations actuelles du monde du droit réclameraient.

Cependant, ces propositions viennent dans un contexte où « la rénovation de la science juridique n'a pas été réalisée, et la réflexion des juristes sur leur savoir, ses méthodes et ses finalités, s'est considérablement appauvrie »[1]. Il semble que les regrets formulés il y a longtemps par François Gény à propos du peu d'intérêt des jurisconsultes pour l'épistémologie juridique restent d'une grande actualité : « La plupart pratiquent délibérément une sorte de procédure mécanique d'interprétation et d'adaptation des préceptes juridiques, aux visées courtes et étroites »[2]. Le pragmatisme juridique, intéressé avant tout par les connaissances juridiques et par les moyens de les constituer et de les réviser, permettrait de *rénover l'épistémologie juridique* mais aussi de la replacer sur le devant de la scène doctrinale quand, pour l'heure, elle s'avère très en retrait, si ce n'est complètement délaissée par les juristes. Et, permettant de rénover l'épistémologie juridique, le pragmatisme juridique aboutirait à réviser les prémisses de toutes les branches de la recherche juridique, de la théorie du droit à la science du droit — qu'il ne serait alors plus lieu de qualifier de « dogmatique juridique ».

Mais encore faudrait-il arrêter les contours, les dimensions et la signification de ce pragmatisme juridique — l'objet de la seconde étude de ce livre était justement de proposer quelques premières orientations. En premier lieu, le juspragmatisme conduirait les chercheurs en droit à s'évader des carcans modernes qui risquent souvent de limiter leurs ouvrages scientifiques, soit en leur interdisant certains objets d'étude, soit en leur interdisant certaines méthodes d'étude. Avec le juspragmatisme, l'état et la fabrique des connaissances

[1] J.-P. CHAZAL, « Léon Duguit et François Gény – Controverse sur la rénovation de la science juridique », *RIEJ* 2010, n° 65, p. 132.

[2] F. GENY, *Science et technique en droit privé positif – Nouvelle contribution à la critique de la méthode juridique*, Sirey, t. I, 1919, p. 9 (cité par J.-P. CHAZAL, « Léon Duguit et François Gény – Controverse sur la rénovation de la science juridique », *RIEJ* 2010, n° 65, p. 132).

ne devraient plus dépendre de préjugés quels qu'ils soient. Ils résulteraient avant tout de l'expérience, de l'enquête, de la mise à l'épreuve des faits juridiques et de l'attention portée aux effets du droit. Par conséquent, si le pragmatisme juridique venait à prospérer dans la psyché juridique collective, il faudrait s'attendre à de profondes évolutions et même ruptures au sein de la culture, de la pensée et de la science juridiques. Celles-ci deviendraient plus conséquentialistes, plus instrumentalistes, plus empiristes, plus expérimentalistes, plus factualistes, plus sociologistes.

Les nouveaux objets normatifs ou semi-normatifs qui prospèrent actuellement (codes privés, chartes, usages, conditions générales d'utilisation, contrats-types, normes comptables, normes managériales, normes techniques, labels, standards, protocoles, meilleures pratiques, statistiques, sondages, indicateurs de performance, rankings etc.) interrogent quant à *leur appartenance au droit ou au non-droit*. Le principal apport du pragmatisme juridique aux modes de connaissance du droit serait peut-être d'amener à inclure sans exception ces objets normatifs ou semi-normatifs originaux dans le monde juridique, permettant aux juristes de s'y intéresser — cela éventuellement afin de les comparer aux objets normatifs modernes que sont la loi et la jurisprudence. Nul doute que d'importants travaux pourraient porter sur ces formes de « nouveau droit », tandis que les recherches menées parmi les lois et les jurisprudences à l'exclusion de tout autre type d'actes juridiques ne semblent plus pouvoir être très porteuses à l'ère du droit transnational. Les chercheurs en droit seraient désormais pressés d'*ouvrir leur champ de vision* ; et le pragmatisme juridique, à travers le *panjuridisme* qu'il consacrerait, les y aiderait grandement. Il permettrait de ne plus devoir se questionner quant à la compétence des juristes de traiter les formes nouvelles de normativité, bien que celles-ci soient très iconoclastes à l'aune des canons *jus*-théoriques modernes.

Le droit moderne a été conçu, par les normativistes tels que Hans Kelsen ou Herbert Hart, comme une forme particulière de régulation sociale répondant à des critères précis (par exemple, l'appartenance à un ordre juridique articulant des normes primaires et des normes secondaires). Ainsi ce droit moderne a-t-il été rigoureusement séparé des autres formes de normativité. Continuer à comprendre de la sorte la juridicité des normes risquerait de couper excessivement les étudiants et les professeurs de droit de la réalité concrète des pratiques normatives, des normes effectives et des faits normatifs. Il serait dès lors préférable de repenser le droit et, par suite, de repenser l'étude et l'enseignement du droit afin de pouvoir se consacrer aux normes « qui marchent », peu importante que celles-ci soient portées par des lois, par des décisions de justice ou par toute autre forme d'actes normatifs[1].

Aux yeux du juriste pragmatiste, mais aussi aux yeux du simple curieux, il ne peut qu'être regrettable de refuser de s'intéresser à des modes de régulation sociale très performants dans les faits au seul motif que ceux-ci ne reçoivent aucune validation étatique. Le risque attaché au droit moderne, et que le pragmatisme juridique aurait vocation à prévenir, serait donc d'en venir à fournir une présentation universitaire du droit qui ne serait plus guère en adéquation avec les pratiques juridiques

[1] Par exemple, W. TWINNING, « Normative and Legal Pluralism: A Global Perspective », *Duke Journal of Comparative & International Law* 2010, p. 473 s. C'est ainsi que Benoît Frydman invite à « nous passer purement et simplement du concept d'ordre juridique pour envisager immédiatement les normes et les interactions juridiques entre les acteurs en tant que telles, indépendamment du ou des ordres dans lesquels elles s'inscrivent ou non. Pourquoi dès lors privilégier cette option radicale ? Pour une raison simple et dirimante aux yeux d'un pragmatique : parce que les phénomènes et les objets que nous observons dans la pratique nous l'imposent. Le plus souvent, les cas, les instruments, les dispositifs, que nous étudions sur nos différents chantiers globaux, soit traversent allègrement les frontières des ordres juridiques établis, soit se situent en dehors de ceux-ci, soit encore empruntent leurs instruments à des ordres juridiques multiples. […] En d'autres termes, le concept autrefois si nécessaire d'ordre juridique, tel qu'il a été créé au 17ème siècle, nous a paru constituer davantage un obstacle, un écran, qu'un secours ou un outil pour appréhender et comprendre l'émergence de normativités globales et il nous est dès lors apparu opportun et urgent de nous en détacher » (B. FRYDMAN, « Comment penser le droit global ? », in J.-Y. CHEROT, B. FRYDMAN, dir., *La science du droit dans la globalisation*, Bruylant (Bruxelles), coll. Penser le droit, 2012, p. 17).

effectives telles que les juristes de terrain les conçoivent. Aussi le critère de juridicité essentiel devrait-il devenir l'effectivité : il reviendrait aux juristes de se consacrer avant tout aux dispositifs normatifs (ou même quasi-normatifs tels que les sondages ou les « *nudges* ») qui répondent à *la seule condition de produire d'importants effets de régulation.*

Aujourd'hui, à la faveur de la mondialisation, les formes de régulation indépendantes des États ont acquis une importance considérable, spécialement en matière économique et à l'échelle supra- et trans-nationale. Pourtant, la doctrine majoritaire, semblant obéir à « un réflexe conditionné par la culture positiviste classique »[2], persiste à enseigner que l'État souverain serait seul capable de qualifier juridiquement des normes. Toute règle de droit devrait donc être validée, plus ou moins directement et expressément, par la Constitution ou par la loi. Et les actes normatifs qui ne se prêtent pas à pareille vassalisation devraient être rejetés loin des facultés de droit.

En Europe, et plus encore en France, les juspragmatistes (qu'ils soient conscients ou non de leur juspragmatisme) sont aujourd'hui minoritaires. On pourrait espérer quelques évolutions des mentalités juridiques tant le juspositivisme moderne semble « condamne[r] le juriste à manquer un pan entier de la réalité des régulations contemporaines »[3]. Comment, avec le statolâtrisme, répondre de manière éclairée et pertinente au « besoin pressant d'inventer de "nouvelles recettes" pour permettre au droit de continuer à remplir son office »[4] ? D'un point de vue juspragmatiste, « la question de savoir s'il faut qualifier ou non de "juridique" les formes alternatives de normativité présente un caractère formaliste et

[2] X. DIEUX, *Droit, morale et marché*, Bruylant (Bruxelles), coll. Penser le droit, 2013, p. 15.

[3] B. FRYDMAN, « La pensée juridique de Xavier Dieux », in X. DIEUX, *Droit, morale, et marché*, Bruylant (Bruxelles), coll. Penser le droit, 2013, p. 16.

[4] B. FRYDMAN, *Petit manuel pratique de droit global*, Académie Royale de Belgique (Bruxelles), coll. L'économie de marché est-elle juste ?, 2014. Le professeur explique que, « à leur école, [les juristes] pourraient tester les normativités émergentes, en faire connaître le potentiel et — rivalisant d'inventivité — travailler à les rendre disponibles » (*ibid.*).

presque scolastique, sans grand intérêt pour la pratique »[5]. Le chercheur devrait dès lors considérer comme le praticien que le droit ne serait constitué que de normes « qui marchent » mais de toute les normes « qui marchent ». Ainsi se dessine la voie du panjuridisme aux côtés de celle du pragmatisme juridique[6].

En ce sens, Benoît Frydman enseigne :

> *Ces dispositifs normatifs multiples et hétéroclites, qui prolifèrent, de manière souvent anarchique, dans les domaines les plus mondialisés, mettent au défi l'entendement du juriste, de par l'extraordinaire diversité de leurs origines, de leurs formes ou de leurs effets et l'apparent arbitraire de leur agencement et de leurs combinaisons. Ils constituent cependant l'horizon obligé du philosophe et du théoricien du droit du 21ème siècle. Notre époque nous contraint, et ce n'est pas la première fois dans l'histoire, à repenser le droit à l'horizon du monde. Nous sommes mis en demeure par l'évolution des relations et des régulations juridiques de réévaluer les principes, les concepts et les outils du droit moderne, établis depuis plusieurs siècles, solidement pensait-on, mais qui montrent chaque jour davantage les limites de leur pertinence et de leur efficacité à capturer leur objet et à le faire comprendre. Nous sommes obligés de repenser les classifications et les catégories dans lesquelles les nouveaux objets qui émergent chaque jour, sortes d'ornithorynques du bestiaire normatif, se refusent obstinément à se laisser enfermer.*[7]

[5] B. FRYDMAN, « La pensée juridique de Xavier Dieux », in X. DIEUX, *Droit, morale, et marché*, Bruylant (Bruxelles), coll. Penser le droit, 2013, p. 16.

[6] Par exemple, semble ne pouvoir qu'être panjuridiste qui estime qu' « il est question de droit toutes les fois qu'il est question de régulation » (X. DIEUX, *Droit, morale, et marché*, Bruylant (Bruxelles), coll. Penser le droit, 2013, p. 15).

[7] B. FRYDMAN, « Comment penser le droit global ? », in J.-Y. CHEROT, B. FRYDMAN, dir., *La science du droit dans la globalisation*, Bruylant (Bruxelles), coll. Penser le droit, 2012, p. 17.

Il deviendrait donc ô combien nécessaire d'élargir et d'approfondir l'horizon des juristes. Un grand apport du pragmatisme juridique serait de favoriser cet élargissement et cet approfondissement en autorisant une sorte de *« panjuridisme décomplexé »*. Car il est vrai que le panjuridisme — amenant à voir du droit partout où il y a des normes effectives — pourrait être dénoncé vigoureusement en raison du fait qu'il aboutit à nier toute autonomie au droit. Il provoque une dissolution du concept de droit risquant de le priver d'objet, donc d'utilité. D'aucuns verront sans doute dans le pragmatisme juridique un nihilisme juridique dès lors qu'il *confond juridicité et normativité* — ainsi qu'un relativisme juridique dès lors qu'il ne se préoccupe guère des fins du droit.

Normalement, le droit n'est pas donné mais *construit par la théorie qui en traite*[8]. Or une théorie pragmatique du droit, consacrant le panjuridisme, ne semble pouvoir être qu'une étrange théorie du droit, qu'une théorie du droit au sens faible. Comme l'indique Michel Troper, « si l'on réduit le droit à des faits sociaux, on perd la spécificité de la science du droit, qui se réduit à une branche de la sociologie et se trouve dans l'incapacité de comprendre les particularités de son objet »[9]. John Dewey lui-même invitait ses lecteurs à ne pas adopter une vision trop générale et inclusive du droit, jugeant « dangereux » l'usage non réfléchi de ce mot[10]. N'y a-t-il aucune différence de nature entre l'ordre du percepteur des impôts et celui du

[8] M. TROPER, *Philosophie du droit*, 4e éd., Puf, coll. Que sais-je ?, 2015, p. 123.

[9] *Ibid.*, p. 63.

[10] J. DEWEY, « My Philosophy of Law », in Julius Rosenthal Law Foundation, *My Philosophy of Law – Credos of Sixteen American Scholars*, Boston Law Books, 1941, p. 78. Et Michel Villey pouvait écrire qu' « il serait utile de savoir définir notre champ d'études. Ne serait-ce que pour élaborer un programme scolaire cohérent. […] Peut-être le manque de réflexion sur l'objet spécifique du droit conduira-t-il à faire tomber le mot même de droit en désuétude. Peut-être qu'il n'existe plus de droit. Ce ne me paraît pas un progrès. […] Que les uns et les autres nous trouvions dans le noir absolu sur l'objet du droit (si nous supposons qu'il existe un art juridique), cette lacune porte à conséquences » (M. VILLEY, *Philosophie du droit – Définitions et fins du droit – Les moyens du droit* (1984-1986), Dalloz, coll. Bibliothèque Dalloz, 2001, p. 8).

bandit ? L'ordre du bandit est souvent aussi efficace que celui du percepteur des impôts, si bien que, pour le tenant du panjuridisme poussé dans ses extrémités, il existera peut-être, entre l'un et l'autre, une différence de degré permettant à l'ordre du percepteur des impôts d'apparaître plus véritablement juridique, mais non une différence de nature.

Reste que, si le juriste entend conserver une position cardinale en matière d'étude scientifique des régulations sociales, il lui revient d'étendre d'une manière ou d'une autre ses compétences afin de pouvoir se consacrer aux formes alternatives de normativité qui complètent et concurrencent désormais les interventions étatiques et interétatiques. Et cette prise de conscience devrait susciter d'importantes évolutions en amont des formations juridiques ainsi qu'au sein des formations juridiques. Notamment, il importerait de transcender les frontières académiques entre sciences sociales et d'associer fortement le droit et la sociologie — les sociologues n'ont jamais réduit le droit à la normativité d'État[11]. Le panjuridisme apparaîtrait alors moins irrecevable d'un point de vue juridique, celui-ci n'étant plus radicalement différent du point de vue sociologique.

Ce mouvement de détachement par rapport aux canons modernes du droit semble déjà en cours et on observe que, « par conviction technicienne ou par pragmatisme désabusé, par paresse intellectuelle ou par souci de réalisme, l'envie de systématiser quitte progressivement les facultés et les lieux où l'on prétendait "penser le droit" »[12]. L'émancipation du pragmatisme juridique entraînerait *un profond renouvellement du régime de la connaissance du droit.*

Et ce renouvellement pourrait aller dans le sens d'une « américanisation ». Parmi tous les courants de pensée qui ont vu le jour aux États-Unis, le pragmatisme semble être le plus profondément enraciné dans la culture américaine. Partant, une

[11] G. CALAFAT, A. FOSSIER, P. THEVENIN, « Droit et sciences sociales : les espaces d'un rapprochement », *Tracés* 2014, n° 27, p. 7.
[12] S. DESMOULIN-CANSELIER, « Du droit comme discours et comme dispositif », *Tracés* 2014, n° 27, p. 151.

« américanisation de la pensée juridique » accompagnerait peut-être le déploiement du juspragmatisme. Cela n'aurait pas été du goût de Michel Villey, qui regrettait dans les années 1980 que « le monde juridique français, assez faiblement cultivé, a mal résisté à la vague scientiste, hostile à toute "métaphysique", et s'est jeté dans une sorte de technicisme à l'américaine »[13]. Villey décrivait : « On veut être actif, efficient, servir les "affaires". On reproche à la philosophie d'être une discipline inutile »[14]. C'est bien ainsi qu'agiraient des juristes pragmatistes, concentrés sur le droit « performant » et ignorant tout droit idéal.

Toujours est-il que, si le pragmatisme rencontre aujourd'hui encore des réticences en Europe et en particulier en France, c'est notamment en raison de son caractère « américain ». Or la science du droit est peut-être, de toutes les sciences humaines et sociales, celle qui est la plus marquée par le « nationalisme méthodologique ». C'est pourquoi le pragmatisme juridique pourrait ne progresser que lentement et ponctuellement dans la psyché juridique collective, les obstacles dogmatiques étant nombreux sur sa route. La pensée française, pétrie de cartésianisme et éprise d'unité et d'ordre, ne pourrait que se montrer récalcitrante à l'égard d'un pragmatisme pluriel et qui n'hésite pas à présenter des aspects contradictoires.

À moins que le pragmatisme parvienne à jouer envers le droit le même rôle que celui joué par Hume envers Kant : le réveiller du « sommeil dogmatique » dans lequel il semble souvent plonger[15]. Sous cet angle, c'est encore la lecture des écrits de Michel Villey qui pourrait favoriser une prise de conscience. Regrettant l'absence, dans les facultés de droit, de travaux réflexifs, d'épistémologie juridique, le philosophe du droit décrivait la situation suivante :

[13] M. VILLEY, *Philosophie du droit – Définitions et fins du droit – Les moyens du droit* (1984-1986), Dalloz, coll. Bibliothèque Dalloz, 2001, p. 4.

[14] *Ibid.*

[15] Kant a en effet expliqué que s'il a fondé une philosophie critique, c'était grâce à Hume qui l'aurait réveillé de son « sommeil dogmatique ».

> *Comme un ouvrier manœuvre une machine et ne se préoccupe pas de savoir comment elle a été construite, on enseigne selon les routines du positivisme juridique, sans se donner le mal de vérifier ce que valent ces routines. C'est pourquoi nos énormes traités de « dogmatique juridique », nos cours magistraux, nos systèmes, sont des colosses aux pieds d'argile, de belles constructions dont rien ne garantit qu'elles ne soient bâties sur le sable...*[16]

Aujourd'hui, en des temps autrement complexes et incertains, notamment pour le droit, que ne l'étaient les années au cours desquelles Michel Villey a écrit ces lignes, il serait utile de s'assurer de la pertinence renouvelée de ce qu'on peut prendre pour acquis mais qui mériterait peut-être d'être révisé, si ce n'est abandonné. Le juspragmatisme serait alors le premier des chemins à défricher, car il garantirait mieux que tout autre cadre de pensée et de recherche la mise en adéquation des connaissances et des réalités, des théories et des pratiques, des études et des professions, des besoins et des propositions.

En s'ouvrant au pragmatisme juridique, les juristes européens s'ouvriraient à l'efficience supérieure du *common law* par rapport au droit écrit de tradition civiliste ; ils s'ouvriraient au « *doing business* »[17] et à la « *corporate governance* » ; ils s'ouvriraient à la contractualisation (jusqu'en matière pénale ?) ; ils s'ouvriraient au droit négocié horizontal, loin du droit moderne vertical ; ils s'ouvriraient à la « *good governance* » ; ils s'ouvriraient à la flexibilité et à l'adaptabilité, donc au « *soft law* » ; ils s'ouvriraient à la justice correctrice et à l'équité, au détriment du simple syllogisme judiciaire ; ils s'ouvriraient, encore, au « *benchmarking* juridique », engageant divers travaux afin d'identifier les méthodes normatives (ou quasi-normatives) capables de produire les meilleurs effets de régulation et de répondre aux enjeux et besoins actuels ; ils s'ouvriraient, enfin et sous un angle plus théorique, au

[16] *Ibid.*, p. 10.

[17] Les rapports de la Banque Mondiale « Doing Business » classent régulièrement les systèmes juridiques européens continentaux parmi les moins performants du monde en matière de droit des affaires.

pluralisme juridique, délaissant le monisme et la culture juridique stato-centrée.

Ainsi le pragmatisme juridique risquerait-il de favoriser l'*hégémonie juridique américaine*. En droit positif français, l'influence du modèle américain a déjà conduit à réformer en profondeur le droit économique, à introduire en matière pénale le système du « plaider-coupable », à insérer dans la procédure pénale des éléments relevant de la logique accusatoire ou à instaurer la possibilité d'actions de groupe. La recherche juridique suivra-t-elle ce mouvement ?

Rien ne l'assure. Elle pourrait très bien dériver vers d'autres continents ; ou bien se fossiliser, perpétuant sans relâche la conception étatiste et hiérarchisée du droit « que l'on fait réciter religieusement depuis des générations d'étudiants »[18]. L'enjeu, en « pragmatisant » le droit des universités, serait d'y réintroduire le droit des praticiens afin d'éviter qu'elles ne se coupent du droit « comme il va ». Les novatrices *« cliniques juridiques »*, créées par certaines facultés de droit, sont de ce point de vue ô combien remarquables.

Cependant, un monde juridique entièrement abandonné au primat de la *praxis* serait-il raisonnable ? Le droit peut-il avancer sans être guidé par quelques idéaux et notamment par un idéal de justice ? S'il faut se méfier du « labyrinthe des mots »[19], ne convient-il pas de prendre également garde à l' « opium des résultats »[20] ? Le pragmatiste juge l'arbre à *ses fruits* ; mais n'importe-t-il pas de le juger aussi à *ses racines* ?

Pour être pragmatiste jusqu'au bout, il faudrait dire que *le pragmatisme juridique ne se proclame pas ; il se pratique.* On ne pourrait en parler qu'après en avoir fait l'expérience — et à condition que Céline se soit fourvoyé lorsqu'il a écrit que « l'expérience est une lanterne qui n'éclaire que celui qui la porte ».

[18] M. MONIN, « Réflexions à l'occasion d'un anniversaire : trente ans de hiérarchie des normes », *D.* 1990, p. 27.

[19] C. TIERCELIN, *C. S. Peirce et le pragmatisme*, Puf, coll. Philosophies, 1993, p. 9.

[20] S. GOYARD-FABRE, *Re-penser la pensée du droit*, Vrin, 2007, p. 101.

Orientations et illustrations bibliographiques

Pour pouvoir identifier et mieux comprendre tous les enjeux, tout le contenu et toute la portée du pragmatisme juridique, au-delà des premières indications fournies dans ce livre, il importe de se plonger dans la littérature scientifique qui y est apparentée. Or ce n'est pas chose aisée tant il est rare que les juspragmatistes revendiquent ou simplement affichent leur juspragmatisme — lequel est d'ailleurs souvent inconscient. Aussi, afin de reconnaître les travaux des juristes pragmatistes, semble-t-il nécessaire de s'appuyer sur les enseignements que la pensée pragmatiste fournit : il conviendrait ainsi de se tourner en direction des auteurs qui se concentrent sur la pratique du droit, sur son application, sur son utilité, sur les faits juridiques, sur le droit en action, ou qui retiennent l'effectivité plutôt que la validité en tant que critère de juridicité.

Il faudrait également s'attacher en priorité aux études portant sur les nouveaux objets normatifs ou quasi-normatifs que sont les codes privés, les chartes, les normes comptables, les normes techniques, les labels, les standards, les classements, les sondages etc. Il importerait en conséquence de se concentrer notamment sur les travaux relatifs au droit global, sur les recherches touchant à des domaines particulièrement affectés par la mondialisation. Et il serait nécessaire de se tourner du côté de la sociologie juridique, de l'anthropologie juridique, de l'analyse économique du droit, des théories réalistes, des approches américaines, ainsi que de l'École de Bruxelles.

Mais le pragmatisme juridique peut se trouver potentiellement partout. Dès lors, face à chaque auteur — et même face à chaque écrit —, il s'agirait d'évaluer ses niveaux de pragmatisme et de dogmatisme afin de pouvoir classer la conception du droit qui l'anime parmi les conceptions pragmatiques ou parmi les conceptions dogmatiques. Si le pragmatisme juridique ne se réduit pas au panjuridisme, un critère serait peut-être décisif à ces fins : il faudrait se demander *si la définition du droit retenue permet d'étudier, en tant que juriste, toute forme de normes sociales et toute forme d'institutions sociales dès lors qu'elles font preuve d'effectivité.*

Toujours est-il que la quantité de matériaux scientifiques pouvant relever du pragmatisme juridique est considérable, ainsi qu'en témoigneront les prochaines orientations et illustrations bibliographiques. Allant de la sociologie du droit à l'épistémologie pragmatiste, ces orientations et illustrations bibliographiques seront déjà très fournies alors pourtant qu'elles ne sauraient être exhaustives. Par suite, les plus importants de ces ouvrages et articles, sous l'angle du juspragmatisme, sont sans doute ceux qui font *œuvre réflexive*, qui s'interrogent quant aux *objets et moyens des recherches* qu'ils portent. Les ouvrages et articles des juristes qui de fait s'inscrivent pleinement dans le cadre du pragmatisme mais qui ne posent guère la question des limites éventuelles de leurs objets d'étude ni celle de leurs méthodes ne sauraient être mobilisés qu'à titre d'illustrations concrètes.

En outre, si la bibliographie est riche, elle est également bouillonnante puisque des recherches juspragmatistes sont de plus en plus fréquemment publiées. Toutefois, une part importante des travaux intéressant le pragmatisme juridique et surtout des travaux *sur le pragmatisme juridique* reste à écrire — c'est pourquoi ce livre a souhaité esquisser quelques pistes.

Enfin, puisque le pragmatisme juridique peut trouver ses racines, au moins potentiellement, tant dans la littérature relevant du droit que dans la littérature relevant de la pensée pragmatiste, la bibliographie qui suit sera divisée en deux sections : la première relative aux recherches juridiques, la seconde relative aux réflexions pragmatistes.

Section 1. *Droit*

A. *Ouvrages*

ALBERSTEIN M., *Pragmatism and Law – From Philosophy to Dispute Resolution*, Routledge, 2002

AMSELEK P., *Perspectives critiques d'une réflexion épistémologique sur la théorie du Droit (Méthode phénoménologique et théorie du Droit)*, LGDJ, 1964

Arch. phil. droit 2001, « L'américanisation du droit »

ARNAUD A.-J., *Critique de la raison juridique – 2. Gouvernants sans frontières – Entre mondialisation et post-mondialisation*, LGDJ, coll. Droit et société, 2003

ARNAUD A.-J., FARINAS DULCE M. J., *Introduction à l'analyse sociologique des systèmes juridiques*, Bruylant, 1998

ASSIER-ANDRIEU L., *Le droit dans les sociétés humaines*, Nathan, 1996

ATIAS Ch., *Théorie contre l'arbitraire : éléments pour une théorie des théories juridiques*, Puf, 1987

AUBY J.-B., *La globalisation, le droit et l'État*, 2e éd., LGDJ, coll. Systèmes, 2010

AUDREN F., KARSENTI B., « Emmanuel Lévy (1871-1944) : juriste, socialiste et sociologue », *Dr. et société* 2004, p. 75 s.

AUREY X., REDOR-FICHOT M.-J., *Les cliniques juridiques*, Presses Universitaires de Caen-Symposia, 2016

ATIAS Ch., *Théorie contre l'arbitraire : éléments pour une théorie des théories juridiques*, Puf, 1987

BANAKAR R., TRAVERS M., *Law and Social Theory*, 2e éd., Hart Publishing, 2013

BARRAUD B., *Mesurer le pluralisme juridique – Une expérience*, L'Harmattan, coll. Le droit aujourd'hui, 2017

BARRAUD B., *Théories du droit et pluralisme juridique – Tome I : Les théories dogmatiques du droit et la fragilité du pluralisme juridique*, PUAM, coll. Inter-normes, 2016

BARRAUD B., *Théories du droit et pluralisme juridique – Tome II : La théorie syncrétique du droit et la possibilité du pluralisme juridique*, PUAM, coll. Inter-normes, 2016

BARRAUD B., *Repenser la pyramide des normes à l'ère des réseaux – Pour une conception pragmatique du droit*, L'Harmattan, coll. Logiques juridiques, 2012

BEAUD O., *Les libertés universitaires à l'abandon ? Pour une reconnaissance pleine et entière de la liberté académique*, Dalloz, coll. Les sens du droit, 2010

BEAUD O., WACHSMANN P., dir., *La science juridique française et la science juridique allemande de 1870 à 1918*, Presses universitaires de Strasbourg, 1997

BEHAR-TOUCHAIS M., MARTIAL-BRAZ N., RIFFARD J.-F., dir., *Les mutations de la norme*, Economica, coll. Études juridiques, 2011

BELLEY J.-G., dir., *Le droit soluble : contributions québécoises à l'étude de l'internormativité*, LGDJ, 1996

BELLEY J.-G., ISSALYS P., dir., *Aux frontières du juridique – Études interdisciplinaires sur les transformations du droit*, Faculté de droit de l'Université Laval, 1993

BENTHAM J., *Théorie des peines et des récompenses*, 1811

BENYEKHLEF K. et *alii*, *Une possible histoire de la norme : les normativités émergentes de la mondialisation*, Thémis, 2008
BLACK D., *Sociological Jurisprudence*, Oxford University Press, 1990
BOËTSCH G., FERRIE J.-N., dir., *Droit et société dans le monde arabe – Perspectives socio-anthropologiques*, PUAM, 1997
BOURJOL M. et *alii*, *Pour une critique du droit*, Maspero-Presses universitaires de Grenoble, 1978
BRETON A., DES ORMEAUX A., PISTOR K., SALMON P., dir., *Le multijuridisme – Manifestations, causes et conséquences*, Eska, 2010
BRINT M., WEAVER W., dir., *Pragmatism in Law and Society*, Westview Press, 1991
BROOKS P., GEWIRTZ P., *Law's Stories – Narrative and Rhetoric in Law*, Yale University Press, 1996
BRUNET P., MILLARD É., dir., *Le réalisme juridique scandinave en question*, Presses universitaires de Rouen, 2004
CANET R., DUCHASTEL J., dir., *La régulation néolibérale – Crise ou ajustement ?*, Athéna éditions, 2005
CARBONNIER J., *Sociologie juridique*, Puf, coll. Quadrige manuels, 2004
CARBONNIER J., *Flexible droit – Pour une sociologie du droit sans rigueur*, 8e éd., LGDJ, 1995
CARBONNIER J., *Théorie sociologique des sources du droit*, Association corporative des étudiants en droit de l'Université Panthéon-Sorbonne, 1960-1961
CARDOZO B. N., *The Paradoxes of Legal Science*, Columbia University Press, 1928
CARDOZO B., *The Nature of the Judicial Process*, Yale University Press, 1921
CARTUYVELS Y., DUMONT H., GERARD Ph., HACHEZ I., OST F., VAN DE KERCHOVE M., dir., *Les sources du droit revisitées – Volume 4 : Théorie des sources du droit*, Publications de l'Université Saint-Louis-Anthemis, 2013
CARTY A., dir., *Post-Modern Law*, Edinburg University Press, 1990
CAPONE A., POGGI F., dir., *Pragmatics and Law – Practical and Theoretical Perspectives*, Springer, 2016
CHAMPEIL-DESPLATS V., GRZEGORCZYK CH., TROPER M., *Théorie des contraintes juridiques*, LGDJ, 2005
CHASSOT L., *Essai sur le pluralisme juridique – L'exemple du Vanuatu*, PUAM, coll. Inter-normes, 2014
CHEMILLIER-GENDREAU M., MOULIER-BOUTANG Y., dir., *Le droit dans la mondialisation*, Puf, coll. Actuel Marx-confrontations, 2001
CHEROT J.-Y., FRYDMAN B., dir., *La science du droit dans la globalisation*, Bruylant, coll. Penser le droit, 2012
CHEVALLIER J., *L'État post-moderne*, 4e éd., LGDJ, coll. Droit et société, 2015
CHRETIEN-VERNICOS G., RUDE-ANTOINE E., dir., *Anthropologies et droits, état des savoirs et orientations contemporaines*, Dalloz, 2009
COASE R., *Le coût du droit*, trad. Y.-M. Morissette, Puf, 2000
COLEMAN J., *The Practice of Principle – In Defense of a Pragmatist Approach to Legal Theory*, Oxford University Press, 2003
COMMAILLE J., *L'esprit sociologique des lois – Essai de sociologie politique du droit*, Puf, coll. Droit, éthique, société, 1994
Commission européenne pour l'efficacité de la justice, *La qualité des décisions de justice*, Éditions du Conseil de l'Europe, 2008

COTTERRELL R. B., *The Politics of Jurisprudence – A Critical Introduction to Legal Philosophy*, 2e éd., University of Pennsylvania Press, 1994

COTTERRELL R. B. M., *The Sociology of Law – An Introduction*, 2e éd., Butterworths, 1992

CURAPP, *Les usages sociaux du droit*, Puf, 1989

DEFFAINS B., dir., *L'analyse économique du droit dans les pays de droit civil*, Cujas, 2002

DEFFAINS B., LANGLAIS É., dir., *Analyse économique du droit – Principes, méthodes, résultats*, De Boeck, coll. Ouvertures économiques, 2009

DE FORNEL M., OGIEN A., QUERE L., *L'ethnométhodologie – Une sociologie radicale*, La découverte, 2001

DELMAS-MARTY M., *Les forces imaginantes du droit – La refondation des pouvoirs*, Le Seuil, coll. La couleur des idées, 2007

DELMAS-MARTY M., *Les forces imaginantes du droit – Le pluralisme ordonné*, Le Seuil, coll. La Couleur des idées, 2006

DELNOY P., *Éléments de méthodologie juridique – Méthodologie de l'interprétation juridique, méthodologie de l'application du droit*, 3e éd., Larcier, 2008

DE LUGET A., FLORES-LONJOU M., LARONDE-CLERAC C., dir., *Quelle pédagogie pour l'étudiant juriste ? Expérimentations, modélisations, circulation*, Bruylant, 2012

DEMERS V., *Le contrôle des fumeurs – Une étude d'effectivité du droit*, Thémis, 1996

DE MUNCK J., VERHOEVEN M., dir., *Les mutations du rapport à la norme – Un changement dans la modernité ?*, De Boeck, 1997

DE PAGE H., *À propos du gouvernement des juges – L'équité en face du droit*, Bruylant, 1931

DE SOUSA SANTOS B., *Vers un nouveau sens commun juridique – Droit, science et politique dans la transition paradigmatique*, trad. N. Gonzales Lajoie, LGDJ, 2004

DEWEY J., *Characters and Events – Popular Essays in Social and Political Philosophy*, vol. 2, Holt and Company, 1929

DICKSTEIN M., *The Revival of Pragmatism – New Essays on Social Thought, Law, and Culture*, Duke University Press, 1998

DIEUX X., *Droit, morale, et marché*, Bruylant, coll. Penser le droit, 2013

DIJON X., *Méthodologie juridique – L'application de la norme*, Story-Scientia, coll. À la rencontre du droit, 1990

DOAT M., LE GOFF J., PEDROT P., dir., *Droit et complexité – Pour une nouvelle intelligence du droit vivant*, Presses universitaires de Rennes, 2007

Droit et société 2013, n° 83, « Les enjeux contemporains de la formation juridique »

Droit et société 2010, n° 75, « Sciences sociales, droit et science du droit : le regard des juristes »

Droit et société 2008, n° 70, « Quelles méthodes pour la sociologie du droit et de la justice »

Droit et société 2005, n° 60, « Savoirs académiques, savoirs pour l'action ? »

Droit et société 2004, n° 59, « La place du droit dans l'œuvre de Pierre Bourdieu »

Droit et société 2003, n° 54, « La gouvernance : une approche transdisciplinaire »

Droit et société 2002, n° 52, « Une théorie empiriste du droit est-elle possible ? Lectures d'Alf Ross »

Droit et société 1992, n° 20, « Une science sociale pour la pratique juridique ? »
Droit et société 1989, n° 13, « Lumières – Révolution – Post-modernisme »
Droit et société 1988, n° 10, « Pratiques de recherche, questions théoriques et problèmes épistémologiques sur le droit et la société »
Droit et société 1986, n° 4, « Georges Gurvitch/Sociologies empiriques du droit »
Droits 1994, n° 20, « Doctrine et recherche en droits »
DUGUIT L., *Le pragmatisme juridique*, La Mémoire du droit, 2008
DUGUIT L., *El pragmatismo juridico*, Francisco Beltran, 1924
DUGUIT L., *Le droit social, le droit individuel et la transformation de l'État*, 2e éd., Alcan, 1911
DUGUIT L., *L'État, le droit objectif et la loi positive*, Fontemoing, 1901
DU MARAIS B., *Des indicateurs pour mesurer le droit*, La documentation française, coll. Perspectives sur la justice, 2006
DUPRE DE BOULOIS X., KALUSZYNSKI M., dir., *Le droit en révolution(s) – Regards sur la critique du droit des années 1970 à nos jours*, LGDJ, coll. Droit et société, 2011
DUPRET B., *Droit et sciences sociales*, Armand Colin, coll. Cursus, 2006
DUXBURY N., *Patterns of American Jurisprudence*, Clarendon Press, 1995
DWORKIN R., *Prendre les droits au sérieux*, Puf, coll. Léviathan, 1995
DWORKIN R., *L'empire du droit*, Puf, 1994
EBERHARD Ch., VERNICOS G., dir., *La quête anthropologique du droit : autour de la démarche d'Étienne Le Roy*, Karthala, 2006
EHRLICH E, *Fundamental Principles of the Sociology of Law*, Harvard University Press, 1936
EHRLICH E., *Contribution à la théorie des sources du droit*, 1902
ENGEL D., GREENHOUSE C., YNGVESSON B., *Law and Community in Three American Towns*, Comell University Press, 1994
EWICK P., SILBEY S. S., *The Common Place of Law – Stories from Everyday Life*, University of Chicago Press, 1998
FATIN-ROUGE STEFANINI M., GAY L., VIDAL-NAQUET A., dir., *L'efficacité de la norme juridique – Nouveau vecteur de légitimité ?*, Bruylant, coll. À la croisée des droits, 2012
FAURE M., OGUS A., *Économie du droit : le cas français*, Éditions Panthéon-Assas, 2002
FEREY S., *Une histoire de l'analyse économique du droit – Calcul rationnel et interprétation du droit*, Bruylant, coll. Droit et économie, 2008
FISHER W. W., HORWITZ M., REED T. A., *American Legal Realism*, Oxford University Press, 1993
FLEURY-STEINER B., NIELSEN L. B., dir., *The New Civil Rights Research – A Constitutive Approach*, Ashgate, 2006
FLÜCKIGER A., TANQUEREL Th., dir., *L'évaluation de la recherche en droit – Enjeux et méthodes*, Bruylant, coll. Penser le droit, 2015
FONTAINE L., *Qu'est-ce qu'un « grand » juriste ? Essai sur les juristes et la pensée juridique moderne*, Lextenso éditions, coll. Forum, 2012
FREGA R., *Les sources sociales de la normativité*, Vrin, 2013
FREGA R., *Practice, Judgment, and the Challenged of Moral and Political Disagreement – A pragmatist Account*, Lexington, 2012
FRIEDMAN L. M., *Law in America – A Short History*, Modern Library Edition, 2002

FRIEDMAN L. M., MACAULAY S, dir., *Law and the Behaviorial Sciences*, Bobbs-Merrill, 1969

FRISON-ROCHE M.-A., dir., *Les régulations économiques – Légitimité et efficacité*, Presses de Science-Po, coll. Droit et économie de la régulation, 2004

FRYDMAN B., *Petit manuel pratique de droit global*, Éditions de l'Académie royale de Belgique, 2014

FRYDMAN B., RORIVE I., *Introduction au droit et à la méthodologie juridique*, Faculté de droit de l'Université libre de Bruxelles, 2008

FRYDMAN B., VAN WAEYENBERGE A., dir., *Gouverner par les standards et les indicateurs – De Hume aux rankings*, Bruylant, coll. Penser le droit, 2014

FRYDMAN B., *Le sens des lois*, LGDJ-Bruylant, 2005

FRYDMAN B., *Les transformations du droit moderne*, Story-Scientia-Fondation Roi Baudoin (Bruxelles), coll. A la rencontre du droit, 1999

GENY F., *Méthode d'interprétation et sources en droit privé positif*, t. I et II, LGDJ, 1954

GENY F., *Science et technique en droit privé positif – Nouvelle contribution à la critique de la méthode juridique*, Sirey, t. I, II, III et IV, 1914-1924

GERARD Ph., OST F., VAN DE KERCHOVE M., dir., *L'accélération du temps juridique*, Publications des Facultés universitaires Saint-Louis, 2000

GOODRICH P., *Reading the Law, a Critical Introduction to Legal Method*, 2e éd., Sweet and Maxwell, 1984

GOYARD-FABRE S., *Re-penser la pensée du droit*, Vrin, 2007

GOYARD-FABRE S., *Philosophie critique et raison juridique*, Puf, 2004

GOYARD-FABRE S., *Essai de critique phénoménologique du droit*, LGDJ, 1972

GRAZ J.-Ch., *La gouvernance de la mondialisation*, 4e éd., La découverte, coll. Repères, 2013

GREY Th. C., *Formalism and Pragmatism in American Law*, Brill, 2014

GURVITCH G., *Éléments de sociologie juridique*, Aubier, 1940

GURVITCH G., *L'expérience juridique et la philosophie pluraliste du droit*, Pedone, 1935

GURVITCH G., *Le temps présent et l'idée du droit social*, Vrin, 1932

HABERMAS J., *Droit et démocratie : entre faits et normes*, trad. C. Bouchindhomme, R. Rochlitz, Gallimard, 1997

HÄGERSTRÖM A., *Inquiries into the Nature of Law and Morals*, Uppsala, 1953

HAKIM N., MELLERAY F., dir., *Le renouveau de la doctrine française – Les grands auteurs de la pensée juridique au tournant du XXe siècle*, Dalloz, coll. Méthodes du droit, 2009

HALPERIN J.-L., *Profils des mondialisations du droit*, Dalloz, coll. Méthodes du droit, 2009

HARNAY S., MARCIANO A., *Posner – L'analyse économique du droit*, Michalon, coll. Le bien commun, 2003

HAYEK F., *Droit, législation et liberté, une nouvelle formulation des principes libéraux de justice et d'économie politique – t. III : L'ordre politique d'un peuple libre*, trad. R. Audouin, Puf, 1983

HAYEK F., *Droit, législation et liberté, une nouvelle formulation des principes libéraux de justice et d'économie politique – t. I : Règles et ordre*, trad. R. Audouin, Puf, 1980

HECQUAD M., KRYNEN J., dir., *Regards critiques sur quelques (r)évolutions récentes du droit, t. I : Bilans*, Presses universitaires des sciences sociales de Toulouse, coll. Les travaux de l'IFR, 2005

HENRY S., *Private Justice – Toward Integrated Theorising in the Sociology of Law*, Routledge and Kegan, 1983
HEURTIN J.-P., MOLFESSIS N., dir., *La sociologie du droit de Max Weber*, Dalloz, coll. L'esprit du droit, 2006
HOGBIN H. I., dir., *Law and Order in Polynesia – A Study of Primitive Legal Institutions*, Londres, 1934
HOGUE A. R., *Origins of the Common Law*, Liberty Fund, 1986
HOLMES O. W., *Collected Legal Papers*, Peter Smith, 1952
HOLMES O. W., *The Common Law*, McMillan, 1881
HONEYBALL S., *Integrity, Community and Interpretation: a Critical Analysis of Ronald Dworkin's Theory of Law*, Aldershot-Ashgate, 1998
HOOKER M. B., *Legal Pluralism – An Introduction to Colonial and Neo-Colonial Laws*, Clarendon Press, 1975
HORKAY HÖRCHER F., *Prudentia Iuris – Towards a Pragmatic Theory of Natural Law*, Akadémiai Kiado, 2000
HORWITZ M. J., *The Transformation of American Law, 1870-1960 – The Crisis of Legal Orthodoxy*, Oxford University Press, 1992
HUBBS G., LIND D., *Pragmatism, Law and Language*, Routledge, 2014
HUNT A., *Explorations in Law and Society – Toward a Constitutive Theory of Law*, Routledge, 1993
JAMIN Ch., *La cuisine du droit*, Lextenso, 2012
JELLINEK G., *L'État moderne et son droit – Deuxième partie : Théorie juridique de l'État*, trad. G. Fardis, Éditions Panthéon-Assas, coll. Les introuvables, 2005
JELLINEK G., *L'élément juridique dans la science de l'État et la méthode juridique*, trad. Ch. Bourgoing-Dumonteil, G. Fardis, Fontemoing, 1903
JHERING R., *La lutte pour le droit* (1872), trad. O. de Meulenaere, Dalloz, 2006
JOUANJAN O., *Une histoire de la pensée juridique en Allemagne (1800-1918)*, Puf, 2005
JOUANJAN O., dir., *Théories réalistes du droit*, Presses universitaires de Strasbourg, 2000
KAHN P. W., *The Cultural Study of Law – Reconstructing Legal Scholarship*, University of Chicago Press, 1999
KATSH E., *Law in a Digital World*, Oxford University Press, 1995
KESSEDJIAN C., LOQUIN É., dir., *La mondialisation du droit*, Litec, coll. Les travaux du CREDIMI, 2000
KEVELSON R., *Peirce and Law – Issues in Pragmatism, Legal Realism and Semiotics*, Peter Lang Publishing, 1991
KIRAT Th., *Économie du droit*, La découverte, coll. Repères, 2012
LAFARGUE R., NICOLAU G., PIGNARRE G., *Ethnologie juridique autour de trois exercices*, Dalloz, coll. Méthodes du droit, 2007
LAJOIE A., MACDONALD R. A., JANDA R., ROCHER G., dir., *Théories et émergence du droit : pluralisme, surdétermination et effectivité*, Bruylant-Thémis, 1998
LASCOUMES P., dir., *Actualité de Max Weber pour la sociologie du droit*, LGDJ, coll. Droit et Société, 1995
LASSERRE V., *Le nouvel ordre juridique – Le droit de la gouvernance*, LexisNexis, 2015
LATOUR B., *La fabrique du droit – Une ethnographie du Conseil d'État*, La découverte, 2002

LEBEL-GRENIER S., *Pour un pluralisme juridique radical*, th., Université McGill de Montréal, 2002

Le Courrier du CNRS 1990, n° 75, « Les sciences du droit – Les terrains nouveaux de la recherche juridique »

LEITER B., *Naturalizing Jurisprudence – Essays on American Legal Realism and Naturalism in Legal Philosophy*, Oxford University Press, 2007

LE ROY É., *Le jeu des lois – Une anthropologie "dynamique" du droit*, LGDJ, coll. Droit et société, 1999

LEVI E. H., *An Introduction to Legal Reasoning*, University of Chicago Press, 1949

LEVINSON S., MAILLOUX S., *Interpreting Law and Literature*, Evanston, 1988

LEVY-BRUHL H., *Sociologie du droit*, 6e éd., Puf, coll. Que sais-je ?, 1981

LHUILIER G., *Le droit transnational*, Dalloz, coll. Méthodes du droit, 2016

LIPSON L., WHEELER S., dir., *Law and the Social Sciences*, Russell Sage Foundation, 1986

LLEWELLYN K. N., *The Bramble Busch*, Oxford University Press, 2008

LLEWELLYN K. N., *La voie cheyenne – Conflit et jurisprudence dans la science primitive du droit* (1941), trad. L. Assier-Andrieu, Bruylant-LGDJ, 1999

LLEWELLYN K. N., *The Common Law Tradition – Deciding Appeals*, William S. Hein & Company, 1996

LLEWELLYN K. N., *My Philosophy of Law*, Boston Law Company, 1941

LUKES S., SCULL A., *Durkheim and the Law*, Martin Robertson, 1983

LUNDSTEDT A. V., *Legal Thinking Revised (My Views on Law)*, Almqvist & Wiksell, 1956

MACCORMICK N., *Legal Reasoning and Legal Theory*, Clarendon Press, 1978

MACKAAY E., *L'analyse économique du droit – I. Fondements*, Thémis-Bruylant (Montréal-Bruxelles), 2000

MACKAAY E., PARENT A., *Précis d'analyse économique du droit*, La grande école de la francophonie (Québec), 2015

MACKAAY E., ROUSSEAU S., *Analyse économique du droit*, 2e éd., Dalloz, coll. Méthodes du droit, 2008

MADER L., *L'évaluation législative – Pour une analyse empirique des effets de la législation*, Payot, coll. Juridique romande, 1985

MAITRE G., *La responsabilité civile à l'épreuve de l'analyse économique du droit*, LGDJ, coll. Droit et économie, 2005

MALLOY R. P., *Law and Market Economy – Reinterpreting the Values of Law and Economics*, Cambridge University Press, 2000

MARTENS P., *Théories du droit et pensée juridique contemporaine*, Larcier, coll. Faculté de droit de l'Université de Liège, 2003

MATTEI U., *Comparative Law and Economics*, The University of Michigan Press, 1997

MAUNIER R., dir., *Études de sociologie et d'ethnologie juridiques*, Paris, 1931

MENDENHALL A., WENDELL HOLMES O., *Pragmatism, and the Jurisprudence of Agon – Aesthetic Dissent and the Common Law*, Bucknell University Press, 2016

MERCURO N., MEDEMA S. G., *Economics and the Law – From Posner to Post-Modernism*, Princeton University Press, 1997

MERRY S. E., *Colonizing Hawai'i, the Cultural Power of Law*, Princeton University Press, 2000

MIAILLE M., *Une introduction critique au droit*, François Maspero, 1982

MICHAUT F., *La recherche d'un nouveau paradigme de la décision judiciaire à travers un siècle de doctrine américaine*, L'Harmattan, 2000

MORALES A., dir., *Renascent Pragmatism – Studies in Law and Social Science*, Ashgate, 2003

MORAND Ch.-A., dir., *Le droit saisi par la mondialisation*, Bruylant, 2001

NADER L., *The Life of the Law – Anthropological Projects*, University of California Press, 2002

NADER L., *Law in Culture and Society*, University of Califomia Press, 1997

NEMO Ph., *La société de droit selon F. A. Hayek*, Puf, 1988

OLIVECRONA K., *De la loi et de l'État – Une contribution de l'école scandinave à la théorie réaliste du droit*, trad. P. Jonason, Dalloz, coll. Rivages du droit, 2010

OLIVECRONA K., *Law as Fact*, 2e éd., Stevens & Sons, 1971

OST F., *Dire le droit, faire justice*, Bruylant, coll. Penser le droit, 2007

OST F., VAN DE KERCHOVE M., *De la pyramide au réseau ? Pour une théorie dialectique du droit*, Publications des Facultés universitaires Saint-Louis (Bruxelles), 2002

OST F., VAN DE KERCHOVE M., *Le droit ou les paradoxes du jeu*, Puf, 1992

OST F., VAN DE KERCHOVE M., *Entre la lettre et l'esprit – Les directives d'interprétation en droit*, Bruylant, 1989

OST F., VAN DE KERCHOVE M., *Le système juridique entre ordre et désordre*, Puf, 1988

OTIS Gh., dir., *Méthodologie du pluralisme juridique*, Karthala, 2012

PAPAUX A., *Introduction à la philosophie du « droit en situation »*, Bruylant-LGDJ-Schultess, coll. Quid iuris ?, 2006

PARIENTE-BUTTERLIN I., *Le droit, la norme et le réel*, Puf, coll. Quadrige manuels philosophie, 2005

PARSONS T., *Essays in Sociological Theory Pure and Applied*, Free Press, 1957

PATTARO E., dir., *Contributi al Realismo Giuridico*, Giuffre (Milan), 1982

PERELMAN Ch., *Logique juridique – Nouvelle rhétorique*, Dalloz, 1979

PERELMAN Ch., dir., *La règle de droit*, Bruylant, 1971

PERELMAN Ch. dir., *Le problème des lacunes en droit*, Bruylant, 1968

PERELMAN Ch., VANDER ELST R., dir., *Les notions à contenu variable en droit*, Bruylant, coll. Travaux du Centre national de recherches de logique, 1984

PERROUTY P.-A., *Obéir et désobéir : le citoyen face à la loi*, Éditions de l'Université de Bruxelles, coll. Philosophie politique et juridique, 2000

PODGERFCKI A., *Law and Society*, Routledge and Kegan, 1974

POPPLE J., *A Pragmatic Legal Expert System*, Ashgate, 1996

POSNER E., *The Perils of Global Legalism*, University of Chicago Press, 2009

POSNER E., *Law and Social Norms*, Cambridge University Press, 2000

POSNER R., *Law, Pragmatism and Democracy*, Harvard University Press, 2003

POSNER R., *Economic Analysis of Law*, 6e éd., Aspen Publishers, 2003

POSNER R., *Droit et littérature*, trad. Ch. Hivet, Ph. Jouary, Puf, coll. Droit, éthique, société, 1996

POSNER R., *Overcoming Law*, Harvard University Press, 1995

POSPISIL L. J., *The Ethnology of Law*, Human Relations Area Files, 1985

POSPISIL L. J., *Anthropology of Law*, 2e éd., Human Relations Area Files, 1974

POUND R., *The Spirit of the Common Law* (1881), Transaction Publishers, 1999

RAUCENT L., *Pour une théorie critique du droit*, Duculot, 1975

RAWLS J., *Théorie de la justice* (1971), trad. C. Audard, Le Seuil, 1987

RAZ J., *The Authority of Law*, Clarendon Press (Oxford), 1979
RAZ J., *The Concept of Legal System – An Introduction to the Theory of Legal System*, Clarendon Press (Oxford), 1970
Revue d'histoire des sciences humaines 2001, « La science juridique entre politique et sciences humaines »
RICHARD V., *Le droit et l'effectivité – Contribution à l'étude d'une notion*, th., Université Paris II, 2003
RIGAUX F., *Ordonnancements juridiques et conversion numérique*, Larcier, coll. Petites fugues, 2014
RIGAUX F., *Introduction à la science du droit*, Vie ouvrière, 1974
ROCHER G., *Études de la sociologie du droit et de l'éthique*, Thémis, 1996
ROHDE D. W., SPAETH H. J., *Supreme Court Decision Making*, Freeman, 1976
ROMANO S., *L'ordre juridique* (1946), trad. L. François, P. Gothot, Dalloz, coll. Philosophie du droit, 1975
ROSENBERG G. D., *The Hollow Hope: Can Courts Bring About Social Change?*, The University of Chicago Press, 1991
ROSS A., *Introduction à l'empirisme juridique*, trad. É. Millard, E. Matzner, Bruylant-LGDJ, coll. La pensée juridique, 2004
ROSS A., *Directives and Norms*, Routledge & Keegan, 1968
ROSS A., *On Law and Justice*, University of California Press, 1959
ROULAND N., *L'anthropologie juridique*, Puf, coll. Que sais-je ?, 1995
ROULAND N., *Aux confins du droit, anthropologie juridique de la modernité*, Odile Jacob, 1991
ROULAND N., *Anthropologie juridique*, Puf, coll. Droit fondamental, 1988
ROYER G., *L'efficience en droit pénal économique – Étude de droit positif à la lumière de l'analyse économique du droit*, LGDJ, coll. Droit et économie, 2009
SACHS T., *La raison économique en droit du travail – Contribution à l'étude des rapports entre le droit et l'économie*, LGDJ, coll. Bibliothèque de droit social, 2013
SALDAÑA Q., *Teoria del derecho eficaz (pragmatismo juridico)*, Universidad de Madrid, 1924
SALDAÑA Q., *Modernas concepciones penales en España – Teoria pragmatica del derecho penal*, 2e éd., Calpe, 1923
SANTOS A., TRUBEK D., dir., *The New Law and Economic Development – A Critical Appraisal*, Cambridge University Press, 2006
SCHINZ A., *Antipragmatisme – Examen des droits respectifs de l'aristocratie intellectuelle et de la démocratie*, Alcan, 1909
SCHMITZ J., *La théorie de l'institution du doyen Maurice Hauriou*, L'Harmattan, coll. Logiques juridiques, 2013
SERVERIN É., *Sociologie du droit*, La découverte, coll. Repères, 2000
SHERWIN R. K., *When Law Goes Pop: The Vanishing Line between Law and Popular Culture*, University of Chicago Press, 2000
STRÖMHOLM S., VOGEL H.-H., *Le « réalisme scandinave » dans la philosophie du droit*, LGDJ, 1975
SULLIVAN M., *Legal Pragmatism – Community, Rights, and Democracy*, Indiana University Press, 2007
SUMMERS R., *Instrumentalism and American Legal Theory*, Cornell University Press, 1982
SUMNER-MAINE H., *On Early Law and Custom*, Murray, 1883

SUPIOT A., *Homo Juridicus – Essai sur la fonction anthropologique du droit*, Le Seuil, coll. La couleur des idées, 2005

TAMANAHA B. Z., *Beyond the Formalist-Realist Divide – The Role of Politics in Judging*, Princeton University Press, 2009

TAMANAHA B. Z., *Realistic Socio-Legal Theory – Pragmatism and a Social Theory of Law*, Clarendon Press (Oxford), 2000

TEUBNER G., *Droit et réflexivité – L'autoréférence en droit et dans l'organisation*, trad. N. Boucquey, Story scientia-LGDJ, 1994

TEUBNER G., *Le droit, un système autopoïétique*, Puf, coll. Les voies du droit, 1993

TEUBNER G., dir., *Autopoietic Law: A New Approach to Law and Society*, Walter de Gruyter, 1988

TOMASIC R., *The Sociology of Law*, Sage publications, 1985

TOURET D., *Introduction à la sociologie et à la philosophie du droit : la bio-logique du droit*, Litec, 1995

TREVES R., dir., *La Sociologia del diritto*, Edizioni di Comunità, Diritto et cultura moderna, 1966

TWINING W., *Karl Llewellyn and the Realist Movement*, 2e éd., Cambridge University Press, 2012

TWINING W., *Globalization and Legal Theory*, Butterworths, 2000

TYLER T., *Why People Obey the Law*, Yale University Press, 1990

VACHON R., « L'étude du pluralisme juridique – Une approche diatopique et dialogale », *Journal of Legal Pluralism and Unofficial Law* 1990, p. 163 s.

VALENTIN V., *Les conceptions néolibérales du droit*, Economica, 2002

VAN DE KERCHOVE M., dir., *L'interprétation en droit – Approche pluridisciplinaire*, Publications des Facultés universitaires Saint-Louis, 1978

VANDER EYCKEN P., *Méthode positive de l'interprétation juridique*, Falk, 1906

VANDERLINDEN J., *Les pluralismes juridiques*, Bruylant, 2013

VANDERLINDEN J., *Anthropologie Juridique*, Dalloz, 1996

WEBER M., *Sociologie du droit*, trad. J. Grosclaude, Puf, coll. Quadrige grands textes, 2007

WHITMAN R., dir., *Normative Power Europe*, Macmillan, 2011

WINTGENS L., *Droit, principes et théories – Pour un positivisme critique*, Bruylant, 2000

B. *Articles*

ALETRAS N., LAMPOS V., PREOŢIUC-PIETRO D., TSARAPATSANIS D., « Predicting Judicial Decisions of the European Court of Human Rights – A Natural Language Processing Perspective », *Peer Journal of Computer Science* 2016

ALLIOT M., « Anthropologie et juristique – Sur les conditions de l'élaboration d'une science du droit », *Bulletin de liaison du LAJP* 1983, n° 6, p. 83 s.

AMSELEK P., « Le rôle de la pratique dans la formation du droit : aperçus à propos de l'exemple du droit public français », *RDP* 1983, p. 1471 s.

AMSELEK P., « La phénoménologie et le droit », *Arch. phil. droit* 1972, p. 185 s.

ANCEL P., « Le droit *in vivo* ou le plaidoyer d'un membre de la "doctrine" pour la recherche juridique empirique », in *Mélanges Philippe Jestaz*, Dalloz, 2006, p. 13 s.

ANCEL P., « Le *Dalloz*, source du droit », *RRJ* 2006, p. 453 s.

ARDISSON D., « Observations sur la recherche, l'enseignement et les pratiques du droit », *Dr. et Société* 1993, p. 143 s.

ARMSTRONG M. A., CERFONTAINE A., « Échecs économiques et dérive du pragmatisme juridique : l'expérience anglaise du droit de la faillite », *Dr. et société* 2000, p. 541 s.

ARNAUD A.-J., « Regards croisés sur la notion de droit en contexte », *RIEJ* 2013, n° 70, p. 45 s.

ARNAUD A.-J., « De la régulation par le droit à l'heure de la globalisation – Quelques observations critiques », *Dr. et société* 1997, p. 11 s.

ARNAUD A.-J., « Le droit comme produit », *Dr. et société* 1994, p. 293 s.

ARNAUD A.-J., « Droit et société : du constat à la construction d'un champ commun », *Dr. et société* 1992, p. 17 s.

ARNAUD A.-J., « Du jeu fini au jeu ouvert – Réflexions additionnelles sur le Droit post-moderne », *Dr. et société* 1991, p. 45 s.

ARNAUD A.-J., « Repenser un Droit pour l'époque postmoderne », *Le Courrier du CNRS* 1990, n° 75, p. 81 s.

ARNAUD A.-J., « Droit et société – Un carrefour interdisciplinaire », *RIEJ* 1988, n° 21, p. 7 s.

ASSIER-ANDRIEU L., « Coutumes et usages », in ALLAND D., RIALS S., dir., *Dictionnaire de la culture juridique*, Lamy-Puf, coll. Quadrige-dicos poche, 2003, p. 317 s.

ASSIER-ANDRIEU L., « Réflexions sur le droit du "social" », *Cités* 2000

ATIAS Ch., « Réflexion sur les méthodes de la science du droit », *D.* 1983, p. 145 s.

ATIENZA M., « Una teoria pragmatica del diritto », *Rivista di filosofia del diritto* 2012, p. 123 s.

BAILLEUX A., DUMONT H., « Esquisse d'une théorie des ouvertures interdisciplinaires accessible aux juristes », *Dr. et société* 2010, p. 275 s.

BAILLEUX A., OST F., « Droit, contexte et interdisciplinarité : refondation d'une démarche », *RIEJ* 2013, n° 70, p. 25 s.

BAUM L., « The Puzzle of Judicial Behavior », *University of Michigan Press* 2009

BARRAUD B., « La science et la doctrine juridiques à l'épreuve de la polysémie des concepts », *RIEJ* 2016, p. 5 s.

BARRAUD B., « La science du droit parmi les sciences sociales : la tradition de l'autonomie et la tentation de l'ouverture », *RRJ* 2015, p. 27 s.

BARRAUD B., « L'usage du plan en deux parties dans les facultés de droit françaises », *RTD civ.* 2015, p. 807 s.

BARRAUD B., « Droit public-droit privé : de la *summa divisio* à la *ratio divisio* ? », *RRJ* 2015, p. 1101 s.

BARRAUD B., « L'échelle de juridicité : un outil pour mesurer le droit et fonder une théorie syncrétique (seconde partie : application) », *Arch. phil. droit* 2014, p. 503 s.

BARRAUD B., « L'échelle de juridicité : un outil pour mesurer le droit et fonder une théorie syncrétique (première partie : présentation) », *Arch. phil. droit* 2013, p. 365 s.

BELLEY J.-G., « Le pluralisme juridique comme doctrine de la science du droit », in KELLERHALS J., MANAI D., ROTH R., dir., *Pour un droit pluriel – Études offertes au Professeur Jean-François Perrin*, Helbing-Lichtenhahn, 2002, p. 163 s.

BELLEY J.-G., « Le pluralisme juridique de Roderick Mac Donald : une analyse séquentielle », in LAJOIE A., MACDONALD R. A., JANDA R., ROCHER G., dir., *Théories et émergence du droit : pluralisme, surdétermination et effectivité*, Bruylant-Thémis, 1998, p. 57 s.

BELLEY J.-G., « Une métaphore chimique pour le droit », in BELLEY J.-G., dir., *Le droit soluble – Contributions québécoises à l'étude de l'internormativité*, LGDJ, 1993, p. 7 s.

BELLEY J.-G., « Les sociologues, les juristes et la sociologie du droit », *Recherches sociographiques* 1983, p. 263 s.

BELLIER I., « Point de vue anthropologique », in AGUILA Y. et *alii*, *Quelles perspectives pour la recherche juridique ?*, Puf, coll. Droit et justice, 2007, p. 121 s.

BERNARD A., « Law and Economics : une science idiote ? », *D.* 2008, p. 2806 s.

BETTINI R., « Efficacité », in A.-J. ARNAUD, dir., *Dictionnaire encyclopédique de théorie et de sociologie du droit*, LGDJ, 1993, p. 220 s.

BLANKENBURG E., « La recherche de l'efficacité de la loi – Réflexions sur l'étude de la mise en œuvre (le concept d'"*implementation*") », *Dr. et société* 1986, p. 59 s.

BONAFE-SCHMITT J.-P., « Pour une approche socio-juridique de la production des normes dans les relations de travail », *Dr. et société* 1994, p. 337 s.

BONFILS Ph., « L'outil statistique et son utilisation dans les sciences juridiques », *RRJ* 1996, p. 1129 s.

BOURCIER D., « À propos des fondements épistémologiques d'une science du droit », in AGUILA Y. et *alii*, *Quelles perspectives pour la recherche juridique ?*, Puf, coll. Droit et justice, 2007, p. 69 s.

BOURDIEU P., « Les juristes, gardiens de l'hypocrisie collective », in CHAZEL F., COMMAILLE J., *Normes juridiques et régulation sociale*, LGDJ, coll. Droit et société, 1991

BOURDIEU P., « La force du droit – Éléments pour une sociologie du champ juridique », *Actes de la recherche en sciences sociales* 1986, n° 64, p. 3 s.

BOURDIEU P., « Habitus, code et codification », *Actes de la recherche en sciences sociales* 1986, n° 64, p. 40 s.

BRUN Ph., « Les habitudes de penser », in DISSAUX N., GUENZOUI Y., dir., *Les habitudes du droit*, Dalloz, coll. Thèmes et commentaires, 2015

BRUNET P., « Le raisonnement juridique : une pratique spécifique ? », *International Journal for the Semiotics of Law* 2013, p. 767 s.

BURMAN S., SCHÄRF W., « Creating People's Justice: Street Committees and People's Courts in a South African City », *Law and Society Review* 1990, p. 693 s.

Cahiers de méthodologie juridique 2009, « L'analyse économique du droit : autour d'Ejan Mackaay »

CAILLOSSE J., « Une approche "tranquillisante" de la post-modernité ? L'économie du droit post-moderne selon Jacques Chevallier », *Droits* 2004, n° 39, p. 121 s.

CALAFAT G., FOSSIER A., THEVENIN P., « Droit et sciences sociales : les espaces d'un rapprochement », *Tracés* 2014, n° 27, p. 7 s.

CALAVITTA K., « Blue Jeans, Rape, and the "De-Constitutive" Power of Law », *Law and Society Review* 2001, vol. 35, p. 89 s.
CALMETTE J.-F., « Réflexions sur la valeur de l'analyse économique du droit : le cas du droit public », *RRJ* 2004, p. 905 s.
CAMARGO LACOMBE M. M., « Fundamentos teoricos do pragmatismo juridico », *Revista do direito e do Estado* 2007, vol. 6, p. 185 s.
CANIVET G., « La pertinence de l'analyse économique du droit : le point de vue du juge », *LPA* 2005, n° 99, p. 23 s.
CAPELLER W., SIMOULIN V., « La gouvernance : du programme de recherche à la transdisciplinarité », *Dr. et société* 2003, p. 301 s.
CARBONNIER J., « Gurvitch et les juristes », *Dr. et société* 1986, p. 429 s.
CARBONNIER J., « Effectivité et ineffectivité de la règle de droit », *L'Année sociologique* 1958, p. 3 s.
CARTY A., « Du postmodernisme en théorie et en sociologie du droit, ou Rousseau et Durkheim lus par Baudrillard », *Dr. et société* 1989, p. 371 s.
CARTY A., « Présentation : Le siècle des lumières, la Révolution et la mort de l'Homme – Une approche post-moderne du droit », *Dr. et société* 1989, p. 311 s.
CAYLA O., « Les juristes à l'épreuve du tournant pragmatique », in ROUSSEAU D., dir., *Le droit dérobé*, Montchrestien, coll. Grands colloques, 2007, p. 37 s.
CHARLOTTON C., « La force d'attraction économique du droit », in THIBIERGE C., dir., *La force normative – Naissance d'un concept*, LGDJ-Bruylant, 2009, p. 635 s.
CHAZAL J.-P., « Léon Duguit et François Gény, controverse sur la rénovation de la science juridique », *RIEJ* 2010, n° 65, p. 85 s.
CHAZEL F., « Émile Durkheim et l'élaboration d'un "programme de recherche" en sociologie du droit », in CHAZEL F., COMMAILLE J., dir., *Normes juridiques et régulation sociale*, LGDJ, coll. Droit et société, 1991
CHEROT J.-Y., « Concept de droit et globalisation », in CHEROT J.-Y., FRYDMAN B., dir., *La science du droit dans la globalisation*, Bruylant, coll. Penser le droit, 2012, p. 3 s.
CHEVALLIER J., « L'État post-moderne : retour sur une hypothèse », *Droits* 2004, n° 39, p. 107 s.
CHEVALLIER J., « Doctrine juridique et science juridique », *Dr. et société* 2002, p. 103 s.
CHEVALLIER J., « La régulation juridique en question », *Dr. et société* 2001, p. 827 s.
CHEVALLIER J., « Vers un droit postmoderne ? », in CLAM J., MARTIN G., dir., *Les transformations de la régulation juridique*, LGDJ, coll. Droit et société, 1998, p. 31 s.
CHEVALLIER J., « Vers un droit postmoderne ? Les transformations de la régulation juridique », *RDP* 1998, p. 659 s.
CHEVALLIER J., « La fin des écoles ? », *RDP* 1997, p. 679 s.
CHOURAQUI A., « Quelques difficultés actuelles d'articulation du juridique et du social », in CHAZEL F., COMMAILLE J., dir., *Normes juridiques et régulation sociale*, LGDJ, coll. Droit et société, 1991, p. 285 s.
CHOURAQUI A., « Normes sociales et règles juridiques : quelques observations sur des régulations désarticulées », *Dr. et société* 1989, p. 415 s.
COASE R., « The Problem of Social Cost », *Journal of Law and Economics* 1959, n° 3, p. 1 s.

COLEMAN J. L., « Negative and Positive Positivism », *The Journal of Legal Studies* 1982, n° 11, p. 139 s.

COMMAILLE J., « Les nouveaux enjeux épistémologiques de la mise en contexte du droit », *RIEJ* 2013, n° 70, p. 62 s.

COMMAILLE J., « La construction d'une sociologie juridique spécialisée – Le savoir sociologique et la sociologie juridique de Jean Carbonnier », *L'Année sociologique* 2007, p. 275 s.

COMMAILLE J., « Nouvelles économies de la légalité, nouvelles formes de justice, nouveau régime de connaissance – L'anthropologie du droit avait-elle raison ? », in EBERHARD CH., VERNICOS G., dir., *La quête anthropologique du droit – Autour de la démarche d'Étienne Le Roy*, Karthala, 2006, p. 351 s.

COMMAILLE J., « La sociologie et les sens du droit », *Droits* 1989, n° 10, p. 23 s.

COMMAILLE J., « Esquisse d'une analyse des rapports entre droit et sociologie – Les sociologies juridiques », *RIEJ* 1982, n° 8, p. 9 s.

CORTEN O., « Le "droit en contexte" est-il incompatible avec le formalisme juridique ? », *RIEJ* 2013, n° 70, p. 70 s.

COTTA S., « De l'expérience du droit à sa définition », *Droits* 1990, n° 11, p. 15 s.

COTTER Th. F., « Legal Pragmatism and the Law and Economics Movement », *Georgetown Law Journal* 1996, p. 2071 s.

CROZIER M., « La crise des régulations traditionnelles », in MENDRAS H., dir., *La sagesse et le désordre*, Gallimard, coll. Bibliothèque des sciences humaines, 1980, p. 371 s.

DE BECHILLON D., « La structure des normes juridiques à l'épreuve de la postmodernité », in BERTHOUD A., SERVERIN É., *La production des normes entre État et société civile – Les figures de l'institution et de la norme entre État et sociétés civiles*, L'Harmattan, 2000, p. 47 s.

DE BISSY A., « Le pragmatisme juridique au service de la rigueur scientifique », in *Mélanges Patrick Serlooten*, Dalloz, 2015

DEFFAINS B., « L'économie comme instrument de la recherche juridique », in AGUILA Y. et *alii*, *Quelles perspectives pour la recherche juridique ?*, Puf, coll. Droit et justice, 2007, p. 85 s.

DEFFAINS B., FEREY S., « Théorie du droit et analyse économique », *Droits* 2007, p. 223 s.

DE LAMBERTIE I., « Réflexions sur la recherche en sciences du droit », *Droits* 1994, n° 20, p. 159 s.

DE LA PRADELLE G., VAISSE S., « Estimer la doctrine : l'art… et la manière », *RTD civ.* 1996, p. 313 s.

DELMAS-MARTY M., « La grande complexité juridique du monde », in *Mélanges Gérard Timsit*, Bruylant, 2004, p. 89 s.

DELMAS-MARTY M., « L'espace juridique européen, laboratoire de la mondialisation », *D.* 2000, p. 421 s.

DELMAS-MARTY M., « La mondialisation du droit : chances et risques », *D.* 1999, p. 43 s.

DEMBOUR M. B., « Le pluralisme juridique : une démarche parmi d'autres, et non plus innocente », *RIEJ* 1990, n° 24, p. 43 s.

DEPREZ J., « Pratique juridique et pratique sociale dans la genèse et le fonctionnement de la norme juridique », *RRJ* 1997, p. 799 s.

DESMOULIN-CANSELIER S., « Du droit comme discours et comme dispositif », *Tracés* 2014, n° 27, p. 151 s.

DE SOUSA SANTOS B., « The Post-Modern Transition: Law and Politics », in SARAT A., KEARNS T. R., dir., *The Fate of Law*, University of Michigan Press, 1991

DE SOUSA SANTOS B., « Droit : une carte de lecture déformée – Pour une conception post-moderne du droit », *Dr. et société* 1988, n° 10, p. 379 s.

DE SOUSA SANTOS B., « The Law of the Oppressed: the Construction and Reproduction of Legality in Pasargada », *Law and Society Review* 1977, n° 12

DE SUTTER L., GUTWIRTH S., « Droit et cosmopolitique – Notes sur la contribution de Bruno Latour à la pensée du droit », *Dr. et société* 2004, p. 259 s.

DEWEY J., « My Philosophy of Law », in MORRIS C., *The Great Legal Philosophers*, University of Pennsylvania Press, 1959, p. 506 s.

DEWEY J., « My Philosophy of Law », in Julius Rosenthal Law Foundation, *My Philosophy of Law – Credos of Sixteen American Scholars*, Boston Law Books, 1941, p. 73 s.

DEWEY J., « Justice Holmes and the Liberal Mind », *New Republic* 1927, vol. 53, p. 211 s.

DEWEY J., « Logical Method and Law », *The Philosophical Review* 1924, vol. 33, n° 6, p. 560 s.

DEWEY J., « Austin's Theory of Sovereignty », *Political Science Quarterly* 1894, vol. 9, p. 31 s.

DIEBOLT S., « La complexité comme paradigme pour concevoir une régulation juridique adéquate », *Dr. et société* 2000, p. 485 s.

DOGOT D., VAN WAEYENBERGE A., « L'Union européenne, laboratoire du droit global », in CHEROT J.-Y., FRYDMAN B., dir., *La science du droit dans la globalisation*, Bruylant, coll. Penser le droit, 2012, p. 251 s.

D'ORS A., « Le droit ? Tout ce qu'approuvent les juges », *Droits* 1989, n° 10, p. 51 s.

DRAGO G., « Une ambition pour la recherche dans les domaines du droit et de la justice », in AGUILA Y. et *alii*, *Quelles perspectives pour la recherche juridique ?*, Puf, coll. Droit et justice, 2007, p. 34 s.

DRAÏ L., HIEZ D., « La réception du droit : le droit des sujets », *RRJ* 2007, p. 141 s.

DUPLESSIS I., « Le vertige de la *soft law* – Réactions doctrinales en droit international », *Revue québécoise de droit international* 2007, p. 246 s.

DUPONT J.-C., « Une reviviscence de la casuistique en droit », in DUPONT J.-C. et *alii*, *La casuistique classique : genèse, formes, devenir*, Publications de l'Université de Saint-Etienne, 2009, p. 191 s.

DUPRET B., « Le code en tant qu'accomplissement pratique – Respécification ethnométhodologique et cas d'étude égyptien », *Tracés* 2014, n° 27, p. 73 s.

DUPRET B., « Droit et sciences sociales – Pour une respécification praxéologique », *Dr. et société* 2010, p. 315 s.

DWORKIN R., « La théorie du droit comme interprétation », *Dr. et Société* 1985, p. 99 s.

DWORKIN R., « La chaîne du droit », *Dr. et société* 1985, p. 61 s.

DWORKIN R., « Le positivisme », *Dr. et société* 1985, p. 35 s.

EBERHARD Ch., « L'impact méthodologique de l'analyse plurale dans l'étude anthropologique des cultures juridiques », in *Méthodologie du pluralisme juridique*, Karthala, 2012, p. 53 s.

EDELMAN B., « Le droit, les “vraies” sciences et les “fausses” sciences », *Arch. phil. droit* 1991, p. 55 s.

EHRLICH E., « Le droit ne se réduit pas au droit étatique », in GRZEGORCZYK Ch., MICHAUT F., TROPER M., *Le positivisme juridique*, LGDJ-Story Scientia, coll. La pensée juridique, 1993, p. 373 s.

ELLIOTT W. Y., « The Metaphysics of Duguit's Pragmatic Conception of Law », *Political Science Quarterly* 1922, vol. 37, n° 4, p. 639 s.

FARBER D., « Reinventing Brandeis: Legal Pragmatism for the Twenty-First Century », *University of Illinois Law Review* 1995, p. 163 s.

FAVRE J., « La pensée juridique est-elle nécessairement une pensée de l'État ? », in ROUSSEAU D., dir., *Le droit dérobé*, Montchrestien, coll. Grands colloques, 2007, p. 97 s.

FENNELLY D., « Penser par cas : A common law perspective », *RIEJ* 2014, n° 73, p. 155 s.

FITZPATRICK P., « The Desperate Vacuum: Imperialism and Law in the Experience of Enlightenment », in CARTY A., dir., *Post-Modern Law*, Edinburg University Press, 1990

FOBLETS M.-C., « RIEJ, désormais plate-forme pour l'analyse contextuelle du droit ? Attention aux cures de jouvence qui rétrécissent le champ de vue ! », *RIEJ* 2013, n° 70, p. 84 s.

FRANK J., « A Conflict with Oblivion: Some Observations on the Founders of Legal Pragmatism », *Rutgers Law Review* 1954, p. 425 s.

FRANK J., « Modern and Ancient Legal Pragmatism – John Dewey and Co. v. Aristotle: I », *Notre Dame Lawyer* 1950, p. 207 s.

FRANK J., « Modern and Ancient Legal Pragmatism – John Dewey and Co. v. Aristotle: II », *Notre Dame Lawyer* 1950, p. 460 s.

FREEDMAN D., « L'américanisation du droit français par la vie économique », *Arch. phil. droit* 2001, p. 207 s.

FRIEDMAN L. M., « La sociologie du droit est-elle vraiment une science ? », *Dr. et société* 1986, p. 113 s.

FRISON-ROCHE M.-A., « La recherche juridique en matière économique », in AGUILA Y. et *alii*, *Quelles perspectives pour la recherche juridique ?*, Puf, coll. Droit et justice, 2007, p. 93 s.

FRYDMAN B., « La pensée juridique de Xavier Dieux », in DIEUX X., *Droit, morale, et marché*, Bruylant, coll. Penser le droit, 2013, p. 7 s.

FRYDMAN B., « Le rapport du droit aux contextes selon l'approche pragmatique de l'École de Bruxelles », *RIEJ* 2013, n° 70, p. 92 s.

FRYDMAN B., « Comment penser le droit global ? », in CHEROT J.-Y., FRYDMAN B., dir., *La science du droit dans la globalisation*, Bruylant (Bruxelles), coll. Penser le droit, 2012, p. 17 s.

FRYDMAN B., « Perelman et les juristes de l'École de Bruxelles », in FRYDMAN B., MEYER M., PERELMAN Ch., *De la nouvelle rhétorique à la logique juridique*, Puf, 2012, p. 229 s.

FRYDMAN B., « La méthode pragmatique du Professeur Van Ommeslaghe – Allocution prononcée à l'occasion de la conférence Perelman exceptionnelle du 26 novembre 2010 », [en ligne] <philodroit.be>, 2010

FRYDMAN B., « Le droit, de la modernité à la postmodernité », *Réseaux* 2000, n° 88-90, p. 67 s.

FRYDMAN, B., « Le calcul rationnel des droits sur le marché de la justice : l'école de l'analyse économique du droit » in *Structure, système, champ et théories du sujet*, L'harmattan, 1997, p. 127 s.

FRYDMAN B., « Y a-t-il en droit des révolutions scientifiques ? », *Journal des Tribunaux* 1996, p. 809 s.

FRYDMAN B., HENNEBEL L., « Le contentieux transnational des droits de l'homme : une perspective stratégique », *Revue trimestrielle des droits de l'homme* 2009, p. 73 s.

GABUTHY Y., « Analyse économique du droit : présentation générale », *Économie et prévision* 2013, p. 201 s.

GAGNE G., « Les transformations du droit dans la problématique de la transition à la postmodernité », in BELLEY J.-G., ISSALYS P., dir., *Aux frontières du juridique – Études interdisciplinaires sur les transformations du droit*, Presses de l'Université Laval, 1993, p. 221 s.

GALANTER M., « Justice in Many Rooms: Courts, Private Ordering, and Indigenous Law », *Journal of Legal Pluralism* 1981, n° 19, p. 1 s.

GARAPON A., « L'idée de droit social : Georges Gurvitch », in BOURETZ P., dir., *La force du droit – Panorama des débats contemporains*, Esprit, 1991, p. 215 s.

GARCIA VILLEGAS M., « Champ juridique et sciences sociales en France et aux États-Unis », *L'Année sociologique* 2009, n° 59, p. 29 s.

GAUDREAULT-DESBIENS J.-F., « La critique économiste de la tradition romano-germanique », *RTD civ.* 2010, p. 683 s.

GEA F., « Brèves réflexions sur l'identité et la (con)textualité du droit », *RIEJ* 2013, n° 70, p. 99 s.

GESLIN A., « L'épistémologie des sciences du droit : un impensé de la recherche juridique ? », [en ligne] <triangle.ens-lyon.fr>, 2015

GHESTIN J., « Les données positives du droit », *RTD civ.* 2002, p. 11 s.

GILBERT S., « Le pragmatisme juridique selon Léon Duguit », in MELLERAY F., dir., *Autour de Léon Duguit*, Bruylant, 2011, p. 289 s.

GILBERT S., « Présentation », in DUGUIT L., *Le pragmatisme juridique*, La mémoire du droit, 2008, p. 1 s.

GIRAUDOU I., « Comparative Study of Law – Entre didactique juridique et théorie (élémentaire) du droit global », *RIEJ* 2014, n° 72, p. 51 s.

GLENN H. P., « Penser le plurijuridisme », in BERGEL J.-L., dir., *Le plurijuridisme*, PUAM, 2005, p. 25 s.

GOHIN O., « Recherches en droit *vs* recherches sur le droit », in AGUILA Y. et *alii*, *Quelles perspectives pour la recherche juridique ?*, Puf, coll. Droit et justice, 2007, p. 280 s.

GOLDMAN Sh., « The Effect of Past Judicial Behavior on Subsequent Decision-Making », *Jurimetrics Journal* 1979, p. 208 s.

GRIFFITHS J., « Four Laws of Interaction in Circumstances of Legal Pluralism: First Steps Toward an Explanatory Theory », in ALLOTT A., WOODMAN G. R., dir., *People's Law and State Law*, The Belagio Papers, 1985, p. 217 s.

GRZEGORCZYK Ch., « Le droit comme interprétation officielle de la réalité », *Droits* 1990, n° 11, p. 31 s.

GREY Th. G., « Freestanding Legal Pragmatism », *Cardozo Law Review* 1996, p. 21 s.

GREY Th. G., « What Good is Legal Pragmatism », in BRINT M., WEAVER W., dir., *Pragmatism in Law and Society*, Westview Press, 1991, p. 9 s.

GREY Th. G., « Holmes and Legal Pragmatism », *Stanford Law Review* 1989, p. 787 s.
GREY Th. G., « Langdell's Orthodoxy », *University of Pittsburgh Law Review* 1983, n° 45
GROSDIDIER J., ISRAËL L., « John Dewey et l'expérience du droit – La philosophie juridique à l'épreuve du pragmatisme », *Tracés* 2014, n° 27, p. 163 s.
GUASTINI R., « Alf Ross : une théorie du droit et de la science juridique », in AMSELEK P., dir., *Théorie du droit et science*, Puf, coll. Léviathan, 1994, p. 249 s.
GUIBENTIF P., « Reconnaissance et complexité sociale – Deux approches de la réalité juridique », *Dr. et société* 2011, p. 293 s.
GUTWIRTH S., « Le contexte du droit ce sont ses sources formelles et les faits et moyens qui exigent son intervention », *RIEJ* 2013, n° 70, p. 108 s.
HAACK S., « Pragmatism, Law, and Morality: The Lessons of Buck v. Bell », *European Journal of Pragmatism and American Philosophy* 2011, vol. 3, n° 2, p. 65 s.
HAACK S., « The Pluralistic Universe of Law: Towards a Neo-Classical Legal Pragmatism », *Ratio Juris* 2008, p. 453 s.
HAACK S., « On Legal Pragmatism: Where Does the "Path of Law" Lead Us? », *The American Journal of Jurisprudence* 2005, vol. 50, p. 71 s.
HALPERIN J.-L., « Droit et contexte du point de vue de l'histoire du droit », *RIEJ* 2013, n° 70, p. 117 s.
HALPERIN J.-L., « Ehrlich, Grundlegung der Soziologie des Rechts », in CAYLA O., HALPERIN J.-L., dir., *Dictionnaire des grandes œuvres juridiques*, Dalloz, 2008, p. 159 s.
HALPERIN J.-L., « Jellinek, L'État moderne et son droit », in CAYLA O., HALPERIN J.-L., dir., *Dictionnaire des grandes œuvres juridiques*, Dalloz, 2008, p. 293 s.
HALPERIN J.-L., « Jhering, L'évolution du droit », in CAYLA O., HALPERIN J.-L., dir., *Dictionnaire des grandes œuvres juridiques*, Dalloz, 2008, p. 298 s.
HALPERIN J.-L., « Romano, L'ordre juridique », in CAYLA O., HALPERIN J.-L., dir., *Dictionnaire des grandes œuvres juridiques*, Dalloz, 2008, p. 485 s.
HARPER F. V., « Les forces cachées derrière et par-delà le pragmatisme juridique aux États-Unis », in *Mélanges François Gény*, 1934, p. 243 s.
HARPER F. V., « Some Implications of Juristic Pragmatism », *International Journal of Ethics* 1929, n° 39, p. 269 s.
HAURIOU M., « La théorie de l'institution et de la fondation – Essai de vitalisme social », *Cahiers de la nouvelle journée* 1933, p. 91 s.
HAURIOU M., « L'institution et le droit statutaire », *Recueil de législation de Toulouse* 1906, p. 134 s.
HENNETTE-VAUCHEZ S., « Holmes, The Common Law », in CAYLA O., HALPERIN J.-L., dir., *Dictionnaire des grandes œuvres juridiques*, Dalloz, 2008, p. 275 s.
HENNETTE-VAUCHEZ S., « Pound, Mechanical Jurisprudence », in CAYLA O., HALPERIN J.-L., dir., *Dictionnaire des grandes œuvres juridiques*, Dalloz, 2008, p. 463 s.
HERTZFELD M., LENHART M., « Peirce as Catalyst in Modern Legal Science: Consequences », *Semiotics* 1982, p. 241 s.
HERVADA J., « Le droit dans le réalisme juridique classique », *Droits* 1989, n° 10, p. 31 s.

HOHFELD W. N., « Fundamental Legal Conceptions as Applied in Judicial Reasoning », *Yale Law Journal* 1913, n° 23, p. 16 s.

HOLMES O. W., « The Path of the Law », *Harvard Law Review* 1897, p. 457 s.

HORWITZ M. J., « Law and Economics: Science or Politics? », *Hofstra Law Review* 1980, p. 905 s.

HOVENHAMP H., « Law and Economics in the United States – A Brief Historical Survey », *Cambridge Journal of Economics* 1995, n° 19, p. 331 s.

HOYT H., « The Economic Function of the Common Law », *The Journal of Political Economy* 1918, n° 26

HUBERT R., « Science du droit, sociologie juridique et philosophie du droit », *Arch. phil. droit* 1931, p. 55 s.

INGBER L., « Le pluralisme juridique dans l'œuvre des philosophes du droit », in GILISSEN J., dir., *Le pluralisme juridique*, Éditions de l'Université de Bruxelles, 1972, p. 83 s.

INGERSOLL D. E., « Karl Llewellyn, American Legal Realism, and Contemporary Legal Behavioralism », *Ethics* 1966, vol. 76, n° 4, p. 253 s.

ISRAËL L., « Question(s) de méthodes – Se saisir du droit en sociologue », *Dr. et société* 2008, p. 381 s.

ISRAËL L., « Les mises en scène d'une justice quotidienne », *Dr. et société* 1999, p. 393 s.

JAMIN Ch., « Les habitudes d'enseigner », in DISSAUX N., GUENZOUI Y., dir., *Les habitudes du droit*, Dalloz, coll. Thèmes et commentaires, 2015

JAMIN Ch., « Cliniques du droit : innovation versus professionnalisation ? », *D.* 2014, p. 675 s.

JAMIN Ch., « Économie et droit », in ALLAND D., RIALS S., dir., *Dictionnaire de la culture juridique*, Lamy-Puf, coll. Quadrige dicos poche, 2003

JAMIN Ch., XIFARAS M., « Retour sur la "critique intellectuelle" des facultés de droit », *JCP G* 2015, p. 155 s.

JAMIN Ch., XIFARAS M., « De la vocation des facultés de droit (françaises) de notre temps pour la science et l'enseignement », *RIEJ* 2014, n° 72, p. 107 s.

JANDA R., « État des réflexions sur l'analyse économique du droit, à travers deux ouvrages américains », *Arch. phil. droit* 1992, p. 173 s.

JEAMMAUD A., « L'interdisciplinarité, épreuve et stimulant pour une théorie des règles juridiques », in KIRAT T., SERVERIN É., dir., *Le droit dans l'action économique*, CNRS éditions, 2000, p. 221 s.

JESTAZ Ph., « Qu'est-ce qu'un résultat en droit ? », in *Mélanges Philippe Malinvaud*, LexisNexis-Litec, 2006

KACZMAREK L., « Faut-il repenser les exercices juridiques ? », in DE LUGET A., FLORES-LONJOU M., LARONDE-CLERAC C., dir., *Quelle pédagogie pour l'étudiant juriste ? Expérimentations, modélisations, circulation*, Bruylant, 2012

KAHN P. W., *The Cultural Study of Law: Reconstructing Legal Scholarship*, University of Chicago Press, 1999

KENNEDY D., « Three Globalizations of Law and Legal Thought: 1850-2000 », in TRUBEK D., SANTOS A., dir., *The New Law and Economic Development – A Critical Appraisal*, Cambridge University Press, 2006, p. 19 s.

KENNEDY D., « The Turn to Interpretation », *Southern California Law Review* 1985, p. 251 s.

KENNEDY D., « Form and Substance in Private Law Adjudication », *Harvard Law Review* 1976, n° 89

KENNEDY W. B., « Pragmatism as a Philosophy of Law », *Marquette Law Review* 1925, n° 9

KEOWN R., « Mathematical models for legal prediction », *Computer LJ* 1980, p. 829 s.

KIRAT Th., « Le pragmatisme de Richard Posner : un regard critique – Texte de la communication à la journée d'étude "Les philosophes pragmatistes et les économistes : quelles proximités ?" - IDHE-ENS de Cachan, 11 avril 2005 », [en ligne] <basepub.dauphine.fr>, 2006

KIRAT Th., « Le pragmatisme, l'économie et l'intelligence des règles juridiques : leçons de la méthode institutionnaliste de J. R. Commons », *RIEJ* 2001, n° 47

KLEINHANS M.-M., MACDONALD R. A., « What is a Critical Legal Pluralism », *Revue Canadienne Droit et Société* 1997, n° 12, p. 25 s.

KORT F., « Predicting Supreme Court Decisions Mathematically – A Quantitative Analysis of the "Right to Counsel" Cases », *American Political Science Review* 1957, n° 51, p. 1 s.

LACROIX B., « Transformations du champ juridique et crise dans les représentations savantes du droit », in ROUSSEAU D., dir., *Le droit dérobé*, Montchrestien, coll. Grands colloques, 2007, p. 27 s.

LAGARDE P., « Approche critique de la *lex mercatoria* », in *Mélanges Berthold Goldman*, Litec, 1982, p. 125 s.

LANNEAU R., « L'interdisciplinarité comme questionnement – Penser et dépasser les limites des approches juridiques traditionnelles », *RRJ* 2014, p. 557 s.

LASCOUMES P., « L'analyse sociologique des effets de la norme juridique : de la contrainte à l'interaction », in LAJOIE A., MACDONALD R. A., JANDA R., ROCHER G., dir., *Théories et émergence du droit : pluralisme, surdétermination et effectivité*, Bruylant-Thémis, 1998

LASCOUMES P., SERVERIN É., « Le droit comme activité sociale : pour une approche wébérienne des activités juridiques », *Dr. et société* 1988, p. 165 s.

LASCOUMES P., SERVERIN É., « Théorie et pratiques de l'effectivité du droit », *Dr. et société* 1986, p. 127 s.

LAUNAY S., « La théorie réaliste est-elle morte pour cause de "mondialisation" ? », in DEMUIJNCK G., VERCAUTEREN P., dir, *L'État face à la globalisation économique – Quelles formes de gouvernance ?*, Sandre, 2009, p. 53 s.

LAWLOR R. C., « What Computers Can Do: Analysis and Prediction of Judicial Decisions », *American Bar Association Journal* 1963, p. 337 s.

LAZEGA E., « Quatre siècles et demi de New (New) Law & Economics : du pragmatisme juridique dans le régime consulaire de contrôle social des marchés », *Revue française de socio-économie* 2009, p. 3 s.

LEITER B., « Legal Formalism and Legal Realism: What is the Issue? », *Legal Theory* 2010, n° 16, p. 111 s.

LEMAY V., « Trois principes de rénovation tranquille pour l'enseignement du droit – L'avantage d'un retour du souci méthodologique et épistémologique », *RIEJ* 2014, n° 72, p. 27 s.

LENOBLE J., « Au-delà du juge – Des approches herméneutique et pragmatique à une approche génétique du concept de droit », *European Journal of Legal Studies* 2007, n° 1

LENOBLE J., « Les exigences du tournant pragmatiste et la redéfinition du concept de droit », *Les carnets du Centre de philosophie du droit* 2006, n° 126

LENOBLE J., « L'efficience de la gouvernance par le droit, pour une procéduralisation contextuelle du droit », *Revue de droit de l'Université de Sherbrooke* 2002, n° 33, p. 13 s.

LENOBLE J., MAESSCHALCK M., « L'action des normes – Éléments pour une théorie de la gouvernance », *La revue de droit* 2009

LE ROY E., « L'hypothèse du multijuridisme dans un contexte de sortie de modernité », in LAJOIE A., MACDONALD R. A., JANDA R., ROCHER G., dir., *Théories et émergence du droit : pluralisme, surdétermination et effectivité*, Bruylant-Thémis, 1998, p. 29 s.

LEROY Y., « La notion d'effectivité du droit », *Dr. et société* 2011, p. 715 s.

LIBCHABER R., « Une transformation des missions de la doctrine », *RTD civ.* 2002, p. 608 s.

LI-KOTOVTCHIKHINE X.-Y., « Le pragmatisme juridique dans la Chine post-Mao », *Revue internationale de droit comparé* 2009, p. 715 s.

LLEWELLYN K. N., « Some Realism about Realism – Responding to Dean Pound », *Harvard Law Review* 1931, vol. 44

LLEWELLYN K. N., « A Realistic Jurisprudence – The Next Step », *Columbia Law Review* 1930, n° 30

LLEWELLYN K. N., « The Effects of Legal Institutions upon Economics », *American Economic Review* 1925, p. 665 s.

LUHMANN N., « La restitution du douzième chameau : du sens d'une analyse sociologique du droit », *Dr. et société* 2001, p. 15 s.

LUHMANN N., « Le droit comme système social », *Dr. et Société* 1994, p. 53 s.

LUÑO-PEÑA E., « Il pragmatism giuridico di Q. Saldaña », *Rivista Internazionale di Filosofia del Diritto* 1931, p. 181 s.

MACAULAY S., « Images of Law in Everiday Life: the Lessons of School, Entertainment and Spectator Sports », *Law and Society Review* 1987, p. 185 s.

MACKAAY E., « Le droit saisi par le jeu », *Dr. et société* 1991, p. 65 s.

MACKAAY E., « La règle juridique observée par le prisme de l'économiste – Une histoire stylisée du mouvement de l'analyse économique du droit », *RIDE* 1986, p. 43 s.

MADDALENA G., TUZET G., dir., *I pragmatisti italiani – Tra alleati e nemici*, Albo Versorio, 2007

MAISSANI P., WIENER F., « Réflexions autour de la conception postmoderne du droit », *Dr. et Société* 1994, p. 443 s.

MARTINEAU F., « Critères et standards rhétoriques de la bonne décision de justice », in Commission européenne pour l'efficacité de la justice, *La qualité des décisions de justice*, Éditions du Conseil de l'Europe, 2008, p. 97 s.

MELOT R., PELISSE J., « Prendre la mesure du droit : enjeux de l'observation statistique pour la sociologie juridique », *Dr. et société* 2008

MENDELL M. S., « Dewey and the Logic of Legal Reasoning », *Transactions of the Charles S. Peirce Society* 1994, p. 575 s.

MERRY S. E., « Legal Pluralism », *Law and Society Review* 1988, p. 869 s.

MERRY S. E., « Everyday Understandings of the Law in Working-class America », *American Ethnologist* 1986, p. 253 s.

MICHAUT F., « États-Unis (grands courants de la pensée juridique américaine contemporaine) », in ALLAND D., RIALS S., dir., *Dictionnaire de la culture juridique*, Lamy-Puf, coll. Quadrige dicos poche, 2003

MICHAUT F., « L'approche scientifique du droit chez les réalistes américains », in AMSELEK P., dir., *Théorie du droit et science*, Puf, coll. Léviathan, 1994, p. 265 s.

MICHAUT F., « Vers une conception postmoderne du droit – La notion de droit chez Ronald Dworkin », *Droits* 1990, n° 11, p. 107 s.

MICHAUT F., « Le rôle créateur du juge selon l'École de la Sociological Jurisprudence et le mouvement réaliste américain – Le juge et la règle de droit », *RID comp.* 1987, p. 343 s.

MICHEL P., « La recherche juridique au CNRS – État des lieux et perspectives », in AGUILA Y. et *alii*, *Quelles perspectives pour la recherche juridique ?*, Puf, coll. Droit et justice, 2007, p. 52 s.

MILANI C., « La complexité dans l'analyse du système-monde : l'environnement et les régulations mondiales », *Dr. et société* 2000, p. 425 s.

MILES T. J., SUNSTEIN C. R., « The New Legal Realism », *The University of Chicago Law Review* 2007, p. 831 s.

MILLARD É., « Rendre compte du droit dans un contexte de globalisation », in CHEROT J.-Y., FRYDMAN B., dir., *La science du droit dans la globalisation*, Bruylant, coll. Penser le droit, 2012, p. 49 s.

MILLARD É., « L'analyse économique du droit : un regard empiriste critique », *RRJ* 2008, p. 2523 s.

MILLARD É., « Ross, On Law and Justice », in CAYLA O., HALPERIN J.-L., dir., *Dictionnaire des grandes œuvres juridiques*, Dalloz, 2008, p. 488 s.

MILLARD É., « Réalisme scandinave, réalisme américain : un essai de caractérisation », in BRUNET P., MILLARD É., dir., *Le Réalisme juridique scandinave en question*, Presses universitaires de Rouen, 2004

MILLARD É., « Réalisme », in ALLAND D., RIALS S., dir., *Dictionnaire de la culture juridique*, Lamy-Puf, coll. Quadrige dicos poche, 2003

MILLARD É., « Hauriou et la théorie de l'institution », *Dr. et société* 1995, p. 390 s.

MINCKE Ch., « Effets, effectivité, efficience et efficacité du droit : le pôle réaliste de la validité », *RIEJ* 1998, n° 40

MOLFESSIS N., « Les prédictions doctrinales », in *Mélanges François Terré*, Dalloz-Puf-Jurisclasseur, 1999, p. 141 s.

MORAND Ch.-A., « Régulation, complexité et pluralisme juridiques », in *Mélanges Paul Amselek*, Bruylant, 2005, p. 615 s.

MORAND Ch.-A., « Le droit saisi par la mondialisation : définitions, enjeux et transformations », in MORAND Ch.-A., dir., *Le droit saisi par la mondialisation*, Bruylant, coll. Droit international, 2001, p. 81 s.

MORET-BAILLY J., « Esquisse d'une théorie pragmatiste du droit », *Droits* 2013, n° 55, p. 177 s.

MORET-BAILLY J., « La théorie pluraliste de Romano à l'épreuve des déontologies », *Droits* 2000, n° 32, p. 171 s.

MOULY C., « Crise des introductions au droit », *Droits* 1986, n° 4, p. 99 s.

MUIR WATT H., « Les forces de résistance à l'analyse économique du droit dans le droit civil », in DEFFAINS B., dir., *L'analyse économique du droit dans les pays de droit civil*, Cujas, 2002, p. 37 s.

NAGEL S. S., « Applying Correlation Analysis to Case Prediction », *Texas Law Review* 1964, p. 1006 s.

NOAM E., « Spectrum Auctions: Yesterday's Heresy, Today's Orthodoxy, Tomorrow's Anachronism – Taking the Next Step to Open Spectrum Access », *Journal of Law & Economics* 1998, p. 765 s.

OLSEN H. P., TODDINGTON S., « Idealism for Pragmatists », *Arch. phil. droit* 1999, p. 510 s.

OGUS A. I., « Law and Spontaneous Order: Hayek's Contribution to Legal Theory », *Journal of Law and Society* 1989, p. 393 s.

OST F., « Penser par cas : la littérature comme laboratoire expérimental de la démarche juridique », *RIEJ* 2014, n° 73, p. 99 s.

OST F., « Sources et systèmes de droit », in AGUILA Y. et *alii*, *Quelles perspectives pour la recherche juridique ?*, Puf, coll. Droit et justice, 2007, p. 117 s.

OST F., « Mondialisation, globalisation, universalisation : s'arracher encore et toujours à l'état de nature », in MORAND Ch.-A., dir., *Le droit saisi par la mondialisation*, Bruylant, 2001, p. 5 s.

OST F., « Le rôle du droit : de la vérité révélée à la réalité négociée », in BELLOUBET-FIER N., CLAISSE A., TIMSIT G., dir., *Les administrations qui changent : innovations techniques ou nouvelles logiques ?*, Puf, 1996, p. 73 s.

OST F., « Jupiter, Hercule ou Hermès : quel modèle pour un droit postmoderne ? », *Journal des Procès* 1990, n° 179-180

OST F., « Entre ordre et désordre : le jeu du droit – Discussion du paradigme autopoiétique appliqué au droit », *Arch. phil. droit* 1986, p. 133 s.

OST F., VAN DE KERCHOVE M., « De la scène au balcon – D'où vient la science du droit ? », in CHAZEL F., COMMAILLE J., dir., *Normes juridiques et régulation sociale*, LGDJ, coll. Droit et société, 1991, p. 67 s.

OST F., VAN DE KERCHOVE M., « *Juris-dictio* et définition du droit », *Droits* 1989, n° 10, p. 53 s.

OST F., VAN DE KERCHOVE M., « De la "bipolarité des erreurs" ou de quelques paradigmes de la science du droit », *Arch. phil. droit* 1988, p. 199 s.

PAPAUX A., « De quelle scientificité parle-t-on en droit ? », in FLÜCKIGER A., TANQUEREL Th., dir., *L'évaluation de la recherche en droit – Enjeux et méthodes*, Bruylant (Bruxelles), coll. Penser le droit, 2015, p. 59 s.

PAPAUX A., « Droit en contexte, droit exercé : la mètis ou les figures de l'habileté juridique », *RIEJ* 2013, n° 70, p. 122 s.

PATTERSON E. W., « John Dewey and the Law: Theories of Legal Reasoning and Valuation », *American Bar Association Journal* 1950, p. 619 s.

PERELMAN Ch., « L'interprétation juridique », *Arch. phil. droit* 1972, p. 29 s.

PERELMAN J., « Penser la pratique, théoriser le droit en action : des cliniques juridiques et des nouvelles frontières épistémologiques du droit », *RIEJ* 2014, n° 73, p. 133 s.

PICHONNAZ P., « La concrétisation des changements sociaux dans le droit : éléments de réflexions », *RIEJ* 2013, n° 70, p. 130 s.

PIERCE WELLS C., « Why Pragmatism Works for Me », *Southern California Law Review* 2000, p. 347 s.

PIERET J., « Droit, contexte et changement social dans la théorie des systèmes sociaux », *RIEJ* 2013, n° 70, p. 139 s.

PIGNARRE G., « L'effet pervers des lois », *RRJ* 1994, p. 1108 s.

PONTHOREAU M.-C., « Trois interprétations de la globalisation juridique – Approche critique des mutations du droit public », *AJDA* 2006, p. 20 s.

POPELIER P., « Le droit constitutionnel en contexte », *RIEJ* 2013, n° 70, p. 149 s.

POSNER R., « Pragmatic Adjudication », *Cardozo Law Review* 1996, n° 18, p. 1 s.
POSNER R., « The New Institutional Economics Meets Law and Economics », *Journal of Institutional and Theoretical Economics* 1993, vol. 149, p. 73 s.
POSNER R., « The Law and Economics Movement », *American Economic Review* 1987, vol. 77, p. 1 s.
POSNER R., « Legal Formalism, Legal Realism, and the Interpretation of Statutes and the Constitution », *Case Western Reserve Law Review* 1986, n° 37, p. 179 s.
POSNER R., « Wealth Maximization Revisited », *Notre Dame Journal of Law* 1985, p. 85 s.
POSNER R., « Utilitarism, Economics, and Social Theory », in *The Economics of Justice*, Harvard University Press, 1981
POSPISIL L. J., « Le droit comme concept opérationnel fondé empiriquement », *Droit et cultures* 1987, n° 13, p. 5 s.
POUND R., « La place et la finalité de la théorie du droit sociologique » (1911), Clio@Thémis 2013, n° 6
POUND R., « The Call for a Realist Jurisprudence », in *American Legal Realism*, New York, 1993
POUND R., « The Call for a Realist Jurisprudence », *Harvard Law Review* 1931, p. 697 s.
POUND R., « The Scope and Purpose of Sociological Jurisprudence », *Harvard Law Review* 1911, p. 591 s.
POUND R., « Law in Books and Law in Action », *American Law Review* 1910, vol. 44, p. 12 s.
POUND R., « Mechanical jurisprudence », *Columbia Law Review* 1908, p. 605 s.
RACINE J.-B., « L'arbitrage : propos liminaires sur un droit pragmatique », in RACINE J.-B., STRICKLER Y., dir., *L'arbitrage – Questions contemporaines*, L'Harmattan, 2012, p. 1 s.
RADBRUCH G., « La théorie anglo-américaine du droit vue par un juriste du continent », *Arch. phil. droit* 1936, p. 29 s.
RAISER Th., « La relation entre la sociologie du droit et les sciences juridiques », *Dr. et société* 1989, p. 121 s.
RANGEON F., « Réflexions sur l'effectivité du droit », in CURAPP, *Les usages sociaux du droit*, Puf, 1989, p. 125 s.
RAPOPORT C., « L'élaboration de la nouvelle directive "détachement" : le pragmatisme juridique au service d'une ambition sociale ? », *Revue de l'Union européenne* 2016, p. 75 s.
RESTREPO-AMARILES D., « Legal Indicators, Global Law and Legal Pluralism – An Introduction », *Journal of Legal Pluralism and Unofficial Law* 2015
RICCI R., « Le statut épistémologique des théories juridique : essai de définition d'une pratique scientifique juridique », *Dr. et société* 2002, p. 151 s.
RIGAUX F., « Le droit au singulier et au pluriel », *RIEJ* 1982, n° 9, p. 13 s.
RINGELHEIM J., « Droit, contexte et changement social », *RIEJ* 2013, n° 70, p. 157 s.
RIVERO J., « Le Conseil d'État, cour régulatrice », *D.* 1954, p. 28 s.
RIVERO J., « Le juge administratif français, un juge qui gouverne ? », *D.* 1951, p. 21 s.
ROBERT Ph., « Du droit comme contexte ou de la considération du droit dans l'étude sociologique du crime », *RIEJ* 2013, n° 70, p. 164 s.

ROCHER G., « Pour une sociologie des ordres juridiques », *Les Cahiers de droit* 1998, n° 29, p. 91 s.
RORTY R., « Pragmatism and Law: a Response to David Luban », *Cardozo Law Review* 1996-1997, n° 18, p. 75 s.
RORTY R., « The Banality of Pragmatism and the Poetry of Justice », in BRINT M., WEAVER W., dir., *Pragmatism in Law and Society*, Westview Press, 1991, p. 89 s.
RORTY R., « What has Pragmatism to Offer Law? », in BRINT M., WEAVER W., dir., *Pragmatism in Law and Society*, Westview Press, 1991, p. 36 s.
ROSENFELD M., « Pragmatism, Pluralism and Legal Interpretation: Posner's and Rorty's Justice Without Metaphysics Metts Hate Speech », *Cardozo Law Review* 1996, p. 97 s.
ROSENFELD M., « Deconstruction and Legal Interpretation: Conflict, Indeterminacy and the Temptations of the New Legal Formalism », in CARLSON D. G., CORNELL D., ROSENFELD M., dir., *Deconstruction and the Possibility of Justice*, Routledge, 1992
ROSS A., « La validité dépend de l'efficacité », in GRZEGORCZYK Ch., MICHAUT F., TROPER M., *Le positivisme juridique*, LGDJ-Story Scientia, coll. La pensée juridique, 1993, p. 323 s.
ROSS A., « Le problème des sources du droit à la lumière d'une théorie réaliste du droit », *Arch. phil. droit* 1934, p. 167 s.
ROTTLEUTHNER H., « Le concept sociologique de droit », *RIEJ* 1992, n° 29, p. 67 s.
ROULAND N., « Pluralisme juridique en anthropologie du droit », in ARNAUD A.-J., dir., *Dictionnaire encyclopédique de théorie et de sociologie du droit*, 2e éd., LGDJ, 1993, p. 449 s.
ROULAND N., « Anthropologie juridique : l'aube des synthèses », *Droits* 1993, n° 16, p. 141 s.
ROULAND N., « Les colonisations juridiques », *Journal of Legal Pluralism* 1990, p. 39 s.
ROUVIERE F., « Qu'est-ce qu'une recherche juridique ? », in FLÜCKIGER A., TANQUEREL Th., dir., *L'évaluation de la recherche en droit – Enjeux et méthodes*, Bruylant, coll. Penser le droit, 2015, p. 117 s.
ROUVIERE F., « La globalisation du droit : une idée théoriquement inutile », in CHEROT J.-Y., FRYDMAN B., dir., *La science du droit dans la globalisation*, Bruylant, coll. Penser le droit, 2012, p. 115 s.
ROUVIERE F., « Les règles de la méthode sociologique d'Émile Durkheim : des leçons méthodologiques pour la recherche juridique », *Jurisprudence revue critique* 2011, p. 325 s.
RUMBLE W. E., « Legal Realism, Sociological Jurisprudence and Mr Justice Holmes », *Journal of the History of Ideas* 1965, vol. 26, n° 4, p. 547 s.
SACCO R., *Anthropologie juridique – Apport à une macro-histoire du droit*, Dalloz, coll. L'esprit du droit, 2008
SALAS D., « Le droit entre mondialisation et universalisme », *Revue des deux mondes* 2000
SALDAÑA Q., « Étude préliminaire – Le pragmatisme juridique de M. Duguit » [1924], in DUGUIT L., *Le pragmatisme juridique*, La mémoire du droit, 2008, p. 121 s.
SALDAÑA Q., « Que significa el pragmatismo juridico ? », *Boletin del Colegio de abogados de Madrid* 1926, vol. 10, p. 1 s.

SALEILLES R., « Rapports de la sociologie avec le droit », *Revue internationale de sociologie* 1904, p. 229 s.

SALUDEN M., « La jurisprudence, phénomène sociologique », *Arch. phil. droit* 1985, p. 191 s.

SARAT A., « Studying American Legal Culture: An Assessment of Survey Evidence », *Law and Society Review* 1977, p. 427 s.

SEGAL J. A., « Predicting Supreme Court Cases Probabilistically – The Search and Seizure Cases », *American Political Science Review* 1984, p. 891 s.

SEGAL J. A., SPAETH H. J., « The Influence of Stare Decisis on the Votes of Supreme Court Justices », *American Journal of Political Science* 1996, p. 971 s.

Séminaire interdisciplinaire d'études juridiques, « De futurs juristes libres et responsables ! Manifeste pour la formation en droit », *RIEJ* 2016, n° 76, p. 169 s.

SERVERIN É., « Points de vue sur le droit et processus de production des connaissances », *RIEJ* 2007, n° 59, p. 73 s.

SERVERIN É., « Quels faits sociaux pour une science empirique du droit ? », *Dr. et société* 2002, p. 59 s.

SERVERIN É., « Agir selon des règles dans la sociologie de Max Weber », in BERTHOUD A., SERVERIN É., *La production des normes entre État et société civile – Les figures de l'institution et de la norme entre État et sociétés civiles*, L'Harmattan, 2000, p. 209 s.

SERVERIN É., « Juridiction et jurisprudence : deux aspects des activités de justice », *Dr. et société* 1993, p. 339 s.

SEVE R., « Droit et économie : quatre paradigmes », *Arch. phil. droit* 1992, p. 63 s.

SHOOK J. R., « Pragmatism, Pluralism, and Public Democracy », *Revue française d'études américaines* 2010, n° 124, p. 11 s.

SHUTKIN W. A., « Pragmatism and the Promise of Adjudication », *Vermont Law Review* 1993, p. 57 s.

SINTEZ C., « À l'origine de la sanction, la norme ou son interprétation ? Une question théorique féconde pour la pratique », *Arch. phil. droit* 2011, p. 389 s.

SINTOMER Y., « Habermas et la sociologie du droit », in HEURTIN J.-P., MOLFESSIS N., dir., *La sociologie du droit de Max Weber*, Dalloz, coll. L'esprit du droit, 2006, p. 61 s.

SMITH S. D., « The Pursuit of Pragmatism », *Yale Law Journal* 1990, p. 409 s.

SNYDER F. G., « Colonialism and Legal Form: The Creation of "Customary Law" in Senegal », *Journal of Legal Pluralism* 1981, n° 19, p. 49 s.

SOUCHE S., « De l'évolution pragmatique du droit face aux réalités économiques – La concurrence des droits sur le domaine public », *Politiques et management public* 2006, n° 24, p. 99 s.

STIGLER G., « The Theory of Economic Regulation », *Bell Journal of Economics and Management Science* 1971, n° 2, p. 3 s.

STROBEL P., « Déficit structurel de la recherche juridique », in AGUILA Y. et *alii*, *Quelles perspectives pour la recherche juridique ?*, Puf, coll. Droit et justice, 2007, p. 61 s.

STROWEL A., « Utilitarisme et approche économique dans la théorie du droit – Autour de Bentham et de Posner », *Arch. phil. droit* 1992, p. 143 s.

SUEUR J.-J., « La "main invisible" ou le droit économique – Retour sur Adam Smith et certaines de ses institutions », *RIDE* 2013, p. 491 s.

TAMANAHA B. Z., « A Non-Essentialist Version of Legal Pluralism », *Journal of Law and Society* 2000, p. 295 s.
TAMANAHA B. Z., « Pragmatism in U.S. Legal Theory: Its Application to Normative Jurisprudence, Sociolegal Studies, and the Fact-Value Distinction », *American Journal of Jurisprudence* 1996, p. 315 s.
TAMANAHA B. Z., « An Analytical Map of Social Scientific Approaches to the Concept of Law », *Oxford Journal of Legal Studies* 1995, p. 501 s.
TAMANAHA B. Z., « The Folly of the "Social Scientific" Concept of Legal Pluralism », *Journal of Law and Society* 1993, p. 191 s.
TERRE F., « La recherche en droit », in AGUILA Y. et *alii*, *Quelles perspectives pour la recherche juridique ?*, Puf, coll. Droit et justice, 2007, p. 132 s.
TESTU F.-X., « Casuistique », in ALLAND D., RIALS S., dir., *Dictionnaire de la culture juridique*, Lamy-Puf, coll. Quadrige dicos poche, 2003, p. 169 s.
TEUBNER G., « Les multiples aliénations du droit : sur la plus-value sociale du douzième chameau », *Dr. et société* 2001, p. 75 s.
TEUBNER G., « After Legal Instrumentalism? Strategy Models of Post-Regulatory Law », in TEUBNER G., dir., *Dilemmas of Law in the Welfare State*, Walter de Gruyter, 1986, p. 299 s.
THIRION N., « Des rapports entre droit et vérité selon Foucault : une illustration des interactions entre les pratiques juridiques et leur environnement », *RIEJ* 2013, n° 70, p. 180 s.
THOMSON A., « Taking the Right Seriously: The Case of F. A. Hayek », in FITZPATRICK P., dir., *Dangerous Supplements – Resistance and Renewal in Jurisprudence*, Pluto Press, 1991, p. 67 s.
THUILLIER G., « Obsolescence des travaux juridiques », in ALLAND D., RIALS S., dir., *Dictionnaire de la culture juridique*, Lamy-Puf, coll. Quadrige dicos poche, 2003
THUILLIER G., « Penser par soi-même en droit », in ALLAND D., RIALS S., dir., *Dictionnaire de la culture juridique*, Lamy-Puf, coll. Quadrige dicos poche, 2003
THUNIS X., « La recherche juridique à contretemps », in GERARD Ph., OST F., VAN DE KERCHOVE M., dir., *L'accélération du temps juridique*, Publications des Facultés universitaires Saint Louis, 2000, p. 911 s.
THUNIS X., « Libres propos sur les recherches en Faculté de droit », *RIEJ* 1995, n° 35, p. 121 s.
TREMBLAY L., « Le droit a-t-il un sens ? Réflexions sur le scepticisme juridique », *RIEJ* 1999, n° 42, p. 13 s.
TROPER M., « Ross, Kelsen et la validité », *Dr. et société* 2002, p. 43 s.
TROPER M., « Une théorie réaliste de l'interprétation », *Annales de la Faculté de droit de Strasbourg* 2000, n° 4, p. 51 s.
TROPER M., « Entre science et dogmatique, la voie étroite de la neutralité », in AMSELEK P., dir., *Théorie du droit et science*, Puf, coll. Léviathan, 1994, p. 315 s.
TROPER M., « Système juridique et État », *Arch. phil. droit* 1986, p. 29 s.
TROPER M., « La théorie de l'interprétation et la structure de l'ordre juridique », *Revue internationale de philosophie* 1981, p. 519 s.
TUZET G., « Sei tesi pragmatiste sul diritto », *Rivista di filosofia del diritto* 2013
TUZET G., « Una concepcion pragmatista de los derechos », *Isonomia* 2013
TUZET G., « The Social Reality of Law », *Analisi e diritto* 2007
TUZET G., « Sul concetto di esperienza », *Babel Online* 2006

TWINNING W., « Normative and Legal Pluralism: A Global Perspective », *Duke Journal of Comparative & International Law* 2010, p. 473 s.
USUNIER L., « Le rapport *Doing Business* 2012, la concurrence des systèmes juridiques et l'attractivité du droit français des contrats », *RDC* 2012, p. 575 s.
VANDERLINDEN J., « Réseaux, pyramide et pluralisme ou regards sur la rencontre de deux aspirants-paradigmes de la science juridique », *RIEJ* 2002, n° 49, p. 11 s.
VAN HOECKE M., « Le droit en contexte », *RIEJ* 2013, n° 70, p. 189 s.
VAN HOUTTE J., « La sociologie du droit ou les limites d'une science », *Dr. et société* 1986, p. 217 s.
VAN MEERBEECK J., « Penser par cas… Et par principes », *RIEJ* 2014, n° 73, p. 77 s.
VAUCHEZ A., « Entre droit et sciences sociales – Retour sur l'histoire du mouvement *Law and Society* », *Genèses* 2001, n° 45, p. 134 s.
VIRALLY M., « Le phénomène juridique », *RDP* 1966, p. 6 s.
VOGLIOTTI M., « L'urgence de la question pédagogique pour le droit postmoderne », *RIEJ* 2014, n° 72, p. 73 s.
VOGLIOTTI M., « Le "tournant contextuel" dans la science juridique », *RIEJ* 2013, n° 70, p. 194 s.
WALINE M., « Empirisme et conceptualisme dans la méthode juridique : faut-il tuer les catégories juridiques ? », in *Mélanges Jean Dabin*, t. I, Sirey-Bruylant, 1963, p. 359 s.
WALINE M., « Le pouvoir normatif de la jurisprudence », in *Mélanges Georges Scelle*, t. II, LGDJ, 1950, p. 613 s.
WALINE M., « Positivisme philosophique, juridique et sociologique », in *Mélanges Raymond Carré de Malberg*, Sirey, 1933, p. 519 s.
WEINBERGER O., « Droit et connaissance du droit au regard du positivisme juridique institutionnaliste », *Droits* 1989, n° 10, p. 109 s.
WELLS C. P., « Improving One's Situation: Some Pragmatic Reflections on the Art of Judging », *Washington and Lee Law Review* 1992, p. 323 s.
WESTBROOK R., *Democratic Hope – Pragmatism and the Politics of Truth*, Cornell University Press, 2005
YNTEMA H. E., « Mr Justice Holmes's View of Legal Science », *Yale Law Journal* 1931, vol. 40, n° 5, p. 696 s.
ZENATI F., « Le droit et l'économie au-delà de Marx », *Arch. phil. droit* 1992, p. 121 s.

Section 2. *Pragmatisme*

A. *Ouvrages*

ANGUE MEDOUX I. J., *Richard Rorty – Un philosophe conséquent*, L'Harmattan, coll. La philosophie en commun, 2009

ANGUE MEDOUX I. J., *Richard Rorty – La fin de la métaphysique et la pragmatique de la science*, L'Harmattan, coll. La philosophie en commun, 2007

ANGUE MEDOUX I. J., EYENE MBA J.-R.-E., *Richard Rorty – La fin de la métaphysique et la pragmatique de la science*, L'Harmattan, 2002

BALDWIN J. M., *Le darwinisme dans les sciences morales*, Alcan, 1911

BENASAYAG M., *Connaître est agir – Paysages et situations*, La découverte, coll. Armillaire, 2006

BERGSON H., *Matière et mémoire*, Félix Alcan, 1896

BERGSON H., *Sur le pragmatisme de William James*, Puf, coll. Quadrige grands textes, 2011

BERTHELOT R., *Un romantisme utilitaire : étude sur le mouvement pragmatiste*, Alcan, 1911

BERTRAM G. W., dir., *Intersubjectivité et pratique – Contributions à l'étude des pragmatismes dans la philosophie contemporaine*, L'Harmattan, coll. Ouverture philosophique, 2005

BOHMAN J., *Pragmatic Turn and Critical Theory*, The MIT Press, 2001

BOURDIEU P., *Raisons pratiques : sur la théorie de l'action*, Le Seuil, coll. Points, 1996

BOURDIEU P., *Esquisse d'une théorie de la pratique*, Droz (Genève), 1972

BRENNER A., DURING E., GIREL M., MADELRIEUX S., dir., *Bergson et James, cent ans après*, Puf, 2011

BRIAULT Th., *Les philosophies du sens commun : pragmatique et déconstruction*, L'Harmattan, 2004

CAILLE A., DUFOIX S., dir., *Le tournant global des sciences sociales*, La découverte, 2013

CALDWELL W., *Pragmatism and Idealism*, Black, 1913

CEFAÏ D., SATURNO C., dir., *Itinéraires d'un pragmatiste – Autour d'Isaac Joseph*, Economica, 2007

CEFAÏ D., ISAAC J., dir., *L'héritage du pragmatisme – Conflits d'urbanité et épreuves de civisme*, Éditions de l'Aube, 2002

CHATEAURAYNAUD F., TORNY D., *Les sombres précurseurs – Une sociologie pragmatique de l'alerte et du risque*, Éditions de l'EHESS, 1999

CHAUVIRE Ch., *Wittgenstein en héritage – Philosophie de l'esprit, épistémologie, pragmatisme*, Kimé, coll. Philosophie en cours, 2011

CHAUVIRE Ch., *Peirce et la signification – Introduction à la logique du vague*, Puf, 1995

CHEYRONNAUD J., PEDLER E., dir., *Théories ordinaires*, École des hautes études en sciences sociales, 2013

COMETTI J.-P., *Qu'est-ce que le pragmatisme ?*, Folio, coll. Essais, 2010

COMETTI J.-P., dir., *Lire Rorty – Le pragmatisme et ses conséquences*, L'éclat, coll. Lire les philosophies, 1992
CORNFORTH M., *L'idéologie anglaise – Le positivisme, le pragmatisme*, Delga, 2012
CRITCHLEY S., DERRIDA J., LACLAU E., MOUFFE Ch., RORTY R., *Déconstruction et pragmatisme*, Les solitaires intempestifs, coll. Expériences philosophiques, 2011
DEBAISE D., LATOUR B., STENGERS I., ZASK J., *Vie et expérimentation – Peirce, James, Dewey*, Vrin, coll. Annales de philosophie de l'Université Libre de Bruxelles, 2008
DELEDALLE G., *Le pragmatisme – Textes choisis*, Bordas, 1971
DESCOMBES V., *Le raisonnement de l'ours – Et autres essais de philosophie pratique*, Le Seuil, La couleur des idées, 2007
DEWEY J., *La quête de certitude – Une étude de la relation entre connaissance et action*, tr. P. Savidan, Gallimard, coll. Bibliothèque de philosophie, 2014
DEWEY J., *Expérience et nature*, trad. J. Zask, Gallimard, coll. Bibliothèque de philosophie, 2013
DEWEY J., *La formation des valeurs*, trad. A. Bidet, L. Quéré, G. Truc, La découverte, 2011
DEWEY J., *L'art comme expérience*, trad. J.-P. Cometti, Gallimard, 2010
DEWEY J., *Reconstruction en philosophie* (1920), Gallimard, 2014
DEWEY J., *Logique – La théorie de l'enquête* (1938), trad. G. Deledalle, Puf, 1993
DEWEY J., *Démocratie et éducation*, trad. G. Deledalle, Armand Colin, 1990
DEWEY J., *Essays in Experimental Logic* (1916), Dover Publications, 1954
DIGGINS J. P., *The Promise of Pragmatism*, University of Chicago Press, 1994
DURKHEIM E., *Pragmatisme et sociologie – Cours inédit prononcé à la Sorbonne*, Vrin, 1981
DURKHEIM É., *Pragmatisme et sociologie* (1913), Vrin, 1955
Éduquer 2004, n° 6, « Pratiquer, pratiques et pragmatiques en éducation et en formation »
ENGEL P., RORTY R., *À quoi bon la vérité ?*, Grasset, coll. Nouveau Collège de philosophie, 2005
FESTENSTEIN F., *Pragmatism and Political Theory*, Cambridge University Press, 1997
FREGA R., *Le pragmatisme comme philosophie sociale et politique*, Le bord de l'eau, coll. Les voies du politique, 2015
FREGA R., dir., *Pragmatist Epistemologies*, Lexington Books, 2011
FREGA R., *Pensée, expérience, pratique – Essai sur la théorie du jugement de John Dewey*, L'Harmattan, 2006
FREGA R., *John Dewey et la philosophie comme épistémologie de la pratique*, L'Harmattan, 2006
FRELAT-KAHN B., *Pragmatisme et éducation – James, Dewey, Rorty*, Vrin, coll. Philosophie et éducation, 2013
GALLIE W. B., *Peirce and Pragmatism*, Penguin Books, 1952
GAUCHOTTE P., *Le pragmatisme*, Puf, coll. Que sais-je ?, 1992
GAULTIER B., *Qu'est-ce que le pragmatisme ?*, Vrin, coll. Chemins philosophiques, 2016
HABERMAS J., *Théorie et pratique*, Payot, coll. Critique de la politique, 2005
HABERMAS J., *Vérité et justification*, Gallimard, coll. NRF Essais, 2001
HARVEY D., *The Condition of Postmodernity*, Blackwell, 1989

HICKMAN L., *John Dewey's Pragmatic Technology*, Indiana University Press, 1990

HOOK S., *Academic Freedom and Academic Anarchy*, Dell, 1969

HORKHEIMER M., *Théorie traditionnelle et théorie critique*, Gallimard, coll. Tel, 1996

JAMES W., *Le pragmatisme – Un nouveau nom pour d'anciennes manières de penser* (1907), trad. N. Ferron, Flammarion, coll. Champs classiques, 2011

JAMES W., *Philosophie de l'expérience – Un univers pluraliste*, Les empêcheurs de penser en rond, coll. Grande, 2007

JAMES W., *Essais d'empirisme radical* (1901), trad. G. Garreta, M. Girel, Flammarion, 2007

JAMES W., *La volonté de croire*, Les empêcheurs de penser en rond, coll. Grande, 2005

JAMES W., *Pragmatism – A New Name for Some Old Ways of Thinking*, Barnes & Noble, 2003

JAMES W., *Introduction à la philosophie – Essai sur quelques problèmes de métaphysique*, Rivière, 1914

JAMES W., *Some Problems of Philosophy – A Beginning to an Introduction to Philosophy*, Longmans, Greens and Co, 1911

JOAS H. et *alii*, *L'héritage du pragmatisme – Conflits d'urbanité et épreuves de civisme*, Éditions de l'Aube, 2002

JOAS H., *Pragmatism and Social Theory*, The University of Chicago Press, 1993

JULLIEN F., *Traité de l'efficacité*, Librairie générale française, coll. Le Livre de poche-Biblio essais, 2002

KARSENTI B., QUERE L., dir., *La croyance et l'enquête : aux sources du pragmatisme*, Éditions de l'École des hautes études en sciences sociales, coll. Raisons pratiques, 2004

LADRIERE P., PHARO P., QUERE L., dir., *La théorie de l'action*, Éditions du CNRS, 1993

LAPOUJADE D., *Fictions du pragmatisme – William et Henry James*, Les éditions de Minuit, 2008

LAPOUJADE D., *William James – Empirisme et pragmatisme*, Puf, 1997

L'art du comprendre 2007, n° 16, « W. James, C. S Peirce, J. Dewey… Tradition et vocation du pragmatisme »

LAUGIER S., *Recommencer la philosophie – La philosophie américaine aujourd'hui*, Puf, 1999

LEGUERINEL L., *Enjeux et limites des théories contemporaines de l'action – De la praxéologie à la pragmatique*, L'Harmattan, 2009

LEPETIT B., dir., *Les formes de l'expérience*, Albin Michel, 1995

LEROUX E., *Le pragmatisme américain et anglais – Étude historique et critique suivie d'une bibliographie méthodique* (1923), Ligaran, 2016

LEVINSON S., *Pragmatics*, Cambridge University Press, 1983

Libellio d'AEGIS 2007, vol. 3, n° 4, « Pragmatisme et recherche sur les organisations »

LIVET P., *Qu'est-ce qu'une action ?*, Vrin, coll. Chemins philosophiques, 2005

LIVET P., *Penser le pratique – Communauté et critique*, Klincksieck, coll. Philosophia, 1979

LYOTARD J. F., *La condition postmoderne*, Minuit, 1979

MADELRIEUX S., *La philosophie de John Dewey*, Vrin, coll. Repères philosophiques, 2016

MALDERIEUX S., *Bergson et James – Cent ans après*, Puf, 2011
MADELRIEUX S., *William James – L'attitude empiriste*, Puf, 2008
MAFFESOLI M., PERRIER B., *L'homme postmoderne*, François Bourin, coll. Société, 2012
MARGOLIS J., *Reinventing Pragmatism – American Philosophy at the End of the Twentieth Century*, Cornell University Press, 2002
MENAND L., *The Metaphysical Club – A Story of Ideas in America*, Straus and Giroux, 2001
MENAND L., *Pragmatism: a Reader*, Vintage Books, 1997
MILL J. S., *L'utilitarisme* (1863), Flammarion, coll. Champs classiques, 2008
MISAK Ch., dir., *New Pragmatists*, Oxford University Press, 2007
MORILHAT C., *Philosophie ou libertinage – Rorty et le discours postmoderne*, Kimé, coll. Philosophie en cours, 2009
MOUNCE H. O., *The Two Pragmatisms – From Peirce to Rorty*, Routledge, 1997
NACHI M., *Introduction à la sociologie pragmatique*, Armand Colin, coll. Cursus, 2006
OLIVIER M., *Peirce – La pensée et le réel*, Hermann, 2013
PAPAUX A., *Introduction à la philosophie du « droit en situation »*, LGDJ-Bruylant, coll. Quid iuris ?, 2006
PEIRCE Ch. S., *Œuvres philosophiques – Volume 3 : Écrits logiques*, Éditions du Cerf, coll. Passages, 2006
PEIRCE Ch. S., *Œuvres philosophiques – Volume 2 : Pragmatisme et sciences normatives*, Éditions du Cerf, coll. Passages, 2003
PEIRCE Ch. S., *Œuvres philosophiques – Volume 1 : Pragmatisme et pragmaticisme*, Éditions du Cerf, coll. Passages, 2002
PEIRCE Ch. S., *The Collected Papers of Charles Sanders Peirce*, vol. I-VIII, Harvard University Press, 1931-1958
POULAIN J., *L'âge pragmatique ou l'expérimentation totale*, L'Harmattan, coll. La philosophie en commun, 2001
POULAIN J., *Les possédés du vrai ou l'enchaînement pragmatique de l'esprit : exorcismes philosophiques*, Éditions du Cerf, 1998
PUTNAM H., *Le réalisme à visage humain*, Gallimard, coll. Tel, 2011
PUTNAM H., *Fait-valeur, la fin d'un dogme – Et autres essais*, Éditions de l'Éclat, coll. Tiré à part, 2004
PUTNAM H., *Raison, vérité et histoire*, Éditions de Minuit, coll. Propositions, 2004
Raisons pratiques 2004, n° 15, « La croyance et l'enquête – Aux sources du pragmatisme »
RAVAISON F., *De l'habitude*, Fournier, 1838
REVEL J., dir., *Jeux d'échelles – La micro-analyse à l'expérience*, Gallimard-Le Seuil, 1996
Revue Critique 2010, n° 754, « Le pragmatisme et ses doubles : autour des frères James »
Revue internationale de philosophie 1999, n° 207, « Le pragmatisme »
Revue Philosophie 2008, n° 99, « Hegel pragmatiste ? »
RIEJ 2014, n° 72, « Enseigner le droit demain »
RIEJ 2014, n° 73, « Penser par cas »
RIEJ 2013, n° 70, « Le droit en contexte »
RORTY R., *Conséquences du pragmatisme*, Le Seuil, coll. L'ordre philosophique, 1999

RORTY R., *L'espoir au lieu du savoir – Introduction au pragmatisme*, Albin Michel, coll. Bibliothèque du Collège international de philosophie, 1995

RORTY R., *Objectivisme, relativisme et vérité*, trad. J.-P. Cometti, Puf, 1994

RORTY R., *Conséquences du pragmatisme*, trad. J.-P. Cometti, Le Seuil, coll. L'ordre philosophique, 1993

RORTY R., *Objectivity, Relativism and Truth – Philosophical Papers Volume I*, Cambridge University Press, 1991

RORTY R., *Consequences of Pragmatism*, Minnesota University Press, 1982

ROZIER E., *Le pragmatisme et sa méthode – Interdisciplinarité et observation en philosophie*, L'Harmattan, coll. La librairie des humanités, 2011

SCHMITT A., « Le pragmatisme : une idée américaine », *Revue française d'études américaines* 2010, n° 124, p. 3 s.

SCHNELL A., *Qu'est-ce que le phénomène ?*, Vrin, coll. Chemins philosophiques, 2014

SCHÜTZ A., *Naissance d'une anthropologie philosophique*, Droz, 1998

SCHÜTZ A., *Le chercheur et le quotidien*, Méridiens-Klincksieck, 1987

SHUSTERMAN R., dir., *The Range of Pragmatism and the Limits of Philosophy*, Blackwell Publishing, 2004

SHUSTERMAN R., *L'art à l'état vif – La pensée pragmatiste et l'esthétique populaire*, Minuit, coll. Le sens commun, 1992

SIM S., dir., *The Routledge Critical Dictionnary of Postmodern Thought*, Routledge, 1999

SMITH C., *Postmodern Winemaking: Rethinking the Modern Science of an Ancient Craft*, University of California Press, 2013

SOREL G., *De l'utilité du pragmatisme*, Marcel Rivière, 1921

THIBAUD P., *La Logique de Peirce*, Presses universitaires de l'université de Provence, 1975

TIERCELIN C., *Le doute en question – Parades pragmatistes au défi sceptique*, Éditions de l'Éclat, coll. Tiré à part, 2005

TIERCELIN C., *Hilary Putnam – L'héritage pragmatiste*, Puf, coll. Philosophies, 2002

TIERCELIN C., *C. S. Peirce et le pragmatisme*, Puf, coll. Philosophies, 1993

TIERCELIN C., *La pensée-signe*, Chambon, 1993

Tracés – Revue de sciences humaines 2008, n° 15, « Pragmatismes »

TUZET G., *La prima inferenza – L'abduzione di C.S. Peirce fra scienza e diritto*, Giappichelli, 2006

WALKER L. J., *Theories of Knowledge – Absolutism, Pragmatism and Realism*, Longmans, Green and Company, 1910

WESTBROOK R., *Democratic Hope – Pragmatism and the Politics of Truth*, Cornell University Press, 2005

B. *Articles*

ALFRED HOERNLÉ R. F., « Pragmatism versus Absolutism », *Mind* 1905, p. 297 s.

BAKEWELL Ch. M., « The Issue between Idealism and Immediate Empiricism », *The Journal of Philosophy* 1905, p. 687 s.

BALDWIN J. M., « The Influence of Darwin on Theory of Knowledge and Philosophy », *Psychological Review* 1909, vol. 16, n° 3, p. 207 s.
BALDWIN J. M., « The Limits of Pragmatism », *Psychological Review* 1904, t. 11, p. 30 s.
BAKER L. A., « Just Do it: Pragmatism and Progressive Social Change », in BRINT M., WEAVER W., dir., *Pragmatism in Law and Society*, Westview Press, 1991, p. 99 s.
BENATOUÏL Th., « Critique et pragmatique en sociologie », *Annales HSS* 1999, n° 2, p. 281 s.
BERNSTEIN R., « American Pragmatism: the Conflict of Narratives », in SAATKAMP JR. H. J., dir., *Rorty & Pragmatism*, Vanderbilt University Press, 1995, p. 54 s.
BERTHELOT J.-M., « Sociologie analytique et paradigmes de l'action », *Sociologie du travail* 1994, vol. 36, n° 2, p. 225 s.
BODE B. H., « Pure Exprerience and the External World », *The Journal of Philosophy* 1905, t. 2, p. 128 s.
BODE B. H., « The Concept of Pure Experience », *Philosophical Review* 1905, p. 684 s.
BOLTANSKI L., « Institutions et critique sociale – Une approche pragmatique de la domination », *Tracés* 2008, n° 8, p. 17 s.
BRANDOM R., « Pragmatics and Pragmatisms », in CONANT J., ZEGLEN U. M., dir., *Hilary Putnam: Pragmatism and Realism*, Routledge, 2002, p. 40 s.
BURKS A. W., « Introduction to C. S. Peirce », in FISH M. H., dir., *Classic American Philosophers*, Fordham University Press, 1951, p. 41 s.
CANTECOR G., « Le pragmatisme », *L'année psychologique* 1907, p. 355 s.
CAVELL S., « What's the Use of Calling Emerson a Pragmatist? », in DICKSTEIN M., dir., *The Revival of Pragmatism*, Duke University Press, 1999, p. 72 s.
CHAUVIRE Ch., « Rorty lecteur de Peirce et Wittgenstein – Sur un article de jeunesse de Rorty », *Revue française d'études américaines* 2010, n° 124, p. 29 s.
CHEVALIER J.-M., « La réception de Charles S. Peirce en France (1870-1914) », *Revue philosophique* 2010, n° 135, p. 179 s.
CLOT-GOUDARD R., TILLOUS M., « L'espace du réseau : du flux au territoire – Le tournant pragmatiste engagé par Isaac Joseph », *Tracés* 2008, n° 15, p. 107 s.
COMETTI J.-P., « Le pragmatisme : de Peirce à Rorty », in M. MEYER, dir., *La philosophie anglo-saxonne*, Puf, 1994, p. 387 s.
CORCUFF Ph., « Théorie de la pratique et sociologie de l'action – Anciens problèmes et nouveaux horizons à partir de Bourdieu », *Actuel Marx* 1996, n° 20, p. 27 s.
CREIGHTON J. E., « Experience and Thought », *Philosophical Review* 1906, p. 482 s.
DEWEY J., « La réalité comme expérience », *Tracés* 2005, n° 9, p. 83 s.
DOMENACH É., « Arguments transcendantaux et arguments de régression : l'apport du pragmatisme à la réponse naturaliste au scepticisme (Peirce, Wittgenstein, Rorty), *L'art du comprendre* 2007, n° 16, p. 71 s.
HACKING I., « On Not Being a Pragmatist », in MISAK Ch., dir., *New Pragmatists*, Oxford University Press, 2007, p. 32 s.
HENNION A., « Quelques remarques sur la pragmatique et la réflexivité », *Sociologie et sociétés* 2002, n° 34, p. 219 s.

HEURGON É., « Isaac Joseph, un sociologue prospectiviste », in CEFAÏ D., SATURNO C., dir., *Itinéraires d'un pragmatiste – Autour d'Isaac Joseph*, Economica, 2007, p. 65 s.

JAMES W., « The Pragmatic Method », *The Journal of Philosophy* 1904

JOAS H., « Pragmatisme et sciences sociales », in JOAS H. et *alii*, *L'héritage du pragmatisme – Conflits d'urbanité et épreuves de civisme*, Éditions de l'Aube, 2002, p. 17 s.

JOAS H., « Durkheim et le pragmatisme – La psychologie de la conscience et la constitution sociale des catégories », *Revue française de sociologie* 1984, p. 560 s.

JOSEPH I., « Pluralisme et contiguïtés », in CEFAÏ D., JOSEPH I., dir., *L'héritage du pragmatisme – Conflits d'urbanité et épreuves de civisme*, Éditions de l'Aube, 2002, p. 83 s.

KARSENTI B., « La sociologie à l'épreuve du pragmatisme – Réaction durkheimienne », *Raisons pratiques* 2004, p. 317 s.

KARSENTI B., QUERE L., « La Croyance et l'enquête – Aux sources du pragmatisme », *Raisons pratiques* 2005, n° 15

KNOX H. V., « Pragmatism: the Evolution of Pragmatism », *Quarterly Review* 1909, p. 379 s.

LALANDE A., « L'idée de vérité d'après W. James », *Revue philosophique* janv. 1911

LALANDE A., « Pragmatisme, humanisme et vérité », *Revue philosophique* janv. 1908

LALANDE A., « Pragmatisme et pragmaticisme », *Revue philosophique* févr. 1906

LATOUR B., « Il ne faut plus qu'une science soit ouverte ou fermée », *Rue Descartes – Revue du Collège international de philosophie* 2003, n° 41, p. 65 s.

LAUGIER S., « Aux sources du pragmatisme : Emerson, l'éducation, l'expérience, la démocratie », *L'art du comprendre* 2007, n° 16, p. 5 s.

LAVERGNE C., MONDEME Th., « Pragmatismes : vers une politique de l'action située », *Tracés* 2008, n° 15, p. 5 s.

LEE V., « The Two Pragmatisms », *The North American Review* 1910, p. 449 s.

LEIGHTON J. A., « Cognitive Thought and Immediate Experience », *The Journal of Philosophy* 1906, t. 3, n° 7, p. 174 s.

MALDERIEUX S., « Expériencer », *Critique* 2012, p. 1012 s.

MALDERIEUX S., « Méthode ou métaphysique ? L'empirisme pragmatique de John Dewey », *Critique* 2012, p. 1043 s.

MARGOLIS J., « A Glimpse of Pragmatism's Future », *Revue française d'études américaines* 2010, n° 124, p. 39 s.

MELLITI D., « Entre logique et psychologie : le sens "expérimental" du pragmatisme de C.S. Peirce », *L'art du comprendre* 2007, n° 16, p. 125 s.

MONDADA L., « Pragmatique », in LEVY J., LUSSAULT M., dir., *Dictionnaire de la géographie et de l'espace des sociétés*, Belin, 2000, p. 739 s.

MONTAGUE W. P., « The True, the Good and the Beautiful from a Pragmatic Standpoint », *The Journal of Philosophy* 1909, t. 6, n° 9, p. 233 s.

MONTAGUE W. P., « May a Realist be a Pragmatist », *The Journal of Philosophy* 1909, t. 6, p. 460 s.

MOUNCE H. O., « An Outline of Pragmatism », *Revue française d'études américaines* 2010, n° 124, p. 49 s.

MURRAY D. L., « Pragmatism », *Constable* 1912, vol. 10, p. 78 s.

MURRAY D. L., « Pragmatic Realism », *Mind* 1909, t. 18

OGIEN A., « La pratique du sens – La notion de pratique chez Bourdieu et Garfinkel », *Revue européenne des sciences sociales* 1985, n° 71, p. 168 s.

PARODI D., « La signification du pragmatisme », *Bulletin de la société de philosophie* juill. 1908

PAULHAN F., « Antipragmatisme et hyperpragmatisme », *Revue philosophique de la France et de l'étranger* 1909, p. 614 s.

PEIRCE Ch. S., « Comment se fixe la croyance » (1877), trad. C. Tiercelin, P. Thibaud, in *Œuvres – I. Pragmatisme et pragmaticisme*, Le Cerf, 2002

PEIRCE Ch. S., « La maxime du pragmatisme » (1903), trad. C. Tiercelin, P. Thibaud, in *Œuvres – I. Pragmatisme et pragmaticisme*, Le Cerf, 2002

PEIRCE Ch. S., « The Fixation of Belief », in BUCHLER J., dir., *The Philosophy of Peirce: Selected Writings*, AMS Press (New York), 1956

PEIRCE Ch. S., « Pragmatism », in BALDWIN J. M., dir., *Dictionnary of Philosophy and Psychology*, Princeton University Press, 1902

PEIRCE Ch. S., « Comment rendre nos idées claires », *Revue philosophique* 1878

PERRY R. B., « Realism and Pragmatism », *Mind* 1913, p. 544 s.

PHARO P., QUERE L., « Les formes de l'action », *Raisons pratiques* 1990, n° 1

PITKIN W. B., « The Relation between the Act and the Object of Belief », *The Journal of Philosophy* 1906, t. 3, n° 19

PUDAL R., « Durkheim et la réception du pragmatisme », *Durkheimian Studies* 2005, vol. 11, p. 86 s.

QUERE L., « Pragmatisme et enquête sociale », in KEUCHEYAN R., BRONNER G., dir., *La théorie sociale contemporaine*, Puf, 2012, p. 181 s.

QUERE L., « La situation toujours négligée ? », *Réseaux* 1997, n° 85, p. 163 s.

QUINE W. V. O., « Deux dogmes de l'empirisme », trad. S. Laugier, in *Du point de vue logique*, Vrin, 2003, p. 49 s.

RUSSELL B., « Pragmatism », *Edinburgh Review* 1909

RUSSELL J. E., « Pragmatism as the Salvation from Philosophic Doubt », *The Journal of Philosophy* 1907, t. 4, n° 3, p. 57 s.

RUSSELL J. E., « The Pragmatist Meaning of Truth », *The Journal of Philosophy* 1906, p. 599 s.

RUSSELL J. E., « Solipsism: the Logical Issue of Radical Empiricism », *Philosophical Review* 1906, p. 606 s.

RUSSELL J. E., « Some Difficulties with the Epistemology of Pragmatism and Radical Empiricism », *Philosophical Review* 1906, t. XV, n° 4

SABINE G. H., « Radical Empiricism as a Logical Method », *Philosophical Review* 1905, p. 696 s.

SAMAMA C.-R., « L'expérience en philosophie – Pragmatisme et empirisme : entre Bergson et James », *L'art du comprendre* 2007, n° 16, p. 249 s.

SANTAYANA G., « The Efficacy of Thought », *The Journal of Philosophy* 1906, n° 15

SCHMITT A., « Le pragmatisme : une idée américaine », *Revue française d'études américaines* 2010, n° 124, p. 3 s.

SHUSTERMAN R., « What Pragmatism Means to Me: Ten Principles », *Revue française d'études américaines* 2010, n° 124, p. 59 s.

SHUSTERMAN R., « Pragmatism and East-Asian Thought », in SHUSTERMAN R., dir., *The Range of Pragmatism and the Limits of Philosophy*, Blackwell Publishing, 2004, p. 13 s.

SHUSTERMAN R., « The Perils of Philosophy as a Lingua Americana », *Chronicle of Higher Education* 11 août 2000, p. 4 s.

SIDGWICK A., « The Ambiguity of Pragmatism », *Mind* 1908, p. 368 s.

SKAGESTAD P., « Peirce's Semeiotic Model of the Mind », MISAK Ch., dir., *The Cambridge Companion to Peirce*, Cambridge University Press, 2004, p. 241 s.

STUHR J. J., « Old Ideals Crumble: War, Pragmatist Intellectuals, and the Limits of Philosophy », in SHUSTERMAN R., dir., *The Range of Pragmatism and the Limits of Philosophy*, Blackwell Publishing, 2004, p. 80 s.

TAYLOR A. E., « Truth and Practice », *Philosophical Review* 1905, t. 14, p. 265 s.

TAYLOR P. C., « What's the Use of Calling Du Bois a Pragmatist? », SHUSTERMAN R., dir., *The Range of Pragmatism and the Limits of Philosophy*, Blackwell Publishing, 2004, p. 96 s.

THEVENOT L., « Pragmatiques de la connaissance », in BORZEIX A., BOUVIER A., PHARO P., dir., *Sociologie et connaissance – Nouvelles approches cognitives*, Éditions du CNRS, coll. CNRS sociologie, 1998, p. 101 s.

TUZET G., « La justification pragmatique des croyances », *Revue philosophique de la France et de l'étranger* 2008, t. 133

WHITE M., « Peirce's Summum Bonum and the Ethical Views of C. I. Lewis », in WHITE M., *From a Philosophical Point of View*, Princeton University Press, 2004, p. 178 s.

WHITE M., « Pragmatism and the Scope of Science », SCHLESINGER A., WHITE M., dir., *Paths of American Thought*, Houghton Mifflin School, 1970, p. 190 s.

WIENER Ph. P., « Peirce's Metaphysical Club and the Genesis of Pragmatism », *Journal of History of Ideas* 1946, vol. 7, n° 2, p. 218 s.

WOODBRIDGE F. J. E., « Pragmatism and Education », *Educational Review* 1907, t. 34, p. 224 s.

ZASK J., « Situation ou contexte ? Une lecture de Dewey », *Revue internationale de philosophie* 2008, n° 245, p. 313 s.

ZASK J., « Nature, donc culture – Remarques sur les liens de parenté entre l'anthropologie culturelle et la philosophie pragmatiste de John Dewey », *Genèses* 2003, n° 50, p. 111 s.

L'HARMATTAN ITALIA
Via Degli Artisti 15; 10124 Torino
harmattan.italia@gmail.com

L'HARMATTAN HONGRIE
Könyvesbolt ; Kossuth L. u. 14-16
1053 Budapest

L'HARMATTAN KINSHASA
185, avenue Nyangwe
Commune de Lingwala
Kinshasa, R.D. Congo
(00243) 998697603 ou (00243) 999229662

L'HARMATTAN CONGO
67, av. E. P. Lumumba
Bât. – Congo Pharmacie (Bib. Nat.)
BP2874 Brazzaville
harmattan.congo@yahoo.fr

L'HARMATTAN GUINÉE
Almamya Rue KA 028, en face
du restaurant Le Cèdre
OKB agency BP 3470 Conakry
(00224) 657 20 85 08 / 664 28 91 96
harmattanguinee@yahoo.fr

L'HARMATTAN MALI
Rue 73, Porte 536, Niamakoro,
Cité Unicef, Bamako
Tél. 00 (223) 20205724 / +(223) 76378082
poudiougopaul@yahoo.fr
pp.harmattan@gmail.com

L'HARMATTAN CAMEROUN
TSINGA/FECAFOOT
BP 11486 Yaoundé
699198028/675441949
harmattancam@yahoo.com

L'HARMATTAN CÔTE D'IVOIRE
Résidence Karl / cité des arts
Abidjan-Cocody 03 BP 1588 Abidjan 03
(00225) 05 77 87 31
etien_nda@yahoo.fr

L'HARMATTAN BURKINA
Penou Achille Some
Ouagadougou
(+226) 70 26 88 27

L'HARMATTAN SÉNÉGAL
10 VDN en face Mermoz, après le pont de Fann
BP 45034 Dakar Fann
33 825 98 58 / 33 860 9858
senharmattan@gmail.com / senlibraire@gmail.com
www.harmattansenegal.com